Hans-Gerd Ridder

Technologische Entwicklung und Kontinuität der Betriebswirtschaftslehre

Hans-Gerd Ridder

Technologische Entwicklung und Kontinuität der Betriebswirtschaftslehre

Verlag Paul Haupt Bern und Stuttgart

Die vorliegende Arbeit wurde im Sommersemester 1988 als Habilitationsschrift vom Fachbereich Wirtschaftswissenschaft der Bergischen Universität Gesamthochschule Wuppertal angenommen. Sie wurde vor ihrer Veröffentlichung überarbeitet und geringfügig gekürzt.

CIP-Titelaufnahme der Deutschen Bibliothek

Ridder, Hans-Gerd:
Technologische Entwicklung und Kontinuität der
Betriebswirtschaftslehre / Hans-Gerd Ridder. – Bern ;
Stuttgart : Haupt, 1990
Zugl.: Wuppertal, Univ., Habil.-Schr., 1988
ISBN 3-258-04149-0

INHALTSVERZEICHNIS

1. Problemstellung

Die Entwicklung neuer Ansätze in der Betriebswirtschaftslehre hat
Tradition. Von Anfang an haben sich Vertreter des Faches bemüht,
Veränderungen der Praxis in Forschung und Lehre aufzunehmen und zu
berücksichtigen. Auch hat es immer Bemühungen gegeben, den Gegenstand
der Betriebswirtschaftslehre nicht nur aus einer Perspektive zu
bearbeiten, sondern das Feld möglicher Sichtweisen zur Diskussion zu
stellen.

Die Lebendigkeit des Faches Betriebswirtschaftslehre ist auch auf einen
weiteren Umstand zurückzuführen. Immer wieder wurde diskutiert,
welcher Aspekt des Gegenstandes zu untersuchen, ob bspw.

- das Nervensystem der Unternehmung,
- die Organisation oder
- der Mensch

in den Mittelpunkt des Faches zu stellen sei.[1] Häufig wurde und wird
darum gerungen, ob die Betriebswirtschaftslehre eher erklären oder eher
gestalten oder beides miteinander verknüpfen soll; und immer wieder
fragen vor allem ethisch motivierte Betriebswirte danach, ob sich die
Gestaltungsaufgabe auf Anforderungen der Praxis konzentrieren oder auf
der Basis begründeter Prinzipien vollziehen soll.[2]

Man kann also davon ausgehen, daß Veränderungen in der Unternehmenspraxis und/oder Vorschläge einer veränderten Perspektive Anlaß für
Orientierungsdiskussionen in der Betriebswirtschaftslehre geben. Es ist
deshalb nicht verwunderlich, daß sich zur Zeit Stimmen mehren, die eine
EDV-Orientierung der Betriebswirtschaftslehre fordern.

Immerhin erleben wir einen Umbruch der Industriestrukturen. Er ist
dadurch gekennzeichnet, daß elektronische Datenverarbeitung zur
Schlüsselkategorie von Produktion und Verwaltung gerät. Es handelt sich
um einen Umbruch, der die Betriebe nachhaltig verändert. Die - noch
offene - Frage, wie die Betriebswirtschaftslehre diesem Umstand
Rechnung tragen kann, ist deshalb für das Fach insgesamt von Bedeutung.

---

1) Einen umfassenden historischen Überblick leistet Schneider 1987
2) Einen Überblick über aktuelle Diskussionslinien gibt Wunderer 1988

Wenn es weiterhin erklären und gestalten will, ist die Frage zu diskutieren, ob dies auf der Basis bisheriger Technikbehandlung möglich ist. Es stellt sich die Frage, ob EDV in Produktion und Verwaltung einen neuen Umgang mit Technik erzwingt und damit entsprechende Wirkungen in Forschung und Lehre auslöst.

Bislang ist die grundsätzliche Denkhaltung gegenüber Technik in einem großen Teil der Betriebswirtschaftslehre dadurch gekennzeichnet, daß das technische Leistungsvermögen in ökonomische Größen umgesetzt wird.

Hierbei wird in der Literatur davon ausgegangen, daß das System in seiner technischen Konzeption vorhanden ist. Seine Zusammensetzung ist durch technische Überlegungen vorstrukturiert.

Die klassische Beschreibung dieser Denkhaltung ist bei Gutenberg[1] sehr anschaulich vorgeführt worden. Im Rahmen seiner Produktions- und Kostentheorie negiert Gutenberg die stoffliche Form der Technik. Zwar behandelt Gutenberg im Rahmen der Elementarfaktoren ausführlich die Rolle der Produktion, insbesondere der technologischen Entwicklung; gleichzeitig macht er aber deutlich, wie Technik betriebswirtschaftlich zu beurteilen ist:

> "Wenn es darum geht, zu einem betriebswirtschaftlich stichhalti-
> gen Urteil über den verfahrenstechnischen Stand von Betriebsan-
> lagen zu gelangen, werden die Verfahren, die das Unternehmen
> benutzt, mit den Verfahren verglichen werden, die dem gegenwär-
> tig neuesten Stand der technischen Entwicklung entsprechen.
> Führt ein solcher Vergleich zu einem positiven Ergebnis, dann
> ist der Betrieb verfahrenstechnisch richtig eingerichtet. Ist das
> Ergebnis negativ, dann ist der Betriebsmittelbestand durch den
> technischen Fortschritt bedroht. Das Maß der Bedrohung richtet
> sich nach den Kosteneinsparungen, die gemacht werden könnten,
> wenn der Betrieb technisch so ausgestattet wäre, wie es dem
> jeweiligen Stande des technischen Fortschrittes entspricht."[2]

Dieser Vorgang wird als konstitutiv für die Betriebswirtschaftslehre gesetzt. Gegebene Technik ist lediglich als Einflußfaktor für die Verbrauchsmengen zu berücksichtigen, die wiederum die Kosten in einer

---

1) vgl Gutenberg 1976
2) Gutenberg 1976, 114 f

nicht zufälligen Weise beeinflussen. Diese gegebene technische Situation unterliegt zwar ständigen Veränderungen, seien sie oszillativ oder mutativ. Um aber Verbrauchsmengen und damit Kosten systematisch zu durchdringen, ist es auf der analytischen Ebene völlig hinreichend, ja sogar notwendig, einen konkreten technischen Zustand zum Ausgangspunkt der Berechnungen zu machen. Jede Abweichung von diesem - gegebenen - Zustand kann dann gleichermaßen systematisch nachvollzogen werden.

Unter ökonomischen Bedingungen stellt sich damit die Frage der Technikwahl nach Maßgabe kostenorientierter Kalküle. Technik wird also ökonomisch beurteilt, gerät selbst aber nicht zum Gegenstand der Gestaltung.

Diese Behandlung der Technik innerhalb der Betriebswirtschaftslehre wird von einigen Autoren in Frage gestellt. Nach ihrer Meinung ist erkennbar, daß die Entwicklung der Mikroelektronik auch die Gestaltungs- und Anwendungsbedingungen von Technik verändert hat. Technik entwickelt sich vom Datenkranz zur flexibel einsetzbaren Variablen. Sie verändert damit nicht nur klassische Felder der Investitions- und Produktionstheorie, sondern auch Bereiche, in denen Technik bislang überhaupt nicht oder nur wenig zur Kenntnis genommen wurde: z.B. das Büro, Qualifikation des Managements und der Arbeitnehmer hinsichtlich der Koordination von technischer und qualifikatorischer Entwicklung. Grundlage dieser von manchen als Herausforderung für die Betriebswirtschaftslehre interpretierten Veränderungen[1] ist ganz allgemein die von mehreren Wissenschaftsdisziplinen beobachtete gestiegene Gestaltbarkeit der Technik. Beispielhaft für Autoren in der Betriebswirtschaftslehre führt Gaugler aus:

> "Schließlich ist hier die partielle Ueberwindung des sogenannten technologischen Determinismus zu erwähnen. Experimente in der Praxis beim Einsatz neuer Informationsbearbeitungs- und Informationsverarbeitungstechniken deuten Freiheitsgrade bei der organisatorischen Gestaltung der Arbeitsprozesse an."[2]

Wie läßt sich nun erklären, daß innerhalb der Betriebswirtschaftslehre von einer Überwindung des technologischen Determinismus, von Frei-

---

1) so Wildemann 1977
2) Gaugler 1985, 163

heitsgraden der Gestaltung gesprochen werden kann. Es mag hier viele Gründe geben. Ich möchte zwei Tendenzen hervorheben, die weder eindeutig, noch widerspruchslos sind, die aber u.U. einen Teil des Begründungsspektrums widerspiegeln:

a) Technikentstehung

b) Technikanwendung

zu a) Technikentstehung wird heute intensiv unter dem Aspekt diskutiert, daß sie weniger einer exogenen Logik folgt, sondern einer Vielzahl von Quellen entspringt (Kap. 2.1).

Philosophen haben im Laufe der Geschichte von Technikentstehung immer wieder nach Prinzipien gesucht, die die Innovation und Diffusion von Technik zu erklären vermögen. Hier war lange eine strukturlogische Interpretation in ganz unterschiedlichen Denktraditionen vorherrschend: In anthropologischen Ansätzen wird der Mensch als Mangelwesen angesehen, das gezwungen ist, die vorgefundene Natur intelligent zu verändern. Die Kompensation und Überwindung von körperlichen Mängeln mindert zwar die Abhängigkeit von der Natur. Sie schafft aber neue Abhängigkeiten durch die Verdrängung des Organischen durch das Künstliche. Dieser Verdrängungsprozeß schafft eine industrielle Kultur mit einem System von Interdependenzen, aus denen es keinen Ausstieg gibt. Technik wird universal. Der Mensch befindet sich in der Rolle des Zauberlehrlings, der die Geister, die er rief, nicht mehr zu beherrschen vermag.[1]

Auch in einer anderen Variante der Technikphilosophie wird Technikentstehung zunächst auf die Aneignung der Natur zurückgeführt. Ihre konkrete Ausprägung wird aber den jeweils spezifischen sozialen Organisationsformen der Gesellschaft zugeordnet. Technikentstehungsprozesse wechseln damit in den jeweiligen Epochen. Im industriellen Zeitalter wird - diesem Denkansatz folgend - Technik exogen durch die Logik der Kapitalverwertungsprozesse bestimmt. Die herrschenden Interessen entwickeln und steuern den Prozeß der Technikentstehung. Das Selektionskriterium für die Durchsetzung einer Technik ist im wesentlichen ihre Bedeutung innerhalb der ökonomischen Konkurrenz. Diese und weitere Interpretationen von Technik innerhalb von Technikphilosophie, politischer Ökonomie und Industriesoziologie legen nahe,

---

1) vgl Rapp 1976, 66

daß Technikentstehung und -entwicklung ab einer gewissen Stufe nicht mehr dem Willen der Menschen unterliegen. Sie wirken als Zwang und Sachzwang auf den Menschen zurück. Erst in jüngerer Zeit entwickelt sich in Theorie und Praxis ein Bewußtsein für die Möglichkeit der Einflußnahme auf Technikentstehung. So beginnt man stärker danach zu fragen, wer die Akteure sind, die den Prozeß der Technikentstehung steuern. Es wird z.B. festgestellt, daß machtvolle Interessenbildung Technikentstehung begünstigen, aber auch verhindern kann.

zu b) In einer zweiten Tendenz werden über die Technikentstehung hinaus die Freiheitsgrade in der Anwendung von Technik seit der Entwicklung von Mikroelektronik als deutlich höher eingeschätzt (Kap. 2.2). Über die Varianz in der Technikentstehung hinaus ist weiterhin von Bedeutung, wie die Beziehung zwischen der Technik und ihrer Anwendung organisiert ist. Lange Zeit wurde dieser Zusammenhang als sehr eng, wenn nicht gar kausal interpretiert. So galt - bezogen auf Arbeitsorganisation und Qualifikation - die Polarisierungsthese von Kern/Schumann aus den siebziger Jahren als plausibles und empirisch abgestütztes Erklärungsmuster.

Technik legt dabei bis zu einem gewissen Grade die Aufgabe fest. Sie bestimmt den Rahmen, innerhalb dessen sich die Arbeitsorganisation variieren läßt. Auch in einem Teil der Organisationstheorie ging man auf der Basis empirischer Studien davon aus, daß es einen kausalen Zusammenhang zwischen Technologie und Organisationsstruktur gibt. In dem Maße aber, wie die empirische Forschung zunahm, zeigte sich die Widersprüchlichkeit dieser Annahmen. Es wurde eine mögliche Kontingenz im Verhältnis von Technik und ihrer Anwendung als Interpretationsmuster diskutiert. Besonders bekannt geworden ist die These von Variationsmöglichkeiten durch Arbeiten von Child[1], Schreyögg[2], Piore/Sabel[3], Kern/Schumann[4], Brödner[5], Baethge/Oberbeck[6]. Vereinfacht kann man sagen, daß diese und andere Studien eine mögliche Wahl in

---

1)   vgl Child 1984

2)   vgl Schreyögg 1978

3)   vgl Piore/Sabel 1985

4)   vgl Kern/Schumann 1984

5)   vgl Brödner 1986a

6)   vgl Baethge/Oberbeck 1986

der Anwendung von neuen Technologien auf der Basis empirischer Befunde unterstellen. Hierbei sind

- technozentrische oder anthropozentrische Anwendung
- Reintegration von Arbeit vs. zunehmende Arbeitsteilung

Stichworte in dieser Diskussion. Sie sollen signalisieren, daß in Produktion und Büro um die Anwendungsformen der Technik noch gerungen wird.

Erkennbar ist, daß zwischen Branchen, aber auch zwischen Betrieben der gleichen Branche unterschiedliche Produktionskonzepte entwickelt und auf den Weg gebracht werden. Auch in den Büros von Behörden, Dienstleistungsunternehmen und Industrieverwaltungen scheinen sich unterschiedliche Nutzungskonzepte im Hinblick auf Arbeitsorganisation und Qualifikation zu entwickeln und durchzusetzen. Hier scheinen neben strukturellen Rahmenbedingungen wie Einflüssen der Absatzmärkte, Innovationsstrategien und Arbeitsmarkt auch die betrieblichen Handlungskonstellationen eine erhebliche Rolle zu spielen.

Die Schnittmenge von wirtschaftlichen und sozialen Anwendungskonzepten scheint so groß zu sein, daß nichttechnische Einflußgrößen an Bedeutung gewinnen. "Sachzwänge" werden weniger akzeptiert. Die Möglichkeit, über Politikprozesse die konkrete Technikanwendung zu steuern, wird durch Entwicklung und Verhandlung alternativer Nutzungskonzepte auszugestalten versucht.

Die derzeit konstatierte Varianz in der Technikentstehung, und Technikanwendung läßt anhaltende Veränderungen der betriebswirtschaftlichen Praxis vermuten (Kap. 3.1). Die universale Gestaltungsmöglichkeit dieser Schlüsseltechnologie erlaubt unterschiedliche technische Lösungswege bei der Verfolgung identischer Ziele. Gutenberg[1] konnte noch argumentieren, daß Einzelfertigung vorwiegend nach dem Prinzip der Werkstattfertigung und Massenfertigung nach dem Prinzip der Reihen- oder Fließfertigung vorgenommen wird. Heute wird diese Differenzierung zunehmend fragwürdiger, die betriebswirtschaftlichen Konsequenzen unterschiedlicher Organisationstypen unübersichtlicher.

Die universellen Eigenschaften der Mikroelektronik erlauben heute eine Flexibilisierung der Massenproduktion durch computergestützte Verfahren der Produktionsplanung und -steuerung im Rahmen computerge-

---

1) vgl Gutenberg 1976, 96 ff.

stützter, flexibler Fertigungssysteme. Gleichzeitig erlauben sie eine Automatisierung der Einzel- und Kleinserienfertigung durch computergestützte Konstruktion und Entwicklung sowie durch numerisch gesteuerte, programmierbare Werkzeugmaschinen.

Beide Produktionssysteme wachsen auf diese Weise tendenziell zusammen. Entscheidend ist, daß - trotz aller technischen Schwierigkeiten (Kompatibilitätsproblem) die einzelnen Elemente betriebsspezifisch integriert werden können. Das Ausmaß möglicher Vernetzung der einzelnen Komponenten soll Möglichkeiten eröffnen, den Produktionsablauf von der Angebotserstellung bis zum Versand intelligent zu optimieren und für permanente Veränderungen offen zu halten. Dies gilt umso mehr, wenn der Produktionsprozeß durch computergestützte Bürokommunikation begleitet wird. Der Computer am Arbeitsplatz des Sachbearbeiters erlaubt und erfordert die Nutzung von Gestaltungsoptionen. Neben typischen Einsatzfeldern wie Lohn- und Gehaltsabrechnung, Textverarbeitung und Lagerwirtschaft lassen sich integrierte Computersysteme auch vielfältig zur Informationsspeicherung und -übertragung nutzen. Dies ermöglicht neue Formen der Organisation von Kommunikation, der Raum- und Zeitökonomie im Bürobereich.

Vor diesem Hintergrund wird davon ausgegangen, daß die Technikanwendung aufgrund der Flexibilität der Mikroelektronik offener ist und nichttechnische Einflußgrößen damit an Bedeutung gewinnen.

Einer Betriebswirtschaftslehre, die erklären und/oder gestalten will, eröffnet sich damit ein weites Betätigungsfeld, wie die in den letzten Jahren stark angewachsene Literatur zeigt. Sie umfaßt nicht nur grundlegende Fragen der Rolle der EDV-Technologie für die Betriebswirtschaftslehre insgesamt, sondern durchdringt mittlerweile fast alle Funktionsbereiche. Die Literatur reicht von der techniknahen Behandlung computergestützter Informationssysteme[1] über computergestützte Planung und Organisation[2] bis hin zu einem auf ökonomische Steuerungsmechanismen bezogenen Datenbank-orientierten Rechnungswesen.[3]

Der Frage, wie sich Betriebswirtschaftslehre diesen Veränderungen in der Praxis stellen kann, wird zunächst auf den mittlerweile gut

---

1) vgl Hoffmann 1984
2) vgl Höhn 1985; Schmitz 1981
3) vgl Sinzig 1983

dokumentierten Feldern Produktion, Büro nachgegangen. Hier (Kap. 3.2) zeigt sich, daß der Schub in Richtung EDV-Technologie, wenngleich in einer spezifischen Weise zunimmt.

Eine Reihe von Autoren hält allerdings die Diskrepanz zwischen der Informatisierung der Praxis und der Hinwendung der Betriebswirtschaftslehre zu solchen Problemstellungen für zu groß (Kap. 3.3). Autoren wie Scheer[1], Müller-Merbach[2], Schwarze[3], Strebel[4] befürchten, daß die Betriebswirtschaftslehre ihre Gestaltungsfähigkeit verliert, weil

- die Steuerung technologischer Prozesse im Interesse ökonomischer Ziele mittlerweile anderen Disziplinen überlassen werden muß;
- die Nichtkenntnis der technischen Vollzüge ökonomische Chancen verschenkt;
- die EDV den Gegenstand Betrieb in einer Weise verändert, die es nicht länger erlaubt, diesen Zweig der Technik rein instrumentell zu betrachten.

Bevor also die Betriebswirtschaftslehre ihre Gestaltungsfähigkeit verliert, soll sich zu bestehenden Ansätzen von Gutenberg[5], Heinen[6] und H.Ulrich[7] eine EDV-orientierte Betriebswirtschaftslehre konstituieren:

"Keine dieser Entwicklungsrichtungen kann in der Lage sein, das Erfahrungsobjekt 'Betriebswirtschaft' vollständig zu umfassen. Vielmehr ergänzen sich die Betrachtungsweisen. In diesem Sinn soll deshalb auch der Versuch verstanden werden, mit der EDV-Orientierung der Betriebswirtschaftslehre einen weiteren Schwerpunkt der Betrachtung hinzuzufügen."[8]

Mit diesem Ansatz soll erreicht werden, daß Betriebswirtschaftslehre vorhandene und absehbare EDV-Techniken in ihr Theoriegebäude integriert. Damit stellt sich die Frage, ob eine EDV-orientierte Betriebs-

---

1) vgl Scheer 1987a

2) vgl Müller-Merbach 1985b

3) vgl Schwarze 1987b

4) vgl Strebel 1985

5) vgl Gutenberg 1976

6) vgl Heinen 1983

7) vgl H.Ulrich 1968

8) Scheer 1984a, 1117; vergleichbar Müller-Merbach 1985b, 14

wirtschaftslehre für die Ergänzung des Spektrums der vorhandenen Ansätze erforderlich ist.

Da von Vertretern einer EDV-Orientierung der Betriebswirtschaftslehre die gleichberechtigte Aufnahme dieses Ansatzes neben andere Ansätze gefordert wird, ist von Bedeutung, nach welchen Kriterien, Bestimmungsgrößen und unter welchen Bedingungen Orientierungen in die Betriebswirtschaftslehre Eingang finden, sich dort stabilisieren oder aber wieder aus dem Kanon der betriebswirtschaftlichen Grundfragen entlassen werden. Es wird also der Frage nachgegangen, ob Betriebswirtschaftslehre in der Wahl ihres Zugangs zur Praxis frei ist, oder ob die Betriebswirtschaftslehre konstitutive Elemente aufweist, die ihren Zugang zur Realität organisieren. Ist also eine EDV-orientierte Betriebswirtschaftslehre bei Beachtung solcher konstitutiven Elemente grundsätzlich möglich? Wie können neu auftretende Phänomene in der Betriebswirtschaftslehre verarbeitet werden?

Die Diskussion dieser Fragestellung wird im zweiten Hauptteil der Arbeit (Kap. 4) durch eine Rekonstruktion der Entstehung und Verarbeitung von Orientierungen in der historischen Entwicklung der Betriebswirtschaftslehre vorgenommen.

Warum eine historische Rekonstruktion? Rückblickend kann festgestellt werden,

- warum Grundorientierungen der Betriebswirtschaftslehre entstanden sind und wie sie entstanden sind;
- wann neue, in der Praxis sich entwickelnde Phänomene dazu geführt haben, daß daraus Grundorientierungen entstanden sind;
- nach welchen Kriterien solche Orientierungen Eingang in das Theoriegebäude der Betriebswirtschaftslehre finden;
- aus welchen Gründen sich solche Orientierungen behaupten, bzw. aus welchen Gründen sie verworfen werden;
- ob es konstitutive Elemente in Theorie und Praxis gibt, die diesen Zugang regeln.

Dabei ist Bezug zu nehmen auf Orientierungen, die als Quellen und Grundlagen heutiger Ansätze und Orientierungsversuche gelten können:

a) Ausbildungs- und gestaltungsbezogene Ansätze, wie sie bspw. von H.Ulrich[1] und Bleicher[2] oder Hill[3] vertreten werden, fragen danach, wie eine anwendungsorientierte Wissenschaft Handlungsanleitungen für praktisch-handelnde Menschen entwickeln kann. Ohne auf Unterschiede zwischen einzelnen Ansätzen eingehen zu wollen, entspricht diese Intention dem Gründungsimpetus der Betriebswirtschaftslehre noch am ehesten.

Dies zeigt ein Blick auf die Entstehung der Betriebswirtschaftslehre und insbesondere auf Schmalenbach (Kap. 4.1). Er fragt danach, wie ein Gegenstand mit der größten Ökonomie gefertigt werden kann.

Diese Absicht, bestehende Praxis zu optimieren, entspricht auch heute dem dominierenden Interesse einer Betriebswirtschaftslehre als Gestaltungs- und Führungslehre.

H.Ulrich spitzt diese im Kern gestaltungsorientierte Denkhaltung auf die Aussage zu: "... was die Betriebswirtschaftslehre demzufolge auch anstreben sollte, sind weniger Erklärungen über die bestehende Wirklichkeit als Vorstellungen über mögliche zukünftige Wirklichkeiten und Handlungsmaximen für die Realisierung dieser Vorstellungen."[4]

Im Rahmen der Systemtheorie bspw. wird die Unternehmung als Ganzes in Problemlösungsfelder aufgeteilt, um zu den zu lösenden Problemen vorzustoßen. Durch den Entwurf von Beschreibungs-, Erklärungs- und Entscheidungsmodellen soll der betrieblichen Praxis, aber auch zukünftigen Führungskräften, Wissen vermittelt werden, das praktisches Handeln erlaubt.

b) Während also ein Pol der Betriebswirtschaftslehre der Gestaltung den Vorzug gibt, weist Betriebswirtschaftslehre als erklärende Wissenschaft konsequent darauf hin, daß ihre Ansätze nicht umhin können, Erkenntnisse ökonomisch zu fundieren, wenn sie eine Relevanz für die Gestaltung der Praxis aufweisen wollen. Ob Erklärungsansätze Transaktionskosten und Verfügungsrechte oder ob sie das Verhalten der Mitglieder von Organisationen untersuchen, keiner dieser Ansätze komme um die Tatsache herum, daß Unternehmen als ökonomische Gebilde Gewinne

---

1) vgl H.Ulrich 1968
2) vgl Bleicher 1985
3) vgl Hill 1985
4) H.Ulrich 1971, 47

realisieren müssen[1]. In diesem Sinne bedarf jeder Ansatz einer ökonomischen Grundlage, sei sie stillschweigend akzeptiert oder explizit berücksichtigt.

Betriebswirtschaftslehre als im Kern theoretisches Unternehmen bemüht sich deshalb, diese ökonomische Deutung zu beschreiben und zu erklären. Als Wissenschaft lehnt sie vordergründige Gestaltung ab, weil nur dort, wo erklärt wird, Prognosen abgeleitet werden können.[2] Auch dieser Strang der Betriebswirtschaftslehre bezieht sich auf Realität und erkennt die konstitutiven Merkmale der Realität an. Anders aber als eine gestaltungsorientierte Betriebswirtschaftslehre bezieht sie sich trotz unterschiedlicher Methoden und Vorgehensweisen auf die Erklärung der Ökonomie.

Den Weg für diese Denkhaltung haben Rieger[3] und Gutenberg[4] geebnet. Während Rieger die Erklärungsfunktion rigoros auf die Analyse der Geldströme reduzierte, weil nach seiner Meinung das Wirtschaften "... nicht vom Stoff, sondern vom Geld ... dirigiert ..."[5] wird, bemüht sich Gutenberg, die wesentlichen Elemente des Kombinationsprozesses zu identifizieren (Kap 4.2).

Vor diesem Hintergrund wird heute die Unternehmung in zweifacher Hinsicht zum Gegenstand dieser Erklärungswissenschaft. Sie will
- Wechselwirkungen zwischen Markt und Unternehmung erklären;
- das Zusammenwirken der Menschen im Rahmen des Kombinationsprozesses und der durch ihn ausgelösten finanzwirtschaftlichen, personalwirtschaftlichen und güterwirtschaftlichen Prozesse erforschen.[6]

Insbesondere der letzte Aspekt hat in den vergangenen Jahren im entscheidungsorientierten Ansatz an Bedeutung gewonnen.[7]

---

1) vgl Albach 1985
2) vgl Witte 1985
3) vgl Rieger 1928
4) vgl Gutenberg 1929
5) Rieger 1928, 34
6) vgl Albach 1985
7) vgl Heinen 1983

Auch Betriebswirtschaftslehre in ihrer entscheidungsorientierten Variante führt zwar Erklären und Gestalten zusammen, verläßt aber nicht den ökonomischen Standpunkt. Sie bezieht auf ihn Ergebnisse der Individualpsychologie, Sozialpsychologie, Soziologie, Politologie, Rechts- und Ingenieurwissenschaft.

Hier wird der Frage nachzugehen sein, ob Defizite innerhalb einer Erklärungswissenschaft die Notwendigkeit einer EDV-Orientierung begründen.

c) In einem dritten Strang der Betriebswirtschaftslehre werden die Möglichkeiten einer eigenständigen Orientierung geprüft, die nicht umstandslos auf bestehende Praxis zurückgeführt werden soll (Kap. 4.3). Unter Bezug auf eine ethisch-normative Betriebswirtschaftslehre soll unter Rückgriff auf historisch vergleichbare Versuche geprüft werden, ob es das Fach konstituierende Ansätze geben kann, die nicht auf herrschende Ökonomie, sondern auf Prinzipien zurückgeführt werden, die bspw. eine ökologieverträgliche oder vernunftbezogene betriebswirtschaftliche Praxis unterstützen können. So geht eine ökologische Betriebswirtschaftslehre davon aus, daß sie antizipativ Hilfestellung bei der einzelwirtschaftlichen Bewältigung von Umweltschäden leisten kann.[1] So hofft P.Ulrich[2], daß Betriebswirtschaftslehre mithelfen kann, nach der verlorenen ökonomischen Vernunft zu suchen und zu ihrer Reetablierung beizutragen.

Ging Habermas noch 1968 davon aus, daß nur der Studenten- und Schülerprotest die Legitimationsgrundlage des Spätkapitalismus zum Einsturz bringen könnte,[3] setzt der auf seinen Arbeiten aufbauende P.Ulrich darauf, daß die Führungskräfte der Wirtschaft ihren Beitrag zu mehr lebenspraktischer Vernunft im wirtschaftlichen Handeln leisten werden.[4] Um keine Mißverständnisse aufkommen zu lassen: EDV-orientierte Betriebswirtschaftslehre strebt weder einen ethisch-normativen Status an, noch kann sie als solche bezeichnet werden, wie das entsprechende Kapitel deutlich machen wird. Gerade die historische Auseinandersetzung

---

1) vgl Pfriem 1983a

2) vgl P.Ulrich 1986

3) vgl Habermas 1974, 103

4) vgl P.Ulrich 1983, 84, wobei nicht auszuschließen ist, daß die protestierenden Schüler und Studenten heute Führungskräfte der Wirtschaft sind; in diesem Sinne ist die Argumentation konsistent.

zwischen diesem Strang der Betriebswirtschaftslehre und den ökonomisch orientierten Ansätzen macht aber besonders deutlich, wo Möglichkeiten bestehen, neue Orientierungen zu etablieren, bzw. wo ihre Begrenzungen liegen.

Die auf diesen drei Ebenen geführte Diskussion wird im abschließenden Teil (Kap. 5) wieder zurückgeführt auf die Frage der Möglichkeiten einer EDV-Orientierung der Betriebswirtschaftslehre, die einmündet in eine Reflexion über die Möglichkeiten der Betriebswirtschaftslehre, Veränderungen der Praxis in ihr Theoriegebäude aufzunehmen.

2. Neue Technologien: Restriktionen oder Öffnungen bei ihrer Entstehung und Anwendung

Wenn es eine potentielle Gestaltbarkeit von Technik gibt, darf sie nicht aus sich heraus eindimensionale Folgen und Prozesse generieren, ohne daß verschiedene Gruppen Einflüsse geltend machen können. Teilweise wird diese Frage als trivial oder bereits entschieden behandelt. Da Menschen Technik konstruieren, ist sie auch gestaltbar - so eine weit verbreitete These. Eine These allerdings, die nicht unbedingt empirische Relevanz für sich beanspruchen kann, wenn es um die Frage geht, ob beispielsweise die technische Industriestruktur auch anders gestaltet werden könnte, ob Atomreaktoren noch Gestaltungspotentiale erlauben oder ob das Leben in den Industrieländern auch ohne Automobile noch denkbar wäre.

Ein beliebtes Beispiel, die Dominanz der Technik für unser Leben anschaulich zu demonstrieren, ist die Aufforderung an den Leser, sich seinen Tag ohne die Nutzung von Technik vorzustellen und sich die eigenen Gestaltungsspielräume zu verdeutlichen.[1] Spätestens an dieser Stelle stellt sich die Frage, ob es tatsächlich Gestaltungsspielräume in der Entstehung von Technik gibt oder ob wir nicht in einem Netz von Sachzwängen und Folgewirkungen uns dem technischen Apparat unterworfen haben. Andererseits wird mit Recht darauf hingewiesen, daß in verschiedenen Ländern, verschiedenen Unternehmen, verschiedenen Alltagssituationen Technik sehr differenziert entwickelt und angewandt wird, ein Beleg für die Tatsache, daß menschliche Handlungen durchaus Einfluß auf die Gestaltung von Technik nehmen. Für die Frage nach der Entwicklung der Technik und den Möglichkeiten ihrer Gestaltung müßte also zunächst der Versuch unternommen werden, zu klären, ob es abhängig oder unabhängig von menschlichen Handlungen Prinzipien gibt, die der Technikentwicklung inhärent sind bzw. ob und wie sich diese Prinzipien zu menschlichen Handlungen verhalten. Technik als gesellschaftliches Gebilde ist zwar einerseits auf Handlungen aufgebaut - andererseits erkennen wir, daß die Technik neue und eigenständige

---

1) vgl Roth 1976

Qualitäten entwickelt, so daß vom Bewußtsein und Wollen der Beteiligten unabhängige Strukturen entstehen.[1]

Was also sind das für Prinzipien, die bei der Entstehung von Technik in sie einfließen und/oder sie bewegen? Lassen diese Prinzipien Alternativen in der Gestaltung von Technik grundsätzlich zu, oder werden mit der Entstehung von Technik ihre Gestaltung und Anwendung schon weitgehend festgelegt (Kap. 2.1) und auf diese Weise mögliche Einflußnahmen wie sie derzeit in der Betriebswirtschaftslehre unterstellt werden minimiert?

Wie sehen diese möglichen Einflußnahmen bezogen auf die aktuelle Diskussion um die Mikroelektronik aus (Kap. 2.2)? Hier soll der Frage nachgegangen werden, ob es ein Gestaltungsspektrum gibt, das unterschiedliche Lösungen für identische Ziele aufweist, um dem Anwendungsspektrum neuer Technologien nachzugehen.[2]

---

1) vgl hierzu Berger 1977, 56

2) Die Begriffe "neue Technologien", "Computergestützte Technologien", "EDV-Technologien" werden weitgehend synonym verwendet und auf Anwendungen von Mikroelektronik bezogen.

2.1. Prinzipien der Technikentstehung

Technik ist einer der Begriffe, die sich einer begrifflichen Bestimmung weitgehend entziehen. Dieser Begriff ist mit den vielfältigsten Dingen des Lebens verwoben; unser Leben mit Technik durchsetzt. Außerdem besteht die Neigung, unterschiedliche Phänomene mit dem Begriff Technik zu belegen. Dieser Unmöglichkeit einer begrifflichen Bestimmung kann auch in dieser Arbeit kaum entgangen werden, denn die Frage nach einer Strukturlogik von Technikentstehung schließt alle möglichen Formen der Technik ein. Krohn sucht aus diesem Dilemma herauszukommen, indem er das Gemeinsame dieser Vielfalt herausarbeitet. Dieses durchgängig Gemeinsame der Vielfalt kann identifiziert werden, wenn vorausgesetzt wird, daß Technik als eine spezielle Erfindung vorliegt, "... die für ein oder mehrere spezielle Ziele 'regelmäßig' und unter 'normalen' Umständen ein zweckmässiges Mittel ist."[1]

Technik zeichnet sich also durch die Überlegenheit gegenüber herkömmlichen Mitteln aus. Die Anwendung einer neuen Technik erlaubt eine überlegene Effizienz:

> "Es ist diese Kategorie der Effizienz, die das gemeinsame Rationale allen technischen Fortschritts ausmacht. Es bleibt in dieser Kategorie gleichgültig, in bezug auf welches Ziel die Effizienz definiert ist; es kommen in Frage: der Schutz vor der Natur, die Tötungskapazität im Kriege, Herrschaft und Ausbeutung von Mitgliedern der Gesellschaft, individueller Lustgewinn usw. Die Ziele sind offenbar so breit gestreut wie die Intentionen menschlichen Handelns."[2]

Die hier zunächst angelegte Gleichgültigkeit der Mittel gegenüber Zielen erscheint plausibel. Theoretiker haben darüber hinaus immer nach weiteren Prinzipien gesucht, die die Entwicklung der Technik beeinflussen und steuern.

Hier allerdings ergibt sich ein zweites, nicht minder schwerwiegendes Problem. Die Suche nach Prinzipien stößt auf eine unglaubliche Vielfalt von theoretischen Erklärungsversuchen, die von der Antike über die

---

1) Krohn 1976, 38
2) Krohn 1976, 38

Renaissance bis in unsere Zeit hineinreichen.[1] Es kann im folgenden deshalb nur darum gehen, mit recht groben Strichen grundsätzlich der Frage nachzugehen, ob neuere Techniktheorien die Entstehung der Technik als eindimensionale Strukturlogik interpretieren oder ob die Entstehung der Technik Handlungschancen erkennen läßt.

Hier können vier Stufen der Technikbetrachtung unterschieden werden:

1. Anthropologische Erklärungsansätze,
2. Sachgesetzliche Ansätze,
3. Erklärungsansätze, die auf Gesetzmäßigkeiten in der Gesellschaft zurückgreifen,
4. Erklärungsansätze, die der Komplexität der sozialen Beziehungen entsprechen wollen und nach Interessen und Zielen von Akteuren fragen (Akteurtheorien).

2.1.1.   Anthropologische Erklärungsansätze

Frühe Technikerklärungen setzen in der Regel direkt am Menschen an.[2] In frühen Diskussionen zu Beginn des 20. Jahrhunderts wird darüber nachgedacht, ob nicht Technik alles Gute und Schöne verschlingt. So sieht Spengler den Menschen als Raubtier an, und in der Technik die "Taktik des Lebens". Der Mensch ist Schöpfer dieser Lebenstaktik, was seine Größe und sein Verhängnis ausmacht. Der Mensch konstruiert Waffen, um im Kampf gegen die gesamte Natur Überlegenheit herzustellen. Er wird damit zum Empörer gegen die Natur.

Der Mensch will diese Überlegenheit bewußt steigern, weit über seine Körperkraft hinaus. Die Zivilisation wird selbst zur Maschine. Eine künstliche Welt durchdringt und vergiftet die natürliche Welt. Der Untergang ist unvermeidlich.

Auch F. G. Jünger versteht Technik als Gegnerschaft zur Natur und einen Raubbau an ihr. Technik schafft keinen neuen Reichtum, sondern baut vorhandenen Reichtum ab. Sie verschlingt den Bestand, auf den sie

---

1) vgl hierzu Moser 1973; Lenk/Ropohl 1976
2) vgl die Übersichten von Lenk 1973a, b; Lenk 1982, 11 ff.; Daheim 1977; Ropohl 1979, 12 ff.

angewiesen ist. Diese Verwüstungen beschränken sich aber nicht auf die Natur:

> "Das Machtstreben des Technikers geht darauf aus, auch den Staat sich unterzuordnen und die staatliche Organisation durch seine technische zu ersetzen."[1]

Neben diesen eher pessimistischen Varianten einer Techniktheorie werden auch positive Möglichkeiten der Technikentwicklung diskutiert. Der Mensch - vor dem Hintergrund seiner göttlichen Bestimmung - ist nur frei in der Wahl der Probleme, der Erfindungsprozeß selbst vom Erfinder losgelöst. Er stelle lediglich einen Fund dar, indem der Mensch auf den Vorrat der Natur zurückgreift.

> "Sie (die Natur, H.G.R.) ist aber der 'Weiterschöpfung' durch den Menschen zugänglich. Sie gibt die Möglichkeitsgrundlage."[2]

Dennoch sind die Möglichkeiten nicht in das Belieben des Menschen gestellt, sondern die Funde des Menschen stellen quasi Entdeckungen eines bereits vorgefertigten göttlichen Planes dar:

> "In diesem durch die Funde der Forschung sich zwingend auferlegenden Aspekt des Textes von Genesis I. ist dann wirklich das technische Schaffen als Vollzug einer Absicht des Schöpfers, als von Gott gewolltes Tun gerechtfertigt, ethisch bejaht, mit Wert und Würde ausgestattet - freilich auch mit der Verantwortung belastet, die ein solcher Urbefehl auferlegt."[3]

Dieser finale Charakter von Technik ist ein zentrales Element anthropologischer Erklärungsansätze. Zumeist wurde Technik als ein System begriffen, das zur Erreichung von Zielen und Zwecken eingesetzt wird. Gehlen[4] weist darauf hin, daß verschiedene Autoren Theorien entwickelt haben, wonach Werkzeuge und Maschinen wirkungsverstärkende Organverlängerungen bzw. Organprojektionen des Menschen seien. Dort wird der Mensch als Mängelwesen beschrieben, das Ergänzungstechniken entwickelt, um organische Mängel zu beheben.[5] Neben dem Prinzip des Organersatzes existiere auch das Prinzip der Organverstärkung, das

---

1) Jünger, Zitat nach Dessauer 1958, 44
2) Dessauer 1958, 250
3) Dessauer 1958, 250
4) vgl Gehlen 1965, 101 ff.
5) vgl Gehlen 1965, 1o1 ff.

Muskelkraft potenziert, während die Organentlastung dazu dient, die Natur für den Menschen arbeiten zu lassen, ihre Eigenschaften und Gesetze auszunutzen.

> "Zu den ältesten Zeugen menschlicher Werkarbeit gehören in der Tat die Waffen, die als Organe fehlen, und hierher würde auch das Feuer zu rechnen sein, wenn es zuerst dem Wärmeschutz diente. Das wäre das Prinzip des Organersatzes, neben das nun von vornherein die Organentlastung und Organüberbietung treten."[1]

Dieses Verfahren setzt sich als Prinzip ausgehend vom körperlichen Bereich fort und ergreift technisch immer größere Bereiche der Organismen. In immer mehr Lebensbereichen wird Natur ersetzt oder überboten. Ursache für dieses Prinzip ist die Tatsache, daß der Mensch in seiner natürlichen Umwelt lebensunfähig ist, aus Mangel an spezialisierten Organen und Instinkten. Er ist "... gezwungen zu handeln, nämlich die vorgefundenen Naturumstände intelligent zu verändern."[2]

"Das Kunststück eines so riskierten Wesens, sich am Leben zu erhalten, kann in biologischer Hinsicht nur in einer Überbietung und Kompensation seiner Mängelausstattung bestehen ..."[3]

Die Ausbreitung dieses Prinzips hat nach Gehlen durch zwei Ereignisse eine neue Qualität gewonnen:
- die Erschließung neuer Kraftreserven,
- die Synthese von Wissenschaft und Technik,

die zu einer modernen neuen Kultur mit universellem Ausmaß führen:

> "Hier liegt ein sehr wesentliches Motiv des Unbehagens: Wir fühlen wohl, daß das Subjekt der Technik die Menschheit sein wird, nicht einzelne Völker, und daß wir sie noch herumtragen wie zu weite Kleider. Alles aber, was wir an Traditionen und wirksamen Gesinnungen in uns haben, ist regional-kulturell oder

---

1) Gehlen 1954, 150
2) ebenda
3) ebenda

national gefärbt, eine die Menschheit im ganzen umfassende
Solidarethik schwer vorstellbar, geschweige Wirklichkeit."[1]
Auf diese Weise wird zwar die Abhängigkeit von der Natur gemindert,
allerdings entsteht eine neue Abhängigkeit vom industriell gesellschaftlichen Milieu.[2]
Dort besteht die Tendenz, das Organische immer weiter durch das
Anorganische zu ersetzen. Organisch gewachsene Stoffe werden immer
mehr durch Kunststoffe ersetzt. Diese Verdrängung des Organischen hat
seinen Grund darin, "... daß für ein methodisches, rationales und streng
analytisches Erkennen und für die entsprechende experimentierende
Praxis der Bereich der anorganischen Natur der weitaus zugänglichste
ist."[3]
Naturwissenschaft, Technik und Industrie wachsen so zu einer Super-
struktur zusammen. Ihre Prinzipien dringen in alle Bereiche des Lebens
vor:

"Eine praktisch-positivistische Einstellung, wie sie im Sinne
dieses 'Industriesystems' liegt, hat sich daher mit
eindrucksvoller Unbeirrbarkeit auch über die Grenzen jenes
Systems hinaus verbreitet, innerhalb dessen sie entwickelt
worden war, z.B. in die politischen und, in noch weiterem Sinne,
in die zwischenmenschlichen Bereiche hinein."[4]

2.1.2.   Sachgesetzliche Erklärungsansätze

Die Dominanz technisch-naturwissenschaftlicher Prinzipien und ihre
Folgen für die Gesellschaft untersucht auch Schelsky. Er setzt Technik
nicht mehr beim Menschen an, sondern verläßt die Basis der "werkzeughaften Naturbewältigung" und sieht ein "Universalwerden der Technik".
Er unterscheidet drei große Anwendungsgebiete der Technik:
1. die Techniken der Produktion (Erzeugung sachhafter Güter),

---

1)   ebenda, 152

2)   vgl Gehlen 1962, 675

3)   Gehlen 1975, 11

4)   Gehlen 1975, 13

2. die Techniken der Organisation (Methoden der Beherrschung und Erzeugung der sozialen Beziehungen),

3. die Techniken der Veränderung (Beherrschung und Erzeugung des seelischen und geistigen Innenlebens des Menschen).

Die moderne Technik zeichnet sich nach Schelsky durch zwei positive Prinzipien aus:

a) "Die moderne Technik beruht auf der analytischen Zerlegung des Gegenstandes oder der Handlung in ihre letzten Elemente, die in der Natur nicht vorfindbar sind."[1]

b) "Die moderne Technik beruht auf der Synthese dieser Elemente nach dem Prinzip der höchsten Wirksamkeit."[2]

Die Suche nach der maximalen Leistungshöhe steuert den technischen Fortschritt.

Damit, so Schelsky, werden die bisher zureichenden anthropologischen Erklärungen über Technik obsolet:

"Gewiß ist dieses Prinzip des 'Organersatzes', der 'Organentlastung' und der 'Organüberbietung' auch noch in der modernen Technik enthalten, aber es trifft nicht mehr das Wesentliche dieser Technik, weil in ihm immer noch ein Mensch-Welt-Verhältnis vorausgesetzt wird, in dem der Mensch sich mit prinzipiell werkzeughaften Organen der Natur gegenüberfindet, sie bewältigt und ausbeutet. Der entscheidende Umweg des Menschen über den Kopf, oder besser gesagt: über das die Welt analysierende und sie neu synthetisierende Bewußtsein, ist dabei unterschlagen."[3]

Welche Konsequenzen hat nun dieses Prinzip der analytischen Zerlegung und Synthetisierung nach Maßgabe der höchsten Wirksamkeit:

"Jedes technische Problem und jeder technische Erfolg wird unvermeidbar sofort auch ein soziales, ein psychologisches Problem, und zwar in der Art, daß dem Menschen eine Sachgesetzlichkeit, die er selbst in die Welt gesetzt hat, nun als soziale, als seelische Forderung entgegentritt, die ihrerseits gar keine andere Lösung zuläßt als eine technische, eine vom Menschen her geplante und konstruktive, weil die das Wesen der Sache ist, die

---

1) Schelsky 1979, 456

2) ebenda

3) ebenda, 457

es zu bewältigen gilt. Der Mensch löst sich vom Naturzwang ab, um sich seinem eigenen Produktionszwang wiederum zu unterwerfen." [1]

Es sind vor allem die Schlußfolgerungen, die Schelskys Betrachtungen über Technik eine dauerhafte und umfassende Rezeption und Kritik gesichert haben:

"Wir behaupten nun, daß durch die Konstruktion der wissenschaftlich-technischen Zivilisation ein neues Grundverhältnis von Mensch zu Mensch geschaffen wird, in welchem das Herrschaftsverhältnis seine alte persönliche Beziehung der Macht von Personen über Personen verliert, an die Stelle der politischen Normen und Gesetze aber Sachgesetzlichkeiten der wissenschaftlich - technischen Zivilisation treten, die nicht als politische Entscheidungen setzbar und als Gesinnungs- oder Weltanschauungsnormen nicht verstehbar sind. Damit verliert auch die Idee der Demokratie sozusagen ihre klassische Substanz: An die Stelle eines politischen Volkswillens tritt die Sachgesetzlichkeit, die der Mensch als Wissenschaft und Arbeit selbst produziert. Dieser Tatbestand verändert die Grundlagen unserer staatlichen Herrschaft überhaupt; er wandelt die Fundamente der Legitimität, der Regierung als Herrschaft, der Staatsraison, der Beziehung der Staaten untereinander usw." [2]

Technik wird zum beherrschenden Prinzip des politischen Lebens. Die Fähigkeit, das Leben nach anderen als technischen Prinzipien zu organisieren, degeneriert.

"Die moderne Technik bedarf keiner Legitimität; mit ihr 'herrscht' man, weil sie funktioniert und solange sie optimal funktioniert. Sie bedarf auch keiner anderen Entscheidungen als der nach technischen Prinzipien; dieser Staatsmann ist daher gar nicht 'Entscheidender' oder 'Herrschender', sondern Analytiker, Konstrukteur, Planender, Verwirklichender. Politik im Sinne der normativen Willensbildung fällt aus diesem Raum eigentlich

---

1) ebenda, 461
2) ebenda, 465 f.

prinzipiell aus, sie sinkt auf den Rang eines Hilfsmittels für Unvollkommenheiten des 'technischen Staates' herab."[1]

Obwohl Schelsky die anthropologischen Theorien für historisch überholt erklärt, bleibt er ihnen doch verbunden. Das Ingangsetzen der von ihm skizzierten Analyse- und Syntheseprinzipien wird der Gattung Mensch insgesamt zugeschrieben. Auch die Ohnmacht gegenüber der einmal in Gang gesetzten technischen Dynamik und die Notwendigkeit, der Sachzwanglogik zu folgen, gilt immer für den Menschen insgesamt. Wissenschaftlich-technische Entscheidungen können nur effektiv sein. Politische Entscheidungen reduzieren sich dann auf die kontrollierte Verwaltung von Sachnotwendigkeiten.

Diese Thesen haben eine sehr umfangreiche Kritik provoziert[2], dennoch ist die Faszination einer autonomen technischen Entwicklung in Theorie und Praxis weiterhin weit verbreitet. Auch in neueren Diskussionen wird der technische Fortschritt als zwangsläufiges Geschehen interpretiert, das wie ein Naturprozeß abläuft und sich menschlichen Einflußnahmen zu entziehen scheint. Dadurch entsteht der Eindruck, die Menschen seien nicht mehr in der Lage, die technische Entwicklung zu beeinflussen, sondern zum technischen Fortschritt verurteilt:

> "In dieser Sicht ist die Technik, die doch eigentlich ein Instrument in der Hand des Menschen sein sollte, zur alleinmassgeblichen Instanz geworden, und wir befinden uns demnach in der Rolle des Zauberlehrlings, der die Geister, die er rief, nicht mehr zu beherrschen vermag."[3]

Ursache dieser Entwicklung sind also nicht der menschliche Wille, sondern die Prinzipien von Wissenschaft und Technik, denen Schelsky eine dynamisierende Wirkung zuschreibt, und nicht etwa gesellschaftlich dominanten Kräften wie Politik, Kapital, Arbeit.

In diesem Punkt sind Schelsky und Marcuse eng beieinander. Auch Marcuse fragt, ob die (auch von Schelsky gesehenen) neuen Formen der sozialen Kontrolle auf der Basis wissenschaftlich-technischer Rationali-

---

1) ebenda, 469
2) vgl Ropohl 1973; vgl auch Schubert 1981, 16 ff.
3) Rapp 1976, 67 f.

tät oder aus einer spezifisch gesellschaftlichen Anwendung erklärt werden können:

> "Ich bin der Ansicht, daß die allgemeine Richtung, in der sie angewandt wurde, der reinen Wissenschaft bereits innewohnte, als noch keine praktischen Zwecke beabsichtigt waren, und daß der Punkt festgestellt werden kann, an dem theoretische Vernunft in gesellschaftliche Praxis übergeht."[1]

Damit geht der Entwicklung der technischen Organisationen das Erfassen der Natur voraus, unter dem "technologischen Apriori", das die Natur als potentielles Mittel, als Stoff für Kontrolle und Organisation entwirft. Kann man dennoch eine Trennung vornehmen in wahrheitssuchende Naturwissenschaft (reine Wissenschaft) und den Gebrauch und die Anwendung der Naturwissenschaft in der gesellschaftlichen Realität (angewandte Wissenschaft)? Ist Naturwissenschaft neutral und läßt sich diese Annahme auch auf Technik ausdehnen?

> "In Anbetracht des zuinnerst instrumentalistischen Charakters der naturwissenschaftlichen Methode erscheint diese Interpretation unangemessen. Zwischen dem naturwissenschaftlichen Denken und seiner Anwendung, zwischen dem Universum der naturwissenschaftlichen Sprache und dem des alltäglichen Sprechens und Verhaltens scheint eine engere Beziehung zu herrschen - eine Beziehung, worin sich beide unter derselben Logik und Rationalität von Herrschaft bewegen."[2]

Vielmehr erweist sich die naturwissenschaftliche Logik als Legitimation für die Herrschaft von Menschen über Natur und Menschen.

> "Die Prinzipien der modernen Wissenschaft waren a priori so strukturiert, daß sie als begriffliche Instrumente einem Universum sich automatisch vollziehender, produktiver Kontrolle dienen konnten; der theoretische Operationalismus entsprach schließlich dem praktischen. Die wissenschaftliche Methode, die zur stets wirksamer werdenden Naturbeherrschung führte, lieferte dann auch die reinen Begriffe wie die Instrumente zur stets wirksamer werdenden Herrschaft des Menschen über den Menschen vermittels der Naturbeherrschung. Theoretische

---

1) Marcuse 1967, 161
2) Marcuse 1967, 169

Vernunft trat in den Dienst praktischer Vernunft und blieb dabei stets rein und neutral. Die Verschmelzung erwies sich als vorteilhaft für beide. Heute verewigt und erweitert sich die Herrschaft nicht nur vermittels der Technologie, sondern als Technologie, und diese liefert der expansiven politischen Macht, die alle Kulturbereiche in sich aufnimmt, die große Legitimation. In diesem Universum liefert die Technologie auch die große Rationalisierung der Unfreiheit des Menschen und beweist die "technische" Unmöglichkeit, autonom zu sein, sein Leben selbst zu bestimmen. Denn diese Unfreiheit erscheint weder als irrational noch als politisch, sondern vielmehr als Unterwerfung unter den technischen Apparat, der die Bequemlichkeiten des Lebens erweitert und die Arbeitsproduktivität erhöht. Technologische Rationalität schützt auf diese Weise eher die Rechtmäßigkeit von Herrschaft, als daß sie sie abschafft, und der instrumentalistische Horizont der Vernunft eröffnet sich zu einer auf rationale Art   totalitären Gesellschaft."[1]

Indem in Wissenschaft und Technik schon Interessen eingehen und diese Interessen als formell technische Rationalität ausgegeben werden, wird der gesellschaftspolitische Charakter der Technikentwicklung nicht erkannt.

"Denn als 'geronnener Geist' ist die Maschine nicht neutral: technische Vernunft ist die jeweils herrschende gesellschaftliche Vernunft; sie kann in ihrer Struktur selbst verändert werden. Als technische Vernunft kann sie nur zur Technik der Befreiung gemacht werden."[2]

Diese von Marcuse aufgestellten Thesen waren und sind umstritten. Einerseits wird auch innerhalb der kritischen Theorie die Frage gestellt, ob denn überhaupt eine andere als die existierende Technik denkbar ist:

"Dem ist entgegenzuhalten, daß die neuzeitliche Wissenschaft als ein historisch einmaliges Projekt nur aufgefaßt werden könnte, wenn mindestens ein alternativer Entwurf denkbar wäre. Und

---

1)   ebenda, 172 f.
2)   Marcuse 1970, 129

ferner müßte eine alternative Neue Wissenschaft die Definition einer Neuen Technik einschließen. Diese Überlegung ernüchtert, weil Technik, wenn sie überhaupt auf einen Entwurf zurückgeht, offenbar nur auf ein 'Projekt' der Menschengattung insgesamt zurückgeführt werden kann und nicht auf ein historisch überholbares."[1]

Andererseits gilt Marcuse immer noch als einer der wenigen Denker, die die Möglichkeit und Notwendigkeit einer anderen Technik vorgedacht haben und damit als Ausgangspunkt von Überlegungen dienen, wie Technik beschaffen sein müsse, die nicht gleichzeitig auch Herrschaft und Unterdrückung repräsentiert.[2]

2.1.3. Gesellschaftstheoretische Erklärungsansätze

Die beherrschenden Interessen in einer Gesellschaft zu identifizieren, galt und gilt als eine weitere Möglichkeit, Technikentwicklung zu interpretieren. In materialistischen Ansätzen konzentriert sich das Interesse auf die dominanten Interessen von Kapital und Arbeit.[3]

2.1.3.1. Instrumentalisierung der Technik unter ökonomische Kalküle

Hierbei wird zunächst davon ausgegangen, daß Arbeit als produktive Tätigkeit des Menschen die Grundlage allen gesellschaftlichen Lebens ist. Arbeit hat hier in dieser Denktradition zwei Bezüge:
a) den Bezug zur Natur,
b) den Bezug zur Gesellschaft.
In seiner Auseinandersetzung mit Feuerbach kennzeichnet Marx die Produktion von Lebensmitteln als das wesentliche Kriterium, das den Menschen von der Natur unterscheidet.

---

1) Habermas 1974, 55

2) vgl hierzu ausführlich Ullrich 1979, 384 ff.; Wiesenthal 1982

3) auf die diesen Ansätzen zugrunde liegenden kategorialen Bestimmungen kann hier nicht eingegangen werden, vgl ausführlich Roth 1976

"Man kann die Menschen durch das Bewußtsein, durch die
Religion, durch was man sonst will, von den Tieren unterscheiden. Sie selbst fangen an, sich von den Tieren zu unterscheiden,
sobald sie anfangen, ihre Lebensmittel zu produzieren, ein
Schritt, der durch ihre körperliche Organisation bedingt ist.
Indem die Menschen ihre Lebensmittel produzieren, produzieren
sie indirekt ihr materielles Leben selbst."[1]

Diese von Marx als erste geschichtliche Tat des Menschen gedeutete
Erzeugung von Mitteln zur Befriedigung von Bedürfnissen ist die
Grundbedingung der Geschichte, die immer wieder erfüllt werden muß,
um die Menschen am Leben zu erhalten. Dieses erste befriedigte
Bedürfnis und das erworbene Instrument führen zur Befriedigung neuer
Bedürfnisse.

Eine weitere Grundbedingung ist das soziale Verhältnis, das Menschen
eingehen und das, um den menschlichen Bestand zu sichern, in Form der
Familie (im empirischen Sinne) organisiert wird.

Die Produktion des Lebens wird von Marx (und von Neomarxisten) daher
immer als doppeltes Verhältnis interpretiert - einerseits als natürliches
Verhältnis, zum anderen als gesellschaftliches Verhältnis, worunter das
Zusammenwirken mehrerer Individuen verstanden wird:

"Hieraus geht hervor, daß eine bestimmte Produktionsweise oder
industrielle Stufe stets mit einer bestimmten Weise des Zusammenwirkens oder gesellschaftlichen Stufe vereinigt ist, und diese
Weise des Zusammenwirkens ist selbst eine 'Produktivkraft', daß
die Menge der den Menschen zugänglichen Produktivkräfte den
gesellschaftlichen Zustand bedingt und also die 'Geschichte der
Menschheit' stets im Zusammenhänge mit der Geschichte der
Industrie und des Austausches studiert und bearbeitet werden
muß."[2]

Der Mensch eignet sich also die Natur an, um menschliche Bedürfnisse
zu befriedigen; er tritt dieser Natur ebenfalls als Naturkraft gegenüber.
Er setzt Arme, Beine, Kopf, Hände ein und benutzt Arbeitsinstrumente,
Arbeitswerkzeuge oder Arbeitsmittel. Dieses Arbeitsmittel ist ein Produkt
vergangener Arbeit, ein produziertes Produktionsmittel. Diese produzier-

---

1) Marx 1975, 207
2) Marx 1975, 220

ten Produktionsmittel können nur "repotentialisiert" werden mit Hilfe der lebendigen Arbeit.

Die lebendige Arbeit wählt für ein und dieselbe Aufgabe verschiedene Wege und Lösungen in Abhängigkeit von der Beschaffenheit des Gegenstandes und den gesellschaftlichen Bedingungen. Hieraus entstehende Arbeitstechnik in Form von Überlieferungen und Qualifikation stellt dann die gegenständliche Seite der Technologie dar:

> "Technologie als solche ist demnach die Abstraktion dieser Art und Weise, also Wissen und Kenntnis - teils als wissenschaftliche Kenntnis, teils als praktische Erfahrung, die selbst wieder einen Bezug teils auf die lebendige Arbeit, teils auf das Arbeitsmittel hat."[1]

Diese Produktionsmittel geben aber auch Hinweise darauf, welche Beziehungen zwischen Mensch und Natur und welche Beziehungen zwischen den gesellschaftlichen Gruppen bestehen. Nicht was gemacht wird - so Marx - sondern wie es gemacht wird, unterscheidet die ökonomischen Epochen. Produktive Arbeit findet immer in Gesellschaften statt, woraus sich das Problem ihrer fortschreitenden sozialen Organisationen ergibt.

Eine bestimmte Entwicklung der Produktivkräfte erfordert eine adäquate soziale Organisation. In der historischen Entwicklung - so Marx - sind die Menschen jeweils neu bestimmte gesellschaftliche und politische Verhältnisse eingegangen, wenn sie auf neue Weise produktiv tätig wurden.[2] So entsprach das gesellschaftliche Verhältnis des Stammeigentums einer Stufe der Produktion, in der sich die Menschen von Jagd, Viehzucht oder Ackerbau ernährten.

Die Macht über arbeitende Sklaven erfordert neue Formen der sozialen Organisation, wie sie in der antiken Form des Zusammenlebens zutage tritt. Gemeinschaftliches Eigentum und Privateigentum an Produktionsmitteln treten nebeneinander und bilden ein Klassenverhältnis zwischen Bürgern und Sklaven heraus.

Die feudale Gliederung des Grundbesitzes basierte auf einem Gemeinwesen, in dem kleine leibeigene Bauern dem Adel gegenüberstehen, während in den Städten die wachsende Konkurrenz unter kleinen Handwerkern

---

1) Marx 1982, XXII
2) vgl ausführlich Marx 1975, 223 ff.

eine Organisation durch Zünfte herbeiführt und damit ähnlich hierarchische Strukturen entstehen ließen, wie sie auf dem Land vorzufinden waren.

Neue Produktivkräfte entstehen - in der materialistischen Geschichtsauffassung - also immer auf der Grundlage der bestehenden Produktionsweise, geraten allerdings im Laufe ihrer Entwicklung in zunehmenden Widerspruch, und verändern sie schließlich dort, wo die Widersprüche nicht mehr zusammengehalten werden können.

Am Beispiel des Übergangs von der Manufaktur zur Industrie wird dieser Interpretationsvorschlag deutlich. Die Entwicklung der Maschinerie vollzieht sich nach Marx in drei Stadien und verläßt notwendigerweise ihre ursprüngliche materielle Basis:[1]

a) Mit Hilfe einer Triebkraft (z.B. Dampfmaschine) ersetzt eine Maschine den Arbeiter, der ein einzelnes Werkzeug handhabt. Mit Hilfe gleichartiger Werkzeuge kann der Mechanismus massenhaft erzeugt werden.

b) Mit der Anzahl gleichzeitig bewegter Arbeitsmaschinen wächst die Bewegungsmaschine. Der Transmissionsmechanismus wächst zu einem weitläufigen Apparat aus.

c) Ein Maschinensystem tritt auf, wenn der Arbeitsgegenstand eine zusammenhängende Reihe verschiedener Stufenprozesse durchläuft.

Der massenhafte Einsatz von Maschinen, insbesondere aber ihre Kombination zu Maschinensystemen, ist mit der herrschenden Handwerksstruktur und dem Manufaktursystem nicht mehr in Übereinstimmung zu bringen:

"Der Maschinenbetrieb erhob sich also naturwüchsig auf einer ihm unangemessenen materiellen Grundlage. Auf einem gewissen Entwicklungsgrad mußte er diese erst fertig vorgefundne und dann in ihrer alten Form weiter ausgearbeitete Grundlage selbst umwälzen und sich eine seiner eignen Produktionsweise entsprechende neue Basis schaffen. ... auf einer gewissen Entwicklungsstufe geriet die große Industrie auch technisch in Widerstreit mit ihrer handwerks- und manufakturmäßigen Unterlage."[2]

---

1) vgl Marx 1977, 395 ff.
2) Marx 1977, 403

Mit dieser technischen Umwälzung verändern sich auch die allgemeinen Bedingungen des Produktionsprozesses über Kommunikations- und Transportprozesse bis hin zu veränderten Marktprozessen.

In dieser Sichtweise erweist sich damit die Technik als Faktor, der die Widersprüche zwischen Produktivkräften und Produktionsverhältnissen generiert, entwickelt und verschärft sowie Umwälzungen in den verschiedensten Bereichen des gesellschaftlichen Lebens hervorruft.

Was aber bewegt die Technik? In der materialistischen Denkauffassung gilt die Technik dem einzelnen Unternehmen als Mittel, konkurrenzfähig zu bleiben oder mit verbesserten Produktionsmethoden einen Vorsprung zu erarbeiten, der zumindest für eine begrenzte Zeit einen Extramehrwert sichert.[1]

Das Selektionskriterium für die technische Entwicklung wird die der Kapitalverwertungslogik innewohnende Jagd nach Extramehrwert. Wissenschaft, selbst wenn sie Erfindung um Erfindung entdeckt, muß durch das Nadelöhr der Ökonomie.

"Selbst diese 'reine' Naturwissenschaft erhält ja ihren Zweck sowohl wie ihr Material erst durch Handel und Industrie, durch sinnliche Tätigkeit der Menschen."[2]

Und noch drastischer bringt Horkheimer diesen Vorgang auf den Punkt:

"Und wie der Einfluß des Materials auf die Theorie so ist auch die Anwendung der Theorie auf das Material nicht nur ein interszientivischer, sondern zugleich ein gesellschaftlicher Vorgang. Die Beziehung von Hypothesen auf Tatsachen vollzieht sich schließlich nicht in den Köpfen der Gelehrten, sondern in der Industrie."[3]

Die Jagd nach Extramehrwert als entscheidender Impuls für technologische Innovationen beinhaltet eine weitgehende Gleichgültigkeit gegenüber den stofflichen Eigenschaften von Technik und der durch sie bearbeiteten Natur.

Indem nicht mehr die Überwindung konkreter körperlicher Mängel Ziel der Naturbearbeitung ist, sondern ein abstraktes Ziel dominiert, geht die

---

1) vgl ausführlich Kusin 1974
2) Marx 1975, 217
3) Horkheimer 1968, 18

qualitative Begrifflichkeit von Natur verloren, entfernt sich Technik immer mehr von Natur:

> "Ohnehin schon verhält sich die bürgerliche Gesellschaft zum Substrat der Dinge, die ihr Denken und Handeln betreffen, abstrakt. Also bleibt auch ein arbeitendes Substrat der Natur, das an ihr, was sonst Wirkungskraft und Samen genannt worden ist, außer Bezug. Es ist aber dieses Bezugsproblem für jede konkret werdende Technik das dringendste; denn es ist das der technischen Hoffnung selber."[1]

Es ist die Unterscheidung in die technische Funktion der Maschine und ihre gesellschaftliche Aneignung, die Marx ins Bewußtsein bringt, und damit einer Neutralitätsthese Vorschub leistet. Technik wird exogen durch die Kapitalverwertungslogik gesteuert und gegen die Arbeiter eingesetzt. Die Verwertung des in der Maschine konkretisierten Kapitals wird zum dominanten Steuerungsprinzip.

Sowohl der materielle Verschleiß als auch der psychologische Verschleiß (z.B. durch Konkurrenzprodukte) zwingen in dieser Logik zu einer möglichst schnellen Reproduktion des vergegenständlichten Kapitals. Je länger also der Arbeitstag von Mensch und Maschine, umso kürzer ist die Periode der Reproduktion. Grundsätzlich verkürzen Maschinen also die menschliche Arbeitszeit, während sie kapitalistisch angewandt den Arbeitstag verlängern. Grundsätzlich betrachtet erleichtert die Maschine die Arbeit, während sie kapitalistisch angewandt den Reichtum der Produzenten vermehrt:

> "Daher das ökonomische Paradoxon, daß das gewaltigste Mittel zur Verkürzung der Arbeitszeit in das unfehlbarste Mittel umschlägt, alle Lebenszeit des Arbeiters und seiner Familie in disponible Arbeitszeit für die Verwertung des Kapitals zu verwandeln."[2]

Auch bei einem gesetzlich beschränkten Arbeitstag zwingt die Logik der Reproduktion des Kapitals zu Strategien, die die äußere Beschränkung kompensieren. Menschliche Arbeit wird intensiviert. Die Maschinengeschwindigkeit und der Ablauf der Bearbeitungsvorgänge unterstützt die

---

1) Bloch 1967, 779
2) Marx 1977, 430

Vorstellung von der Sachgesetzlichkeit der Maschine, die gleichzeitig auch die Kontrolle der menschlichen Arbeit verobjektiviert. Als Folge dominieren mehr und mehr die vorgedachten und in der Maschinerie konkretisierten Arbeitsabläufe. Die Fähigkeiten von Arbeitern gehen auf die Maschinen über. Arbeit wird nivelliert. Die Virtuosität des Handwerkers verschwindet in nicht mehr dominante Teilgebiete der Industrie. Der Arbeiter selbst wird Teil der Maschine, es verändert sich seine körperliche und geistige Disposition. Nicht der Arbeiter beherrscht den Arbeitsprozeß, sondern scheinbar zwingt die industrielle Arbeit zur Unterordnung unter technische Sachzwänge. Letztes Ziel ist die störungsfreie, d.h. menschenfreie Kombination von Maschinensystemen:

"Sobald die Führung des Werkzeugs der Maschine anheimfällt, erlischt mit dem Gebrauchswert der Tauschwert der Arbeitskraft. Der Arbeiter wird unverkäuflich, wie außer Kurs gesetztes Papiergeld."[1]

2.1.3.2. Technik und Herrschaft

Der Prozeß der kapitalistischen Aneignung von Technik, wie er häufig diesen einschlägigen Marxzitaten entnommen wird, ist von späteren Autoren vertieft worden. Bravermann schlägt vor, Technik zunächst einmal in ihren inneren Zusammenhängen zu betrachten. Zentrales Schlüsselelement in der Entwicklung der Maschinerie ist weder Größe, noch Komplexität, sondern "... die Art, wie ihre Tätigkeit gesteuert wird."[2] Historisch können hierbei nun Entwicklungsstufen unterschieden werden:

a) die Führung des Werkzeugs bleibt vollständig in der Hand des Arbeiters,

b) Kontrolle der Bewegung des Werkzeugs,

c) automatische Abfolge der Arbeitsverrichtungen, die zunächst nicht geändert werden kann,

d) Steuerung der Maschine durch von außerhalb des unmittelbaren Arbeitsmechanismus kommende Informationen.

---

1) ebenda, 454

2) Braverman 1980, 147

Die Betrachtung der Entwicklung von technischen Prinzipien zeigt eine Zunahme der Herrschaft des Menschen über Maschinen durch Beherrschung mechanischer, physikalischer, chemischer und elektronischer Gesetzmäßigkeiten:

Allerdings berücksichtigt die technische Betrachtungsweise nicht, daß der Kontrollaspekt auch eine gesellschaftliche Dimension hat. Adäquat zu den Thesen von Marx, daß die Maschinerie gegen die Arbeiter eingesetzt wird, arbeitet Braverman die Strategien des Managements heraus, mit Hilfe der Technik die Arbeiter zu disziplinieren.

Die Herrschaft über Maschinen eignet sich das Management an, um die Herrschaft der Besitzer und Repräsentanten von Kapital zu sichern.

"Somit hat die Maschinerie im kapitalistischen System, abgesehen von ihrer technischen Funktion der Steigerung der Arbeitsproduktivität - die unter jedem beliebigen Gesellschaftssystem ein Kennzeichen der Maschinerie darstellen würde - außerdem die Aufgabe, die Masse der Arbeiter der Herrschaft über ihre eigene Arbeit zu berauben."[1]

Maschinen bieten dem Management die Möglichkeit, auf mechanischem Wege das zu tun, was sie vorher mit organisatorischen Mitteln geleistet haben. Die Entwicklung der Maschinerie stellt in der gesellschaftlichen Dimension eine Zunahme von Herrschaft und Kontrolle des Managements über den Arbeiter dar.

"Das rein physische Verhältnis nimmt die ihm vom Kapitalismus gegebene gesellschaftliche Form an und beginnt sich selbst zu verändern. Das Ideal, das der Kapitalismus anstrebt, ist die Herrschaft der toten über die lebendige Arbeit."[2]

Die Erklärung der technologischen Entwicklung aus der zunehmenden technischen und gesellschaftlichen Kontrolle des Produktionsprozesses richtet den Blick sehr stark auf den Herrschaftsaspekt, die ökonomische Dimension von Technikentwicklung ist darin zwar enthalten, aber nicht von zentraler Bedeutung.

Edwards[3] relativiert in diesem Punkt die Bedeutung des Kontrollaspektes und deutet dieses Kalkül als ein Prinzip neben anderen. Zunächst

---

1) Braverman 1980, 151

2) ebenda, 177

3) vgl Edwards 1981, 124 ff.

dominiert das Rentabilitätskalkül. Daneben gehen aber offensichtlich weitere Überlegungen in die Entscheidung über Technikentwicklung ein:

- technische Effizienz,
- Kosten der Vorprodukte,
- Einflußnahme des Managements auf die Organisation der Arbeit.

Die Einflußnahme des Managements auf die Kontrolle ist dort am deutlichsten, wo eine präzise technische Festlegung des Arbeitsablaufes und der Arbeitsgeschwindigkeit gelingt. Hier verringert sich der Kontrollaufwand durch Meister und Vorgesetzte, es entsteht der Eindruck eines technologischen Sachzwangs. Auch neuere Technologien wie numerische Steuerung oder Computertechnologien verfeinern das Netz der Kontrolle. Technische Sicherung von Qualitätsstandards ermöglichen zudem eine stärkere Austauschbarkeit, Standardisierung und Entwertung der Qualifikation von Arbeitern.[1]

2.1.3.3. Neutralität der Entstehung von Technik und kapitalistische Anwendung?

Hinter diesem und ähnlichen Erklärungsmustern steht immer implizit die Annahme, daß erst die kapitalistische Anwendung der Technik ihre spezifische Ausprägung determiniert. Oder genauer: Es ist nicht die Technik, die eine Teilung der Arbeit, ihre Kontrolle, ihre Intensifikation nach sich zieht, sondern ihre gesellschaftliche Verwertung:

"Die von der kapitalistischen Anwendung der Maschinerie untrennbaren Widersprüche und Antagonismen existieren nicht, weil sie nicht aus der Maschinerie selbst erwachsen, sondern aus ihrer kapitalistischen Anwendung! Da also die Maschinerie an sich betrachtet die Arbeitszeit verkürzt, während sie kapitalistisch angewandt den Arbeitstag verlängert, an sich die Arbeit erleichtert, kapitalistisch angewandt ihre Intensität steigert, an sich ein Sieg des Menschen über die Naturkraft ist, kapitalistisch angewandt Menschen durch die Naturkraft unterjocht, an sich den Reichtum des Produzenten vermehrt, kapitalistisch

---

1) vgl auch Leisewitz 1984

angewandt ihn verpaupert usw., erklärt der bürgerliche Ökonom
einfach, das Ansichbetrachten der Maschinerie beweise haar-
scharf, daß alle jene handgreiflichen Widersprüche bloßer Schein
der gemeinen Wirklichkeit, aber an sich, also auch in der Theorie
gar nicht vorhanden sind. Er spart sich so alles weitere Kopfzer-
brechen und bürdet seinem Gegner obendrein die Dummheit auf,
nicht die kapitalistische Anwendung der Maschinerie zu be-
kämpfen, sondern die Maschinerie selbst."[1]

Widerstand gegen unerwünschte Technikentwicklung müßte sich - dieser
Argumentation folgend - gegen die gesellschaftliche Aneignung der
Technik durch das Kapital richten. Technik selbst erscheint als
weitgehend neutral. Dahinter steht die Annahme, daß objektive Naturge-
setze sich dem Menschen sukzessive erschließen und vom Kapital in den
Dienst genommen werden. Technik als Realisierung der naturwissenschaftlichen Theorie stellt gleichsam die Nutzung des Wissensvorrates
durch das Kapital dar.

Ist es aber wirklich so, daß der Naturforscher durch Beobachtung und
systematische Beschreibung der Natur, die dort noch unentdeckten
Gesetze hervorholt? Können wir die Geschichte der Naturwissenschaft als
Zunahme der Fähigkeiten von Menschen im Umgang mit der Natur und
ihren Gesetzen begreifen und findet jeweils eine den gesellschaftlichen
Verhältnissen adäquate Aneignung statt?

Zumindest - so Scheibe[2] - zeigt die Geschichte der Naturwissenschaft,
daß die theoretisch rezeptive Aneignung der Natur immer auch Alternativen zuläßt. Theorien (bspw. in der Physik) werden durch Theorien
ersetzt:

"... ein regelmäßiger Begleitumstand der Ersetzung einer Theorie
durch eine andere ist das Auftauchen einer neuen Kontingenz in
dem Sinne, daß ein Teil der alten Theorie als einem Teil der
neuen Theorie korrespondierend aufgefaßt werden kann. Der
neuen Theorie gemäß wird jener Teil zum ersten Male ausdrücklich als etwas anerkannt, das genuine Alternativen zuläßt, nicht

---

1) Marx 1977, 465
2) vgl Scheibe 1985

nur im Sinne von möglichen Veränderungen, sondern ebenso im allgemeineren Sinne von logischen Alternativen."[1]

In der experimentellen Methode der Naturwissenschaft wird deutlich, daß der natürliche Verlauf eines Prozesses unter Bedingungen beobachtet wird, die vorsätzlich durch einen Experimentator herbeigeführt werden und sich vollständig unter seiner Kontrolle befinden. Auch hier zeigt sich, daß in der Variierung der Experimentbedingungen der Prozeß in einen Teil zerfällt, der manipulierbar ist, und in einen Teil, der nicht manipulierbar ist. Die Grenze ist hier oftmals fließend. Kann man vor dem Hintergrund einer möglichen theoretischen wie praktischen Kontingenz von Naturprozessen noch von "Entdecken" im Sinne des Rekonstruierens von Vorhandenem sprechen?

Greiff verneint dies: Nicht das passive Beobachten, sondern das aktive, erzeugende Moment steht im Zentrum der Erkenntnisproduktion. Mathematische Berechenbarkeit und Gesetzmäßigkeiten werden vom Wissenschaftler nicht nur beobachtet, sondern in die Phänomene hineingetragen. Der Wissenschaftler geht von Berechenbarkeit und Kausalität aus und wählt eine bestimmte Form der Begriffsbildung so, daß sich der angenommene Gesetzeszusammenhang einstellt. Dies geschieht im Experiment durch die systematische Beseitigung von Störfaktoren. Die Methodik läuft letztlich darauf hinaus, daß Gesetze (z.B. das Fallgesetz) als gültig unterstellt werden; die in der Natur vorhandenen "Störungen" werden erst im Experiment eliminiert; Zufälligkeiten durch Konstanten ersetzt.[2]

Inkonsistenzen und Unregelmäßigkeiten werden nicht mehr der Natur, sondern der Unvollkommenheit der Experimentalsituation oder der Meßgeräte zugeschrieben. Es besteht also die immerwährende Tendenz, die künstliche Situation zu verfeinern und Kausalität in technischen Anlagen zu optimieren:

"Damit ist der entscheidende Übergang zwischen Wissenschaft und Technik formuliert: Das Resultat des voranschreitenden wissenschaftlichen Erfahrungsprozesses sind nicht nur Erkenntnisse in gedanklicher Form, sondern technische Apparaturen und Ver-

---

1) Scheibe 1985, 4
2) vgl Greiff 1976

fahrensweisen, in denen das Prinzip strenger Regelmäßigkeit künstlich (nahezu) verwirklicht ist."[1]

"In der Technik wird de facto in den Naturphänomenen die exakt kalkulierbare Regelmäßigkeit und Beherrschbarkeit erzeugt, die die Theorie ideell in ihnen vorwegnimmt."[2]

Die Erzeugung der Technik als angewandte Naturwissenschaft ist damit nicht die unvoreingenommene Suche nach Regelmäßigkeiten der natürlichen Abläufe, denn Erzeugung setzt viel stärker eine zweckbestimmte Absicht voraus. Diese Zielstruktur als Ganzes kann nicht losgelöst von der jeweiligen Gesellschaft und den sie beherrschenden Interessen interpretiert werden.[3]

Es gilt also zu untersuchen, ob herrschende Interessen die Entstehung der Technik in einer Weise steuern, die andere als die intendierten Zwecke völlig ausschließen. Die Grundidee ist, daß die exogene Logik - im marxistischen Denken eher auf den Anwendungsfall bezogen - nun auch auf die Entstehung der Technik konzentriert wird und eine alternative Verwendung der kapitalistisch entstandenen Technik weitgehend ausschließt:

"Auch Marxisten haben bis jetzt zu wenig überprüft, ob nicht diesen 'objektiven Sachzwängen' Herrschafts- und Ausbeutungsmotive zugrunde liegen, die in die Sachen 'eingebaut' wurden, ob nicht die kapitalistischen Produktionsverhältnisse in die vorgeblich neutralen Produktivkräfte gleichsam eingedrungen sind und mit ihnen übernommen werden."[4]

Es ist also nur konsequent, wenn Ullrich, der eine strukturelle Affinität zwischen Technik, Wissenschaft und Kapital diagnostiziert[5], ein a priori der Technik generell zurückweist und Technik/Wissenschaft als gesellschaftliches Projekt verstanden wissen will, das als Subsystem der Gesellschaft eine eigene Geschichte, eigene Institutionen und Regeln, eigene Sozialisierungsprozesse besitzt und einer eigenen Entwicklungslogik folgt. Wissenschaft und Technik als komplexes System von allgemei-

---

1) Greiff 1980, 58

2) ebenda

3) vgl hierzu Sohn-Rethel, 1973, 18

4) Ullrich 1979, 53

5) vgl Ullrich 1977, 49 ff.

nen und separierten Interessen wird - wenn auch nicht bruchlos "...
mehr durch Interessen determiniert (...) als durch eine wie immer
bestimmte Objektivität der Natur."[1]

2.1.4.   Akteurtheorien

Was bedeutet es nun, daß bereits die Produktionsverhältnisse - als
herrschende Interessen - in die Technik eingebaut werden.
Heißt dies, daß unter kapitalistischen Bedingungen eine gleichförmige
Technikentwicklung voranschreitet? Heißt dies, daß der wesentliche
Erzeuger und Beweger der Technikentwicklung das Kapital ist und diese
Entwicklung durch Widerstände der Arbeiterbewegung ihre Begrenzung
erfährt? Oder gibt es auch andere gesellschaftliche Kräfte, die Einfluß
auf Technik nehmen?
Es mag generell richtig sein, daß vor dem Hintergrund der kapitalistischen Produktionsweise die Steigerung der Produktivkraft als Basis
der Aufrechterhaltung der kapitalistischen Wirtschaftsstruktur dient.
Dennoch ist dies als alleiniges Erklärungsmuster nicht hinreichend.
Wenn Interessen als für die Technikentwicklung mögliche Begründung
herangezogen werden, kann nicht die Kapitalverwertung als alleiniges
Moment ihrer Entstehung angesehen werden. Es stellt sich die Frage, ob
allein das Kapital, oder nicht auch andere gesellschaftliche Kräfte bei
der Technikentwicklung eine gewichtige Rolle spielen. Weingart nennt als
Beispiel die Rolle des Staates:

> "Da der Staat eine zunehmend aktive Rolle in der Wissenschafts-
> und Technologiepolitik einnimmt, muß unterstellt werden, daß
> technologischer Wandel in wachsendem Maß durch politische
> Ziele, d. h. durch die staatliche Nachfrage, und weniger nur
> durch die Nachfrage kommerzieller Märkte bestimmt wird.
> Aufgrund dieses Sachverhalts läßt sich ein Charakteristikum
> jüngerer großtechnischer Systeme erklären: Diese werden ohne
> allzu große Rücksichtnahme auf ihre öffentliche Akzeptanz
> implementiert. Die Allianz von staatlichen Bürokratien, Inge-
> nieuren und privaten Konzernen, in der letztere als quasi-öffent-

---

1)   ebenda, 435

liche Agenturen operieren, indem sie direkt oder indirekt subventioniert werden, umgeht den Markt und agiert durch das Medium politischer Macht. Infolgedessen kann die Nichtakzeptanz derartiger Technologien durch die Öffentlichkeit ihren Ausdruck nur im politischen Widerstand finden, der zu Legitimationsproblemen mit umfassenden politischen Folgen und nicht nur zu einem Scheitern am Markt führt."[1]

Neuere industriesoziologische Forschungen legen deshalb nahe, den technologische Wandel stärker in Orientierungskomplexen zu untersuchen:

"Die entscheidenden Fragen sind dann: wer sind die Akteure, die technisches Wissen produzieren, in welchen Arten von Gruppen oder 'communities' sind sie organisiert, wie sind sie institutionalisiert, und wie kann man in diesem Rahmen technischen Wandel beschreiben und erklären?"[2]

Auch Rapp[3] identifiziert eine Vielzahl von Einflüssen, wenn es um die Entwicklung von technischen Projekten geht, bspw. staatliche Instanzen und Wirtschaftsmanager. Ebenso sind nach seiner Meinung wirtschaftliche und politische Gesichtspunkte häufig auch mit sozialen, evtl. mit militaristischen Gesichtspunkten verknüpft. Dieses komplexe Geflecht ist nur auf der analytischen Ebene zu trennen, allerdings geben Abstraktionen von der Realität die Möglichkeit, entscheidungstheoretische Modelle aufzustellen, die dann im einzelnen näher untersucht werden können.

Beispielsweise kann ein solches Entscheidungsmodell Hinweise auf die Vorgehensweise und die Bedeutung von Entscheidungsinstanzen geben. So ist es zwar der Ingenieur, der vor dem Hintergrund seines technischen Wissens Technik plant, konstruiert und kontrolliert, in diesem Sinne also darüber entscheidet, welche technischen Möglichkeiten genutzt werden. Allerdings ist ihm die Aufgabenstellung in Form von wirtschaftlichen Vorentscheidungen und Bewertungen vorgegeben. Doch auch die Wirtschaft steht nicht außerhalb der Gesellschaft; sie ist eingebettet in politische Entscheidungsstrukturen.

---

1) Weingart 1982, 129 f.
2) Weingart 1982, 114
3) vgl Rapp 1976, 77 ff.

Die ursprüngliche Aufteilung von technischen Ursachen und sozialen, politischen, ökonomischen Folgen läßt sich deshalb nicht aufrecht erhalten. Da sich der Fokus insbesondere seit der Entwicklung der Mikroelektronik immer mehr von der Maschinen- und Apparatetechnik zur Systemtechnik verschiebt, können Technik und Gesellschaft nicht gegenübergestellt und getrennt behandelt werden. Die Entwicklung der Technik ist als ein historischer Prozeß der Technisierung zu begreifen, "... in dem ökonomische Interessen, politische Machtkonstellationen und kulturelle Wertvorstellungen hineinwirken und gleichzeitig dadurch verändert werden."[1]

Rammert schlägt deshalb vor, Technik in drei Aspekten zu untersuchen:

a) Technisierung als soziale Strategie: Techniken sollen hier als Ergebnis von Technisierungsprozessen untersucht werden. Dies bedeutet: die initiierenden, beteiligten und betroffenen Gruppen als soziale Akteure zu identifizieren, ihre Interessenlagen, ihre Zielsetzungen und Wertvorstellungen herauszufinden, ihre Machtposition, Durchsetzungs- oder Verhinderungsstrategien, ihre Machtressourcen oder Koalitionsbildung zu untersuchen.

b) Technische Entwicklungen sollen als Teil der gesellschaftlichen Evolution untersucht werden. Dies bedeutet: nach dem Grad und der Weise der Ausdifferenzierung und Organisierung technischer Variationsprozesse zu fragen, die Wirkungsweise selektiver Mechanismen z.B. des Marktes, der Marktasymmetrie oder der Hegemonie bestimmter kultureller Werte auf die technische Entwicklung darzustellen, die bei der Institutionalisierung wirkenden Gegensätze zwischen Festlegung technischer Strukturen und Offenhalten für alternative Entwicklungsmöglichkeiten aufzufinden.

c) Entwicklung eines Modells des Zusammenspiels von autonomen Strategien unter Bezug auf gesellschaftlich strukturierte Umweltbereiche. Es wird danach gefragt: welche Strategien durch eine bestimmte Konfiguration unterschiedlicher und gegensätzlicher Interessen den einzelnen Akteuren nahegelegt werden, auf welche Weisen diese Strategien durch ihre beabsichtigten und unbeabsichtigten Wirkungen wieder zu einer Veränderung der

---

1) Rammert 1982a, 36; vgl auch Rammert 1982b; 1982c; 1983a; 1983b

Konfiguration der ökonomischen, politischen und wirtschaftlich-technischen Bedingungen führen.

Rammert folgert, daß weder die Produktivkräfte noch die Produktions-verhältnisse den Gang der gesellschaftlichen Entwicklung allein bestimmen, sondern es gelte die Weise ihrer Verschränkung, der Institutionalisierung der technisch wissenschaftlichen Entwicklung als historisch-gesellschaftliches Projekt, zu rekonstruieren.[1]

Bei Rammert bedeutet das, daß soziale Gruppen Techniken nach ihren Interessen aufgreifen und sozialtechnische Umwälzung durchsetzen.

Im Kapitalismus wird diese Dynamik durch die Strukturen kapitalis-tischer Entwicklung stimuliert und selektiert:

"Sie folgt unter kapitalistischen Produktionsverhältnissen in der Regel den Verlaufsformen, die ihr durch ihre Funktion für den Arbeits- und Verwertungsprozeß und für die gesellschaftliche Reproduktion des Kapitalverhältnisses und der politischen Kräftekonstellationen vorgegeben werden."[2]

Festzuhalten bleibt, daß sich historisch die Entwicklung der Interpreta-tion von Technikentstehung von raum- und zeitübergreifenden Erklä-rungsmustern löst. Ein-Faktor-Erklärungen, die einen Determinismus der Technikentwicklung nach sich ziehen, erweisen sich angesichts der Vielfältigkeit der Entwicklungen als zu eng. In den Vordergrund geraten Interpretationen, die auf jeweilige gesellschaftliche Konstellationen und dominierende Interessen rekurrieren und damit eine gewisse Offenheit in der Technikentstehung voraussetzen.

---

1) vgl Rammert 1982a, 51
2) ebenda, 52

2.2. Die Entwicklung politischer Dimensionen bei der Anwendung neuer Technologien

In dem Kapitel über Technikentstehung wurde deutlich, daß mehrere Determinanten für die Entstehung der Technik verantwortlich gemacht werden und daß unterschiedliche Technikangebote nicht auf eine einzige Strukturlogik bezogen werden können. In diesem Kapitel geht es darum, den Beziehungen zwischen Technik und ihrer Anwendung nachzugehen.

2.2.1. Deterministische Interpretationen

In frühen Untersuchungen der deutschen Industriesoziologie, insbesondere der fünfziger und sechziger Jahre, herrschte eine deutlich positive Grundstimmung im Hinblick auf die potentielle Anwendung von Techniken vor.[1] Untersuchungen an hochtechnisierten Anlagen zeigten, daß nicht nur neue Kooperationsformen die traditionellen Formen von Befehl und Aufsicht ablösten, sondern sich menschliche Arbeit mehr von der direkten Produktion hin zu einer steuernden und überwachenden Tätigkeit entwickelte. Diese allgemein als positiv angesehene Entwicklung brachte eine Verbesserung der Qualifikation, eine höhere technische Sensibilität, mehr Selbstverantwortung und Initiative und auch eine Veränderung in der gesellschaftlichen Position der Arbeiter. Die Unterschiede zu den Angestellten schienen mehr und mehr zu verschwinden. Eine allgemeine Angleichung der Beschäftigtengruppen wurde prognostiziert.

Im Zusammenhang mit der Einführung der elektronischen Datenverarbeitung wurden vergleichbare Ergebnisse im Hinblick auf Arbeitsverhältnisse und soziale Beziehungen auch für den Angestellten- und Verwaltungsbereich identifiziert.

Mit der Studie von Kern/Schumann[2] gerieten eher die negativen Aspekte der Technikanwendung ins Blickfeld der Forschung und der Öffentlichkeit. Die Konsequenzen der Technikanwendung wurden nun nicht mehr durchweg positiv, sondern eher ambivalent betrachtet. Eine generelle

---

1) vgl zum folgenden Lutz 1983
2) vgl Kern/Schumann 1970

Erhöhung der Qualifikation und Autonomie war nach den Untersuchungen von Kern/Schumann nicht wahrscheinlich, vielmehr beobachteten sie einen Prozeß, der als Polarisierungsthese in die Geschichte der deutschen Industriesoziologie eingegangen ist. Danach erfordert im Zuge der sich verbreitenden spezifischen Technikanwendung eine Minderheit von Arbeitsplätzen eine höhere Qualifikation, die Mehrheit der Arbeitsplätze dagegen erfordert an hochtechnisierten Anlagen bzw. Produktionsprozessen eine geringere Qualifikation der Arbeitnehmer. Technik legt dabei bis zu einem gewissen Grade die Aufgaben zwangsläufig fest. Sie bestimmt den Rahmen, innerhalb dessen sich die Arbeitsorganisation betätigen kann. Der Spielraum ist hierbei je nach technischen Gegebenheiten unterschiedlich groß. Diese Spielräume werden allerdings für die Arbeitenden nicht relevant, weil die Nutzung einer eigenen Logik folgt. Das allgemein verbindliche Prinzip möglichst rationeller Produktion in allen Unternehmen schafft eine sehr starke Abhängigkeit zwischen technischem System und Arbeitsorganisation. Auch das Rentabilitätsprinzip erlaubt nur in wenigen Ausnahmefällen Handlungsalternativen, in denen ökonomisch gleiche Möglichkeiten zur Auswahl stehen.[1]

Während die Polarisierungsthese außerhalb der deutschen Industriesoziologie schnelle Verbreitung und Annahme fand und bspw. die bildungs- und berufsbildungspolitische Diskussion sehr stark beeinflußte, wurden innerhalb der deutschen Industriesoziologie die theoretischen und methodischen Grundlagen und Konzepte dieser und folgender Untersuchungen einer kritischen Diskussion unterzogen.[2] Hier lassen sich in Anlehnung an Lutz[3] mehrere Stufen unterscheiden.

Auf der ersten Stufe ging, wie oben angeführt, Technikforschung davon aus, daß die technische Ausgestaltung eines Produktionsprozesses zwingend mit bestimmten Arbeitsformen verbunden sei. In dieser Denkweise war es völlig hinreichend, in den industriellen Arbeitsvollzügen charakteristische Beispiele zu erforschen, um allgemeine Tendenzen der menschlichen Arbeit beschreiben zu können.

Diese Denkhaltung entsprach einer weit verbreiteten Auffassung, wie sie auch in anderen Wissenschaftsdisziplinen diskutiert wurde. Innerhalb der

---

1) vgl Sydow 1985, 324
2) vgl hierzu Sydow 1985, 320 ff.
3) vgl Lutz 1983

Organisationstheorie[1] wird das Verhältnis von Technologie/Organisation vornehmlich im Bereich des Situationsansatzes behandelt. Auch hier geht es darum, Kontextbedingungen zu identifizieren, von denen die Organisationsstruktur abhängig ist. Frühe Ansätze heben vor allem folgende Aspekte hervor:

- die Fertigungstechnologie,
- die Komplexität der Umwelt,
- und die Größe der Organisation.

Entsprechend werden in verschiedenen empirischen Untersuchungen die jeweiligen Einflüsse isoliert und in ihren Auswirkungen auf die Organisationsstruktur untersucht. Bezogen auf die Fertigungstechnologie haben vor allem Untersuchungen auf drei Ebenen stattgefunden:

- Auswirkung der Technologie auf die Organisation,
- Auswirkungen der Technologie auf Abteilungen,
- Auswirkungen der Technologie auf die Arbeit.[2]

Implizit und explizit gingen diese Studien wie in den industriesoziologischen Forschungen davon aus, daß es einen kausalen Zusammenhang zwischen der Technologie und der Organisationsstruktur gibt. Exemplarisch für diese Annahme und ihre empirische Umsetzung ist nach wie vor die empirische Studie von Woodward. Die wichtigsten Ergebnisse sind:

a) Mit der Komplexität der Fertigungstechnologie nimmt die Zahl der Hierarchieebenen zu.

b) Die Leitungsspanne an der Hierarchiespitze steigt mit der Fertigungskomplexität.

c) Die Fertigungstechnologie beeinflußt die Wahl der Koordinationsmechanismen.

d) Die Leitungsspannen des mittleren Managements sind ebenfalls abhängig von der Technologie.

e) Mit der Komplexität der Fertigung verändert sich die Relation von Stellentypen (z.B. produktive Tätigkeit/unterstützende Stellen).

f) Mit höherer Fertigungskomplexität steigt die Zahl der Linieninstanzen und nimmt die Qualifikation der Stelleninhaber zu.

---

1) vgl hierzu Kieser/Kubicek 1983
2) vgl die Übersicht bei Fry 1982, 532 ff.

g) Die durchschnittliche Leitungsspanne der untersten Instanzen-
ebene ist am größten bei Massenfertigung und nimmt bei Einzel-
und Prozeßfertigung ab.

h) Die Zahl der gelernten Arbeiter ist sowohl in der Einzel- als
auch in der Prozeßfertigung höher als in der Massenfertigung.

i) In der Massenfertigung ist ein höherer Formalisierungs- und
Programmierungsgrad sowie eine stärkere Entscheidungszentrali-
sation zu verzeichnen.

j) Während in der Massenfertigung eher Stäbe ausgelagert werden,
nehmen die Experten in der Einzel- und Prozeßfertigung stärker
an der Entscheidungsverantwortung teil.[1]

In einer Reihe von Folgeuntersuchungen sind die Ergebnisse von
Woodward sowohl bestätigt als auch widerlegt worden. In seiner Analyse
stellt Fry fest, daß in den mehr als 100 empirischen Untersuchungen, die
zwischen der Woodward-Studie im Jahre 1965 und dem Jahr 1980
stattgefunden haben, eine beträchtliche Konfusion in der konzeptionellen
Anlage der Forschungsansätze entstanden ist.[2] Es gibt weder einen
einheitlichen theoretischen Bezugsrahmen noch eine einheitliche
Definition von Technik. Auch die Ebenen der Analyse sind deutlich
unterschiedlich. Sie befassen sich z.B. mit dem Technikeinsatz auf
Abteilungsebene, auf Gesamtorganisationsebene, beziehen sich auf
verschiedene Branchen. Die empirischen Untersuchungen verwenden
weiterhin unterschiedliche Meßmethoden und unterschiedliche Methoden
der Datenauswertung. Schon deshalb ist es auch nicht verwunderlich,
daß trotz der intensiven Forschung konsistente Erklärungen oder
konsistente Zusammenhänge weitgehend fehlen:

> "Organizational level research produces inconsistent or weak
> correlations which are due in part to conceptual and methodolo-
> gical problems."[3]

In dem Maße also, wie die empirische Forschung zunahm, zeigten sich
widersprüchliche Tendenzen, die das einfache Schließen von Technikanwendung auf die Organisationsstruktur nicht aufrecht erhalten ließ.

---

1) vgl Kieser 1974, 569 ff., siehe auch Bartölke 1969

2) vgl Fry 1982, 532

3) Gerwin 1979, 78; vgl auch Gerwin 1981; Scott 1986, 282 ff.; Steffens
1980; Ebers 1984

Auch in der Industriesoziologie zeigen sich diese Widersprüche. Belastungsverminderung und Belastungserhöhung, Autonomie und Kontrolle, Qualifikationserhöhung und Dequalifizierung waren Ergebnisse empirischer Forschung, die ein differenziertes Erklärungsraster erforderten. Hierbei wurden zwei Tendenzen insbesondere durch die Forschungen von Altmann/Bechtle[1] herausgearbeitet:

a) Technische Veränderungen im Produktionsprozeß beziehen sich auf einzelne Verrichtungen. Für die Arbeitssituation und Qualifikation ist jedoch die Gesamtheit der Verrichtung verantwortlich. Dieser Zusammenhang ist häufig nicht technisch, sondern arbeitsorganisatorisch vorgegeben. Die jeweiligen Produktionsanlagen können also durchaus mit unterschiedlichen Arbeitsorganisationen effizient betrieben werden.

b) Die Elastizität in der Beziehung zwischen Produktionstechnik und menschlicher Arbeit scheint zuzunehmen. Bei einer Vielzahl von Mechanisierungs- und Automatisierungsprozessen kann durch räumliche Distanz und zeitliche Entkoppelung die Möglichkeit der menschlichen Eingriffe gesteigert werden.

2.2.2.   Die Rolle der Betriebspolitik

Auf der zweiten Stufe der Technikforschung häufen sich Einzelfallstudien, in denen die Rolle betrieblicher Politik stärker in den Mittelpunkt gerückt wird. Vor dem Hintergrund widersprüchlicher empirischer Ergebnisse stellte sich die Frage, wie diese Einzelfallbeschreibungen zu interpretieren sind. Altmann/Bechtle[2] interpretieren betriebliche Strategie so, daß die Betriebe in Verfolgung ökonomischer Ziele technische Innovationen ebenso wie neue Formen der Arbeitsorganisation nutzen, um Veränderungen der Außenbedingungen abzufangen. Der Betrieb verfügt über die Möglichkeit, Probleme, mit denen er konfrontiert wird, so zu transformieren, daß er mit den Instrumenten agieren kann, die für ihn am besten geeignet sind. Die Notwendigkeit, Strategien zu entwerfen, die das Überleben der Unternehmung sichern, führen Altmann/Bechtle auf Turbulenzen in der

---

1)   vgl Altmann/Bechtle 1971
2)   vgl Altmann/Bechtle 1971

Umwelt zurück. Der technische Fortschritt ändert betriebliche Produktionsprozesse, der Wandel sozio-ökonomischer und politisch-ökonomischer Bedingungen schafft neue Voraussetzungen der Produktion und Verteilung, die Verschiebung von Märkten schafft neue Machtverhältnisse, bspw. durch Unternehmenskonzentrationen, internationale Marktverflechtungen:

"Alle diese Prozesse wirken sich als Veränderungszwang für das betriebliche Herrschaftssystem aus. Es ist eine Existenzfrage kapitalistischer Unternehmen, innerbetriebliche und überbetriebliche Strategien zu entwickeln, um unter veränderten sozio-ökonomischen und politisch-ökonomischen Konstellationen die historisch spezifische Zweckrationalität der Organisation kapitalistischer Industriebetriebe zu stabilisieren."[1]

Hierzu werden einmal betriebliche Strategien unterschieden, die insbesondere durch Realisierung des technischen Fortschritts zur Lösung von Stabilisierungs- und Legitimationsproblemen beitragen. Nach außen bezogene Strategien zielen darauf ab, unabhängig von Leistungen zu werden, über die der Betrieb nicht frei verfügen kann. Das treibende Moment dieser Strategien ist die Notwendigkeit, in Auseinandersetzung mit anderen sozialen Gruppen im Rahmen einer bestehenden Gesellschaft Ziele zu realisieren.

"Die kapitalistische Produktionsweise als Ausdrucksform eines spezifischen historischen politisch institutionellen Rahmens ist dadurch charakterisiert, daß die Verwirklichung dieses allgemein gesellschaftlichen Zieles, nämlich die Steigerung der Produktivität der Arbeit, gebunden ist an die Durchsetzung privater Interessen, d.h. an die private Aneignung des Mehrwerts."[2]

Dieser Widerspruch und damit verbundene Irrationalitäten sind aber nur ein Moment gesellschaftlicher Prozesse. Das Abhängigkeitsverhältnis wird dadurch kompliziert, daß sich nicht nur private und allgemeine Interessen gegenüberstehen, sondern daß auch die Privatinteressen gegensätzlich sind. Betriebe tragen diese Gegensätze auf den Märkten und in ihrer Binnenstruktur durch technisch-organisatorische Maßnahmen und die soziale Struktur aus. Betriebliche Strategien sind damit

---

1) Altmann/Bechtle 1971, 14
2) Altmann/Bechtle 1971, 18

darauf ausgerichtet, ökonomische Rentabilität und technische Effizienz sicherzustellen, um Privatinteressen auf den Märkten zu befriedigen und allgemeine gesellschaftliche Bedürfnisse zu befriedigen. Der Betrieb wird hierbei den Beitrag zur Aufrechterhaltung des Systems so gering wie möglich halten. Er bemüht sich deshalb, seinen Handlungsspielraum im Konkurrenzkampf zu vergrößern. Er strebt nach Autonomie gegenüber der Gesellschaft, ohne die institutionellen Rahmenbedingungen zu gefährden. Dabei wird der technische Fortschritt zum allgemeinen Nenner der privaten wie gesellschaftlichen Interessen.

Will man diesen Annahmen folgen, führt die nunmehr differenzierte Erfassung der empirischen Strategien und die damit verbundene Heterogenität der Ergebnisse allerdings dazu, daß "... weder die Verallgemeinerbarkeit noch die gesellschaftspraktische Relevanz von Untersuchungsbefunden a priori als gegeben gelten können, die notwendigerweise auf einzelbetrieblicher Ebene gewonnen wurden."[1]

2.2.3. Neue Produktionskonzepte als Legitimationsgrundlage für die Integration interessenpluralistischer Sichtweisen

Die dritte Stufe der Technikforschung[2] ist geprägt durch die aktuelle Diskussion um die Mikroelektronik. Sie wurde ausgelöst durch die Erfindung des Transistors in den Bell Telephone Laboratorien der Telephongesellschaft ATT, was als wichtiger Ausgangspunkt für die Entwicklung der Mikroelektronik angesehen wird. Der Transistor schaltet und verstärkt elektronische Signale.[3] Die Präzision dieses Transistoreffektes wird maßgeblich bestimmt durch das Halbleitermaterial. Je empfindlicher dieses Material gegenüber äußeren Einflüssen ist, (wie z.B. beim Germanium), um so größer ist die Störanfälligkeit. Die Entdeckung der Eigenschaften von Silizium ist deshalb ein weiterer wesentlicher Schritt zur Diffusion der Mikroelektronik. Die (heute) routinemäßige Züchtung von Silizium ermöglicht die Herstellung von Kristallen, die über eine perfekte räumliche Anordnung von Atomen verfügen, gegenüber

---

1) Lutz 1983, 175

2) vgl Lutz 1983

3) vgl Halfmann 1984; Queisser 1982

äußeren Einflüssen (wie Verformung) resistent bleiben und die Stabilität eines Oxids ermöglicht. Diese Oxidschicht dient einmal zum Schutz des Kristalls, zum anderen der Lokalisierung von Funktionen. Ein nächster entscheidender Schritt war der Ersatz vieler einzelner Transistoren durch einen Schaltkreis. 1958 entwickelte Texas Instruments die erste noch handverdrahtete Laborkonstruktion einer integrierten Schaltung. Diese neue Halbleitertechnik erhöhte die Breite der Anwendungsmöglichkeiten erheblich. Während zunächst vor allem die Militärtechnologie sowohl bei der Entwicklung als auch in der Verwertung dieser Innovation eine erhebliche Rolle spielte[1], ermöglichte dann die weitere Miniaturisierung der Halbleiterprodukte ihren Einsatz in der Investitions- und Konsumgüterindustrie.

Mit dem Bau des Mikroprozessors wurde es möglich, mehrere tausend Transistorfunktionen auf einem Siliziumchip unterzubringen. Hierbei handelt es sich um ein Plättchen von nur wenigen Millimetern Kantenlänge, das Tausende bis Hunderttausende von elektrischen Bauelementen enthält, um Logik-und/oder Speicherfunktionen durchzuführen.[2]

Eine Vielzahl logischer Funktionen konnte nun in einem Paket zu minimalem Preis hergestellt werden. Hinzu kam, daß dieser Mikroprozessor nicht mehr wie bei der Halbleitertechnik fest verdrahtet war, also nach seiner Herstellung nicht verändert werden konnte, vielmehr wurde der Mikroprozessor als programmierbare Schaltung entwickelt. Die freie Wählbarkeit von Funktionen war der Grundstein für eine dezentrale und breite Anwendungsoption. Die Computerindustrie gewann Interesse an einem Halbleitergerät mit frei wählbaren Funktionen. So entwickelte Intel einen Mikroprozessor, in dem ein zentrales Prozeßelement (CPU) mit zwei Speicherchips ausgestattet wurde: einem Nur-Lese-Speicher (ROM) und einem Speicher mit wahlfreiem Zugriff (RAM). Die damit einhergehende Universalisierung verändert die Möglichkeiten der Computerindustrie erheblich.

Es wurden Elastizitätspotentiale erzeugt, die erhebliche ökonomische Konsequenzen haben. Die Anwendungsmöglichkeiten stiegen, je mehr Funktionen auf einem Chip untergebracht werden konnten.[3]

---

1) vgl Sorge 1985, 94 f.; Schiller 1984, 67 ff.; Kubicek/Rolf 1985, 17 ff.
2) vgl Hansen 1986, 33 f.
3) vgl Becker 1984; 1986a, 243; Weinerth 1983

Mit der Steigerung der Leistungsfähigkeit sank gleichzeitig der Preis für Mikroprozessoren, weil die Anzahl der realisierten Funktionen durch Miniaturisierung und Großintegration bei gleichbleibendem und verbessertem Materialbedarf und nur geringfügigem Fertigungsmehraufwand erheblich zugenommen hat.[1] Zum eigentlichen Engpaß wurde eher die Software-Entwicklung, da der Kostenanteil sich im Vergleich zur Hardware stark erhöhte. Je größer das Anwendungsspektrum, umso spezifischer mußte die Software für die jeweiligen Anwendungen entwickelt werden.[2] Däubler schätzt, daß inzwischen in der Bundesrepublik Deutschland jährlich zwischen 5 und 10 Milliarden DM für die Entwicklung von Computerprogrammen aufgewendet werden.[3]

Bei der Erforschung der Anwendung der Mikroelektronik kann man zwei Richtungen unterscheiden. Im Produktionsbereich behandeln Forschungsergebnisse unter Rückgriff auf Konzepte, Annahmen und Ableitungen den Zusammenhang von Technik, Produktionsprozeß und menschlicher Arbeit und versuchen, eine generelle Logik zu identifizieren, in die sich die nicht mehr bestrittene empirische Vielfalt einordnen läßt.[4]

Andere Autoren[5] versuchen, Gruppen von Betrieben mit strukturell gleichartigen Problemlagen und Bedingungskonstellationen zu identifizieren, in denen sich über die betriebsindividuellen Strategien hinaus gleichartige Entwicklungstendenzen erkennen lassen.

Im Bürobereich wird ebenfalls diskutiert, ob sich generelle Entwicklungstendenzen abzeichnen oder ein differenziertes Anwendungsspektrum neuer Technologien zu beobachten ist.

2.2.3.1. Forschungen im Produktionsbereich

Benz-Overhage et al. teilen die Einschätzung, daß eine Analyse der technisch-organisatorischen Entwicklung auch die kontingenten Be-

---

1) vgl Hidden 1979, 21
2) vgl Sorge 1985, 54 f.
3) vgl Däubler 1985, 169
4) vgl z.B. Benz-Overhage et al. 1982b
5) vgl z.B. Kern/Schumann 1984

dingungen dieser Entwicklung in das begriffliche Instrumentarium aufzunehmen und die wechselnden Bedingungskonstellationen zu berücksichtigen hat. Insbesondere vor dem Hintergrund der sich in den verschiedenen Branchen unterschiedlich vollziehenden Ausdehnung neuer Technologien[1] scheint es notwendig, aufzuzeigen, wie sich die Prinzipien der Kapitalverwertung unter wechselnden Bedingungskonstellationen durchsetzen. Allerdings gehen die Autoren nicht davon aus, daß die Theorie der reellen Subsumtion damit auch gleichzeitig ernsthaft betroffen ist:

> "Reelle Subsumtion der Arbeit unter das Kapital meint, in Übereinstimmung mit der ursprünglichen Bedeutung dieses Begriffs bei Karl Marx, daß der Arbeitsprozeß nicht mehr in bloß äußerlicher und mittelbarer Weise für die abstrakten Zwecke der Kapitalverwertung instrumentalisiert wird, wie im Fall der formellen Subsumtion, sondern diesen Zwecken unmittelbar unterworfen wird."[2]

Damit wird angedeutet, daß abstrakte Arbeit zum Organisationsprinzip erhoben wird, so daß "... jedenfalls der Tendenz nach, die 'stofflichen Produktionsbedingungen mit der kapitalistischen Formbestimmung' verschmelzen."[3]

Das grundsätzliche Problem einer Deutung der technologischen Entwicklung auf der Basis eines solchen theoretischen Ansatzes, liegt nach Meinung der Autoren allerdings darin, daß der kategoriale Apparat lediglich grundlegende Strukturmerkmale erfaßt, allerdings kaum geeignet ist, den industriellen Prozeß differenziert zu erfassen. Es werden deshalb vermittelnde Untersuchungsdimensionen entwickelt, die zwischen den abstrakten Kategorien der kapitalistischen Vergesellschaftung und den Erhebungskategorien industriesoziologischer Forschung vermitteln sollen. Hierbei handelt es sich um

- Zeitbestimmung im Arbeitsprozeß,
- Integrationsgrad der Arbeit,
- Abstraktionsgrad der Arbeit,

---

1) vgl Benz-Overhage et al. 1982a
2) Benz-Overhage et al. 1982a, 87
3) ebenda

- quantitatives Gewicht der menschlichen Arbeit.[1]

Vor diesem Hintergrund analysieren die Autoren Automatisierungstendenzen in der Stahlindustrie und Metallverarbeitung. Danach setzen sich unternehmerische Rationalisierungsstrategien durch, die die Produktion integrieren, kontinuisieren und flexibilisieren. Die oben beschriebenen technischen Eigenschaften der Mikroelektronik unterstützen hierbei die zeitökonomische Optimierung der eingesetzten Produktionstechnik und vermitteln bei der Abstimmung von markt- und produktionsökonomischen Anforderungen. Trotz dieser abstrakten, für die meisten Unternehmen gleich einsetzbaren Technik, stößt sie in den Unternehmen auf unterschiedliche Bedingungen.

So erfolgt der Einsatz von Computertechnologien in der Stahlindustrie bspw. primär unter kostenstrukturellen Gesichtspunkten. Hingegen erweisen sich in der Automobil- und elektronischen Industrie die Anpassung der Produktion an Erfordernisse des Marktes als dominante Zielrichtungen. Im Maschinenbau schließlich prägen kürzere Lieferzeiten und ungünstige Produktionsstrukturen die Umorganisation der Fertigungsstrukturen.

"Indem Computertechnologien einerseits unterschiedlich fortgeschrittene Rationalisierungsansätze aufgreifen und vorantreiben, andererseits neue Automatisierungspotentiale eröffnen, und indem ihre Einsatzbedingungen jeweils eine Reaktion auf unterschiedliche Problemkonstellationen der Produktgestaltung darstellen, ergeben sich gravierende Variationen in der Dynamik und in den Verlaufsformen zeitökonomischer Durchdringung der Produktionsprozesse."[2]

Diese Dynamik schließt ein, daß eine völlige Ausschöpfung der Rationalisierungspotentiale dort unterbleibt, wo die Flexibilität der Facharbeiter die Bewältigung ungeplanter Situationen gewährleistet. Diese Dynamik schließt auch ein, daß die industrielle Arbeit sich in den Branchen differenziert entwickelt.

Benz-Overhage et al. deuten die gegenwärtige Entwicklung trotz dieser Differenziertheit als einer spezifischen Logik folgend. Trotz variabler Lösungsmuster involviert die angegebene Entwicklungslogik "... eine

---

1) vgl ebenda
2) Benz-Overhage et al. 1982a, 94

fortschreitende Unterwerfung der lebendigen Arbeit unter den kapitalistisch organisierten Produktionsapparat und wird, wie wir glauben, von der Theorie der reellen Subsumtion in ihrer von revolutionstheoretischen Annahmen bereinigten Version als Theorie kapitalistischer Vergesellschaftung adäquater erfaßt als von Theorien der Produktivkraftentwicklung und Theorien der nachindustriellen bzw. postmodernen Gesellschaft."[1]

Während Autoren, die sich dieser theoretischen Richtung verpflichtet fühlen, in der Entwicklung neuer Technologien eine differenzierte, aber bestimmbare Logik zu entdecken glauben, gehen andere Autoren davon aus, daß diese Logik gerade aus der Empirie nicht zu entnehmen ist. Hartmann kommt in Auseinandersetzung mit der Subsumtionstheorie und auf der Basis eigener Forschungen zu dem Schluß, daß bereits zwischen den Branchen deutlich unterschiedliche Anwendungen neuer Produktionstechniken festzustellen sind, die eine Generalisierung von Entwicklungstendenzen bspw. im Hinblick auf eine Polarisierung nicht erkennen lassen.

So wird nach Untersuchungen Hartmanns[2] in der chemischen Industrie eine Requalifizierung angestrebt, um die kostenintensiven Anlagen mit möglichst wenig Personal zu fahren. Die verbleibenden Arbeitnehmer sollen auf ein Qualifikationsniveau gebracht werden, das eine gegenseitige Unterstützung jederzeit gestattet. In der Automobilindustrie ist hingegen eine Aufgabenintegration zu beobachten, die auf Bemühungen zurückzuführen ist, teure Anlagen optimal auszulasten und kleinere Versorgungs- und Funktionsprobleme durch den Arbeitnehmer vor Ort beheben zu lassen. Auch im Maschinenbau zeichnet sich ab, daß sich Werkstattprogrammierung durchsetzt, weil sie ökonomisch die kostengünstigere Lösung darstellt. Dennoch kann trotz der Dominanz ökonomischer Kalküle nach Meinung Hartmanns nicht von einem sich eindeutig vollziehenden Prozeß gesprochen werden. Vielmehr ist die "... konkrete Form betrieblicher Rationalisierungsmaßnahmen darzustellen als ein in sich widersprüchlicher Prozeß der Klärung und Durchsetzung unter-

---

1) Benz-Overhage et al. 1982a, 98

2) vgl Hartmann 1985

schiedlicher Handlungsstrategien auf seiten der Unternehmungsleitungen wie der Beschäftigten (...)."[1]

In ihren Forschungsarbeiten gehen auch Kern/Schumann[2] davon aus, daß die Entwicklung wesentlich offener ist und je nach politischer und ökonomischer Konstellation unterschiedliche Entwicklungspfade vorhanden sind. In einer ursprünglich als follow up - Studie angelegten empirischen Untersuchung diagnostizieren sie, daß zur Zeit riesige Rationalisierungspotentiale entstehen, die erst in Zukunft voll zum Tragen kommen werden. Durch die Perfektionierung der Mikroelektronik sei eine konsequente Integration verschiedener, früher kaum aufeinander bezogener Rationalisierungsstrategien möglich.

"Gerade dieses durch ganzheitlicheren Zugriff, systematischere Planung und konsequenteren Vollzug gekennzeichnete Rationalisierungsverständnis und das Vorhandensein entsprechender Rationalisierungsinstrumente macht die neue Qualität des heutigen Rationalisierungspotentials der Betriebe aus."[3]

Die Folgen sind Arbeitslosigkeit auf der einen Seite, aber auch Chancen auf der anderen Seite:

"In den industriellen Kernsektoren vollzieht sich vor unseren Augen ein grundlegender Wandel der Produktionskonzepte, in dem das betriebliche Interesse an Ersetzung lebendiger Arbeit und das an Ökonomisierung der Rest-Arbeit auf neue Weise miteinander verschränkt sind." [4]

Die Verknüpfung von Automation und Flexibilität auf der Basis mikroelektronisch gesteuerter Fertigungssysteme bietet die Voraussetzung für einen ganzheitlichen Zugriff, eine systematischere Planung und den Einsatz neuer Rationalisierungsinstrumente. Vor diesem Hintergrund ergibt sich die Notwendigkeit, die Kompetenz der Arbeiter umfassender zu nutzen, Ausbildungsmaßnahmen zu intensivieren und inhaltlich zu reformieren. Es zeichnen sich danach in den Kernindustrien neue

---

1) Hartmann 1985, 288
2) vgl Kern/Schumann 1984
3) Kern/Schumann 1984, 16
4) Kern/Schumann 1984, 19

Produktionskonzepte ab, in denen eine neue Qualität der Arbeitsgestaltung und eine neue Qualität im Umgang mit Arbeitern deutlich werden:
"Statt einer Verfestigung von Arbeitsteilung sahen wir vielerorts ernsthafte Versuche, Arbeitsplätze wieder breiter anzulegen. Statt Qualifikationen verkommen zu lassen, stach vielfach das Bemühen um die umfassendere Nutzung der Kompetenz der Arbeiter ins Auge. Statt Ausbildungsmaßnahmen abzubauen, wurden sie oft intensiviert und inhaltlich reformiert."[1]
Die Zielsetzung der neuen Produktionskonzepte lautet: Automatisierung des Produktionsprozesses gegenüber lebendiger Arbeit durch Technisierung ist kein Wert an sich. Die tayloristische Komprimierung lebendiger Arbeit bringt nicht unbedingt auch immer das wirtschaftliche Optimum. Auch restringierter Zugriff auf Arbeitskraft kann wichtige Produktivitätspotentiale verschenken. Im ganzheitlichen Aufgabenzuschnitt liegen keine Gefahren, sondern Chancen. Qualifikationen und fachliche Souveränität auch der Arbeiter sind Produktivkräfte, die es verstärkt zu nutzen gilt. Dies ist der Generalnenner, auf den Kern/Schumann die Bemühungen um neue Produktionskonzepte in den Kernsektoren der industriellen Fertigung bringen.[2]
Diese Erkenntnis des Managements erlaubt den Arbeitern u.U. die Beteiligung an den Produktionskonzepten. Sie können und werden einen Preis fürs Mitspielen verlangen.

"Statt des Kampfes um alternative Rationalisierung also Kampf um die angemessene Beteiligung an betrieblicher Rationalisierung."[3]

Dies gilt allerdings nur für die Kernsektoren Automobilindustrie, Großchemie und Werkzeugmaschinenbau. Insgesamt zeichnet sich folgende Konstellation ab:
In den Kernsektoren können die Rationalisierungsgewinner mit Gratifikationen und angemessener Beteiligung rechnen. Ihnen stehen die Rationalisierungsdulder gegenüber. Diese Gruppe hat in den Kernsektoren einen traditionellen Arbeitsplatz und ist aufgrund von Gesetzen oder Senioritätsrechten gut geschützt, kommt aber aufgrund demographischer,

---

1) ebenda, 18

2) vgl Kern/Schumann 1984, 19

3) Kern/Schumann 1984, 21

geschlechtsspezifischer oder kultureller Merkmale nicht für einen modernen Arbeitsplatz in Frage.

Die Gruppe der Rationalisierungsverlierer befindet sich entweder in krisenbestimmten Branchen oder ist bereits aus dem Produktionsprozeß ausgeschieden.

"Unter diesem Blickwinkel sehen wir in der Segmentierung gleichsam die moderne Variante der Polarisierung."[1]

Den Übergang von der klassischen Rationalisierung zu modernen Produktionskonzepten bezeichnen Kern/Schumann als Neoindustrialisierung. Er ist gekennzeichnet durch einen neuen Umgang mit der lebendigen Arbeit.

"Dieses Umdenken in Richtung neuer Ansätze der Arbeitsgestaltung, der Ausbildungs- und Personalpolitik sowie des Arbeitseinsatzes erhält um so mehr Anstöße, je mehr neue Technologien Anwendung finden, wie umgekehrt neue Technologien um so breiter eingesetzt werden können, je stärker auch eine entsprechende Arbeitspolitik die Anwendungsvoraussetzungen auf der Arbeitskraftseite verbessert. Insofern besteht zwischen den Technologien und der neuen Arbeitspolitik ein enger Zusammenhang, keinesfalls jedoch geht der Wandel in technologischen Größen auf."[2]

Die empirischen Befunde von Kern/Schumann sind teilweise auf erhebliche Kritik gestoßen.[3] So ist die technologische Entwicklung, insbesondere ihre Richtung, der zur Zeit wohl größte Unsicherheitsfaktor, so daß Prognosen über eine künftige Industriestruktur, die auf der technologischen Basis aufbaut, mit Skepsis zu betrachten sind. Vielmehr ist es abhängig von Interessen der beteiligten Gruppen, welche Produktionskonzepte sich durchsetzen.[4]

Aber auch die Reichweite der technologischen Umstellung und die daraus abgeleiteten gesellschaftspolitischen Schlußfolgerungen werden in ihrer

---

1) Kern/Schumann 1984, 23

2) Kern/Schumann 1984, 24

3) vgl zu den gesellschaftspolitischen Implikationen Fach/Weigel 1986; zur Methode Hobbensiefken 1986

4) vgl Schmidt 1985, 150

Prognosequalität bemängelt.[1] Zur Zeit lassen sich nur für einen kleinen Teil der Beschäftigten die von Kern/Schumann beschriebenen Umstellungsprozesse beobachten. Häufig handelt es sich um erste Ansätze oder Probeläufe, deren quantitative Bedeutung unerheblich ist.[2] Es bleibt umstritten,

> "... welche Chancen die neuen unternehmerischen Konzepte für eine Gestaltung von Produktionsarbeit bieten, in der auf breiterer Ebene Qualifikationen erhalten oder gefördert und Dispositionsspielräume erweitert werden."[3]

Brumlop faßt die Diskussion zusammen:

1. In Anlehnung an Düll[4] wird gefragt, ob die beobachtbaren Veränderungen etwas grundsätzlich Neues darstellen oder einen Formwandel kapitalistischer Rationalisierung beinhalten.

2. Neuere Untersuchungen zeigen, daß verschiedene Formen der Aufgabenerweiterung einhergehen mit Veränderungen der Kontrollformen.[5]

3. Neuartige Konzepte entstehen vor allem dort, wo es entweder sehr spezifische Problemkonstellationen gibt oder wo der Einstieg in eine neue Technologie geprobt wird.

4. Die Tendenz zur Anhebung des Qualifikationsniveaus resultiert zum einen aus der Eliminierung von Restarbeiten, zum anderen aus den Erfordernissen, kapitalintensive Anlagen effektiver zu nutzen.

5. Es besteht die Möglichkeit, daß die Veränderungen eher die Ausnahme darstellen und nicht als flächendeckendes Rationalisierungsmuster greifen.

6. Eine vorwiegend auf die Frage der Qualifizierungspotentiale beschränkte Sichtweise läuft in Gefahr, zu übersehen, daß die neuen Produktionskonzepte auch eine leistungspolitische Komponente haben.

7. Bei den Rationalisierungsgewinnern handelt es sich primär um Gruppen, die ihre Vorteile auf Kosten der anderen Belegschaftsgruppen erzielen.

---

1) vgl die Zusammenfassung von Kern/Schumann 1985b
2) vgl hierzu ausführlich Schmiede/Greiff 1985
3) Brumlop 1987, 243
4) vgl Düll 1985
5) vgl für den CNC-Bereich Manske 1986b

Ob es sich hier allerdings lediglich um ein Hochstilisieren weniger Einzelphänomene zu einem Paradigmawechsel handelt, bleibt offen.[1] Bei aller Vorsicht, die im Prognosebereich angemessen ist, verdichten sich Hinweise auf eine potentielle Veränderungsmöglichkeit industrieller Arbeit, die nicht nur in der Bundesrepublik Deutschland, sondern auch in anderen Ländern Europas und in den Vereinigten Staaten zu beobachten ist. Das Ende der Massenproduktion (so der Titel von Piore/Sabel)[2] signalisiert einen möglichen Wendepunkt der Industriekultur. Adäquat zu den Prognosen wie sie im Rahmen der "neuen Produktionskonzepte" diskutiert werden, wird nicht ausgeschlossen, daß die Industriegesellschaft insgesamt zu Methoden handwerklicher Produktion zurückkehrt. Diese Option einer flexiblen Spezialisierung gründet auf den Annahmen,

- daß der verbreitete Einsatz von Computern flexible Systeme begünstigt,
- daß unter geeigneten Wettbewerbsbedingungen durch Flexibilisierung auf jedem Niveau der technologischen Entwicklung die Leistungsfähigkeit gesteigert wird.[3]

Während die Massenproduktion mit ihrer extremen Arbeitsteilung auf der Ebene der Arbeitsorganisation wenig attraktiv ist, gewinnen die Arbeitsplätze in der flexiblen Spezialisierung erheblich an Qualität. Die häufigen Änderungen im Produktionsprozeß steigern die Qualifikation und Bedeutung des Arbeiters, er findet zu seiner ursprünglichen Funktion zurück.

Welche dieser Optionen sich durchsetzt, oder ob sie beide in einer gemischten Form auftreten, bleibt zunächst eine offene Frage:

- Es ist möglich, daß flexible Spezialisierung und Massenproduktion getrennt voneinander innerhalb einer jeden Industrie einhergehen. Die Produzenten der flexiblen Spezialisierung würden auf längere Sicht die Vorteile der Massenproduktion untergraben.
- Ebenso ist vorstellbar, daß Spezialisierung und Massenproduktion in einer geeinten internationalen Wirtschaft miteinander

---

1) vgl zu dieser Diskussion umfassend Malsch/Seltz 1987; Malsch/Weißbach 1987
2) vgl Piore/Sabel 1985
3) vgl Piore/Sabel 1985, 286 ff.

verbunden werden könnten. U.U. würde die Massenproduktion in den unterentwickelten, Spezialisierung in den entwickelten Industrien verbleiben.[1]

Vor diesem Hintergrund stellt sich die Frage nach der mikroökonomischen Strategie, um im Wettbewerb konkurrenzfähig zu bleiben. Das bislang dominierende Konzept ist nach Brödner[2] dadurch gekennzeichnet, daß aufgrund der Notwendigkeit, schneller, besser und billiger zu produzieren als die Konkurrenz, Produktionskonzepte darauf ausgerichtet sind, Herrschaft über die qualifizierte Arbeit und Transparenz über den Produktionsprozeß zu gewinnen. Der Mensch wird eher als unzuverlässig und ineffizient, eher als Quelle von Störungen betrachtet. Das "technozentrische" Produktionskonzept setzt deshalb in Bereichen an, die dem Einsatz des Rechners am einfachsten zugänglich sind und die größten Rationalisierungseffekte in Aussicht stellen. Auf diesem Wege wird das Wissen und Können der Facharbeiter vergegenständlicht in formalisierte Abläufe, Daten und Programme überführt. Menschen werden auf Restfunktionen zurückgedrängt, ihre Qualifikationen verkümmern. Das Grundproblem dieser Vorgehensweise bleibt allerdings ungelöst. Der Eigensinn von Arbeit ist unauflösbar:

"Jedes Mal, wenn ein Problem gelöst erscheint, tut es sich am Ende in neuer Gestalt wieder auf. Das Grundproblem, das bei dieser Strategie der Lösung bedarf, ist, die Kluft zwischen dem analytischen Modell der Produktion und ihren realen Abläufen zu überwinden. Dazu erweist es sich zunächst immer wieder als notwendig, Zugeständnisse an die Handlungskompetenz der lebendigen Arbeit zu machen, die sich aber auf Dauer mit den erklärten Zielen dieses Produktionskonzeptes nicht vertragen."[3]

Das Dilemma ist damit "vorprogrammiert": in der Fabrik mit hochintegrierten Rechnersystemen müssen neue Produktionsmittel und Verfahrensabläufe erst im Rechnersystem abgebildet werden. Die damit verbundene Zentralisierung ist aufwendig und die Gefahr wächst, daß die Innovationsfähigkeit zurückgeht. Gleichzeitig wächst die Diskrepanz zwischen aufwendiger Planung und konkreter Realisierung. Die Störan-

---

1) vgl ebenda, 307 ff.
2) vgl zum folgenden Brödner 1986a
3) Brödner 1986a, 113 f.

fälligkeit nimmt zu. Vor dem Hintergrund hoher Kapitalintensitäten entsteht die Notwendigkeit, Spezialisten auszubilden, die hoch qualifiziert auf diese Störungen reagieren können:

"So läuft die kostspielige und doch zweifelhafte Entwicklung zur 'mannlosen Fabrik', einst angestoßen mit dem Ziel, von der lebendigen Arbeit unabhängig zu werden, darauf hinaus, daß die rechnerintegrierte Fertigung zu ihrem reibungslosen Funktionieren gleichwohl die qualifizierte Arbeit von Spezialisten benötigt."[1]

Brödner geht davon aus, daß sich diese Widersprüche auf folgenden Ebenen verschärfen:

- Abweichungen von Routinen sind häufiger und für den Erfolg des Unternehmens notwendiger, als das Management glaubt.

- So gerät das Management in die Zwickmühle, entweder Herrschaftsansprüche durchzusetzen und eine Schwächung der Produktivität in Kauf zu nehmen oder mehr Handlungskompetenz zuzugestehen.

- Der Markt verlangt Flexibilität und Lieferbereitschaft, was die Notwendigkeit einer Verringerung der Arbeitsteilung und Offenheit der Produktionsstruktur erfordert.

"Zusammengenommen bilden diese Dilemmata den Grundwiderspruch des technozentrischen Produktionskonzepts: Die Marktverhältnisse erfordern einen flexiblen Produktionsprozeß mit kurzen Durchlaufzeiten, dem jedoch seine arbeitsteilige Struktur zuwiderläuft. Umgekehrt wird der Anspruch auf Transparenz und Kontrolle durch eben diese Arbeitsteilung realisiert, die den Anforderungen der Markt- und Produktionsökonomie entgegensteht. Die Entwicklung hat damit einen Punkt erreicht, wo die Imperative der Herrschaftssicherung mit denen der Kapitalverwertung in Widerspruch geraten. Diesen Widerspruch zu überwinden oder ihm doch wenigstens die Schärfe zu nehmen, kann nur auf der Grundlage eines anderen Produktionskonzeptes gelingen."[2]

---

1) Brödner 1986a, 116
2) Brödner 1986a, 121

Hier entspricht Brödner den Argumentationslinien von Piore/Sabel und Kern/Schumann und plädiert für ein "anderes Produktionskonzept" aus ökonomischen Gründen.

Die Chancen eines solchen Konzeptes sieht Brödner in:

a) Abbau von zentralisierten Planungs- und Steuerungssystemen,
b) bewußte Förderung und Nutzung der menschlichen Antriebe und Fähigkeiten in der Werkstatt,
c) Anwendung möglichst flexibler Betriebsmittel in einer flexiblen Organisation.

Auf diese Weise soll ein Weg gefunden werden, auf der Basis neuer Technologien eine neue Qualität von Arbeit zu realisieren:

> "Hierin deutet sich in der Tat eine grundlegend andere Organisation des Produktionsprozesses, eine andere Funktionsteilung zwischen Mensch und Maschine, eine weitgehende Reintegration zuvor getrennter Aufgaben, kurzum eine Betrachtungsweise an, die die in der lebendigen Arbeit schlummernden produktiven Potenzen wiedererkennt."[1]

Brödners Einschätzungen und Perspektiven korrespondieren mit empirischen Erfahrungen, wonach die Fertigungssteuerung an gewisse Rationalisierungsbarrieren stößt, die unaufhebbar scheinen. Exakte Planung und Steuerung kollidieren mit dem Eigensinn der konkreten Produktion:

- Arbeitsabläufe sind nicht immer exakt und detailliert vorherzubestimmen,
- Vorgabezeiten und gebrauchte Zeiten weichen voneinander ab,
- Marktanforderungen verändern die Planung,
- es treten technische Probleme auf,
- Planungsmängel müssen in der Produktion ausgeglichen werden,
- zu berücksichtigen ist die unterschiedliche Leistungsfähigkeit der Arbeitnehmer,
- begrenzte Verfügbarkeit von qualifizierten Arbeitern.

Aus diesen und weiteren Gründen wird geschlossen, daß der Traum einer Realisierung störungsfreier Umsetzung von Planungsschritten vorläufig nicht zu verwirklichen ist:

---

1) Brödner 1986a, 127; vgl auch Brödner 1987

"Es sind im Kern technische Gründe (die Komplexität des Produkts und die Grenzen technischer Autonomisierung) und Marktgegebenheiten (die Tendenz zur Fertigung je einzelner Problemlösungen), die die zentrale Planbarkeit und Steuerbarkeit der Maschinenproduktion begrenzen. Die Komplexität der Fertigung führt dazu, daß die Betriebe auf die technisch-fachlichen Kompetenzen der Arbeiter - und der Meister, kurz: der Werkstatt insgesamt - ebenso angewiesen bleiben wie auf deren Motivation ..."[1]

Deutlich wird, daß technische Barrieren und ökonomische Zielsetzungen zu neuen Produktionskonzepten führen könnten. Während allerdings bei Benz-Overhage et al.[2] theoretische Schlußfolgerungen dahin gehen, daß die Zielrichtung - auch wenn man eine differenzierte Betrachtung zugrunde legt - die Unterwerfung der menschlichen Arbeit unter das Kapital ist, unterstellen Vertreter neuer Produktionskonzepte nicht nur deutliche Unterschiede zwischen der Massen-, Serien- und Einzelfertigung, sondern auch zwischen verschiedenen Branchen, ohne daß hier eine eindeutige Strukturlogik erkennbar ist.[3]

2.2.3.2. Forschungen im Dienstleistungsbereich

Verschiedene Untersuchungsberichte aus dem Büro- und Verwaltungsbereich weisen auf ähnliche Tendenzen hin, wie sie für den Produktionsbereich aufgezeigt wurden. Auf der Basis einer empirischen Studie zeigen Zaremba/Littek[4], daß der Einsatz von EDV in der Industrieverwaltung begleitet wird von Personaleinsparungen, durch Neuaufteilung des Arbeitsvolumens auf weniger Angestellte. Die Selbständigkeit in der Arbeitseinteilung und der Erledigung zugewiesener Arbeiten wird aber durch den EDV-Einsatz am Arbeitsplatz nicht wesentlich eingeschränkt.[5]

---

1) Manske 1986a, 270
2) vgl Benz-Overhage et al. 1982a
3) vgl Kern/Schumann 1984
4) vgl Zaremba/Littek 1983
5) vgl Zaremba/Littek 1983, 128 ff.

Dies mag für Sachbearbeitertätigkeiten auf einem anspruchsvollen Tätigkeitsniveau zutreffen, wenn EDV als Unterstützung der Sachbearbeitertätigkeit eingesetzt wird. Es erfordert allerdings häufig vor- und nachbereitende Tätigkeiten z. B. der Dateneingabe und -ausgabe, Erledigung von Routinetätigkeiten usw..

Hier - so Gerstenberger[1] - findet eine soziale Segmentierung statt in sog. kreative und untere Angestellte. Deren Arbeitsautonomie wird eingeschränkt, unterliegt stärkeren Normierungen und Kontrollen:

"Solche sozial differenzierenden Einsatzweisen der EDV sichern einen Teil der Sachbearbeiter, und durchaus in deren Interesse, seine relative Position, bringen eine gewisse Übereinstimmung zwischen Titel und Stelle zustande, diskriminieren aber andere Angestellte."[2]

Zu vergleichbaren Ergebnissen kommen Baethge/Oberbeck in ihrer Studie. Während sich ihrer Meinung nach bisher Rationalisierung im Bürobereich auf punktuelle oder einzelfunktionsbezogene Bereiche konzentrierte, geht es nun darum, betriebliche und überbetriebliche Kommunikationsformen miteinander stärker zu verbinden und zu optimieren. Markt und Austauschprozesse sollen organisiert, Kunden, Lieferanten, Klienten sollen in ihren Verhaltensdispositionen und Interessen besser transparent gemacht werden.

"Rationalisierung in den hier behandelten Dienstleistungsbereichen heißt in erster Linie verbesserte Antizipation von Marktentwicklungen und - wo möglich - Erhöhung der Kapazität zur Marktsteuerung, nicht vorrangig Weiterentwicklung von Technik zur Kompensation menschlicher Arbeit."[3]

Natürlich stellt sich die Frage, ob diese neue Qualität von Büroarbeit mit bisherigen Rationalisierungszielen der Taylorisierung geistiger Arbeit übereinstimmt.

Baethge/Oberbeck verneinen dies ausdrücklich. Adäquat zu empirischen Ergebnissen im Bereich der Produktionstechnologie sprechen sie davon,

---

1) vgl Gerstenberger 1983

2) Gerstenberger 1983, 124

3) Baethge/Oberbeck 1986, 22; vgl auch Oberbeck 1986; vgl auch Czech et al. 1983

daß die Integration bisher getrennter Arbeiten sich ökonomisch auszahlt, weil bspw. alle Geschäftsaktivitäten eines Kunden in der Hand eines Sachbearbeiters eine bessere Reaktion auf Kundenwünsche erlaubt. Zwar ist zu erwarten, daß weiter Massenarbeiten abgespalten und auf die Maschine übertragen werden, keinesfalls kann daraus aber eine Taylorisierung der Büroarbeit abgeleitet werden. Vielmehr scheint die Notwendigkeit einer Verbesserung der Information, Kommunikation und Steuerung im Büro auch dann als Ziel beibehalten zu werden, wenn dies mit Kostensteigerungen erkauft werden muß.[1]

Diese Einschätzung findet sich auch in weiteren Forschungsergebnissen. Als ein Ergebnis der Untersuchung von Auswirkungen technisch organisatorischer Veränderungen auf Routinetätigkeiten in Verwaltungen konstatieren Gottschall et al.:

> "Der restriktive Zugriff auf die menschliche Arbeitskraft im Sinne tayloristischer Prinzipien stellt heute nicht mehr den einzigen Weg einer erfolgversprechenden Reorganisation der Verwaltung dar, neue Strategien der Rationalisierung zielen auf der Basis integrierter Arbeitsformen stärker als bisher auf eine umfassendere Nutzung menschlicher Potentiale wie Lernbereitschaft, Flexibilität, Konzentrationsfähigkeit und Eigenverantwortung."[2]

Auch im Büro- und Verwaltungsbereich zeigen sich je nach Branche sehr unterschiedliche Anwendungen der gleichen Informations- und Kommunikationstechnik.[3] So steht in Kreditinstituten das Management häufig vor der Alternative, computergesteuerte oder eine computerunterstützte Kundenberatung zu implementieren. In einem Fall wird auf die Phantasie und Souveränität des Sachbearbeiters, im anderen Fall wird eher auf Steuerung und Kontrolle gesetzt. Besonders in diesem Bereich wird deutlich, wie sehr die Dynamik der betrieblichen Techniknutzung von der Einschätzung zukünftiger Marktentwicklung (was wollen Kunden?) als auch von den entsprechenden Personaleinsatzstrategien abhängig ist. Dabei kann nicht davon ausgegangen werden, daß die Veränderungen in

---

1) vgl Hartmann 1984, 118 f., 271 ff.
2) Gottschall et al. 1985, 198
3) vgl Baethge/Oberbeck 1986, 97 ff.

die gleiche Richtung weisen, vielmehr ist zu vermuten, daß Veränderungen in ganz unterschiedliche Richtungen drängen.

In Versicherungen hat sich der Schwerpunkt der Technikanwendung ständig verschoben. Während Ende der sechziger Jahre EDV-Technologien verstärkt eingesetzt wurden, um Bestände zu verwalten, stand in den siebziger Jahren die Zusammenfassung arbeitsteiliger Prozesse im Vordergrund. Heute gilt als zentrales Problem die Zusammenarbeit von Außendienst und Bestandsverwaltung.

In Industrieverwaltungen steht in der Technikanwendung hingegen die Verbesserung der Steuerung im Vordergrund. Gerade hier ist allerdings angesichts heterogener Produktionsstrukturen auch am wenigsten mit einem schnellen Durchbruch der systemischen Konzepte zu rechnen. Partialinteressen und weit auseinanderliegende bereichsspezifische Arbeitsweisen lassen hier am wenigsten eine Prognose über die konkrete Technikanwendung zu.

In den Kommunalverwaltungen liegt das Schwergewicht nach wie vor in der Automatisierung von Massenvorgängen. Auch hier sind einer oft befürchteten totalen Informatisierung enge Grenzen gesetzt.

Viele Vorgänge müssen aus rechtlichen Gründen im Ergebnis schriftlich festgehalten und mit Unterschrift versehen werden. Datenschutzbestimmungen und Ämtertrennung verhindern einen Transfer zwischen Ämtern. An diesen kurzen Beispielen zeigt sich deutlich, daß eine homogene flächendeckende Implementation auch im Büro- und Verwaltungsbereich bereits auf der Ebene der Branchen kaum zu vermuten ist. Baethge/Oberbeck[1] sprechen deshalb lediglich von Entwicklungslinien:

> "Die erste Entwicklungslinie ergibt sich aus der zunehmenden Abspaltung der innerbetrieblichen Administrationsfunktionen von den marktbezogenen Funktionsbereichen und durch die konsequente Technisierung dieser innerbetrieblichen Abwicklungs-, Prüf- und Dokumentationsaufgaben ..."[2]

---

1) vgl Baethge/Oberbeck 1986, 288 f.

2) Baethge/Oberbeck 1986, 288

"Die zweite Entwicklungslinie (können) wir mit verstärkter Aktualisierung der berufsfachlichen und sozialkommunikativen Kompetenz charakterisieren ..."[1]

Insgesamt wird für den Büro- und Verwaltungsbereich ein gestiegenes Gestaltungspotential festgestellt. Die Gründe lassen sich wie folgt zusammenfassen:

- Von den Akteuren werden laufend neue Entscheidungen über den weiteren Ausbau von Systemen sowie über Veränderungen von betrieblichen und betriebsübergreifenden Abteilungsstrukturen abgefordert.

- In Unternehmen wird eine Verbesserung der Sachbearbeitung möglich.

- Auf der Unternehmensseite gibt es keine einheitlichen Vorstellungen über die Zukunft des Büros.

- Es gibt häufig keine eindeutigen Ökonomiekriterien, so daß auch hier Spielräume bestehen.[2]

Durchaus vergleichbar mit den Forschungen im Produktionsbereich wird damit auf dem Bürosektor, in Abhängigkeit von Anwendungszielen und verschiedenen Branchen, die Entwicklung der Anwendung von Mikroelektronik als weitgehend offen vermutet.

2.2.2.4. Handlungsbezogene Interpretationen als Ergebnis einer Zunahme nichttechnischer Betrachtungsweisen

"Neue Produktionskonzepte", sei es aus dem Produktionsbereich, sei es aus dem Büro- und Verwaltungsbereich, setzen damit weniger auf eine dominante Strukturlogik als auf "Offenheit und Gestaltbarkeit, d.h. das Faktum der noch bestehenden Eingriffschancen."[3]

Die Untersuchung dieser Gestaltungsspielräume setzt allerdings ein sehr viel feineres Analyseinstrumentarium voraus, als es bislang in der Industriesoziologie Verwendung gefunden hat. Neben den klassischen Interpretationsmustern soll den innerbetrieblichen Handlungskonstella-

---

1) ebenda, 289

2) vgl ebenda, 393 ff.

3) Kern/Schumann 1984, 29; kritisch hierzu Benz-Overhage 1986

tionen mehr Aufmerksamkeit geschenkt werden, weil nur so Entstehungs-
zusammenhänge, Ablauf und Resultate der einzelbetrieblichen Rationalisierungsstrategien genauer analysiert werden können.[1]

Diese innerbetrieblichen Handlungskonstellationen sollen das komplexe
Ineinanderwirken unterschiedlicher Einflußgrößen herausarbeiten,
insbesondere bezogen auf

- formale Kompetenzzuweisungen,
- reale Einflußmöglichkeiten,
- Interessen.

Bei diesen innerbetrieblichen Handlungskonstellationen handelt es sich
um keine festen Größen, sondern sie verändern sich je nach Problemdefinition oder Lösungsprocedere. Es wird jeweils die aktuelle Dynamik
von Partialinteressen, Kompetenzen, realen Einflußmöglichkeiten erfaßt
und und es werden die damit verbundenen Durchsetzungs- und Legitima-
tionsnotwendigkeiten gedeutet.

Rationalisierung stellt sich dann dar als Ergebnis betrieblicher
Machtauseinandersetzungen, Interessenmobilisierung und Durchsetzung.

Die Möglichkeiten dieses Ansatzes werden aber nicht nur in der
Erklärungsdimension verortet. Konkret soll er

- die Diskussion um Gestaltungsalternativen auffüllen,
- Interpretationen der Diffusionsprozesse neuer organisatorischer
  und logischer Verfahren ermöglichen,
- "Irrationalitäten" erklären,
- einer "Heroisierung" des Managements entgegenwirken,
- die funktionale Notwendigkeit einer Mitbestimmung durch die
  betroffenen Arbeitskräfte ableiten.[2]

Die offensichtlich mit der Anwendung der Mikroelektronik einhergehende
theoretische Öffnung und Fokussierung auf die betriebliche Ebene bis
hin zu einzelnen Akteuren und ihren Machtrelationen trifft sich
spätestens an dieser Stelle mit anderen Disziplinen, die ihrerseits
Technikanwendung auf der betrieblichen Ebene untersuchen. Eine
interessante "Schnittstelle" stellt die Arbeit von Littek/Heisig[3] dar, in
der unter Rückgriff auf organisationstheoretische Literatur die

---

1) vgl hierzu Weltz 1986
2) vgl Weltz 1986; vgl auch Gottschall et al. 1985
3) vgl Littek/Heisig 1986

Dominanz ökonomischer Kalküle, wie sie in der Industriesoziologie
weiterhin unterstellt wird, bestritten wird:

> "Der tatsächliche Weg, den Gestaltungsverläufe und Reaktionen
> bei technisch-organisatorischen Veränderungen im Betrieb
> nehmen, entsteht aus dem Wechselverhältnis der Handlungen von
> Management und Beschäftigten. Er ist nicht als Ergebnis des
> Kapitalverwertungszwangs eindeutig fixiert."[1]

Die gesellschaftsstrukturellen Kategorien der Industriesoziologie werden
als defizitär angesehen, weil sie dazu verführen, theoretische Überinter-
pretationen zu generieren und eine Annäherung an die Mikroebene
verhindern. Notwendig sei eine Konzentration auf die Konzeption und
Vorgehensweisen des Managements und die darauf bezogenen Verhaltens-
weisen der Beschäftigten. Diese Beobachtung zeige, daß Resultate von
Rationalisierungsprozessen durch wechselseitige Erwartungen und
Handlungsverläufe geprägt werden.

> "Im betrieblichen Handlungskontext setzen sich erfolgreich nur
> solche Rationalisierungskonzeptionen durch, die beide Seiten -
> sowohl relevante Gruppen im Management als auch zentrale
> Beschäftigtengruppen - zufriedenstellen."[2]

Auch Löffler/Sofsky gehen davon aus, daß ein überzogener soziologischer
Objektivismus den Kategorienfehler begeht, Organisationen statt ihren
Mitgliedern Erfahrungen und Handlungen zuzusprechen. Nur der Wechsel
vom strukturanalytischen Determinismus zu einer Handlungsanalyse sei
in der Lage, den sozialen Sinn auszuweisen, aus dem das Handeln der
Menschen verständlich und erklärbar wird.[3]

Auf diese Weise wird ein Dualismus auch innerhalb der industriesoziologischen Technikforschung gepflegt, der in der Organisationstheorie
schon seit vielen Jahren Bestandteil einer Dauerkontroverse ist. Auch
dort wird auf die Existenz von Gestaltungsspielräumen hingewiesen, die
jenseits jedweder Kausalitätsverknüpfung vorhanden sein sollen.[4]

---

1) Littek/Heisig 1986, 238
2) Littek/Heisig 1986, 239
3) vgl Löffler/Sofsky 1986, 12 ff.
4) vgl zum folgenden Bartölke et al. 1986a, 110 ff.

Externe Umweltbedingungen werden z.B. von Child[1] nicht als gegeben hingenommen, sondern innerhalb der Organisation als wähl- und beeinflußbar aufgefaßt. Die Gestaltung des Zusammenhangs von Umwelt (Technik) und Organisation wird als interaktionistische Beziehung verstanden und auf diese Weise als Sachzwang in Frage gestellt. Ins Zentrum dieser und folgender Ansätze und Untersuchungen rücken also die Manager, Akteure, Handelnden.[2] Hinter solchen Ansätzen steht häufig explizit oder implizit eine systemische Vorstellung, wonach Organisationen als weitgehend offener Raum auf Einflüsse von außen reagieren und ihrerseits die Umwelt beeinflussen - und das in vielfältigster Form. Gerade wegen der Vielfältigkeit neigt ein großer Teil der Organisationstheorie dazu, das Verhalten der Mitglieder in den Mittelpunkt zu stellen. Organisationen funktionieren als "Machtspiel". "Spieler" versuchen Einfluß zu nehmen. Die Komposition der Organisation gerät in der Theorie zur Regieanweisung und zur Besetzungsliste. Nach Mintzberg z.B. verfügen Menschen in Organisationen über Machtbasen, bilden Koalitionen und sind Bestandteile von Einflußsystemen. Die Analyse der Machtbasen, Koalitionen, Einflußsysteme soll dann Aufschluß darüber geben, wie verschiedene Einflußsysteme miteinander vereinbart werden können und welche Mechanismen dazu beitragen, daß ein Akteur, eine Koalition oder ein System die Situation dominiert.[3]

Macht gerät damit zur zentralen Schlüsselkategorie für einen Teil der Organisationstheorie, der nach Möglichkeiten und Ursachen für Veränderungen sucht.

> "Ändern sich die Machtpositionen, so ändern sich wahrscheinlich zumeist auch die Diskussionsergebnisse. Daher ist den Autoren zuzustimmen, die die Verfassung bzw. die Machtstruktur der Organisation als den letztlich entscheidenden Bestimmungsfaktor der Organisationsstruktur ansehen (...)."[4]

Auch wenn solchen und ähnlichen Positionen im Grundsatz nicht widersprochen werden kann, erweisen sich derartige Tendenzaussagen als

---

1) vgl Child 1984

2) vgl zu diesen und weiteren Ansätzen Sydow 1985, 368 ff.; Buchanan/Boddy 1983; Schreyögg 1978

3) vgl Mintzberg 1983

4) Kieser/Kubicek 1983, 386

zu allgemein, wenn es um das komplizierte Geflecht von Machtrelationen geht. Die meisten Definitionen gehen davon aus, daß Macht eine Relation darstellt, in der ein Aktor A einen Aktor B in der Weise beeinflussen kann, daß B ausführt, was A wünscht. Definitionen von Macht beschreiben deshalb nicht selten interpersonale Machtrelationen, scheinbar losgelöst von der sie umgebenden gesellschaftlichen Machtstruktur. Aber:

"... power is, first of all, a structural phenomenon, created by the division of labor and departmentation that characterize the specific organization or set of organizations being investigated."[1]

Macht gilt der Organisationstheorie allerdings häufig gerade als Abweichung von der formalen Struktur einer Organisation. Nicht die strukturelle oder institutionelle Macht gerät ins Zentrum der Untersuchungen, sondern von ihnen abweichende Formen der individuellen Macht.[2]

Wenn, so Clegg, fremde Wesen die Literatur - von Ausnahmen abgesehen - sichten würden, um etwas über Organisationen zu erfahren, müßten sie deshalb den Eindruck gewinnen, daß Organisationen nur durch sich ohne Vorgabe vollziehendes Verhalten konstituiert würden. Dort kämpft jeder gegen jeden, um mehr Macht zu erhalten. Implizit wird dabei weitgehend von einer offenen Situation ausgegangen, in der jeder zumindest grundsätzlich die gleiche Chance besitzt, Einfluß zu nehmen. Organisationen werden als sozial konstruierte und von Menschen unterschiedlich beeinflußbare Gebilde interpretiert, in denen Raum für die Definition und Konstruktion von Veränderung ist.

Nun ist unbestritten, daß die soziale Konstruktion von Realität nicht unabhängig vom Verhalten der Menschen verläuft, allerdings ist auffällig, daß sich bestimmte Definitionen von Realität häufen und mit bestimmten Formen der Macht einhergehen oder anders ausgedrückt: Bestimmte Formen der Macht ermöglichen eine spezielle Definition der Realität und bestimmte Formen der Definition von Realität ermöglichen spezielle Formen der Macht. Organisationstheorie vernachlässigt diesen Zusammenhang weitgehend. Sie vernachlässigt vorwiegend die Dimension ökonomischer Macht. Macht ist in wirtschaftlichen Organisationen ein

---

1) Pfeffer 1981, 4
2) vgl Clegg 1979

Ergebnis ökonomischer Bedingungen. Das Management vollzieht auf der Basis ökonomischer Notwendigkeiten Wahlhandlungen. Die Einflußgrößen, die auf diese Wahlhandlungen einwirken, sind keineswegs uniform oder deterministisch, sondern außerordentlich vielfältig und interpretationsfähig. Zu ihnen zählen: politische Stabilität, Gewerkschaften, Arbeitskosten. Entsprechend variieren auch die Strategien des Managements bezüglich des Einsatzes und der Gestaltung von Technologie. Child[1] bspw. interpretiert die Implementierung neuer Technologien in erster Linie als eine Möglichkeit zu größerer Flexibilität von Managementstrategien. Im Rahmen gegebener kapitalistischer Produktionsverhältnisse und unter Berücksichtigung von Kontextfaktoren, wie Produktmarkt, Arbeitsmarkt, technologisches Wissen, variieren Managementstrategien und konzentrieren sich auf ganz unterschiedliche Ziele wie Senkung von Stückkosten, Flexibilität der Produktion, Erhöhung der Qualität, Erhöhung der Kontrolle.

Zwei Punkte sind dabei von Bedeutung:

a) Managementstrategien sind nicht homogen, sondern durchaus unterschiedlich.

b) Das Management konzentriert sich in seinen Strategien nicht ausschließlich und in erster Linie auf die Rationalisierung des Arbeitsprozesses. auch wenn dies im Ergebnis dabei herauskommt.

Die Strategien und die darin enthaltene bzw. ihnen folgende Anwendung neuer Technologien stellen - realistischerweise - eine nicht unerhebliche Vorentscheidung dar. Dennoch scheint es gerade dieser Prozeß und scheinen es gerade die Einflußmöglichkeiten von Akteuren zu sein, die hier die sozialwissenschaftliche Debatte in Gang setzen. Wie sehen die Reaktionen von Arbeitern und ihren Gewerkschaften aus, welchen Einfluß haben das nachgeordnete Management und die Organisationsgestalter? Wie vollzieht sich die Implementation im Arbeitsprozeß, welche Effekte haben Strategie, Technologie auf Steuerung und Qualifikation? Folgt man diesem deskriptiven Ansatz von Child, wird deutlich, daß Einfluß auf die Technologiegestaltung nur auf der Basis einer Reihe von Vorentscheidungen genommen werden kann und - bezogen auf Arbeitnehmer und ihre Vertreter - daß sie nicht die einzigen sind, die in einem

---

1) vgl Child 1985

sehr späten Stadium der Technikgestaltung in ein Spannungsverhältnis wechselseitiger Interessen eintreten.

Offene Modelle der Sozialwissenschaft können nun danach fragen, wie dieses Einflußspektrum erforscht und je nach Intention die Ergebnisse instrumentalisiert werden können.

Der Kreis schließt sich. Gibt es innerhalb der Industriesoziologie Tendenzen und Bestrebungen in der Technikforschung, die betriebliche Ebene bis hin zu ihren vielfältigen Beziehungen innerhalb der Binnenstruktur zu erforschen und stärker Machtrelationen, Handlungen und Verhalten der Arbeitenden interpretatorisch zu berücksichtigen bis hin zur Aufgabe jeglichen strukturellen Verständnisses, neigt ein Teil der Organisationstheorie dazu, Macht als strukturelles Phänomen in ihre Analysen einzubeziehen oder zumindest strukturelle Vorentscheidungen bei der Analyse der innerbetrieblichen Handlungskonstellationen zu berücksichtigen. Die Diskussion in der Erforschung von Technikanwendung dreht sich damit im Kreis von der Struktur zur Handlung und wieder zurück.[1]

2.2.5. Struktur und Handlung als ewiger Kompromiß

Es scheint mir deshalb kein Zufall zu sein, wenn sich in beiden Disziplinen wohlmeinende Vorschläge finden, beides zu berücksichtigen, also Struktur und Handlung in einem Ansatz zu behandeln.[2] Sie folgen dem Hang zur Dichotomie, der in den Sozialwissenschaften insgesamt sehr beliebt zu sein scheint, wie dies Goodman/Kurke[3] zeigen.

Ich möchte deshalb von einer fünften Stufe sprechen, in der nicht nur von einer Konvergenz der theoretischen Systeme gesprochen werden kann, sondern sich das Interesse auf die Ermittlung struktureller und handlungsbezogener Aspekte vor dem Hintergrund divergierender Rationalitäten richtet.

Die technische Optimierung betriebsspezifischer und überbetrieblicher Prozesse als Vergegenständlichung ökonomischer Rationalitäten ist nur

---

1) vgl Ridder 1986b
2) vgl exemplarisch Rammert 1986
3) vgl Goodman/Kurke 1982

eine Seite der Technikgestaltung und -anwendung. Schon früh wurde darüber hinaus die Diskussion um die Anwendung neuer Technologien auch begleitet von parallelen Debatten und Vorschlägen darüber, ob und wie das technische Flexibilitätspotential genutzt werden kann, um mehr Arbeitsqualität zu realisieren.

"Da aus dem Verkäufermarkt entsprechender Automations- und Bürotechniken ein Käufermarkt wird, wird es zunehmend möglich und notwendig, die Erfordernisse der jeweiligen Anwenderorganisationen in Anforderungen an die technische Entwicklung umzusetzen: anstatt sich wie bisher bei Arbeitsplatzgestaltung und Qualifikationsentwicklung dem Sachzwang zu beugen, ist die Akzeptabilität der eingesetzten bzw. zu entwickelnden Technik zu erhöhen."[1]

Abbau von ökonomischen und technischen Sachzwängen, präventive Technikgestaltung, Nutzung von Wahlmöglichkeiten sind die Stichworte, die an Tarifparteien adressiert werden, wenn es darum geht, Akzeptanzbarrieren bei der Anwendung und Verbreitung neuer Technologien herabzusetzen.

Es ist nicht verwunderlich, daß Gewerkschaften und Arbeitnehmervertreter angesichts der immer wieder beschworenen Gestaltungsmöglichkeiten Anwendungen fordern, die nicht nur ökonomischen oder technischen Prämissen geschuldet sind. Auch mit Blick auf die in der Industriesoziologie weit verbreitete Reintegrationsthese werden Forderungen aufgestellt, wie z.B.

- erweiterte Handlungsspielräume,
- Erweiterung der Qualifikation,
- Abbau von Belastungen,
- Anpassung der Arbeitsabläufe an den individuellen Arbeitsrythmus,
- Sicherung der sozialen Kontakte,
- Mitbestimmung.[2]

Darüber hinaus werden zunehmend konkrete Modellvorstellungen entwickelt, beispielsweise zur arbeitnehmerorientierten Gestaltung von PPS-Systemen und der Werkstattprogrammierung. Bemühungen konzen-

---

1) Staudt 1985, 145 f.
2) vgl Bleicher 1985; Janzen 1985

trieren sich demnach darauf, Anforderungen zu definieren, die Arbeitsqualität positiv beeinflussen. Nullmeier/Rödiger[1] zeigen am Beispiel PPS die Gestaltungsoptionen für eine arbeitsorientierte Auslegung dieser Systeme auf. Die technische Gestaltung wird an den Zielen:

- Vermeidung physischer, psychischer und sozialer Beeinträchtigung des Arbeitenden und
- Persönlichkeitsförderung oder Lernrelevanz in der Arbeitstätigkeit orientiert.

Vor diesem Hintergrund werden Anforderungen sowohl an die Hard- als auch an die Software formuliert:

- Zusammenführung von Arbeit,
- Überwindung der Trennung von Planung, Ausführung und Kontrolle,
- Festlegung der Arbeiten, die an den Rechner delegiert werden,
- Gestaltung der Arbeitsmittel,
- Definition der Werkzeuge, die dem Benutzer zur Verfügung stehen sollen,
- Festlegen der Interaktionstechnik etc..

Die technische Gestaltbarkeit des PPS-System erlaubt und zwingt zur präzisen Definition der nichttechnischen Vorgaben,da andernfalls die in das System implementierten Vorgaben als technische Sachzwänge den Gestaltungsspielraum einengen.

"Alle hier skizzierten Entwicklungen intendieren, dem Planenden in der Werkstatt einen möglichst großen Handlungs- und Entscheidungsspielraum zu geben. Damit grenzen sich diese Systeme ebenso wie wir uns gegen Expertensysteme ab, deren Ziel es ist, das Fachwissen einiger weniger Experten allen zugänglich zu machen und ihnen damit Lösungsvorschläge aufzudrängen."[2]

Auch das bekannte Beispiel der Werkstattprogrammierung zeigt diese Handlungsspielräume. Anders als bei der NC Steuerung ist die Trennung von Programmierung und Maschinenbedienung weder zwingend notwendig noch immer wirtschaftlich sinnvoll. Möglich ist die Erhaltung und Erweiterung von Qualifikation und Dispositionsspielräumen in der

---

1) vgl Nullmeyer/Rödiger 1986
2) Nullmeier/ Rödiger 1986, 138

Werkstatt.[1] Durch die Verwendung von Unterprogramm- und Menuetechniken, durch Simulation von Bearbeitungsvorgängen, sollen Gestaltungsspielräume grundsätzlich steigen.

So weist auch Sorge darauf hin, daß die Weiterentwicklung der NC-Technik die Vielfalt möglicher Kombinationen erhöht hat.

Ebenso zeigt Lange[2], daß beide Formen je nach Struktur der Unternehmen und Interessenlagen Vorteile aufweisen.[3]

Vor dem Hintergrund dieser Forschungen wird eine flexiblere Technikgestaltung nicht nur mit variierenden ökonomischen Strategien zusammengebracht, sondern implizit auch die Möglichkeit unterstellt, daß Arbeitnehmer oder ihre Vertreter mehr Einfluß auf die Technikgestaltung nehmen können. Es nehmen deshalb Forschungen zur sozialverträglichen Technikgestaltung zu[4], in denen danach gefragt wird, ob und wie die Arbeitenden und ihre Vertreter Einfluß auf die Technikgestaltung nehmen können.[5]

Vor dem Hintergrund einer möglicherweise komplizierter werdenden betrieblichen Gestaltungssituation schlagen Lutz et al.[6] vor, - differenzierter, als dies in der Vergangenheit erfolgte - die in den Betrieben vorfindlichen Verhältnisse und Bedingungen zu untersuchen und unterscheiden zwei wesentliche Einflußkategorien:

a) Einmal geht es um die wirtschaftlichen und sozialen Rahmenbedingungen, die auf Arbeitsteilung und Qualifikationsstruktur einwirken. Hierbei handelt es sich um Einflüsse der Absatzmärkte der Innovationsstrategien, des Arbeitsmarktes usw..

b) Zum anderen geht es um die gegebenen betrieblichen Strukturen, die im Hinblick auf die Qualifikation der Belegschaft eine erhebliche Rolle spielen.

---

1) vgl Dahmer et al. 1984

2) vgl Lange 1984

3) entsprechende Gestaltungsspielräume werden auch für den Bürobereich exemplarisch demonstriert, vgl Krüger/Nagel 1986; 1987; Wiethold 1987

4) vgl hierzu ausführlich Bartölke et al. 1989 und die dort angegebene Literatur

5) vgl Bartölke et al. 1987

6) vgl Lutz et al. 1984

Damit gewinnen Einzelfallstudien an Bedeutung, in denen danach gefragt wird, wie sich strukturelle und betriebspolitische Bestimmungsfaktoren auf verschiedene Felder der Technikanwendung auswirken.

Schultz-Wild et al.[1] fragen in einer Untersuchung nach dem Zusammenhang von flexiblen Fertigungssystemen und Bestimmungsfaktoren der Arbeitsorganisation. Hierbei wird in Betriebstyp und Implementationsverlauf unterschieden.

Während "Betriebstyp" eher strukturelle Faktoren zu erfassen sucht, wie z. B.

- Größe des Betriebs,
- Stellung im Absatzmarkt,
- Charakteristika des Produktionsprozesses,
- eingesetzte Techniken,
- Formen der Arbeitsteilung und Arbeitsplatzstrukturen,
- Verfügbarkeit von Qualifikationen,
- Ausbaustand des Qualifizierungssystems,

soll die Rekonstruktion der "Implementationsverläufe" betriebliche Einflußfaktoren erfassen, wie z.B.

- Welche Probleme sollen durch Technik gelöst werden?
- Wo setzt die Rationalisierung an?
- Von welchen Abteilungen oder Gruppen wird die Innovation vorangetrieben?
- Welche Einflußmöglichkeiten bestehen für die Vertretung der Arbeitnehmerinteressen, in welche Richtung zielen ggf. Interventionen?[2]

In ihrer sehr detaillierten Fallstudie kommen Schultz-Wild et al. zu dem Schluß, daß ein Modell von Arbeitsorganisation und Personaleinsatz, bei dem jeweils kleinere Gruppen qualifizierter Arbeitskräfte auf der Grundlage flexibler Fertigungsautomatisierung und rechnergestützter Informations- und Steuerungssysteme sich in der Anlagebedienung wechselseitig vertreten und teilweise Kompetenzen, Verantwortlichkeit und Entscheidungsspielräume wieder übernehmen,

---

1) vgl Schultz-Wild et al. 1986
2) vgl ausführlich Schultz-Wild et al. 1986, 152 ff.

"... nur dann eine realistische Verbreitungschance (haben), wenn sie in betriebspolitischer Perspektive mit eindeutigen Vorteilen verbunden sind."[1]

In dem beobachteten Fall wählt das Unternehmen diese Form der Arbeitsorganisation und des Personaleinsatzes, weil auf diese Weise die Fertigungsorganisation effizienter und kostengünstiger ist als mit Hilfe einer konventionellen Fertigungsstruktur. Hierbei scheinen drei Gründe maßgeblich gewesen zu sein:

- Verkürzung von Umrüstzeiten, Vermeidung von Maschinenstillständen,
- rasche Reaktionen auf wechselnde Anforderungen des Absatzmarktes,
- problemlose, schnelle und kostengünstige Bewältigung von Produkt- und Verfahrensinnovationen mittlerer Größenordnung.

Schultz-Wild et al. schlußfolgern:

"Ganz generell scheint damit ein enger Zusammenhang zwischen Flexibilität bei hoher Wirtschaftlichkeit auf der einen Seite, Höhe und Vielseitigkeit der Qualifikation der Fertigungsbelegschäft auf der anderen Seite, zunehmend an Bedeutung zu gewinnen."[2]

Ob allerdings aus solchen Beobachtungen generelle Tendenzen abgeleitet werden können, ist fraglich. Vielmehr ist davon auszugehen, daß die differenzierte Erfassung von strukturellen und betrieblichen Faktoren den Intentionen einer Generalisierung zuwiderlaufen muß.

Die Erfassung der strukturellen und betrieblichen Einflußfaktoren gerät damit in den Mittelpunkt eines Erkenntnisinteresses, das einfache und eindeutige Strukturlogiken nicht mehr akzeptiert. Die systematische Einbeziehung, Aufbereitung und empirische Beobachtung einzelner Determinanten der Technikanwendung wird zum Schlüssel einer forschungspolitischen Reaktion auf die Unübersichtlichkeit der Technikanwendung in Betrieben. Es geht darum "... objektive und subjektive Determinanten des Technologieeinsatzes (zu) unterscheiden, die jeweils

---

1) Schultz-Wild et al. 1986, 540
2) Schultz-Wild et al. 1986, 543

auf unterschiedlichen Ebenen unternehmerischer Entscheidung wirksam werden und auf je spezifische Weise interferieren..."[1]

Je nach Forschungsschwerpunkt und Differenzierungsvermögen weitet sich nun der Katalog der Determinanten aus wie bspw. bei Hoß et al.:[2]

- die stofflichen Voraussetzungen der Produktion,
- die ökonomische Situation der Branche des Unternehmens, des Betriebes,
- die Struktur der Arbeitskraft,
- die Managementphilosophien,
- "bargaining"-Strategien von Belegschaften, Betriebsräten und Gewerkschaftsvertretern.

Das dieser Denkweise entsprechende Angebot, Strukturvariablen und Handlungsvariablen zu berücksichtigen, kommt auf organisationstheoretischer Seite von Küpper/Ortmann.[3] Ihr mikropolitischer Ansatz soll auf der Basis der Forschungen von Crozier/Friedberg[4] die Spannung zwischen Struktur und Handlung und damit zwischen Macht und Ökonomie in Bewegung bringen. Explizit wird dabei Bezug genommen auf das Verhältnis von Informatisierung und Macht, auf die Politikhaftigkeit des Betriebes im Sinne machtpolitischer Auseinandersetzungen. Der Reiz dieses Ansatzes von Crozier/Friedberg liegt offensichtlich in dem Umstand, daß weder der Einfluß von Strukturen noch der Freiraum der Akteure geleugnet wird:

"Systeme sind keine fleischlosen Gebilde von Rollen, Funktionen und Informationsströmen. Sie bestehen und entwickeln sich nur über und durch die ihnen angehörigen Individuen und Gruppen, d.h. die sozialen Akteure, die allein sie tragen und ihnen Leben geben und die allein sie ändern können. Soziale Akteure ihrerseits existieren nicht im luftleeren Raum. Ihr Handeln findet immer in Systemen statt, aus denen sie ihre Ressourcen beziehen, die aber zugleich die ihnen verfügbare Freiheit und Rationalität umschreiben. Akteur und System können also nicht voneinander getrennt betrachtet werden. Sie bilden die zwei zwar

---

1) Hoß et al. 1985, 17 f.
2) vgl Hoß et al 1985
3) vgl Küpper/Ortmann 1986
4) vgl Crozier/Friedberg 1979

gegensätzlichen, aber untrennbar miteinander verbundenen und sich gegenseitig bedingenden Pole des sozialen Lebens."[1]

Die Erforschung der materiellen Problemstrukturen und der sozialen Strukturierung der Handlungsfelder führt zur Machtanalyse[2], die Mikropolitik im Sinne von Küpper/Ortmann zu ihrem Zentrum macht. Das Verhältnis zwischen Macht und Organisation soll um die zentralen Begriffe Macht, Strategie, Rationalität und Kultur kreisen.[3]

---

1) Crozier/Friedberg 1979, 3
2) vgl ebenda, 49 ff.
3) vgl Küpper/Ortmann 1986, 597

2.3. Zusammenfassung

Technikentstehung wurde und wird innerhalb der Technikphilosophie, Politischen Ökonomie und Industriesoziologie auf dominante Prinzipien zurückgeführt. Am Beispiel der anthropologischen, sachgesetzlichen und gesellschaftstheoretischen Entwicklungslogik wurde gezeigt, daß diesen Ansätzen Prinzipien zugrunde gelegt werden, wonach Entstehung und Diffusion von Technik kaum beeinflußbar sind.

In anthropologischen Ansätzen wird als Prinzip der finale Charakter von Technik zunächst auf körperliche Mängel bezogen. Der Mensch muß seine Organe ergänzen, verstärken, entlasten oder überbieten, um überlebensfähig bleiben zu können.
Die körperlichen Mängel werden durch diese Techniken ausgeglichen und überboten. Im Zuge dieser Kompensationen kann die Technikentstehung durch dieses Prinzip erklärt werden.
Mit der Ablösung der Abhängigkeit gegenüber der Natur wird darüber hinaus die Möglichkeit erschlossen, dieses Prinzip auf immer neue Anwendungsfelder zu beziehen. Natur wird in vielen Bereichen überflüssig. Allerdings wächst nun eine neue Abhängigkeit heran. Technikentstehung wird abhängig vom Zusammenspiel von Naturwissenschaft, Technik und Industrie, die ein industrielles Milieu darstellen. Einmal in Gang gesetzt, bewirken Prinzipien, die ursprünglich der Kompensation körperlicher Mängel final entsprachen, eine Ersetzung des Organischen durch das Künstliche.
In einem weiteren Denkansatz löst sich Technik aus dem unmittelbaren Bezug zum Menschen und wird universal. Technikentstehung wird hier nicht mehr auf die Kompensation körperlicher Mängel bezogen, sondern ein weiteres Prinzip wird dominant. Technik wird interpretiert als Ausfluß der Suche des Menschen nach dem Prinzip der höchsten Wirksamkeit. Zu diesem Zweck analysiert und synthetisiert der Mensch nicht nur die Natur, sondern auch den sozialen und politischen Bereich. Er schafft sich auf diese Weise ein System von Sachzwängen und unterwirft sich einem Produktionskomplex, in dem die Suche nach der maximalen Leistungshöhe die technische Entwicklung steuert. Dieses Prinzip der Effizienz wird in diesen Denkansätzen nicht als etwas dem

Menschen aufgezwungenes interpretiert, sondern als Phänomen verstanden, daß die Fortschrittssuche immer schon beinhaltete.

Die Prinzipien der Wissenschaft, insbesondere der Naturwissenschaft erweisen sich dem Prinzip der Effizienz als verwandt. Dieser enge Zusammenhang zwischen der Verfolgung dieser Prinzipien und ihrer Anwendung in der Praxis erlaubt dann, die Herrschaft über die Natur mit der Herrschaft über den Menschen so zu verbinden, daß diese Herrschaft als technischer Sachzwang erscheint.

Auch in materialistischen Ansätzen werden die Prinzipen der Naturaneignung und der Effizienz in ihrer Bedeutung erkannt, sie werden allerdings nicht als die herrschenden Prinzipien identifiziert. Der Mensch eignet sich die Natur an, um körperliche Bedürfnisse zu befriedigen und er wählt dazu verschiedene Wege, die sich als Technik, Wissenschaft oder praktische Erfahrung niederschlagen. Auf diese Weise kann man die Entwicklung der Technik als Zunahme der Beherrschung von Natur oder als Zunahme der Beherrschung der Steuerung von Maschinen verstehen. Allerdings wird in diesem Denkansatz die Frage nach dem Prinzip von Technikentstehung nicht losgelöst von der sozialen Organisationsform diskutiert. In der gegenwärtigen Epoche wird Technik eingesetzt, um Produktionsmethoden zu verbessern und zwar dort, wo es gelingt, Extramehrwert zu realisieren. Steuerungsprinzip für Technikentstehung, -gestaltung und -anwendung ist hier die Möglichkeit, über die Technik Kapital zu verwerten. Daraus folgen spezifische Technikanwendungen, die unmittelbar auch die sozialen Formen des Zusammenlebens beeinflussen, bspw. Objektivierung der Kontrolle durch Maschinen, d.h. die soziale Kontrolle durch Meister und Vorgesetzte wird durch technische Kontrolleinrichtungen ersetzt, Arbeiter durch technische Zwänge diszipliniert.

Diese und andere Ansätze beschreiben zutreffend für die jeweilige historische Epoche den dominanten Teil der beobachtbaren Entwicklung. Der Wandel vom Organischen zum Künstlichen, die Gestaltung vieler Bereiche der Gesellschaft nach technischen Prinzipien, der Einsatz von Maschinerie, um Arbeiter zu ersetzen und die verbleibenden zu kontrollieren, waren zeitweise dominant und wurden überlagert, ohne daß die alten Prinzipien deswegen völlig an Bedeutung verloren haben.

Gemeinsam ist diesen Ansätzen, daß sie ein Strukturprinzip für die Entstehung von Technik verantwortlich machen. Darüber hinaus besteht die Annahme, daß dieses jeweilige Prinzip auch seine jeweiligen Konsequenzen in sich birgt. Die Variation von Anwendungsmöglichkeiten der Technik erscheint damit begrenzt. Das Nachdenken über Anwendung von Technik erscheint vor dem Hintergrund strukturlogischer Ansätze weitgehend entbehrlich.

Diese Annahmen sind zwar plausibel, treffen allerdings nur je einen Teil von Technikentstehung. Neuere Ansätze gehen davon aus, daß die Komplexität der Technikentstehung zugenommen hat und deshalb nicht mehr nur auf ein Prinzip zurückgeführt werden kann. Neuere Forschungen zur Entstehung von Technik sprechen insbesondere im Zusammenhang mit der Entstehung und Diffusion von Mikroelektronik von einem Entstehungsbündel. Wenn aber unterschiedliche Entstehungsgründe identifiziert werden können, stellt sich die Frage nach einem Bedeutungsverlust von ursprünglich dominanten Prinzipien. Vor diesem Hintergrund konzentrieren sich neuere Forschungen stärker auf Interdependenzen, Rückwirkungen und variierende Entstehungsgründe. Genommen wird der Technik damit der mystische Charakter. Sie erscheint als das, was sie ist: Verdinglichung einer Vielzahl von Interessen, Entwicklungen, Verzweigungen, deren dominantes Prinzip jeweils neu festzustellen ist:

> "Man kann nur sagen, daß nicht ein einziger Zug allein die Technik, das Wesen der Technik kennzeichnet, daß eine Ein-Faktor-Theorie der Technik und ihrer Zusammenhänge mit anderen Lebensbereichen nicht zu vertreten ist und daß alle globalen Wesensaussagen über die Technik zu stark vergröbern und verzerren, um die Vielfalt des Technischen angemessen beschreiben zu können."[1]

Auch bezogen auf Mikroelektronik ist jeder dieser Erklärungsansätze partiell anwendbar. Es wird deutlich, daß mehrere Determinanten auf die Entstehung von Technik bezogen werden, daß unterschiedliche Technikangebote nicht auf eine Strukturlogik zurückgeführt werden können. Wenn in jüngerer Zeit bezogen auf Mikroelektronik unterschiedliche Entstehungsgründe und Entwicklungsrichtungen festgestellt werden, kann es sein, daß die für diese Technik dominanten Prinzipien noch nicht

---

1) Lenk 1982, 21 f.

erforscht wurden, es kann aber auch sein, daß um die dominanten Prinzipien noch gerungen wird.

Der Offenheit in den Entstehungsgründen neuer Technologien entspricht die weitverbreitete Auffassung einer Zunahme von Varianz in der Technikanwendung. Man ging auf einer ersten Stufe in mehreren Wissenschaftsdisziplinen von einer kausalen Beziehung zwischen konkreter Technik und ihren Anwendungen aus. Eventuell vorhandene technische Anwendungsspielräume konnten nicht greifen, weil das Prinzip einer rationalen Produktion die Unternehmen zu einer weitgehend gleichartigen Anwendung nach Maßgabe der Konkurrenz zwingt. Der Zusammenhang zwischen Technik und Arbeitsformen konnte auf dieser kausalen Basis an exemplarischen Beispielen demonstriert werden. Handlungsspielräume, die eine Varianz in der Anwendung erlaubten, wurden auf diesem Wege kaum identifiziert.

Auch innerhalb der Organisationstheorie ging man auf der Basis empirischer Forschungen davon aus, daß es kausale Zusammenhänge zwischen Technik und ihren jeweiligen Anwendungsgebieten gibt. Allerdings häufte sich die Kritik an den Meß- und Auswertungsmethoden und mit zunehmender empirischer Forschung wurden differenziertere Ergebnisse erhoben, die einen kausalen Zusammenhang zwischen Technik und ihrer Anwendung in Zweifel zogen. Ins Blickfeld der Forschung geriet die Rolle der betrieblichen Strategie. Danach wird Technik durchaus differenziert eingesetzt, um das Überleben der Betriebe zu sichern. Dabei sind sie nicht autonom, sondern divergierende Interessen erfordern jeweils spezifische Strategien bei der Anwendung von Technik. Insbesondere seit dem Vordringen der Mikroelektronik wird z.B. in der Industriesoziologie die Einschätzung vertreten, daß sich die Anwendung dieser Technik unter wechselnden Bedingungskonstellationen je nach Branche oder Betrieb unterschiedlich darstellt. Dennoch bleibt weiterhin strittig, ob die Anwendung neuer Technologien einer Entwicklungslogik folgt, die lebendige Arbeit ersetzt und den Regeln der Kapitalverwertung unterwirft oder ob die gegenwärtige und zukünftige Entwicklung grundsätzlich unterschiedliche Anwendungen zuläßt.

Unter dem Stichwort "Neue Produktionskonzepte" wird von Kern/Schumann einerseits von einer neuen Qualität integrierter Rationalisierungspotentiale gesprochen, andererseits wird ein Wandel der Produktionskonzepte nicht ausgeschlossen. Umfassende Nutzung der Kompetenz von

Arbeitern, Requalifikation und Zurücknahme der Arbeitsteilung werden als mögliche Wege prognostiziert. Die Anwendung neuer Technologien erlaube unter ökonomischen Gesichtspunkten mehrere Variationen, die aber durch betriebspolitische und tarifpolitische Prozesse erst hergestellt werden müssen. Je mehr neue Technologien eingesetzt werden, so die These, um so mehr sei ein Umdenken in neue Formen der Arbeitsgestaltung, Ausbildung und Personalpolitik möglich.

Diese Möglichkeiten werden auch in weiteren Studien eingeräumt. Mit der Verbreitung neuer Technologien soll ein neuer Typ flexibler Spezialisierung mit hoher Qualifikation der Belegschaft die internationale Wettbewerbsfähigkeit sichern. Aus diesen Anforderungen heraus soll sich dann die Notwendigkeit ergeben, hochqualifizierte Spezialisten in einer weitgehend offenen und anpassungsfähigen Produktionsstruktur einzusetzen.

Auch im Bürobereich gehen jüngere Forschungsergebnisse davon aus, daß es zu einer Umwälzung der Angestelltentätigkeit kommen wird. Betriebliche und überbetriebliche Kommunikationsformen sollen verändert werden; d.h. auf der einen Seite, daß Produktion und Büro stärker zusammenwachsen, andererseits kann die Kommunikation zwischen den Marktteilnehmern intensiviert werden. Auch hier wird davon ausgegangen, daß je nach Branche und Betrieb sich die Anwendungen der Informations- und Kommunikationstechniken sehr unterschiedlich gestalten. In Forschungsergebnissen zeigt sich, daß je nach Managementorientierung und oder je nach Vorstellungen über die Bewältigung und Organisation der jeweiligen Dienstleistungs- und Büroaufgaben differenzierte Anwendungskonzepte zum Zuge kommen. Dies wurde deutlich bei Vergleichen zwischen Kreditinstituten, Versicherungen, Industrieverwaltungen und kommunalen Behörden.
Spielräume in Gestaltung und Anwendung neuer Informations- und Kommunikationstechnologien resultieren aber auch aus der Prognose, daß es weder einheitliche Vorstellungen über Entwicklungspfade in diesem Bereich gibt, noch eindeutige Ökonomiekriterien bestimmte Richtungen festlegen.
Vor dem Hintergrund solcher Forschungsergebnisse scheinen die Anwendungsmöglichkeiten neuer Technologien in Produktion und Büro

weitgehend offen. Damit wächst in mehreren Disziplinen das Interesse an der Erforschung der innerbetrieblichen Handlungskonstellationen. Der Fokus richtet sich auf Macht, Entscheidungsprozesse, innerbetriebliche Dynamik. Gefragt wird nach Wahlhandlungen, Strategien von Akteuren, um spezifische Technikanwendungen durchzusetzen.

Damit wächst auch das Interesse innerhalb der Betriebswirtschaftslehre, eine bislang weitgehend als Datum interpretierte Technik in ihren betriebswirtschaftlichen Möglichkeiten zu erforschen und in Gestaltungs-empfehlungen einzubeziehen.

Unbestimmtheit in der Entstehung und Anwendung neuer Technologien bewegt die Betriebswirtschaftslehre möglicherweise zu einer genaueren Rezeption der betrieblichen Anwendungsmöglichkeiten in Produktion und Büro.

Als ein möglicher Begründungszusammenhang für die in der Betriebswirt-schaftslehre sich ausweitende Annahme einer zunehmenden Gestaltungs-fähigkeit der Technik kann damit zunächst der Bedeutungsverlust von dominanten Prinzipien angesehen werden. Das Bewußtsein über eine mögliche Varianz von Technikentstehung öffnet den Blick für die Möglichkeiten der damit verbundenen politischen, ökonomischen, kulturellen und sozialen Prozesse, die beeinflußbar und steuerbar erscheinen. Die Annahme über Varianz in der Technikentstehung, und -anwendung löst Veränderungen in Forschung und Lehre aus. Auch innerhalb der Betriebswirtschaftslehre kann vor diesem Hintergrund danach gefragt werden, welche Bestimmungsgründe spezifische Formen der Technikentstehung fördern oder begrenzen. Es kann nach Akteuren, Interessen, Konflikten und Entscheidungsprozessen gefragt werden. Wenn es keinen unmittelbaren Zusammenhang von Entstehungsprinzipien und Konsequenzen der Technikanwendung gibt, gerät Technik auch innerhalb der Betriebswirtschaftslehre zur Variablen. Entstehung und Anwendung rücken stärker in den Mittelpunkt, weil Folgen und Konseqenzen weitgehend in diesem Prozeß beeinflußt werden können. Je differenzier-ter die Einflußmöglichkeit auf Prozesse der Technikentstehung und -anwendung sind, um so größer könnte das Spektrum der möglichen Gestaltbarkeit sein, denn Varianz in der Entstehung und Varianz in der Anwendung der Mikroelektronik werden in der aktuellen Debatte häufig zusammengedacht.

3. Möglichkeiten und Spielräume: Zur Rezeption neuer Technologien in der Betriebswirtschaftslehre

Bislang wurde entwickelt, daß Technikentstehung unterschiedlichen Quellen entspringt, die nicht zwangsläufig bestimmte Gestaltungs-und Anwendungsformen nach sich ziehen. Es kann also allgemein auf die Gestaltungsfähigkeit der neuen Technologien geschlossen werden. Wie gezeigt wurde, konzentriert sich darüber hinaus ein Teil der Technikforschung auf die spezifische Anwendung neuer Technologien in Betrieben. Diese theoretischen Debatten und empirischen Forschungen betonen die Gestaltungsfähigkeit der technischen Sphäre durch verschiedene Akteure. Beide Hauptstränge geben also Hinweise auf:

a)   die Gestaltungsmöglichkeit des Gegenstandes,

b)   die Gestaltungsfähigkeit der Akteure.

Wie oben ausgeführt, wurde mit der Diskussion um neue Produktionskonzepte intensiver rezipiert, daß sich die neuen Technologien in verschiedenen Branchen unterschiedlich durchsetzen, sich betriebliche Anwendungen als widersprüchliche Prozesse mit unterschiedlichen Handlungsstrategien erweisen, in denen weitgehend offen ist, wie sich welche Gruppen, mit ihren Anwendungskonzepten einzubringen vermögen.

Auch Betriebswirte sprechen im Hinblick auf die technischen Eigenschaften dieser neuen Schlüsseltechnologie von einer neuen Gestaltungsdimension. Die technischen Eigenschaften der Mikroelektronik erlauben danach bisher nicht gekannte Elastizitätspotentiale in der Produktion und im Büro. Konkret wird darauf verwiesen, daß von der Konstruktion über die Fertigung bis hin zu administrativen Abwicklungen die Unternehmen auf der Basis der Mikroelektronik eine Vielzahl von Alternativen besitzen, wenn es um die technische Realisierung von Unternehmenszielen geht (Kap.3.1). Der Gestaltungsspielraum, so auch die weit verbreitete These, in der Betriebswirtschaftslehre ist erheblich angestiegen und generiert immer neue Anwendungsmöglichkeiten. Innerhalb der Betriebswirtschaftslehre ist dies eine neue Perspektive, denn hier ging man - von Ausnahmen abgesehen - lange von einem deterministischen Verhältnis zwischen der Technik und den Möglichkeiten ihrer Anwendung aus. Es liegt deshalb nahe, daß Betriebswirtschaftslehre als anwendungsorientierte Wissenschaft prüft, inwieweit die Gestaltung von betrieblichen Abläufen mit und durch neue Technologien betriebswirtschaftliche Ziele verbes-

sern.[1] Es geht nun in diesem Kapitel darum, zu fragen, wie die Betriebs-
wirtschaftslehre die Verbreitung neuer Technologien in Betrieben in ihr
Erklärungs- und Gestaltungsgebäude aufnimmt. Hier werden zur Zeit zwei
Möglichkeiten diskutiert.

Einmal übersetzt Betriebswirtschaftslehre technologische Veränderungen
der Praxis, dort wo sie betriebswirtschaftlich relevant sind, in betriebswirtschaftliche Kategorien. In Anlehnung an die bisher behandelten
Schwerpunkte "Produktion" und "Büro" soll gezeigt werden, wie ein Teil
der Betriebswirtschaftslehre neue Technologien unter Kosten- und
Wirtschaftlichkeitsgesichtspunkten behandelt (Kap 3.2). Hier eröffnet
sich einer Betriebswirtschaftslehre, die erklären und gestalten will, ein
weites Betätigungsfeld, das allerdings - gemessen an anderen Disziplinen
- nur sehr zögerlich bearbeitet wird, aus Gründen, die es im dritten Teil
des Kapitels darzustellen gilt. Dort soll erörtert werden, warum und
wie Vertreter des Faches über die bisherige Behandlung der EDV/Technik
in der Betriebswirtschaftslehre hinaus eine EDV-orientierte Betriebswirtschaftslehre etablieren wollen (Kap. 3.3).

---

1) Bspw. werden Effekte der künstlichen Intelligenz für die Bereiche
   Forschung/Entwicklung, Konstruktion, Vertrieb Produktion, Finanzie-
   rung, Verwaltung diskutiert, denen in Marktprognosen ein erhebliches
   Potential vorausgesagt wird, vgl Schmitz/Lenz 1986; zur Notwendigkeit
   der Intensivierung betriebswirtschaftlicher Forschung in diesem
   Bereich vgl Mertens/Allgeyer 1983

3.1. Technologische Veränderungen der betrieblichen Praxis

In der Vergangenheit ließen es die Märkte für Massenprodukte zu, daß durch Reihenfertigung gleiche Produkte auf starr automatisierten Fertigungsstraßen in hohen Stückzahlen hergestellt werden konnten. Hierbei wurde der Arbeitsprozeß bis zu den äußersten Möglichkeiten der Arbeitszerlegung vorangetrieben und zu einem kontinuierlichen Prozeß - häufig taktbezogen - verbunden. Reihen- oder Fließfertigung stellte also darauf ab, in Abhängigkeit von der Taktgeschwindigkeit ein immer gleiches Produkt (mit nur geringfügigen Modifikationen) in hohen Stückzahlen zu produzieren. Entsprechend hoch waren die logistischen Anforderungen, die an die Arbeitsvorbereitung gestellt wurden. Die Planung der Arbeitsfolge, die Ausgestaltung der Arbeitsplätze, die Wahl der Arbeitsmittel, die Bereitstellung von Material und Arbeitnehmern erforderte einen hohen personellen Aufwand. Hinzu kamen hohe Investitionen bei den Anlagen und Fördereinrichtungen. Der hohe Anteil an fixen Kosten im personellen und maschinellen Bereich erforderte deshalb, die Vorteile der produktionstechnischen Produktivität soweit wie möglich zu nutzen und Beschäftigungsschwankungen weitgehend zu vermeiden.

"Ausgeglichene Beschäftigungslagen sind deshalb eine wichtige Voraussetzung für Fließproduktion. Der hohe Investitionsaufwand beim Übergang von einem Modell oder Baumuster auf ein anderes führt oft zu einer gewissen Scheu vor Umstellungen durchgreifender Art. Die Betriebe sind insofern wenig flexibel."[1]

Diese Flexibilität war aber aufgrund der internationalen Veränderung von Marktstrukturen dringend geboten. Als wesentliche Ursachen dieser Veränderungen werden genannt:

- Sättigung der Industriemärkte und das Anwachsen von Überkapazitäten,
- Entwicklung der Massenproduktion in einigen Entwicklungs-
. ländern und eine Verschärfung des internationalen Wettbewerbs.[2]

---

1) Gutenberg 1976, 102
2) vgl hierzu ausführlich Piore/Sabel 1985, 205 ff.

Diese Umstände forcierten das Interesse an einer Technologie, die eine höhere Produktentwicklungsgeschwindigkeit und Produktflexibilität erlaubt.

Gleichzeitig entstand die Notwendigkeit, Einzelfertigung und Kleinserienfertigung stärker zu automatisieren.[1] Im Verhältnis zur reinen Bearbeitungszeit waren Förder- und Liegezeiten vergleichsweise hoch. Der unregelmäßige Wechsel in der Produktion verschiedener Erzeugnisse führte ebenfalls zu einem ungünstigen Verhältnis von Maschinennutzungs- und Liegezeiten. Die hiermit verbundene kostenintensive Werkstattfertigung sperrte sich lange gegen die Automation. Kleine und kleinste Stückzahlen hätten zwar von der technischen Seite durchaus mit automatischen Produktionsprozessen hergestellt werden können, wirtschaftlich aber gab es zur Qualifikation der Facharbeiter und zur Flexibilität der Maschinen keine Alternative:

> "Da der Maschinenpark von Unternehmen, die nach dem Werkstatt- oder, wie man auch sagt, nach dem Verrichtungsprinzip organisiert sind, in der Regel aus einer Vielzahl selbständiger und einzeln zu benutzender Aggregate besteht, können sich diese Betriebe auf die verschiedenste Weise an Beschäftigungsschwankungen und Änderungen in der Auftragszusammensetzung anpassen."[2]

Auch hier galt die Notwendigkeit, unter sich verschärfenden Konkurrenzbedingungen Produkte schneller und kostengünstiger zu erzeugen. Gesucht wurde eine Technologie, die, bei gleichzeitiger Qualitätssteigerung und Kostensenkung, eine schnellere Reaktion auf Kundenwünsche ermöglicht.

Die Realisierung dieser Optionen im ökonomischen Bereich ist eng verbunden mit der Nutzung der mikroelektronischen Potentiale für die industrielle Produktion. Was sich hier als scheinbarer Widerspruch entwickelt, wird tatsächlich von den Unternehmen als neues magisches Vieleck angestrebt, um langfristig das Überleben zu sichern. Neue Technologien sollen die Wettbewerbsstrategien auf zweierlei Arten unterstützen: Über eine Verbesserung der Leistungsmerkmale der Produkte und über die Veränderung der Kostenstrukturen in Konstruk-

---

1) vgl hierzu Brödner 1986b, 43 ff.
2) Gutenberg 1976, 98

tion und Fertigung.[1] Der Ausgangspunkt für die Gestaltung der Kostenstrukturen ist die Flexibilität der Produktionsstrukturen, wie sie durch
neue Technologien erzielt werden soll.

3.1.1. Veränderungen im Produktionsbereich

Es ist heute - insbesondere für den Sozialwissenschaftler - kaum noch
möglich, die Vielfalt der auf Mikroelektronik basierenden Produktionstechnologien zu erfassen, geschweige denn in ihren Funktionen und
Auswirkungen präzise darzustellen. Hinzu kommt, daß offensichtlich auch
unter Ingenieuren, Informatikern und Arbeitswissenschaftlern eine
zunehmende Begriffsverwirrung Platz greift. Lay et al. konstatieren eine
terminologische Beliebigkeit, die ihren Ausdruck darin findet, daß das
gängige Kürzel CA (für computer aided) mit einem X versehen wird, so
daß CA-X für die Vielfältigkeit der Anwendung von Computertechnologien in der Produktion steht.[2]
Diese Begriffsverwirrung wird noch um eine weitere Schwierigkeit
ergänzt, die Bednarz et al. anschaulich beschreiben:

> "Sozialwissenschaftliche Untersuchungen über Auswirkungen
> neuer Technologien kommen nicht umhin, zu beschreiben oder zu
> definieren, was unter der untersuchten Technik zu verstehen ist.
> Häufig ist jedoch festzustellen, daß sie sich an technizistischen
> Bestimmungen orientieren und ihre Begrifflichkeit auf die
> konkrete Erscheinungsform der Maschinerie reduzieren. Diese
> Herangehensweise spiegelt häufig Unsicherheit und Unkenntnis
> von Sozialwissenschaftlern mit der untersuchten Technik wieder,
> ist aber vor allem durch einen fehlenden allgemeinen Technikbe-
> griff zu erklären."[3]

Nun ist gerade die Konstruktion eines allgemeinen Technikbegriffs kaum
vorstellbar, hängt doch der Zugriff auf Technik von ihrer selektiven
Interpretation ab (vgl hierzu ausführlich Kap. 2.1). Es kann deshalb
zunächst vor dem Hintergrund der oben aufgestellten Diskussionsstränge

---

1) vgl Wildemann 1986a, 340 ff.
2) vgl Lay et al. 1986, 80 f.
3) Bednarz et al. 1984, 38

nur darum gehen, der Selektivität der Fragestellung entsprechend, potentielle betriebliche Gestaltungsspielräume in der technisch-ökonomischen Sphäre zu identifizieren. Dabei soll nicht der Versuch unternommen werden, ein genaues Abbild der gegenwärtigen Produktions- und Bürotechnologien zu geben, sondern die wesentlichen Komponenten des Flexibilisierungs- und Gestaltungspotentials herauszustellen.

3.1.1.1. Computergestützte Konstruktion / Computergestützte Fertigung

Der Phase der Produktentwicklung, also Planung, Konzeption und der Entwurf eines neuen Produktes, bzw. die Veränderung eines bestehenden Produktes kommt eine Schlüsselstellung zu. Sie galt lange als kreative und kaum rationalisierungsfähige Funktion qualifizierter Konstrukteure und Designer. Zwar wurde auch hier entsprechend den Prinzipien der Arbeitsteilung der Entwicklungsprozeß auf mehrere Personen verteilt und beispielsweise weniger qualifizierte Tätigkeiten wie die Funktion des technischen Zeichners abgespalten, die Binnenstruktur des Arbeitsprozesses blieb davon jedoch unberührt.

Die kürzer werdende Produktlebensdauer und der damit einhergehende beschleunigte Innovationszyklus von Produkten ließ die Frage aktuell werden, ob und wie der Prozeß der Produktentwicklung stärker rationalisiert werden kann. Ziel war es,

- die Entwicklungszeiten für neue Produkte abzukürzen,
- die Kosten des Entwicklungsprozesses durch grundlegende Rationalisierungsmaßnahmen wesentlich zu senken und
- die Qualität der erstellten Produkte zu verbessern.[1]

Perspektivisch wird eine kundenorientierte Produktion angestrebt, nicht nur als Marketingaspekt, sondern als Möglichkeit, unter Beibehaltung einer hohen Produktivität die Produktion kurzfristig auf veränderte Kundenwünsche bzw. Sonderwünsche umstellen zu können.

Hier - so Brödner[2] - geraten die Unternehmen insbesondere bei kleinen Serien in eine Zwickmühle. Einerseits stellt die Marktökonomie höhere Anforderungen an Zeit, Qualität und Lieferbereitschaft. Andererseits

---

1) vgl Lay et al. 1986, 85 ff.; vgl auch Burr 1986
2) vgl Brödner 1986a, 70 ff

sollen produktionsökonomische Forderungen nach verkürzten Durchlaufzeiten und verringerten Kosten Rationalisierungen auch mit Blick auf die
Wettbewerbsfähigkeit erlauben.

Ansatzpunkt zur Lösung dieses Problems ist die Zerlegung des Konstruktionsprozesses mit dem Ziel, ihn rationell zu beherrschen und per
Computer zu unterstützen (CAD).

Hieraus ergeben sich mehrere Varianten der Automatisierbarkeit des
Konstruktionsprozesses:

a) Der gesamte Konstruktionsprozeß vom Entwickeln einer Funk-
   tionsstruktur bis zur Erstellung von Detailzeichnungen kann
   automatisch durchgeführt werden.

b) Der gesamte Konstruktionsprozeß kann mittels Dialogprogramm
   durch EDV unterstützt werden. Dem Rechner fallen die algorith-
   misierbaren, dem Konstrukteur die schöpferischen Lösungsschrit-
   te zu.[1]

Der Konstrukteur sitzt dabei vor einem Monitor und zeichnet mit einem
Lichtschreiber das Teil auf den Schirm oder ein Menüfeld. Dieser Schirm
ist verbunden mit einem Computer, mit dem der Konstrukteur zusammen-
arbeitet. Einzelne Ansichten können vergrößert, verkleinert, gedreht,
Linien begradigt oder verändert werden. Häufig wiederkehrende
Zeichnungselemente werden in ein Menüfeld abgelegt und können wieder
abgerufen werden. Digital gesteuerte Zeichenmaschinen erstellen mit
hoher Geschwindigkeit Zeichnungen.[2] Insbesondere in der Variante 2
können durch Konstruktion und Berechnung Produkte entworfen und mit
Hilfe von Zeichnungen visualisiert werden. Die gespeicherten technischen
und geometrischen Daten sind Basis für Stücklisten der Einzelteile, Basis
für ähnliche oder neue Konstruktionen und für weitere Daten und
Unterlagen, die für die Fertigung benötigt werden. Sie ermöglichen es,
unter Verwendung genormter Programmiersprachen Programme für
numerisch gesteuerte Werkzeugmaschinen zu erstellen.[3]

Das Zusammenwirken von CAD und CAM ermöglicht potentiell eine
weitgehend automatisierte Produktion, die von der Konstruktion bis zum
Transport des fertigen Produktes rechnergestützt verlaufen soll.

---

1) vgl Brödner 1986a, 70

2) vgl Brödner 1986a, 70 ff

3) vgl hierzu Schirmer 1985, 161

Dabei kann im Rahmen der Arbeitsvorbereitung auf der Grundlage der beim CAD erstellten Zeichnungen, Stücklisten etc. im Rahmen der Produktionsplanung der Arbeitsablauf festgelegt werden. Die Produktionssteuerung auf dieser Basis umfaßt die Steuerung von CNC-Maschinen, Industrierobotern, numerischen Transporteinrichtungen, Lagersystemen und weiteren Bearbeitungsmaschinen.[1] Die Überwachung kann mit Unterstützung eines Betriebsdatenerfassungssystems erfolgen.[2] Die Integration von CAD und CAM erfolgt über eine Koppelung der Datenbank des CAD-Systems mit der Datenbank des Programmiersystems. Diese Art der Vernetzung ist allerdings erst in sehr wenigen Fällen realisiert.[3]

Die Realisierung von CAD/CAM-Systemen verändert nicht nur die technischen Vollzüge, sondern auch den Bedarf an Qualifikationen der Mitarbeiter. Einige Tätigkeitsbereiche und Berufsgruppen verlieren ihre Funktion, bspw. technische Zeichner, Stücklistensachbearbeiter, Arbeitsplaner, Disponenten, Modellbauer, z.T. auch Maschinenbediener. In anderen Bereichen treten traditionelle Fachkenntnisse in den Hintergrund und werden ergänzt durch computerspezifische Kenntnisse. Dies gilt für Einrichter, Designer, Konstrukteure, Versuchsingenieure, z.T. auch für Maschinenbediener. Auf der anderen Seite entstehen neue Teilfunktionen und Tätigkeiten wie Systementwicklung, Softwareentwicklung und Programmierung, in denen EDV-Qualifikationen eine zentrale Bedeutung haben.[4]

Diese potentielle Möglichkeit, verschiedene Systeme miteinander zu kombinieren, ermöglicht es, umständliche manuelle Abstimmungsprozesse zwischen betriebswirtschaftlich planerischen Funktionen und technischen Funktionen erheblich zu vereinfachen.[5] Nicht nur die Entwicklungszeiten können erheblich verkürzt werden, sondern auch die Materialwirtschaft bis hin zur just-in-time-Produktion optimiert werden.

---

1) zu den Möglichkeiten von PPS-Systemen vgl ausführlich Roschmann 1986

2) vgl hierzu Domsch 1984

3) vgl Hirsch-Kreinsen/Schultz-Wild 1986

4) vgl Bednarz et al. 1984, 40 f.; Hoß et al. 1985, 36 ff.

5) auf die Nutzung dieser Daten und ihre Verknüpfung mit Personaldaten im Rahmen von Personalinformationssystemen kann hier nicht eingegangen werden, vgl ausführlich Reber 1979; Kilian 1982; Hoffmann 1982; Mülder 1984; Ortmann 1984; Kadow 1986; Grünefeld 1987

Die bisher skizzierten Flexibilitätspotentiale korrespondieren mit z.T. universell einsetzbaren computergestützten Fertigungsautomaten, die im Rahmen von flexiblen Fertigungssystemen ein hohes Reaktionspotential auf Veränderung am Produkt oder in der Produktion erlauben.[1] Solche flexiblen Fertigungssysteme umfassen bspw. CNC-Maschinen und Handhabungssysteme, in denen eine größere Anzahl unterschiedlicher Werkstücke bearbeitet werden kann. Die Verbreitung ist schwer zu schätzen, da flexible Fertigungssysteme nur ungenau von Fertigungszellen, Fertigungsinseln oder Fertigungsstraßen abgegrenzt werden können. Weltweit wird 1986 die Gesamtanzahl der realisierten flexiblen Fertigungssysteme mit wenigen hundert geschätzt.[2]

3.1.1.2.   Roboter

Als wohl auffälligste sichtbare Symbole für eine mobile und flexible Fertigung gelten immer noch Industrieroboter.

In Anlehnung an einen Vorschlag zur Definition von Industrierobotern, die der VDI veröffentlichte, werden darunter universell einsetzbare Bewegungsautomaten mit mehreren Achsen verstanden, deren Bewegungen hinsichtlich Bewegungsfolge und -wegen bzw. -winkeln frei programmierbar (d.h. ohne mechanischen Eingriff veränderbar) und ggf. sensorgeführt sind. Sie sind in der Regel mit Greifern, Werkzeugen oder anderen Fertigungsmitteln ausrüstbar und können Handhabungs- und/oder Fertigungsaufgaben ausführen.[3]

Diese Funktionen umfassen:[4]

a) Handhabung von Teilen, also z.B. das Greifen von Materialstücken, um sie in den Produktionsprozeß hineinzugeben oder herauszunehmen,

b) Bearbeitung von Werkstücken (z.B. Schweißen, Spritzen etc.).

---

1) vgl zu flexiblen Fertigungssystemen Spur 1985; 1986; Fix-Sterz et al. 1986; Manske et al. 1984

2) vgl Erkes/Schmidt 1986, 581

3) vgl Wolfsteiner 1983, 167 f.

4) vgl Kasiske et al. 1981, 73 ff.

Bislang werden Industrieroboter meist für kurzzyklische, repetitive Operationen eingesetzt. Als ein- oder mehrarmige Geräte können sie innerhalb eines definierten Aktionsradius Raumkurven abfahren, d.h. dreidimensionale Bewegungen ausführen. Das Bewegungssystem des Industrieroboters erlaubt das Anfahren beliebiger Punkte im Raum, enthält also drei Bewegungsachsen. Wenn ein Werkzeug - oder Werkstück - bewegt werden soll, enthält es noch einmal drei Bewegungsachsen. Der Antrieb dieser Geräte erfolgt elektrisch, pneumatisch oder hydraulisch, wobei elektrische Antriebssysteme am weitesten verbreitet sind. Die Steuerung ist - im Gegensatz zu konventionellen Handhabungsautomaten - frei programmierbar.

Die Programmierung erfolgt zumeist über das sog. teach-in-Verfahren direkt am Arbeitsplatz. Der gewünschte Bewegungsablauf wird einmal vorgeführt, vom Gerät gespeichert und ist dann beliebig wiederholbar.[1]

Diese Art der Programmierung kann auf drei Wegen erfolgen:

a) Punktsteuerung (PTP oder Point to point)

Es wird jeweils die Position angefahren, die das Gerät im Arbeitsgang ansteuern soll. Die Werte der jeweiligen Position werden gespeichert. Bspw. kann ein Schweißpunkt nach dem anderen angesteuert werden, ohne daß dazwischen weitere Steuerungsimpulse erforderlich wären.

b) Vielpunktsteuerung (MP oder Multipoint)

Hier wird die Bahn durch eine Vielzahl von Stützpunkten programmiert, bspw. können Kanten punktweise abgefahren und bearbeitet werden.

c) Bahnsteuerung

Während es bei der PTP-Steuerung unter technischen Gesichtspunkten gleichgültig ist, wie der Industrieroboter zu den Punkten gelangt, besteht bei der Bahnsteuerung ein funktionaler Zusammenhang zwischen den Bewegungen der Achsen. Per Hand werden genau die Raumkurven abgefahren, die der Industrieroboter im Automatikbetrieb ansteuern soll. Bahnsteuerung ist insbesondere bei komplizierten Schweißnähten, beim Lackieren oder Emaillieren erforderlich.[2]

Industrieroboter verfügen über die Möglichkeit, mehrere Programme gleichzeitig zu speichern und im Wechsel ablaufen zu lassen, so daß es möglich ist, mit Hilfe von Industrierobotern auf Produktvariationen

---

1) vgl Mickler et al. 1981, 68 ff.

2) vgl Wolfsteiner 1983, 172

flexibel zu reagieren. Je nachdem, ob das Gerät Teile handhaben oder
bearbeiten soll, verfügt es über einen Greifarm (z.B. zum Einlegen,
Entnehmen, Stapeln, Weitergeben) oder über ein Bearbeitungswerkzeug
(Schweißzange, Spritzpistole o.ä.).

Weiterentwicklungen sollen Industrieroboter in die Lage versetzen, über
Sensortechniken weitere Anwendungsgebiete zu erschließen. Beispielsweise sollen Industrieroboter in eine Kiste mit ungeordneten Werkstücken
greifen können und das geforderte Werkstück so fassen, daß es
weiterverarbeitet werden kann.[1]

Der Verbreitungsgrad für Industrieroboter ist nur schwer abzuschätzen,
weil es nur undeutliche Definitionen über das, was Industrieroboter von
Handhabungsautomaten oder ähnlichen automatischen Anlagen unterscheidet, gibt.[2]

Nach Untersuchungen von Mickler et al. werden für jeden Arbeitsplatz,
der durch die Einführung von Industrierobotern entsteht, fünf Arbeitsplätze verloren gehen.[3] Geitner geht für das Jahr 1986 von über 10.000
Robotern aus, die in den nächsten Jahren über 300.000 Arbeitsplätze
ersetzen werden.[4] Eversheim et al.[5] sehen im Produktionsbereich ca.
600.000 Arbeitsplätze potentiell gefährdet.

Aber nicht nur Rationalisierungsüberlegungen spielen eine Rolle, sondern
auch die bereits erwähnte Flexibilität dieser Fertigungstechnik. Während
automatische Press- und Schweißstraßen einen erheblichen Investitionsaufwand erforderten und deshalb nur bei sehr großen Serien wirtschaftlich waren, erlaubt die freie Programmierbarkeit der Industrieroboter
kürzere Produktzyklen und damit mehr Flexibilität der Produktion.[6]

Diese Flexibilität wird allerdings begleitet von einer grundlegenden
Veränderung der vor- und nachgelagerten Fertigungsabläufe. Diese

1) vgl Frevel 1984, 70

2) Übereinstimmend werden beim Institut für Arbeitsmarkt- und
Berufsforschung und der Bundesregierung für das Jahr 1982 ca. 3.500
Industrieroboter geschätzt, die in der Bundesrepublik eingesetzt sein
sollen. Die Tendenz ist allerdings steigend. Es wird mit Steigerungsraten von 20 - 25 % pro Jahr gerechnet; vgl BMFT 1984, 40; Wolfsteiner 1983, 168; vgl auch die Entwicklung bei VW, Granel 1985

3) vgl Mickler et al. 1981, 162; vgl auch Wolfsteiner 1983, 162

4) vgl Geitner 1986, 12

5) vgl Eversheim et al. 1986

6) vgl Wiendieck 1982, 69 ff.

müssen zum Teil automatisiert werden, teilweise werden menschliche Tätigkeiten ersetzt. Es verbleiben lediglich Resttätigkeiten, während neue Tätigkeiten wie Wartung, Kontrolle, Steuerung und Überwachung hinzukommen.

3.1.1.3. Numerische Steuerung

Die Anwendung der NC-Steuerung schließt eine über lange Zeit bestehende Automatisierungslücke. Während die Herstellung von Massenprodukten schon früh Gegenstand der Automatisierung wurde, entzogen sich Investitionsgüter weitgehend allen Automatisierungsbemühungen. Gründe waren vor allem:

- Zwang zur ständigen Produktinnovation,
- kundenspezifische Sonderfertigungen,
- arbeits- und lohnintensiver Fertigungsprozeß mit einem hohen Anteil an qualifiziertem Personal,
- Risiko hoher Kapitalbindung,
- lange Produktionszeiten.[1]

Welche ökonomische Bedeutung die Automatisierung kleiner und mittlerer Serien hat, zeigt Shaiken[2] am Beispiel der USA. Dort machen Kleinserienteile 36 % des Produktionsanteils am Bruttosozialprodukt aus. 75 % davon werden in Kleinserien von weniger als 50 Stück hergestellt. Eine Automatisierung dieser Serien schien weder technisch möglich noch wirtschaftlich sinnvoll. Dies änderte sich erheblich durch die Entwicklung der NC-Technologie, die im Auftrag der amerikanischen Luftstreitkräfte vorgenommen wurde.[3] Ziel der industriellen Nutzung war, die Maschinensteuerung an Werkzeugmaschinen zu automatisieren. Diese Werkzeugmaschinen dienen der Teilefertigung in der Metallverarbeitung. Beispielsweise werden in einer Drehbank rotierende Werkstücke mit Werkzeugen bearbeitet, die Späne abheben. In einer anderen Fertigungs-

---

1) vgl Bergmann et al. 1986, 11 ff.
2) vgl Shaiken 1980
3) vgl hierzu ausführlich Noble 1979

technik bei Bohr- und Fräsmaschinen rotiert das spanabhebende Werkzeug, während das Werkstück fixiert ist.[1]

In der konventionellen Fertigung hatte der Facharbeiter innerhalb einer Vorgabezeit nach Zeichnung die Bearbeitung durchzuführen und das Arbeitsergebnis zu überprüfen. Arbeitsfortschritte wurden während der Bearbeitung erkennbar und konnten nacheinander abgearbeitet werden. Die Maschinenbedienung erfolgte über Handräder und Hebel. Der Facharbeiter hatte eine große Auswahl bei der Gestaltung des Arbeitsablaufs.[2] Beim Übergang zur NC-Technik erfolgte die Steuerung über ein Programm. Dazu war es erforderlich, den Fertigungsprozeß vorzuplanen und steuerungsgerecht zu verschlüsseln, d.h., Werkzeugwechsel, Geschwindigkeit, Vorschub und Werkzeugbewegung gehen in ein Programm ein (z.B. Lochstreifen). Dieses Programm kann danach bei NC-Maschinen nicht mehr an der Maschine geändert werden.[3]

Die Vorteile dieser Vorgehensweise lagen in der Realisierbarkeit hoher geometrischer Schwierigkeitsgrade, Programmoptimierung, Wiederholgenauigkeit, Kostenreduzierung und der hohen Flexibilität der Fertigung. Allerdings war der Programmieraufwand erheblich und konnte nur von Spezialisten in der Arbeitsvorbereitung durchgeführt werden. Dies erforderte umfangreiche Abstimmungsprozesse zwischen Programmierer und der Fertigung, wo Fehler und Verbesserungsmöglichkeiten erkannt wurden aber erst in einem zweiten Schritt für das Programm fruchtbar gemacht werden konnten. Diese NC-Technologie erwies sich deshalb lediglich für mittlere Stückzahlen als wirtschaftlich.[4]

Die Weiterentwicklung der Mikroelektronik und ihre Verbilligung führten zur Entwicklung der CNC-Technik. Hier ist die Steuerungsmöglichkeit erheblich flexibler. Werkzeugmaschinen verfügen über einen Kleincomputer, in den die Programme eingegeben werden. Er decodiert die Programme und errechnet daraus die erforderlichen Bearbeitungsdaten. Ein Mikroprozessor setzt diese Daten in Steuerungsbefehle um und kontrolliert ihre Umsetzung. Die Werkstückprogramme werden entweder in den Prozeßrechner (z.B. über Lochstreifen) eingegeben und ggf. dort vom

---

1) vgl Sorge et al. 1982, 13 ff.

2) vgl hierzu ausführlich Manske 1986a

3) vgl Shaiken 1980, 194

4) vgl Lange 1984, 47 ff.

Bearbeiter durch Eingaben in die Tastatur geändert. Werkstückprogramme können aber auch direkt an der Maschine durch den Bediener eingegeben werden. Damit ermöglichen CNC-Maschinen die Automatisierung von Kleinserien und erlauben eine hohe Flexibilität gegenüber Kundenwünschen und Veränderungen der Nachfrage, was vor allem der mittelständischen Industrie erhebliche Produktionsvorteile einräumen soll.[1]

Auch die Rationalisierungseffekte sind erheblich. Sie ergeben sich vor allem aus einer Steigerung der Arbeitsgeschwindigkeit und einer steigenden Bearbeitungspräzision.

3.1.1.4. Integrierte Systeme

Die hier kurz skizzierten Fundamente einer computergestützten Entwicklung und Fertigung von Produkten und die Vernetzung dieser Fundamente mit Planung und Organisation des Büros münden ein in die Vision eines totalen Datenverbundes im Sinne einer rechnerintegrierten Produktion. Die Integration der computergestützten Bausteine soll noch nicht realisierte Produktivitäts- und Flexibilitätspotentiale weiter erschließen.[2]

Die sich hier wiederspiegelnde Zielvorstellung einer effizienten und flexiblen Produktion ist bislang kaum umfassend realisiert. Sie befindet sich noch weitestgehend im Versuchsstadium. Die Bereitschaft, CIM zu realisieren, scheint in den Unternehmen zunächst an technische Grenzen zu stoßen. Insbesondere Kompatibilitätsprobleme stellen eine hohe Realisierungsbarriere für CIM dar. Der Informationsfluß zwischen verschiedenen Rechnersystemen erfordert eine einheitliche Kommunikation, deren Normierung erst am Anfang steht. Es waren diese Probleme, die General Motors im Jahre 1984 veranlaßt haben, eine auf die Fertigungstechnik ausgerichtete Protokollhierarchie für lokale Netzwerke vorzuschlagen. Diese Protokolle sollen als Manufacturing Automation Protocol (MAP) Dienste, Protokolle und Schnittstellen für offene Kommunikationssysteme in Produktionsanlagen definieren. Diese Definition und Anwendung soll ermöglichen, daß Rechner und Programme

---

1)   vgl RKW 1981

2)   vgl hierzu Scheer 1987b, 4 ff.; Neipp 1987

unterschiedlicher Hersteller ohne spezielle Anpassungen gemeinsam in einem Produktsystem arbeiten können. Die technischen Schwierigkeiten liegen damit auf der Hand, gilt es doch, die scheinbar unbegrenzte Vielfalt der technischen Möglichkeiten zu erschließen und zu normieren:

"Die Arbeiten zur weiteren Spezifikation von Protokollen laufen und werden aufgrund der Vielfalt von Funktionen auf Anwenderebene kurzfristig nicht abzuschließen sein."[1]

Aus diesem und anderen Gründen gibt es nach übereinstimmender Auffassung bislang keine realisierte CIM-Lösung, die vollständig funktioniert[2] und ist das technische Angebot an CIM-Modellen noch nicht sehr umfassend.[3] Allerdings weisen Ansätze in verschiedenen Wirtschaftszweigen, z.B. im Flugzeugbau, darauf hin, daß die sukzessive Vernetzung der betrieblichen Bereiche sich an vielen Orten im Versuchsstadium befindet.[4] Pionierunternehmen - wie General Electrics - wenden die selbstentwickelte Software in den eigenen Werken an und gelten als führend in der Realisierung von CIM-Konzepten.[5]

Bis 1985 wurden bspw. für die Bundesrepublik Deutschland 2000 - 2500 CAD-Installationen geschätzt. Über ihre Vernetzung mit PPS oder NC-Programmierung gibt es keine detaillierten Angaben.[6] Der Schwerpunkt der computerunterstützten Produktion liegt deshalb eher auf punktuellen Anwendungen im Bereich der Konstruktion, Arbeitsvorbereitung und Fertigung. Statt völliger Integration in einem Zug scheinen die Unternehmen zunächst Teilbereiche durch computergestützte Systeme zu ersetzen und diese "Inseln" sukzessive miteinander zu vernetzen.[7]

Vor dem Hintergrund einer ökonomischen Notwendigkeit der Integration von Computersystemen und der Gleichzeitigkeit ökonomischer und technischer Risiken ist eine einheitliche Strategie in der Gestaltung und Integration von CIM-Systemen nicht erkennbar. Nach Hirsch-Kreinsen

---

1) Steusloff 1986, 231 f.

2) vgl Koch/Irrgang 1986

3) vgl Lay 1987

4) vgl Förster/Syska 1985; Scheer 1987b, 119 ff.; Warnecke 1986

5) zu weiteren Beispielen siehe Hellwig/Hellwig 1986

6) vgl Lay et al. 1986, 23

7) vgl Schirmer 1985

zeichnen sich vielmehr "... mehrere voneinander unterscheidbare Entwicklungslinien des Technikeinsatzes ab."[1]

a) Ausbau flexibler Fertigungszellen und Fertigungssysteme. Hierbei variiert die Kombination von Werkzeugmaschinen mit Material-flußsystemen sowie übergreifenden Steuerungs- und Über-wachungssystemen erheblich. Während der Einsatz solcher Systeme in Großbetrieben weiter zunehmen wird, bleibt ihr Einsatz in der Einzel- und Mittelserienfertigung begrenzt.

b) Fertigungssteuerungs- und PPS-Systeme sind schon vergleichs-weise weit verbreitet und werden als Basis zukünftiger CIM-Systeme einen raschen Ausbau erfahren.[2]

c) DNC-Systeme werden für Betriebe der Einzel- und Kleinserienfer-tigung immer rentabler und sind dort als Alternative zum Einsatz von flexiblen Fertigungssystemen anzusehen.

d) Auch die enge Verknüpfung von CAD und CAP sowie CAD und CAM-Systemen wird insbesondere in der Einzel- und Kleinserien-fertigung an Bedeutung gewinnen.

Es zeigt sich, daß unterschiedliche Entwicklungspfade möglich sind. Ihre Realisierung wird damit weniger zu einem technischen als zu einem betriebswirtschaftlichen Problem.

3.1.2.   Veränderungen im Bürobereich

Analog zu den Veränderungen im Produktionsbereich und ihrer betriebs-wirtschaftlichen Behandlung vollziehen sich auf der Basis neuer Technologien Transformationen im Bürobereich. Dieser galt lange Zeit als wenig effektiv, kaum zu verändern und schien sich eindeutigen Produkti-vitätsmessungen zu entziehen. Kosten in diesem Bereich wurden - jedenfalls in der Relation zum Produktionsbereich - als vergleichsweise niedrig oder eben als unvermeidlich angesehen.[3]

---

1) Hirsch-Kreinsen 1986, 23

2) vgl auch Helberg 1987

3) vgl zum folgenden Bartölke/Ridder 1985

3.1.2.1. Verlagerung der Beschäftigungsstruktur

Diese Einstellung änderte sich, als zunehmend bekannter und auch offensichtlicher wurde, daß sich die Struktur der Beschäftigten in den Sektoren, aber auch in den Unternehmen veränderte. Anhaltende Umwälzungen in den Beschäftigungssektoren ließen das Büro auch unter Kostengesichtspunkten stärker in den Mittelpunkt rücken. So nimmt seit den siebziger Jahren die Anzahl der Beschäftigten im produzierenden Bereich kontinuierlich ab. Der Büro- und Dienstleistungsbereich zeigt hingegen beständige Wachstumsraten (siehe Abb.1, Seite 103).

Der Schnittpunkt der beiden Kurven Mitte der siebziger Jahre gilt als Bestätigung für den Weg in die Dienstleistungsgesellschaft. Dieser Trend führte zu einer allgemeinen Sensibilisierung gegenüber Personalkosten im Dienstleistungsbereich. Hierzu gehören Diskussionen über die Finanzierbarkeit des öffentlichen Dienstes ebenso wie wachsende Rationalisierungsbemühungen in den Büros von Industrie, Handel, Versicherung, Banken etc..

Die scheinbare Bestätigung der Entwicklung zur Dienstleistungsgesellschaft verdeckt allerdings Trends, die weitaus dramatischer verlaufen. Dies zeigt sich deutlich, wenn die Entwicklung der Beschäftigten nach Sektoren um die Informationsberufe bereinigt wird und diese in einer eigenen Kurve dargestellt werden (siehe Abb. 2, Seite 104).

In der Tendenz ist danach bei den Dienstleistungsberufen eine Abschwächung des Wachstums erkennbar. Dagegen hat sich bei den Informationsberufen die Zunahme weiter verstärkt, obwohl gleichzeitig in den letzten Jahren die Gesamtbeschäftigung zurückgegangen ist. Informationsberufe - insbesondere Büroberufe - scheinen von der jeweiligen Konjunktur nicht nur unabhängig zu sein, sondern eine eigene Wachstumsdynamik zu entwickeln.

Der Anteil an der Gesamtbeschäftigung steigt.

Mit Informationsberufen im engeren Sinne sind im wesentlichen Informationsproduzenten gemeint. Dies sind Berufe, bei denen Informationen entstehen, z.B. Wissenschaftler, Publizisten, Lehrer. Den größten Anteil innerhalb des Informationssektors stellen allerdings die Büroberufe. Sie weisen zwischen 1973 und 1982 ein erhebliches Wachstum von 14 % auf. Angesichts des wachsenden Anteils von Informationsberufen an der

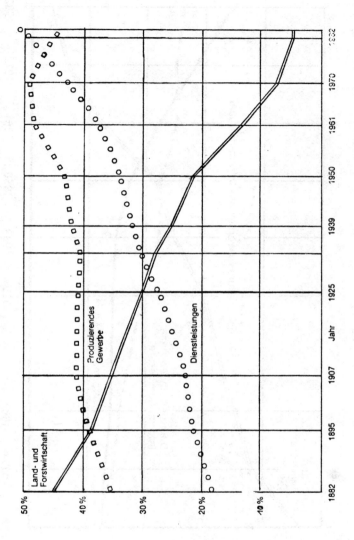

Abb. 1:   Entwicklung der Beschäftigung in 3 Sektoren;

Quelle: Volks- und Berufszählungen 1882 - 1970, Mikrozensus 1980 und
          1982 (nach Dostal: Datenverarbeitung und Beschäftigung, Teil
          3: Der Informationsbereich; in: Mitteilungen des Instituts für
          Arbeitsmarkt- und Berufsforschung (1984) 4, 499

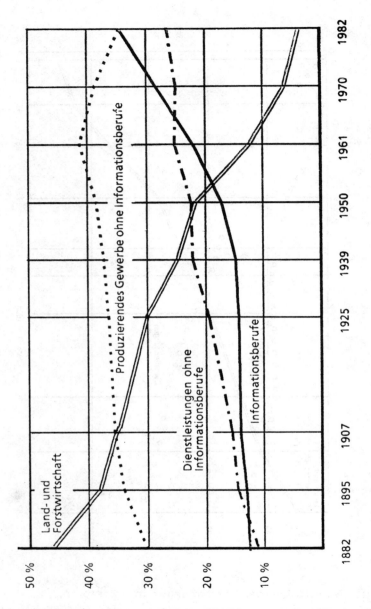

Abb. 2: Entwicklung der Beschäftigung in 3 Sektoren ohne Informationsberufe und bei den Informationsberufen;

Quelle: Volks- und Berufszählungen 1882 - 1970, Mikrozensus 1980 und 1982 (nach Dostal: Datenverarbeitung und Beschäftigung, Teil 3: Der Informationsbereich; in: Mitteilungen des Instituts für Arbeitsmarkt- und Berufsforschung (1984) 4, 499

Gesamtbeschäftigung stellt sich die Frage, ob wir noch von einer Dienstleistungsgesellschaft sprechen können oder ob wir uns nicht auf dem Wege in eine Informationsgesellschaft befinden.

Sollte sich der Trend in der BRD mit unverminderter Stärke fortsetzen – und alles spricht dafür –, wird dies eine Reihe von Konsequenzen für die Organisation und für die Struktur des Bürobereichs haben. Es wird auch den Blick verstärkt auf die Personalkosten in diesem Bereich lenken.

3.1.2.2. Erhöhung der Produktivität

Inzwischen entfallen insgesamt rund 40 % der Produktionskosten auf Personalkosten im Büro- und Verwaltungsbereich.[1]

Zwischen 1970 und 1980 stiegen die Personalkosten im Bürobereich um 122 % und die Gemeinkosten um 125 %. Die Sachkosten gingen dagegen um 67 % zurück. Eine wesentliche Rolle spielt auch der insgesamt steigende Personalkostenanteil an den Arbeitsplatzkosten im Büro.

1966 entfielen 67 % der Arbeitsplatzkosten auf Personalkosten, 1972 entfielen 73,3 % der Arbeitsplatzkosten auf Personalkosten, 1980 entfielen 81,5 % der Arbeitsplatzkosten auf Personalkosten.

Damit wird die Frage nach der Produktivität des Büro- und Verwaltungsbereiches an Bedeutung gewinnen. Hier fallen stark divergierende Entwicklungen im Fertigungs- und Bürobereich ins Auge .

So gehen Gaugler u.a. davon aus, daß in den letzten 100 Jahren die Produktivität im Fertigungsbereich um 1400 % gesteigert wurde, im Bürobereich dagegen nur 40 %. Diebold konstatiert für das Jahrzehnt bis 1978 25 % gegenüber 5 %, während Connell für etwa den gleichen Zeitraum in den USA sogar von 90 % gegenüber 4 % spricht.[2] Es sind allerdings erhebliche Zweifel angebracht, inwieweit diese Zahlen repräsentativ sind.

---

1) vgl Beckurts/Reichwald 1984
2) vgl Rauch 1982, 41

Sieht man einmal davon ab, daß es sich eingebürgert hat, solche Zahlen ungeprüft bspw. von Unternehmen in die Literatur zu übernehmen[1] und damit das verkaufsträchtige Standardargument

- von der zunehmenden Informationsmenge,
- von der steigenden Anzahl von Menschen in Büros
- und von gestiegenen Personalkosten

auf diesem Gebiet zu unterstützen, stellt sich bei genauerer Betrachtung heraus, daß solche Rechnungen entweder auf sehr simplen Vergleichen basieren (1980 konnte ein Brief dreimal schneller geschrieben werden als 1910) oder die Frage nach Berechnungsmethoden und Quellen schlichtweg nicht rekonstruiert werden kann.[2]

Zangl stellt zu Recht die Frage, ob es überhaupt erlaubt und sinnvoll ist, zwischen der Produktivität der Büroarbeit und der Produktion zu trennen.[3] Immerhin resultiert der hohe Produktivitätsfortschritt u.a. aus der Tatsache, daß die notwendigen planenden, organisatorischen, dispositiven, technischen, kaufmännischen und wirtschaftlichen Überlegungen aus dem Produktionsbereich abgetrennt wurden. Büroarbeit kann deshalb nicht als lästiger Appendix der Produktion betrachtet werden, sondern erfüllt wichtige Planungs- und Steuerungsfunktionen. Vergleichsweise hohe Steigerungsraten bei den Personalkosten im Bürobereich sind demnach nicht zu lösen von einem gestiegenen Bedarf an Planungs-, Steuerungs- und Kontrollfunktionen im Zusammenhang mit der Automatisierung der Produktion.

Auch ein zweiter Gesichtspunkt relativiert die anschaulichen Vergleiche der Produktivität in Produktion und Verwaltung. Büroarbeit läßt sich nicht umstandslos auf Faktoren wie Quantität bzw. Menge beziehen. Die Leistung der Büroarbeit besteht vorwiegend aus Qualitäts- und Zeitaspekten. Es ist die Qualität der Leistung zum richtigen Zeitpunkt, die den Erfolg entscheidend beeinflußt:

> "Produktivitätsvergleiche zwischen der Büroarbeit und der Produktion sind weder sinnvoll noch aussagefähig. Werden sie trotzdem - auf welchen Wegen auch immer - durchgeführt, so

---

1) vgl z.B. Milwich/Ruff 1986
2) vgl Lütge 1987, 20
3) vgl Zangl 1985, 199 ff.

besteht die große Gefahr, aus solchen Zahlen falsche Schlußfolgerungen zu ziehen."[1]

Diese Interpretation gibt Hinweise über mögliche Gründe für geringe
Zuwachsraten in der Produktivität des Büros. Dennoch ist das Büro mit
der Verbreitung der EDV insbesondere dort Gegenstand von Rationalisierungen geworden, wo weniger qualitative als quantitative Arbeiten
anfielen, insbesondere im Bereich der Textverarbeitung. Aber auch hier
blieben die Rationalisierungserfolge bescheiden. Dieses Ergebnis ist vor
allem deshalb überraschend, da allgemein angenommen wird, daß der
Einzug der EDV in den Bürobereich die Produktivität schlagartig
gesteigert hätte.

3.1.2.3.   Informatisierung des Büros

Diese Annahme ist naheliegend, denn Büroarbeit und EDV weisen eine
hohe Affinität auf. Im Büro werden Informationen verarbeitet. EDV
standardisiert, mechanisiert und rationalisiert diese Verarbeitung. Es
wundert deshalb nicht, wenn es eine Vielzahl von Rationalisierungsakti-
vitäten in diesem Bereich gibt. Daß sie dennoch nicht zu den erwarteten
Produktivitätsfolgen führen konnten, liegt vor allem an der Erfahrung,
daß der für den Produktionsbereich verwendete Rationalisierungsansatz
nicht umstandslos auf das Büro übertragen werden kann.
Häufig wird der Rationalisierungsgewinn als Ergebnis von Einsparungen
interpretiert, d.h. eingesparte Arbeitsstunden werden wegrationalisiert
oder aber den Arbeitnehmern werden weitere neue Tätigkeiten übertragen. Dazu war es notwendig, die Tätigkeiten zu zerlegen, so daß sich
operative und dispositive Tätigkeiten gegenüberstehen. Die operativen
Tätigkeiten werden weiter segmentiert und EDV-gerecht aufbereitet.
Hierzu boten sich in der Vergangenheit vor allem Abrechnungsarbeiten
an, bei denen die Bürorationalisierung dominierte.[2]
Wurden in diesen Bereichen Arbeitsplätze, Organisationsstruktur und
Arbeitsqualität noch vergleichsweise wenig berührt, änderte sich dies,
als die EDV aus dem Keller Einzug in das Büro nahm, d.h. nicht nur

---

1)   Zangl 1985, 207
2)   vgl Friedrich et al. 1982, 213

quantitative Massenarbeiten wurden aus dem Büro ausgelagert, sondern Büroarbeit wurde auch in ihren qualitativen Komponenten durch EDV meist in Form von Bildschirmarbeit unterstützt. Der Computer befindet sich nun in der Regel an den Arbeitsplätzen der Sachbearbeiter in Form von Terminals, die über Leitungen untereinander bzw. mit einem zentralen Großcomputer verbunden sind,[1] oder über dezentrale Computersysteme, die mit eigenen Ein- und Ausgabegeräten verbunden sind. Ein wesentlicher Vorteil von neuen Bürocomputersystemen wird vor allem in der universellen Einsetzbarkeit gesehen. Neben den typischen Anwendungsformen wie Lohn- und Gehaltsabrechnung, Finanzbuchhaltung, Auftragsbearbeitung, Lagerwirtschaft und Textbearbeitung lassen sich integrierte Computersysteme auch zur vielfältigen Informationsspeicherung und -übertragung nutzen. Die computergestützte Sachbearbeitung kann bspw. in integrierten Systemen Funktionen wie Electronic Mail, Texterstellung, elektronischer Aktenschrank sowie eine Reihe von weiteren Speicherungs- und Übertragungsdiensten nutzen.

Daraus ergeben sich weitreichende Anwendungsmöglichkeiten wie:
-   selbständige Informationsverwaltung,
-   selbständige Problemlösung,
-   Textverarbeitung,
-   Kommunikation,
-   Remote office work,
-   Management persönlicher Ressourcen.[2]

Diese Veränderungen bedeuten potentiell:
-   qualitativ höhere Planungs- und Prognosegenauigkeit mit kürzeren Vorgangsdurchlaufzeiten, die sich in einem kürzeren Entscheidungsprozeß niederschlagen können,
-   schnellere Übertragung von Nachrichten und entsprechend raschere Reaktionen,
-   Nutzung von Textsystemen und elektronischer Übermittlung,
-   Substitution von Besprechungen und Konferenzen, bzw. deren elektronische Unterstützung,
-   geringerer Dokumentationsaufwand.[3]

---

1)   vgl Höring et al 1983a; 1983b
2)   vgl Scheer 1984b, 28
3)   vgl Anselstetter 1984, 43 ff.

Auf diese Weise soll sich die Tätigkeit im Büro strukturell ändern. Erwartet wird eine Zunahme der elektronischen Kommunikation und eine erhebliche Abnahme der persönlichen Kommunikation wie Sprechen, Besprechen und Schreiben.

Aber nicht nur die klassisch gebundenen Funktionen der Büroarbeit verlieren an Bedeutung, es entsteht die potentielle Möglichkeit, auch die räumlich gebundenen Funktionen aufzuheben und durch Tele- bzw. Heimarbeit zu ergänzen oder teilweise zu substituieren.[1]

Die innerbetrieblichen Optionen sollen durch Pläne der Bundespost, das analoge Fernsprechnetz mit dem digitalen integrierten Fernschreib- und Datennetz zu einem Integrated Services Digital Network (ISDN) zu integrieren, auch im Hinblick auf die Außenbeziehungen, erweitert werden. Es wächst die Möglichkeit, Daten, Sprache, Texte und Festbilder elektronisch zwischen Betrieben zu übertragen. Die für die 90er Jahre geplante Umrüstung der Netze auf Glasfaserkabel eröffnet die Option, alle Übertragungsmedien, also auch bewegte Bilder, räumlich unabhängig zu übermitteln.[2]

---

1) vgl Dostal 1985; Schröder 1984; Brandes/Buttler 1985
2) vgl Kubicek 1984, 113; vgl auch Mettler-Meibom 1983; 1984; 1986; Kubicek/Rolf 1985

3.2. Transformation technischer Wirkungen in betriebswirtschaftliche Kategorien

Die Behandlung der EDV-Unterstützung von Funktionen der Betriebe ist für die Betriebswirtschaftslehre nichts Neues. Für das Jahrzehnt 1970 bis 1980 kommen Mertens et al.[1] auf der Basis einer Literaturrecherche zur Konstatierung erheblicher Auswirkungen der EDV, insbesondere ihrer betriebswirtschaftlichen Wirkungen. Als branchen- und wirtschaftszweig- unabhängige Effekte werden aus der Literatur die Wirkungen der EDV herausgefiltert, wie etwa:

- Kostenveränderung (Kostensenkung/Kostenstruktur),
- Personaleinsparung,
- effizienterer Einsatz materieller Ressourcen,
- größere Abhängigkeit,
- weniger Fehler (z.B. durch exaktere Verwaltungsprozesse),
- mehr Fehler (z.B. Programmfehler),
- höhere Leistungsqualität,
- bessere Planung und Disposition,
- besseres Informationshandling.

Bezogen auf neue Technologien konzentrieren sich die betriebswirt- schaftlichen Wirkungen noch dezidierter auf originäre Gestaltungsfelder der Betriebswirtschaftslehre. Gestaltungsmöglichkeit auf der technischen und personalen Ebene sind von Wirtschaftssektor zu Wirtschaftssektor, von Branche zu Branche und zwischen Betrieben unterschiedlich, selbst wenn man berücksichtigt, daß gemeinsame, aus der Wirtschaftsordnung resultierende Prinzipien gewisse Vorgaben konstituieren.

Die damit verbundenen Veränderungen in der Praxis greifen in vielfäl- tigster Weise auch in das Lehr- und Forschungsgebäude der Betriebs- wirtschaftslehre ein, so daß es bereits heute schwerfallen dürfte, einen vollständigen Überblick über die Rezeption neuer Technologien in der Betriebswirtschaftslehre zu geben, der darüber hinaus den Nachteil hätte, schon nach kürzester Zeit wieder veraltet zu sein. Diese Durch- dringung vollzieht sich in unterschiedlichen Intensitäten in fast allen

---

1) vgl Mertens et al. 1982

Funktionsbereichen der Betriebswirtschaftslehre.[1] Die Gründe sind
naheliegend. Wenn die betriebliche Praxis mehr und mehr neue Techolo-
gien implementiert, stellt sich in erster Linie die Frage der betriebswirtschaftlichen Effekte. Im folgenden soll erörtert werden, in welcher
Weise sich in der Produktion technische Veränderungen als betriebswirtschaftlich von Bedeutung erweisen und Betriebswirtschaftslehre
Schlüsselkategorien dieser Veränderungen aufnimmt, um Wirkungen im
Hinblick auf Kostenveränderungen und Wirtschaftlichkeit zu untersuchen
bzw. um unter Optimierungsgesichtspunkten Hinweise auf Gestaltungsmöglichkeiten zu eröffnen.

Ebenfalls analog zu Veränderungen der Praxis im Bereich des Bürosek-
tors erforscht ein Teil der Betriebswirtschaftslehre Auswirkungen auf
Kostenstrukturveränderungen sowie Möglichkeiten der Arbeits- und
Büroorganisation unter den Bedingungen neuer Kommunikationsformen.
Hier soll erörtert werden, inwieweit im Bürobereich hierarchiezentrierte
Modelle der Organisation vor dem Hintergrund neuer Technologien einer
Überprüfung bedürfen. Schließlich soll für beide Bereiche gezeigt
werden, wie dort die Sicherung der Wirtschaftlichkeit durch Anpassung
des Personals gewährleistet werden soll.

**3.2.1.   Verbesserung der Wirtschaftlichkeit durch neue Technologien
in der Produktion**

Im Produktionsbereich als Untersuchungsobjekt der Betriebswirtschaftslehre manifestiert sich die betriebswirtschaftliche Relevanz neuer
Technologien in der bisher herausgearbeiteten Schlüsselkategorie
"Flexibilität". Hier konzentriert sich die betriebswirtschaftliche
Aufmerksamkeit bei der Einführung von neuen Produktionstechnologien
insbesondere auf die Frage ihrer Wirtschaftlichkeit. Betriebswirtschafts-
lehre verfügt über vielfältige Instrumente bspw. der Gestaltung von
Produktionsabläufen, Investitions- oder Kostenrechnung. Im folgenden
soll an einigen Beispielen gezeigt werden, wie diese Transformation im
Produktionsbereich gelingt und zwar auf den Feldern:

---

1)   vgl die Übersichten bei Brockhoff 1984; Zahn 1983; Eichhorn/Schreyer
1983; Mönig 1985, 95 ff.

- Wirkungen der Flexibilität;
- Entwicklung von Kostenkategorien;

Es geht in diesen Feldern insbesondere um die betriebswirtschaftlich optimale Auswahl und Gestaltung von Produktionstechnologien und die Erfassung und Berechnung von Kosten.

3.2.1.1. Flexibilität und Wirtschaftlichkeit

Bei der Untersuchung der Wirtschaftlichkeitswirkungen neuer Technologien im Hinblick auf ihren flexiblen Einsatz sind nach Wildemann[1] folgende Fragen für die Betriebswirtschaftslehre von Bedeutung:
- Umbaubarkeit für neue Fertigungsaufgaben,
- Umrüstbarkeit bei geplanten unterschiedlichen Fertigungsaufgaben,
- Kompensationsfähigkeit bei quantitativen Verschiebungen im Produktionsprogramm,
- Speicherfähigkeit zum Ausgleich von veränderlichen Bearbeitungszeiten und zur mannlosen Materialbereitstellung,
- Durchflußfreizügigkeit zur variablen Gestaltung des Materialflusses,
- Redundanz im Fertigungssystem, um das Risiko des Ausfalls des Gesamtsystems zu senken und
- automatisierte Umstellungsprozesse zur Realisierung kleiner Losgrößen.[2]

Kapital soll weniger in Beständen gebunden sein, sondern für Innovation und Investition freigesetzt werden. Hohe Flexibilität soll nicht mit hohen Beständen, sondern mit einer Reduzierung von Durchlaufzeiten auf der Basis automatisierter Fertigungs- und Transportsysteme erzielt werden.[3]

Nach Berechnungen von Schulz[4] ist der Anteil der eigentlichen Bearbeitungszeit eines Werkstücks an der Gesamtzeit erheblich gesunken und

---

1) vgl Wildemann 1987a
2) vgl Wildemann 1987a, 210
3) vgl Eidenmüller 1984, 517; 1986, 619 ff.; Scheer 1987b, 84
4) vgl Schulz 1986, 84

beträgt mittlerweile nur noch 5 - 15 % der Gesamtdauer. Rationalisierung im CIM-Verbund konzentriert sich deshalb auf die Produktivitätsnachteile, die im Zuge der Etablierung von Insellösungen in den einzelnen Anwendungsbereichen entstehen. Hierzu gehören u.a. Integration und Steuerung der Datenströme, um

- die Durchlaufzeit zu verkürzen,
- die Termintreue zu verbessern,
- Kapitalbindung zu senken,
- eine noch höhere kundenorientierte Flexibilität zu realisieren.

Vergleichbar argumentieren auch andere Autoren, daß es darum geht, mit Hilfe neuer Technologien den Einsatz aller Produktionsressourcen zu optimieren - insbesondere um

- die Einhaltung der Fertigstellungs- und Liefertermine zur Erfüllung der Auftragsbedingungen,
- die Verkürzung der Auftragsdurchlaufzeiten zur Verbesserung der Lieferbereitschaft,
- die Verringerung der Vor-, Zwischen- und Fertiglagerbestände zur Senkung der Kapitalbindung,
- die Vermeidung von Maschinenstillständen zur Erhöhung der Produktivität,
- die Sicherung der Erzeugnisqualität.[1]

CIM soll die bislang schwerfällige Übertragung von technischen und kaufmännischen Daten erleichtern. Für den gesamten Ablauf soll eine gemeinsame Datenbasis unterlegt werden, die es erlaubt, Informationen, die an einer Stelle der Ablaufkette anfallen, auch sofort allen anderen beteiligten Stellen zugänglich zu machen. Es entfallen Informationsübertragungszeiten, alle Abläufe sollen erheblich beschleunigt werden. Diese Datenverarbeitung soll gleichzeitig die betrieblichen Teilbereiche integrieren, ihre Steuerfähigkeit erhöhen und damit Auftragsbearbeitungszeiten reduzieren. Technische Funktionen wie Konstruktion, Arbeitsplanung und Fertigung werden begleitend mit kaufmännischen Informationssystemen verbunden. Im Rahmen einer CIM-Architektur soll sowohl die Daten- als auch die Vorgangsintegration berücksichtigt werden.

---

1) vgl Czeguhn/Franzen 1987, 174; vergleichbare Argumente finden sich bei Eidenmüller 1986, 1987; Neipp 1987; Lorenz 1985; Mönig 1985

Schlecht strukturierte Entscheidungen in CIM sollen durch Entscheidungsunterstützungssysteme vergleichsweise besser bewältigt werden. Mit ihrer Hilfe kann bspw. die Auswahl der Fertigungsverfahren, die Aufteilung in Arbeitsfolgen und schließlich die Erstellung der Arbeitspläne vorgenommen werden.

Die Integration von kaufmännischen und technischen Daten ermöglicht nicht nur eine Vernetzung von Datensystemen innerhalb der Unternehmen. Die überbetriebliche Vorgangsintegration ermöglicht die zeitliche Straffung von Abläufen, Ersatz von Papierkommunikation, detaillierte Übertragungsmöglichkeiten von Daten, Fortfall von Dispositionsfunktionen.

Realisiert werden soll ein fallbezogenes "just-in-time"- Dispositionsprinzip, das durch Integration der jeweiligen PPS- und CAD/CAM-Dateien neue Formen der Produktion und Kommunikation zwischen den Unternehmen erlaubt.[1] Wirtschaftlichkeit durch neue Technologien erweist sich damit als Optimierung der Produktionsressourcen, um die angestrebte Flexibilität zu sichern.

3.2.1.2.   Wirtschaftlichkeitsberechnungen

Aus betriebswirtschaftlicher Sicht ist hier vor allem die damit verbundene Veränderung der Kostenstrukturen interessant. So bewirkt nach Wildemann flexible Automatisierung im Bereich der Stückkosten eine Produktionskostensenkung in einem Umfang von 25 - 30 % in der langfristigen Betrachtung, wovon bis 1990 ca. die Hälfte realisiert sein soll. Der gesamte Rationalisierungseffekt wird zur Hälfte dem direkten Anwendungsbereich der Technologie, im übrigen der Integration von Fertigungsinseln durch CIM zugerechnet.[2] Auf diese Weise kommt es unter Beibehaltung klassischer betriebswirtschaftlicher Kalküle zu einer Modifikation und Anpassung der Instrumente, die eine erweiterte Wirtschaftlichkeitsberechnung erlauben sollen.

Wie oben angeführt, befinden sich CIM-Konzepte aber überwiegend noch im Versuchsstadium und entziehen sich damit weitgehend herkömmlichen

---

1)   vgl Scheer 1987b, 155 ff.

2)   vgl Wildemann 1987a, 211

Wirtschaftlichkeitsberechnungen. Auch wenn Unternehmensberater Produktivitätssteigerungen und überdurchschnittliche Kostenreduzierungen versprechen, bleibt der Nachweis über die Wirtschaftlichkeit häufig auf der Strecke:

"Mit herkömmlichen Wirtschaftlichkeitsverfahren wird es kaum gelingen, eine zufriedenstellende Amortisation der Investitionen in eine flexible, computerintegrierte Fertigung zu errechnen. Die Entscheidung zugunsten einer langfristigen (über-)lebensnotwendigen CIM-Strategie ist eine strategische Entscheidung."[1]

Trotz dieser Hinweise auf die strategische Bedeutung wird das Fehlen von, auf neue Technologien - insbesondere CIM - bezogenen Investitionsrechnungsmodellen als Herausforderung für die Betriebswirtschaftslehre begriffen. Forschungen in diesem Bereich konzentrieren sich deshalb auf den Investitionsentscheidungsprozeß. Strategische Investitionsplanung soll Einzelprojektbetrachtungen überwinden helfen und ihre Einordnung in eine strategische Erfolgspotentialplanung erlauben.[2] So wird bspw. versucht, den Investitionsentscheidungsprozeß im Hinblick auf seine personellen, technischen und betriebswirtschaftlichen Implikationen zu analysieren und "... eine Vorgehensweise für eine strategische Investitionsplanung zu entwickeln".[3]

Der Investitionsprozeß wird in Entscheidungsschritte aufgeteilt, die ganz unterschiedliche Parameter berücksichtigen:

- Klassifizierung neuer Technologien in der Produktion. Je nachdem, wie neu die Technologie ist, bietet dieses Klassifizierungsmerkmal die Möglichkeit, auf bereits gemachte Erfahrungen zurückzugreifen oder die Notwendigkeit hoher Aufwendungen für Entwicklung und Anpassung zu antizipieren. In dieser Phase können unter strategischen Gesichtspunkten die notwendigen Eigenschaften der neuen Technologien herausgearbeitet werden.

- Strategische Bedeutung neuer Produktionstechnologien für die Unternehmung. Hier geht es um die Analyse der eigenen Wettbewerbsposition. Die Frage nach der Bereitstellung von Kapital wird unter dem Gesichtspunkt betrachtet, inwieweit die Investition in eine neue

---

1) Maier 1986, 80; vgl auch Krallmann 1986
2) vgl zum folgenden Wildemann 1986b; 1987c
3) Wildemann 1986b, 3

Technologie die Wettbewerbsstrategie unterstützt und damit die Wettbewerbssituation der Unternehmung verbessert.

- Normstrategien für neue Technologien. Hier werden Chancen und Risikoprofile verwendet, aus denen die Attraktivität der neuen Technologie abgeleitet wird. In einer Stärken- Schwächen-Analyse wird die Einsetzbarkeit der neuen Technologien beurteilt.

- Strategische Planung von Technologie- und Fertigungsstrukturen mit Hilfe eines Technologiekalenders. Hier werden der Einsatz neuer Technologien und das Produktionsprogramm im Zeitablauf abgebildet. Auf diese Weise läßt sich u.a. das benötigte Investitionsbudget aus der Kapazitätsstrukturplanung ableiten.

- Einführungspfade für neue Technologien. Damit ist im wesentlichen die Neugestaltung des Umfeldes der neuen Technologien ange-sprochen, insbesondere in den Bereichen Materialdisposition, Auftragsabwicklung, Instandhaltung, Qualitätssicherung, Transport und Montage.

  "Diese vielfältigen Interdependenzen lassen die Wahl der Einführungspfade zu einer wesentlichen Determinante der Wirtschaftlichkeit werden (...)."[1]

- Ermittlung geeigneter Produktionstechnologien. Im Mittelpunkt steht die Analyse der Kostensenkungspotentiale und der Gewinnwirkungen durch Analyse der Veränderungen in den Zahlungsströmen, der Bewertung der nicht quantifizierbaren Wirkungen im Hinblick auf strategische Ziele.

- Kontrolle der Ziele, Prämissen und Maßnahmen einer strategischen Investitionsplanung.

Die Erweiterung der Investitionskalküle erweist sich als notwendig, weil die Vernetzung von elektronisch gestützten Fertigungsstrukturen die Nutzenseite in einer bislang kaum erfaßbaren Weise erweitert. "Integration als Erfolgsfaktor"[2] zielt auf eine überproportionale Ertragssteigerung. Aus betriebswirtschaftlicher Sicht ergibt sich eine Potenzierung von Ertragspotentialen[3], da es im Konstruktions- und Entwicklungsbereich zu neuen Entscheidungsmöglichkeiten über die

---

1) Wildemann 1986b, 26; vgl auch Wildemann 1986a
2) so Wildemann 1987b, 27
3) vgl Scheer 1987b, 155 ff.

Kosten eines generierten Produktes kommen kann. Da in diesem Bereich der überwiegende Anteil der Kosten festgelegt wird, eröffnen sich besondere Rationalisierungschancen. Die Geometriedaten liefern Anforderungen für den Betriebsmitteleinsatz, aber auch für den Einsatz von Personal. Während diese Zusammenhänge in der konventionellen Fertigung nicht sofort sichtbar sind und die Kostenbeeinflussung eher im Bereich der Arbeitsvorbereitung angesiedelt ist, rücken innerhalb von CIM diese Bereiche enger aneinander. Dies bedeutet eine höhere Beeinflussungsmöglichkeit der Kosten.

3.2.2.   Verbesserung der Wirtschaftlichkeit im Büro

Nach Staehle/Sydow[1] stellen heute Büroarbeit und die Möglichkeiten ihrer organisatorischen und technischen Rationalisierung durch Büroautomation ein zentrales Problem der betriebswirtschaftlichen Praxis dar. Zwar hat sich die Betriebswirtschaftslehre seit ihrer Konstituierung als eigenständige wissenschaftliche Disziplin mit unterschiedlicher Intensität mit der Organisation von Büroarbeit befaßt, allerdings scheint diese Intensität in den vergangenen Jahren erheblich zugenommen zu haben.[2]

Das hierbei verwendete Rationalisierungskonzept sah dann häufig wie folgt aus:

- Auswahl eines Arbeitsbereiches mit hohem Anteil technisierbarer Tätigkeiten (z.B. Datenerfassung, Archivierung, Textbearbeitung);

- Entmischung der Arbeitsstruktur (Ausgliederung der technisierbaren Tätigkeiten);

- räumliche und organisatorische Zusammenfassung der technisierbaren Tätigkeiten zu neuen Organisationseinheiten (z.B. Lochsaal, Schreibsaal);

- Formalisierung der Informationsbeziehungen mit dem neuen Organisationsbereich;

---

1)   vgl Staehle/Sydow 1986, 188

2)   vgl den Überblick bei Schirmer 1987

- in der Regel outputorientierte Entlohnung am technisierten und spezialisierten Arbeitsplatz.[1]

Die diesem Rationalisierungsprozeß folgenden Strategien setzen auf Normierung und Standardisierung der Arbeitsabläufe und der internen sowie zum Teil externen Kommunikation. Die potentiellen Möglichkeiten der Technik gerieten zum Maßstab der Arbeitsplatz- und Organisationsgestaltung. Dadurch konnten die arbeitsplatzbezogenen Kosten der Bearbeitung von Textvorgängen gesenkt werden, die Zahl der bearbeiteten Vorgänge je Zeiteinheit stieg an, es fanden quantitative Produktivitätssteigerungen durch Vergrößerung des Anteils an Routinetätigkeiten statt.

Isoliert betrachtet, scheint damit das Rationalisierungskonzept der Bürotaylorisierung erfolgreich. Insgesamt jedoch zog dieses Rationalisierungskonzept eine Reihe von nicht kalkulierten Folgeproblemen nach sich.

Je mehr klassische Büroarbeiten der EDV-Logik angepaßt wurden, umso mehr wurden gewachsene und funktionierende Organisationsstrukturen umgestaltet, standardisiert und bürokratisiert.[2]

Eine Verminderung der Flexibilität und z.T. hohe Folgekosten waren das Ergebnis. Konflikte und Reibungsverluste, die nicht mehr durch direkte soziale Kommunikation ausgetragen bzw. überwunden werden können, erweisen sich als Produktivitätsbarrieren. Notwendige Kooperation wird eher behindert als gefördert. Die Orientierung an der Gesamtaufgabe wird erschwert. Auch die weitgehende Standardisierung erweist sich als Barriere. Jede Arbeit enthält ein gewisses Maß an Subjektivität, das nicht völlig unterdrückt werden kann. Der Versuch der Unterdrückung führt zudem dazu, daß Widerstände und Funktionsstörungen auftreten.

3.2.2.1.   Neugestaltung der Büroarbeit

Der betriebswirtschaftliche Handlungsbedarf in diesem Bereich ist damit offensichtlich. Betriebswirtschaftliche Forschung sieht sich vor die

---

1)   vgl Reichwald 1982b, 26

2)   zu den Auswirkungen dieses Rationalisierungskonzepts vgl Jacobi et al. 1980

Aufgabe gestellt, kommunikativ, interdisziplinär und kooperativ Anwendungskonzeptionen zu schaffen, "... mit deren Hilfe das Innovations- und Wirtschaftlichkeitspotential von Informationstechnologien in einer ökonomisch attraktiven und sozial akzeptablen Weise ausgeschöpft werden kann."[1]

Dazu - so Grochla weiter - sei es erforderlich, theoretisch fundierte und praktisch erprobte betriebswirtschaftliche Anwendungskonzeptionen zu entwickeln, in denen die komplexen Zusammenhänge zwischen den Bedingungen, Formen und Folgen des Einsatzes von Informationstechnologien beschrieben und erklärt werden. Die Entwicklung solcher Anwendungskonzeptionen stelle eine Herausforderung für die betriebswirtschaftlich - organisatorische Forschung dar.[2]

Hier gehe es darum, die Kommunikation und die Kombination von Daten, die Organisation der Betriebsabläufe und die Steuerung der unterschiedlichen Funktionsbereiche in einer Verwaltung bzw. in einem Unternehmen neu zu gestalten.

Es wird bemängelt, daß mit der Einführung von Informationstechnologien weiterhin Rationalisierungsstrategien verfolgt werden, die am Modell der industriellen Produktion ausgerichtet sind. Es besteht die Notwendigkeit, das Problem einer produktivitätsorientierten Neugestaltung der Verwaltungsarbeit auf empirischer und theoretischer Ebene neu anzugehen.[3]

Durch den Einsatz von Informationstechnologien verändert sich das Input/Output-Verhältnis nachhaltig, ohne daß geeignetes theoretisches Wissen über das Wesen der Kommunikation zur Verfügung steht.[4] In einem ersten Schritt geht es deshalb darum, relevante Aufgabentypen der Büroarbeit zu ermitteln, um Fragen der Effektivierung von Büroarbeit genauer diskutieren zu können (siehe Abb. 3, Seite 120).

Produktivitätsanalysen bewegen sich in diesem Bereich:

---

1) Grochla 1982, 70

2) vgl Grochla 1982, 69

3) vgl hierzu die umfangreichen Studien zur Bürokommunikation von Picot/Reichwald 1984, insbesondere Anders 1983 und die dort angegebene Literatur.

4) vgl Reichwald 1984

	PROBLEMSTELLUNG	INFORMATIONSBEDARF	KOOPERATIONSBEDARF	LÖSUNGSWEG
TYP I	Einzelfall-orientiert	unbestimmt und nicht planbar	sehr hoch (Kooperationspartner meistens unbestimmt)	individuelle (nicht programmierbar)
MISCH-TYP II	Mischung von Einzel- und Routinefall	unbestimmt, teilweise planbar	fallbezogen	fallbezogen
TYP III	Routinefall-orientiert	bestimmt und vollständig planbar	niedrig (Kooperationspartner bestimmt)	determiniert (programmierbar)

Abb. 3:   Typen der Büroarbeit; in Anlehnung an Reichwald 1984, 205

a) um operationsorientierte Analyseverfahren. Sie zielen auf die Erfassung und Messung von Aktivitäten bei Büroarbeit vom Typ III. Verfahren der Zeit- und Bewegungsstudien, Systeme vorbestimmter Zeiten finden hier Anwendung.

b) Managementorientierte Verfahren sollen im Managementbereich Abläufe und Zusammenhänge transparent machen, um eine Messung und Bewertung der Arbeiten in diesem Bereich zu ermöglichen.

Allerdings weisen diese Verfahren erhebliche Mängel auf, die Reichwald[1] wie folgt beschreibt:

- Input/Output-Modelle analog zur industriellen Leistungserstellung führen in der Unternehmensverwaltung nicht weiter.
- Operationsorientierte Verfahren eignen sich nur für Büroarbeit vom Typ III. Bezogen auf Typ I oder II können sie kontraproduktive Effekte nach sich ziehen.
- Managementorientierte Verfahren vernachlässigen häufig die Kooperationsverflechtungen zwischen Management-Output und Assistenzbeiträgen.
- Das aktuelle Rationalisierungsfeld bilden heute Typ I und II.
- Zur produktivitätssteigernden Nutzung der Technik sind stärker outputorientierte Strategien erforderlich.

Als ein mögliches Beschreibungsmodell des Technikeinsatzes schlägt Reichwald vor, zu unterscheiden in

- Technikeinfluß auf die Arbeitsteilung
- Technikeinfluß auf den Arbeitsablauf (siehe Abb. 4, Seite 122).

Auf diese Weise können zwei Strategien ermittelt werden. Im Autarkiemodell geht es darum, die menschliche Arbeitskraft zu substituieren. Im Kooperationsmodell sollen Aufgaben zusammengeführt werden und die Bedingungen für Delegation und Koordination durch Technikeinsatz verbessert werden. Diese Verbesserungen betreffen z.B.:

- Übertragungskapazität (hohe Übertragungsgeschwindigkeit von Informationen).
- Horizontale Integration von verschiedenen Kommunikationsformen.

---

1) vgl Reichwald 1984, 209 ff.

		Technikeinfluß auf die Arbeitsteilung	
		vertikale Aufgaben-zusammenführung	horizontale Aufgaben-zusammenführung
Technikeinfluß auf den Arbeitsablauf	deter-mi-nierend	Autarkie-Modell bei deterministischen Arbeitsablauf	Kooperations-Modell bei deterministi-schem Arbeitsablauf
	indivi-duali-sierend	Autarkie-Modell bei individuellem Arbeitsablauf	Kooperations-Modell bei individuellem Arbeitsablauf

Abb. 4: Beschreibungsmodell des Technikeinsatzes; in Anlehnung an Reichwald 1984, 211

- Vertikale Integration in der Informationsverarbeitung. Vor- und nachgelagerte Stufen des Kommunikationsprozesses können integriert werden.[1]

Als mögliche Konsequenzen der Informatisierung von Büroarbeit vermuten Picot/Reichwald:[2]

- Beschleunigung des Informationstransportes,
- Erreichbarkeit,
- Entlastung von Routinetätigkeiten,
- Verbesserung der Dokumentation,
- Integrationseffekte,
- Austauschbarkeit,
- Mobilisierung zusätzlicher Informationen.

Vergleichbare Tendenzen vermuten andere Autoren auf der Basis empirischer Untersuchungen:

- Tätigkeiten werden in einem geringeren Maße zergliedert.
- Die Arbeitsmittel müssen seltener gewechselt werden.
- Schnellere systematische Speicherung von Daten (Mappen, elektronischer Aktenschrank).
- Die Abhängigkeit von Unterstützungskräften nimmt ab.
- Ungestörteres Arbeiten, Telefonkontakte, die nur der Information dienen, entfallen.
- Einfachere Kooperation.[3]

Diese Hinweise auf Veränderungen der Büroarbeit und die konzeptionelle Neugestaltung innerhalb der Betriebswirtschaftslehre zeigen auf, daß sich hier ein weites Feld für die Erklärung und Gestaltung eröffnet.

"Die Aufarbeitung dieser Thematik hat gezeigt, daß die Betriebswirtschaftslehre eine Theorie der Produktivitätsbeziehungen benötigt, aus der ein geeignetes Instrumentarium für die Gestaltung der Unternehmensverwaltung abgeleitet werden kann."[4]

---

1) vgl Picot/Reichwald 1984, 24 ff.
2) vgl Picot/Reichwald 1984
3) vgl Höring/Spengler-Rast, o.J., 43 f.
4) Reichwald 1984, 213

3.2.2.2. Erweiterte Wirtschaftlichkeitsrechnung

Vor dem Hintergrund bisheriger Rationalisierungsprobleme gewinnt das "integrierte Büro" an Bedeutung. Auf Basis der Vermutung, daß die Bürokosten weiter erheblich steigen und die Integration von Datenverarbeitungs-, Nachrichten- und Bürotechnik Führungskräfte stärker unterstützen kann, konzentriert sich die betriebswirtschaftliche Behandlung nicht nur auf neue Anwendungskonzepte, sondern zielt auch auf ihren möglichst wirtschaftlichen Einsatz.

In Praxisberichten wird immer wieder darauf hingewiesen, daß Wirtschaftlichkeit von Investitionen im Informationsbereich mit konventionellen Methoden nicht zuverlässig zu ermitteln sei.[1] In den Anfängen der Datenverarbeitung konnte Wirtschaftlichkeit im allgemeinen dadurch nachgewiesen werden, daß Personalkosten gesenkt wurden, was mit modernen Informations- und Kommunikationssystemen kaum noch zu bewerkstelligen ist.

Dies wird deutlich in einem Überblick über ausgewählte Untersuchungsergebnisse zum Einsatz der Büroautomation. Mertens et al.[2] zeigen, daß Kosteneinsparungen vor allem bei gezielten Einzelanwendungen realisiert und dokumentiert werden. So werden bspw. in Kreditinstituten Kosteneinsparungen durch Textverarbeitung, Tabellenrechnung, Grafik und Datenverarbeitung nachgewiesen. Im Bereich der Versicherungen werden durch Einsatz von Textbausteinverarbeitung, Kundenarchivierung und mit Hilfe integrierter Vorgangsbearbeitung erhebliche Rationalisierungspotentiale ermittelt. Am Arbeitsplatz werden Erfolge im Bereich der Durchlaufzeitverkürzung und in Zeiteinsparungen bei der Angebotserstellung gemeldet. Insgesamt kommen die Autoren zu dem Schluß, daß die in Pilotprojekten beobachtbaren Nutzeffekte sich auf drei Analyseebenen beziehen lassen:

- Nutzeffekte auf Arbeitsplatzebene,
- Nutzeffekte auf Prozeßebene,
- Nutzeffekte auf Unternehmensebene.

Auch in einer Vielzahl von weiteren Arbeiten wird eindrucksvoll demonstriert, daß, solange der Nutzen auf Einzelanwendungen bezogen

---

1) vgl hierzu Schmitt 1987

2) vgl Mertens et al. 1986

wird, Bürokommunikation sich quantitativ wirtschaftlich rechnet.[1] In der Text- und Datenkommunikation ergeben sich erhebliche quantifizierbare Rationalisierungspotentialen. So wurde bspw. bei der Lufthansa die schriftliche Kommunikation auf "Elektronische Post" umgestellt. Die dadurch eingesparte Arbeitszeit bedeutet eine jährliche Kosteneinsparung von 2,3 - 3,6 Mio. DM. Bei einer erweiterten Anwendung von multifunktionalen Arbeitsplatzsystemen im Bereich der Analysen, Berechnungen, Grafikerstellung, Übertragung, Verteilung von Schriftgut, Schriftgutverwaltung, Ablage, ergab sich eine Produktivitätssteigerung bezogen auf die Gesamtarbeitszeit bei Fachleuten von 8,4 %, bei Sekretärinnen und Schreibkräften von 20%.[2]

Da sich die Kosten-Nutzen-Relation bei Einzelanwendungen offensichtlich rechnet, werden Konzepte entwickelt, die Kosten-Nutzen-Relationen dort, wo sie nicht eindeutig herstellbar sind, rekonstruieren.

Über "Keimzellenidentifikation", "Durchlaufzeitanalysen" und "Schwachstellenuntersuchungen" werden Wirkungszusammenhänge untersucht und Investitionen bewertet.[3] Kosteneinsparungspotentialen wie bspw. Personalkosten, Materialkosten, Servicekosten werden "organisationsspezifische" Bezugsgrößen auf der Nutzenseite gegenübergestellt wie bspw.

- Menge der Schadensabwicklung in einer Versicherung
- Zeitaufwand zur Angebotserstellung
- Bearbeitungsdauer eines Kredites.

Auf diese Weise werden weniger Telefongespräche, geringerer Aufwand für Terminabstimmungen und rationellere Texterstellung ermittelt.

Rein rechnerisch ergeben sich dann bspw. bei der Zahnradfabrik Friedrichshafen AG Einsparungspotentiale von durchschnittlich einer halben Stunde pro Mitarbeiter und Tag, was einer Amortisationszeit der Investition von ca. eineinhalb Jahren entsprechen würde.[4]

Genau diese auf Einzelanwendung bezogenen Wirtschaftlichkeitsberechnungen erweisen sich aber dann, wenn sie auf die Gesamtheit des Büros oder auf die Gesamtheit des Unternehmens zurückgeführt werden, als

1) vgl entsprechende Wirtschaftlichkeitsrechnungen bei Munter 1982, 351 ff.; Anselstetter 1984, 61 ff.; Witte 1984b, 25 ff.; Morgenbrod/Schwärtzel 1982, 240; Bodem et al. 1984

2) vgl Höring/Spengler-Rast, o.J., 76 ff.

3) vgl hierzu Stamm/Bodem 1987

4) vgl hierzu Rettenmaier 1987

theoretisch. Von welcher Qualität solche Einsparpotentiale sind, zeigt die Einsicht, daß solche Bruchteile von Einsparungen sich nur in wenigen Einzelfällen in konkrete Personalkostensenkungen niederschlagen.

In einem anderen Beispiel aus der Praxis wird zwar der hohe Anteil nur qualitativ erfaßbarer Faktoren als Problem erkannt, dennoch wird dieses Problem als lösbar angesehen:

"Die mangelnde Quantifizierbarkeit vieler Wirkungen des Einsatzes von Bürokommunikationstechnik liefert keinen Grund dazu, die formalisierbaren Tatbestände nicht mit etwas Phantasie aufzubereiten und rechenbar zu machen, ohne mit Gewalt quantifizieren zu wollen."[1]

Jenseits der Möglichkeiten, Phantasie in Wirtschaftlichkeitsberechnungen einfließen zu lassen, bleibt das Grundproblem, daß gerade in integrierten Bürokommunikationssystemen die Zurechnung zur Einzelanwendung nur begrenzt gelingt. Es ist deshalb nicht verwunderlich, daß der Nutzen integrierter Bürosysteme auch unabhängig von den Kosten mit größerer Effizienz, hoher Durchlaufgeschwindigkeit, verbesserter Kommunikations- und Entscheidungsqualität begründet wird, die entsprechende Investitionen nahelegen. Kriterien für Investitionsentscheidungen werden dann als Maßstäbe herangezogen, die auf den ersten Blick Wirtschaftlichkeitsüberlegungen zu widersprechen scheinen:[2]

- Es werden beispielsweise Vergleiche mit anderen Unternehmen angestellt in dem Sinne, daß nicht falsch sein kann, was andere Unternehmen bereits vollzogen haben.

- In ähnlicher Weise wird der Anteil der EDV-Kosten an den Umsatzerlösen als mögliche Vergleichsziffer herangezogen.

Die hier zum Ausdruck kommende Hilflosigkeit läßt sich auf den Nenner bringen, daß alle in Informationsverarbeitung investieren, weil dies alle tun.[3] Auch der Hinweis, daß die Informationsverarbeitung an die Unternehmensziele angebunden werden muß, ist wenig hilfreich, solange darüber geklagt wird, daß Manager Fragen der Informationsverarbeitung

---

1) Schmidt 1987, 17

2) vgl Schmitt 1987

3) zu einer generellen Kritik über EDV-Einsatz im Büro vgl Lütge 1987

lieber den DV-Experten überlassen,[1] denn, so Picot[2], Manager, die es gewohnt sind, die Wirtschaftlichkeit von organisatorischen Rationalisierungsmaßnahmen und bürotechnischen Innovationen in Mark und Pfennig nachgewiesen zu bekommen, tun sich schwer, "... mit dem bunten Strauß qualitativer Vorteile, die in der Regel kaum zahlenmäßig zu belegen sind und denen zunächst nichts anderes als Kosten gegenüberstehen."[3]

Eine primäre Aufgabe der Betriebswirtschaftslehre wird damit in der Entwicklung von Wirtschaftlichkeitsanalysen gesehen, die dem systemischen Charakter von integrierten Bürosystemen gerecht werden. So soll bspw. in Kosten-/Nutzenanalysen der Tatsache Rechnung getragen werden, daß sowohl quantitative als auch qualitative Kosten-Nutzen-Aspekte einzubeziehen sind, weil Bürosysteme:

-   überwiegend Werkzeug- und Infrastrukturcharakter haben,
-   zur Unterstützung relativ schlechtstrukturierter Arbeiten eingesetzt werden,
-   in hohem Maße arbeitsteilige Büroarbeit unterstützen,
-   überwiegend qualitative Nutzeffekte mit sich bringen.

Notwendig sei deshalb ein "angepaßter Wirtschaftlichkeitsbegriff".[4] Diese Modifizierung des Wirtschaftlichkeitsbegriffs erfolgt in vier Stufen:

a) Das technologische Potential des einzusetzenden Bürosystems wird identifiziert. Die Alternative wird mit der bestehenden Situation verglichen. Es wird geprüft, ob das Technikpotential sich im Hinblick auf die Handhabung spezifizieren läßt.

b) Veränderungen in der Aufgabenerfüllung sind im Rahmen eines größeren Kontextes von Prozeßketten zu suchen.

c) Es erfolgt eine Einschätzung der festgestellten Wirkungen mit Hilfe von Indikatoren.

d) Auf der Grundlage restriktiver Kriterien wird geprüft, ob sich die durch Indikatoren aufgezeigten Veränderungen in Nutzenwirkungen niederschlagen.

Am Beispiel von Electronic Mail demonstriert Picot den Handlungsbedarf für die Betriebswirtschaftslehre, denn es hat sich gezeigt,

---

1) vgl Moser 1983
2) vgl Picot 1987
3) Picot 1987, 64
4) vgl hierzu Schäfer/Wolfram 1986

"... daß die betriebswirtschaftlich sinnvolle Einführung von Electronic-Mail-Systemen in der Praxis kein simples Problem darstellt, sondern eine relativ komplexe Managementaufgabe, die in eine Konzeption des Informationsmanagements eingebunden sein muß."[1]

Erweiterte Wirtschaftlichkeitsrechnungen zielen damit auf die Überwindung einfacher Kosten-Nutzen-Relationen, mit deren Hilfe die komplizierten Vielfachverwendungen neuer Technologien nicht mehr berücksichtigt werden können.

Damit werden innerhalb der Betriebswirtschaftslehre im Bürobereich analog zur Produktion neue Technologien in betriebswirtschaftliche Kategorien der Wirtschaftlichkeitsrechnungen übersetzt. Im Zuge der weiteren Durchdringung der Betriebe mit EDV-gestützten Technologien verbreitert sich das betriebswirtschaftliche Analyse- und Gestaltungsspektrum zunehmend. Strukturell aber verwendet Betriebswirtschaftslehre ihr klassisches Instrumentarium um den Veränderungen der Praxis gerecht zu werden.

3.2.3. Sicherung der Wirtschaftlichkeit durch Anpassung des Personals

Sowohl im Produktionsbereich als auch im Büro wird als ein wesentlicher Faktor bei der Implementierung neuer Technologien die Akzeptanz und die Entwicklung des Personals angesehen. Es wird allgemein vermutet, daß sie in den Betrieben eine wichtige Rolle spielt und ein bedeutender Faktor für die Wirtschaftlichkeit des Einsatzes neuer Technologien sein kann. Deshalb wird innerhalb der Betriebswirtschaftslehre der Frage nachgegangen, "... wie dieser veränderten Situation durch geeignete personalwirtschaftlich-organisatorische Maßnahmen Rechnung getragen werden kann."[2]

---

1) Picot 1987, 66
2) Bühner 1986b, 141 f.

3.2.3.1. Optimierung durch Akzeptanzforschung

Die Frage, ob Akzeptanz und Beteiligung der Arbeitnehmer eine wesentliche Voraussetzung für das Gelingen von Implementierungsprozessen darstellt, wird in der Literatur nicht einheitlich beurteilt. Wollnik geht davon aus, daß die Implementierung computergestützter Informationssysteme auf breiter Front gelingt:

> "Am Ende werden die Friktionen überwunden, Konflikte sind gelöst oder vergessen, Kommunikationslücken sind überbrückt, Zeitverzögerungen nicht mehr wichtig; die Systeme werden doch noch genutzt, man arrangiert sich mit Belastungen, Personal tritt an und wieder ab, Programme werden angepaßt, und auf die eine oder andere Art findet man schließlich auch immer eine ökonomische Rechtfertigung."[1]

Auch in empirischen Forschungsberichten stehen weniger Akzeptanzprobleme im Vordergrund, sondern Softwareprobleme, Qualifikation, die Umstrukturierung der Unternehmung, Managementfehler oder der fehlende Nachweis der Wirtschaftlichkeit.[2]

Auf der Basis einer repräsentativen Untersuchung konstatiert Müller-Böling[3], daß das Ausmaß an Partizipation in den Betrieben insgesamt rückläufig ist, obwohl für die Akzeptanz positive Wirkung nachgewiesen werden kann.

Betriebswirtschaftliche Ansätze zur Bewältigung von Problemen in Projekten der Implementierung von neuen Technologien konzentrieren sich eher auf sachbezogene Lösungsschwerpunkte. Unterschieden werden hier bspw.:

- Vorgehensorientierte Ansätze. Hier wird vor allem die Vorgehensmethodik thematisiert.

- Administrationsorientierte Ansätze haben eine systematische Verwaltung der im Projekt entstehenden Produkte zum Ziel.

---

1) Wollnik 1986, 8
2) vgl Wildemann 1986a, 342
3) vgl Müller-Böling 1986

- Personenorientierte Ansätze stellen den Aspekt der Zusammenarbeit sowie Regelungen der Beziehungen der Projektbeteiligten in den Mittelpunkt.[1]

Es wird also nicht davon ausgegangen, daß die Einbeziehung der Betroffenen vor dem Hintergrund der Gestaltungsspielräume unabdingbar ist, wie dies in industriesoziologischen oder arbeitnehmerorientierten Ansätzen zum Ausdruck kommt, sondern daß u.U. dort, wo es erforderlich ist, innerhalb der Betriebswirtschaftslehre Akzeptanzprobleme behandelt werden können.

"Vorbehalte und Ängste seitens der Betroffenen machen den Menschen zum Engpaßfaktor im Innovationsprozeß. Es fehlt sowohl den unmittelbaren Anwendern als auch oftmals den Abteilungsverantwortlichen das notwendige Verständnis für Sinn und Zweck der Einführung neuer Systeme und - dementsprechend - an der inneren Bereitschaft, sie zu akzeptieren."[2]

Betriebswirtschaftslehre sei hier in der Lage, über organisatorische Gestaltungsmaßnahmen und über Konzepte wie bspw. "planned organizational change" Abhilfe zu schaffen.

Die Suche nach zukünftigen Optimierungschancen erfordere eine systematische Folgenabschätzung, um Grundlagen für eine flexible Planung bereitzustellen.[3] Die hierbei auftretenden Probleme bei der Einführung neuer Technologien werden als Herausforderung an die Betriebswirtschaftslehre interpretiert.[4] Die in erster Linie auf Gesetzgebungsmaßnahmen, Vorschriften und Richtlinien zielenden Instrumente könnten ebenso innerhalb der Betriebswirtschaftslehre genutzt werden, um auch zukünftige Begrenzungen und Chancen von Unternehmen bzw. unternehmerischem Handeln abschätzen zu können.[5]

Da angenommen wird, daß neue Technologien nicht nur Bedürfnisse befriedigen, sondern auch beeinträchtigen, ist nicht auszuschließen, daß daraus resultierende Konflikte und Widerstände zunehmen.[6] Aus diesem

---

1) vgl ausführlich Krüger/Bauermann 1987
2) Meffert 1984, 465
3) vgl Bruckmann 1981; Busch 1981; Pfeiffer/Metze 1981
4) vgl Zahn 1981, 798 ff.
5) vgl Staudt/Metze 1976, 82
6) vgl Hermann 1984 ; Böhnisch 1979

Grund ist anzunehmen, daß über die Datengewinnung hinaus auch die Bewertung und der Auswahlprozeß in Betriebswirtschaften eine erhebliche Rolle spielen werden. Metze[1] geht davon aus, daß die zu erwartenden Konflikte sich nur dann minimieren lassen, "... wenn die Abbildung der Konsequenzen der Technologien in einvernehmlicher Weise zwischen den konkurrierenden Interessen in einem kooperativen Kriterienauswahlprozeß durchgeführt wird."[2]

Technologiebewertung - so der Vorschlag - soll als Kommunikationsprozeß zwischen konkurrierenden Interessen organisiert werden. In einem ersten Schritt geht es darum, Daten über die Konsequenzen von Technologien zu gewinnen und sie nach verschiedenen Kriterien zu dimensionieren, um eine Konsequenzenanalyse bezogen auf die Struktur des Unternehmens sowie auf die Umwelt leisten zu können. In einem zweiten Schritt werden Informationen gewonnen, die eine Bewertung der Konsequenzen erlauben. In einem dritten Schritt sind Aushandlungsprozesse zu organisieren, um Wertkonflikte aufzuheben.

Auch Brockhoff verweist auf Beispiele, aus denen deutlich wird, daß Technologiepolitik eine Unternehmenspolitik erfordert, "... die die Unterschiedlichkeit der Träger von Verhaltenswiderständen und ihrer Argumente voraussieht und ein Durchsetzungskonzept bereithält."[3]

Mit Hilfe dieser Durchsetzungskonzepte solle aktive Akzeptanz ausgebaut werden:

> "Denn die Akzeptanz beim Benutzer ist die Voraussetzung dafür,
> daß aus technischen Neuentwicklungen auch brauchbare
> Innovationen für die Arbeitswelt werden."[4]

Entsprechend gibt es eine Vielzahl von Pilotprojekten, Erfahrungsberichten und Implementierungsstudien, die thematisieren, wie durch ein adäquates Management Akzeptanz erzielt werden kann.[5]

---

1) vgl Metze 1980

2) Metze 1980, 15

3) Brockhoff 1984, 635

4) Beckurts/Reichwald 1984, 45

5) vgl bspw. Afheldt et al. 1986; Allerbeck 1985; Heeg 1986; Junker 1986; Mitrenga/Zangl 1984; Schönecker 1982; 1985; Döhl 1983

3.2.3.2. Wirtschaftlichkeit neuer Technologien durch Entwicklung von Personal

Neben der Akzeptanz erweist sich die Qualifikation der Belegschaft als Grundlage einer notwendigen Anpassung, um die Wirtschaftlichkeit des Einsatzes von neuen Technologien nicht auf der personellen Ebene zu begrenzen.[1] Bezogen auf Vorgaben des Management werden Weiterbildungsmaßnahmen entwickelt und durchgeführt. Grundsätzlich ergibt sich das Problem, daß die Zukunft gerade in diesem Bereich sehr schwer planbar ist. Es wundert deshalb nicht, daß einschlägige Lehrbücher die Entwicklung allgemeiner Fähigkeiten fordern, die Anpassung an Wandel stützen, bspw.:

- Lernfähigkeit
- Innovationsfähigkeit
- Führungs- und Entscheidungsfähigkeit
- Konflikt- und Konsensfähigkeit.[2]

Auch Praxisberichte von verantwortlichen Personalmanagern betonen die Bedeutung dieser extrafunktionalen Fertigkeiten, bspw.:

- Frühzeitiges Einbeziehen von Mitarbeitern,
- Lern- und Veränderungsbereitschaft systematisch trainieren,
- Denken in Zusammenhängen fördern,
- Erzeugung einer positiven Aufgeschlossenheit gegenüber der Technik,
- Überwindung von tradiertem Lernen und Öffnung zu einem antizipatorisch innovativen Lernen.[3]

Neben diesen - nicht nur für die Technologieentwicklung wichtigen - Fähigkeiten wird in diesem Denkansatz darüber hinaus die Notwendigkeit der fachspezifischen Qualifikation betont.[4] Die Nachfrage nach EDV-Kursen ist so groß, daß Staudt u.a.[5] wohl zutreffend von einer "Goldgräber-Stimmung" sprechen.

---

1) vgl hierzu Ridder 1988

2) vgl Oechsler 1985, 211 ff.

3) vgl z.B. Schritte 1987; Becker 1987

4) vgl z.B. Bühner 1986a, 57 ff.; Bühner 1986b; Zink 1985, 10 ff.; Cieplik 1985, 53 ff.

5) vgl Staudt et al. 1986, 356

Autoren, die sich grundlegend Gedanken darüber machen, wie die technologische Entwicklung auch von der personellen Seite her gestützt werden kann,[1] bemängeln, daß Personalentwicklung häufig in erster Linie das Bemühen darstellt, Personal an technische Entwicklungen "anzupassen". Das war unproblematisch, solange Technologien in größeren Abständen schubweise in neue Berufsbilder und begleitende Qualifikationsmaßnahmen überführt werden konnten. Im Zuge der Entwicklung neuer Technologien erweist sich die Personalentwicklung aber als "Schwachstelle" im Innovationsprozeß.[2]

Als "Erfüllungsgehilfe" von Produkt- und Verfahrensinnovationen reagiere sie lediglich auf technische Innovationen, indem notwendige Qualifikationen zu einem Zeitpunkt angepaßt werden, wo sie schon vorauszusetzen sind.

Häufig kommt es dann - wie Staudt[3] berichtet - zu Verspätungen, und krisenhaftem Reagieren der Personalwirtschaft. Die Verzögerungen im Rationalisierungsprozeß werden zusätzlich überlagert von Diskussionen über Frei- und Umsetzungen und gefährden den Rationalisierungserfolg. Innovationsorientierte Personalpolitik soll hingegen eine frühzeitige Option der Flexibilisierung von Arbeitsstrukturen enthalten.

"Dazu müssen bereits bei der Entwicklung, Auslegung und betrieblichen Planung neuer Fertigungstechniken neben technischen und ökonomischen Aspekten ebenso arbeitsorganisatorische Berücksichtigung finden, also personalorientierte Gestaltungsziele formuliert werden. Nur so können frühzeitig arbeits-, technik- und qualifikationsgestaltende Konzeptionen und Maßnahmen entwickelt und realisiert und somit eine produktive Nutzung neuer Fertigungstechniken erreicht und qualifikatorische Engpässe vermieden werden."[4]

Personalwirtschaftliche Planung als unternehmerische Teilfunktion beinhaltet dann:

---

1) vgl z.B. Staudt 1986b, Sonntag 1985; 1986; Schreyögg 1987; Brockhoff 1987; Berthel 1986

2) vgl Sonntag 1986

3) vgl Staudt 1986b, 402 ff.

4) Sonntag 1986, 308

- die frühzeitige Abstimmung von Investitions-, Produktions- und Personalzielen,
- Berücksichtigung menschengerechter Arbeitsorganisation,
- umfassende Qualifizierung in fachlicher, methodischer und sozialer Hinsicht.[1]

Es ist insbesondere die Qualifikation, die aus ihrem engen Korsett der reaktiven Weiterbildung herausgeführt und in umfassende Qualifikationsraster einmünden soll, wie Staudt[2] anschaulich demonstriert:

a) Qualifikation zur Überwindung technologischer Innovationswiderstände, d.h. Aufbau eines breit gestreuten technischen Sachverstandes.

b) Qualifikation zur Überwindung personeller Widerstände also Neu-, Um-, Weiter-, Höherqualifikation.

c) Qualifikation zur Überwindung von sozial bedingten Innovationswiderständen, Abbau von Technikängsten.

Personalentwicklung, die frühzeitig berücksichtigt wird, kann notwendige Organisationsentwicklung in Gang setzen, restriktive Hierarchie- und Ordnungsmuster überwinden, u.U. zu einer neuen Qualität von Arbeitsplatz- und Arbeitsorganisation finden.[3]

Dieses häufig auch als strategisches Personalmanagement bezeichnete Konzept kann sich auf drei Ebenen vollziehen:[4]

a) Ressourcenorientiertes Personalkonzept

Es legt Wert auf vorbeugende Personalentwicklung und -ausstattung. Man bildet Mitarbeiter so gut wie möglich aus, um eine Ausschöpfung der sich am Markt ergebenden Gelegenheiten zu ermöglichen.

b) Investitionsorientiertes Konzept

Die Personalstrategie wird mit der Investitionstrategie parallelisiert. Das Personal wird zum Investitionsobjekt. Dies macht die Investitionsplanung zwar komplizierter, erleichtert aber die Einführung neuer Technologien. Mögliche Widerstände und Ängste können abgebaut werden.

---

1) vgl ebenda
2) vgl Staudt 1986b, 400
3) vgl Staudt et al. 1986, 367 f.
4) vgl Bühner 1987

c) Wertorientiertes Personalkonzept
Auf die Interessen, Ziele und Bedürfnisse der Mitarbeiter wird
Bezug genommen. Die Personalstrategie nimmt auf Mitarbeiterwerte Rücksicht und nutzt sie zu positivem Leistungseinsatz.

Während in diesen Möglichkeiten vor allem die Planungsumsetzung -wenn
auch auf unterschiedlichen Wegen - zum Gegenstand der Personalstrategie wird, plädiert Schreyögg[1] dafür, über die Planungsumsetzung hinaus
auch die Planungsentstehung zu thematisieren, wenn es um die Bewältigung proaktiver Probleme geht. Aus empirischen Untersuchungen gehe
hervor, daß der Entscheidungsprozeß sehr viel komplizierter sei und
vielen Unwägbarkeiten unterliege. Verschiedene Abteilungen sind an dem
Prozeß beteiligt, es spielen unterschiedliche Interessen und Orientierungen eine Rolle.

Diese Einschätzung deckt sich mit einer Reihe von neueren organisationstheoretischen und industriesoziologischen Forschungen, die darauf
hinweisen, daß die Handlungskonstellationen in Unternehmen keine
festen Größen darstellen und sich je nach Problemdefinition und
Lösungsprocedere verändern.[2]

Folgt man diesen Annahmen und Ergebnissen, so kann strategische
Personalführung und der Einsatz von Personalinstrumenten kein
Anhängsel mehr sein, sondern wird zu einem zentralen Einflußfaktor
unternehmensstrategischer Entscheidungen. Mit diesem Perspektivenwechsel verbunden ist die Erkenntnis, daß die Unternehmensspitze die
Strategie nicht autonom formulieren kann. Ihre Funktion läuft de facto
auf eine Initiativenförderung hinaus. Es bleibt somit beides erhalten,
technische Strategieumsetzung (reaktives Problem) und vorlaufende
Initiierung neuer strategischer Projekte (proaktives Problem).[3]

---

1) vgl Schreyögg 1987, 151 ff.
2) vgl Bartölke et al. 1989
3) vgl Schreyögg 1987, 158

3.3. Transformation technischer Wirkungen in Neuorientierungen der Betriebswirtschaftslehre

Die Beispiele im vorigen Abschnitt zeigen betriebswirtschaftliche Konzeptionen, wie neue Technologien innerhalb des Faches behandelt werden können. Eine Reihe von Autoren hält jedoch die Diskrepanz zwischen genereller Informatisierung der Praxis und Hinwendung der Betriebswirtschaftslehre zu solchen Problemstellungen für zu groß. Diese Autoren befürchten, daß die Betriebswirtschaftslehre ihre Gestaltungs- fähigkeit verliert, weil:

- die Steuerung technologischer Prozesse im Interesse ökono- mischer Ziele mittlerweile anderen Disziplinen überlassen werden muß,
- die Nichtkenntnis der technischen Vollzüge ökonomische Chancen verschenkt.

Damit wird thematisiert, in welcher Weise die technologische Basis, also EDV bzw. die Informatik in den Betrieben, zum Gegenstand von Lehre und Forschung in der Betriebswirtschaftslehre werden sollte.

Die Bedeutung dieser Fragestellung ergibt sich dabei nicht nur aus der Überlegung, in welcher Weise die EDV Eingang in die Prüfungsordnung für Diplomkaufleute findet, sondern auch vor dem Hintergrund weiter- reichender Aspekte:

"Die Bedeutung dieser Fragen für die Weiterentwicklung sowohl der Betriebswirtschaftslehre als auch der Informatik dürfte evident werden, wenn auf die gesamtwirtschaftlichen Auswirkun- gen automatischer Informationsverarbeitung verwiesen wird."[1]

Vor diesem Hintergrund werden innerhalb der Betriebswirtschaftslehre Vorschläge entwickelt, die Betriebsinformatik auf- bzw. auszubauen und/oder eine eigenständige EDV bzw. informationsorientierte Betriebs- wirtschaftslehre zu etablieren.

---

1) Wedekind 1980, 1268

3.3.1.   Betriebsinformatik als Prozeß der Etablierung
          einer EDV-Orientierung

Die Etablierung eines Faches Betriebsinformatik stellt den ersten
Versuch dar, informationstechnischen Veränderungen in der Praxis
gerecht zu werden.
Unter Betriebsinformatik wird dabei häufig der Umgang mit EDV in
Unternehmen verstanden:

> "Betriebsinformatik befaßt sich mit der Planung und Implemen-
> tierung maschinengestützter Informations- und Kommunikations-
> systeme in ökonomischen Systemen, dabei insbesondere in
> Unternehmungen. Es geht um Informationserfassungs-, Speiche-
> rungs-, Verarbeitungs- und Kommunikationsvorgänge, die von
> Menschen initiiert und unter Verwendung von Informationsverar-
> beitungsmaschinen abgewickelt werden."[1]

Vor dem Hintergrund dieser und ähnlicher Definitionen werden Betriebsinformatik und Wirtschaftsinformatik häufig synonym verwendet.[2] Auch
hier geht es um den Einsatz von Informations- und Kommunikationstechnik in Wirtschaft und Verwaltung, um betriebliche Informationssysteme,
um die Wirkungen der neuen Technologien, um Anwendungen relevanter
Teilgebiete der Informatik:

> "Wirtschaftsinformatik befaßt sich als Teildisziplin der Betriebs-
> wirtschaftslehre mit der Gestaltung computergestützter betrieb-
> licher Informationssysteme. Betriebliche Informationen werden
> dabei als Wissen um oder Kenntnis über betriebliche Sachverhal-
> te verstanden; ihre Darstellungsdimensionen sind Daten, Text,
> Bild und Sprache unter Einbezug der Kommunikation."[3]

Keineswegs kann davon gesprochen werden, daß solche oder ähnliche
Definitionen allgemein anerkannt werden, denn Betriebs- oder Wirtschaftsinformatik werden als sehr junge Entwicklungen interpretiert, die
sich ständig verändern.[4] 1970 wurde in Erlangen-Nürnberg erstmals ein
Lehrstuhl besetzt, in dem die elektronische Datenverarbeitung bei der

---

1)   Nastansky 1984, 335
2)   vgl hierzu Kurbel 1987a, 94 ff.
3)   Griese 1986, 43
4)   vgl Brossmann 1980, 457

Ausschreibung im Vordergrund stand. 1975 wurde die wissenschaftliche Kommission Betriebsinformatik im Verband der Hochschullehrer für Betriebswirtschaft gegründet. Die damit auch faktische Anerkennung einer Teildisziplin entsprach einer weithin anerkannten Notwendigkeit, die Informatisierung der Praxis durch Änderungen der Ausbildungsprofile für die Hochschulausbildung im Bereich der betrieblichen Datenverarbeitung zu berücksichtigen.[1]

Sie entsprach damit auch einer zunehmenden Verbreitung EDV-gestützter Verfahren in den Betrieben und dem wachsenden Wunsch einiger Fachvertreter, diesen Prozeß wissenschaftlich zu rekonstruieren.

Ähnlich wie es der Betriebswirtschaftslehre darum geht, betriebliche Sachverhalte zu rekonstruieren, will Betriebsinformatik sich der Entwicklung von Informationssystemen widmen (wobei Informationen verstanden werden als Aussage über Sachverhalte) und die Rekonstruktion von Begriffen der Allgemeinen und speziellen Betriebswirtschaftslehre unter einer informationstheoretischen Sicht betreiben.[2]

In diesem Sinne soll die Betriebsinformatik auf vielen Gebieten Rekonstruktionen vornehmen.

Dennoch bleibt weitgehend unklar, wie die Integration von Betrieb und Informatik hergestellt werden kann. Stahlknecht[3] stellt fest, daß die Integration der Informatik mit unterschiedlichen Begriffen, aber auch divergierenden inhaltlichen Vorstellungen verbunden ist. Bspw. versuchen unterschiedliche Autoren konzeptionell und begrifflich den Ort und den Umfang der Integration zu skizzieren:

- Anwendung der Information im Betrieb.
- Informationstechnologie für Unternehmen.
- Lehre vom Aufbau, der Arbeitsweise und der Gestaltung computergestützter betrieblicher Informationssysteme.
- Wirtschaftsinformatik als Wissenschaft von der Entwicklung computergestützter Informationssysteme in der Unternehmung.
- Betriebsinformatik.

Die verschiedenen Ansätze, Betriebs- oder Wirtschaftsinformatik zu institutionalisieren, bspw. durch die Einrichtung von entsprechenden

---

1) vgl Mertens 1984a

2) vgl Mertens/Wedekind 1982, 511 ff.; Wedekind 1980

3) vgl Stahlknecht 198o

Lehrstühlen oder die Einrichtung der Kommission "Betriebsinformatik" im Verband der Hochschullehrer für Betriebswirtschaft, hat nicht dazu geführt, die Position dieser jungen Wissenschaftsdisziplin annähernd zu bestimmen.

In erster Linie geht es um die Frage, wie sich das Verhältnis der Betriebsinformatik zur Informatik einerseits und zur Betriebswirtschaftslehre andererseits darstellt.

Verständlicherweise wird von den Fachvertretern in erster Linie diskutiert, ob Betriebsinformatik eine eigenständige Disziplin oder ein Teilgebiet der Betriebswirtschaftslehre sein soll.[1]

Dort, wo Betriebs- oder Wirtschaftsinformatik als eigenständige Disziplin angestrebt wird, wird der Vorwurf einer pragmatischen Ausrichtung dieser Disziplin mit dem Hinweis zurückgewiesen, daß bspw. auch die Betriebswirtschaftslehre zunächst eher Kunstlehre gewesen sei und sich erst nach und nach den Charakter einer eigenständigen Wissenschaft erworben habe.[2] Dagegen steht Stahlknecht auf dem Standpunkt:

"Mit anderen Worten: Betriebsinformatik ist ein spezielles Fach innerhalb der Betriebswirtschaftslehre, nicht mehr aber auch nicht weniger."[3]

Vor diesem Hintergrund hält er eine Kombination von betriebswirtschaftlicher Grundlagenausbildung und Vertiefung sowie einer Ausbildung in Betriebsinformatik als spezieller Betriebswirtschaftslehre für sinnvoll.

"Negative Beispiele aus der Vergangenheit lassen berechtigte Zweifel an der Daseinsberechtigung eines eigenständigen Studiengangs mit einem Abschluß als 'Diplom-Wirtschafts-Informatiker' aufkommen. Ein Diplom-Kaufmann mit einer soliden betriebswirtschaftlichen Ausbildung und mit zusätzlichen guten Kenntnissen in Informatik bzw. Datenverarbeitung wird auch in Zukunft am besten den Anforderungen der Praxis gerecht werden."[4]

Bemühen sich Wedekind und Stahlknecht um die Skizzierung einer Betriebsinformatik, die als spezielle Betriebswirtschaftslehre ihren Ort

---

1) vgl Schmitz 1980, 350 f.
2) vgl Heinrich 1986, 66
3) Stahlknecht 1980, 1277
4) Stahlknecht 1980, 1278

noch sucht, verstehen andere Autoren Betriebsinformatik als bereits konzeptionell angelegtes interdisziplinäres betriebswirtschaftliches Teilgebiet.[1]

Allerdings weist bereits frühzeitig Scheer[2] darauf hin, daß nicht nur der instrumentelle Charakter der Elektronischen Datenverarbeitung zur Disposition steht, sondern daß sich die Frage stellt, wie stark die EDV in strukturelle Abläufe der Unternehmung eingreift und welche Schluß-folgerungen für das betriebswirtschaftliche Lehrgebäude daraus zu ziehen sind.

Die Teilgebiete einer Betriebsinformatik als Wissenschaft von der Entwicklung computergestützter Informationssysteme müssen deshalb insbesondere die betriebswirtschaftlichen Veränderungen erfassen:

a) Grundlagen der Informationstheorie und der maschinellen Datenverarbeitung,

b) Inhalt betriebswirtschaftlicher Informationssysteme,

c) Gestaltung betriebswirtschaftlicher Informationssysteme.

Geht es bei den Grundlagen um Fragen der Computer Hardware, Betriebs-software und der Datenorganisation, wird im zweiten Teilgebiet die Eigenständigkeit des Faches Betriebsinformatik begründet. Hierbei geht es um

- die Ableitung von Datenstrukturen aus den betriebswirtschaft-lichen Aufgaben,

- die Einbeziehung der Mengenproblematik in die Aufgabenlösung,

- Beeinflussung der Aufgabenlösung durch Veränderung der EDV-Technik.

Insbesondere der letzte Punkt weist darauf hin, daß die sich entwickeln-den praktischen EDV-Lösungen zu anderen Verfahren führen, als sie in der betriebswirtschaftlichen Theorie vorgeschlagen werden, bspw. in Produktionsplanungs- und -steuerungssystemen:

"Die Entwicklung EDV-gerechter Problemlösungen unter Beachtung der Mengensituation ist damit ein wesentlicher Schwerpunkt der Betriebsinformatik."[3]

---

1) vgl Nastansky 1984, 337 ff.

2) vgl Scheer 1980

3) Scheer 1980, 1280

Die veränderten technischen Möglichkeiten generieren neue Problemlö-
sungsmöglichkeiten auch in anderen Bereichen, z.B. in der Aufbau- und
Ablauforganisation. In einer dialogisierten Auftragsbearbeitung können
z.B. technische und kaufmännische Funktionen verschmelzen, indem der
Konstrukteur bei der Bearbeitung einer Erzeugnisvariante für zeitkri-
tische Fremdteile Bestellsätze anlegt. Beobachtbar ist die Entwicklung
neuer Problemlösungsstrukturen auch bei Planungsvorgängen. Während
in der Betriebswirtschaftslehre eher eine stapelorientierte Denkhaltung
vorherrscht, betrachtet Dialogverarbeitung Planung eher fallorientiert.

"Die Möglichkeiten der Dialogverarbeitung werden nach Ansicht
des Verfassers die klassischen betriebswirtschaftlichen Gebiete
der Planung und des Rechnungswesens stark verändern. Hier
Gestaltungsvorschläge zu entwickeln, ist deshalb ein wesentlicher
Schwerpunkt der Betriebsinformatik."[1]

Die Gestaltungsaufgaben der Betriebsinformatik werden dementsprechend
in der Systemanalyse und Systemplanung gesehen. Die hier von Scheer
eingebrachten möglichen Überschneidungen und Bezüge zur klassischen
Betriebswirtschaftslehre geben Hinweise darauf, daß die EDV ihren
instrumentellen Charakter verliert. Solange EDV-Lösungen die manuellen
Problemlösungen inhaltlich nicht veränderten, galt Datenverarbeitung als
Instrument, das sich das Unternehmen ebenso hielt (in Form einer EDV-
Abteilung) wie der Lehrstuhlinhaber (in Form eines Assistenten). Je
stärker aber die EDV in die strukturellen Abläufe der Unternehmung
eingreift, um so mehr stellt sich die Frage, inwieweit EDV-Gedanken
verstärkt in das betriebswirtschaftliche Lehrgebäude aufgenommen
werden müssen, wenn sich die Betriebswirtschaftslehre nicht von den
realen Problemen der Praxis entfernen will:

"Zusammenfassend wird die Meinung vertreten, daß das Fachge-
biet Betriebsinformatik nicht nur als eigenständiges Fach
innerhalb der speziellen Betriebswirtschaftslehren an Bedeutung
zunehmen wird, sondern darüber hinaus von dem Fach Impulse
ausgehen werden, die Aufgabenstellungen und Problemlösungen
in den anderen betriebswirtschaftlichen Disziplinen stark
verändern werden."[2]

---

1) Scheer 1980, 1281
2) Scheer 1980, 1282

Die von Scheer damit bereits angedeutete Integration von Betriebsinformatik und Betriebswirtschaftslehre bringt Müller-Merbach auf den Punkt, wenn er im Hinblick auf die Betriebsinformatik fragt:

> "Wird zu ihrer Entwicklung eine Verschmelzung von Betriebswirtschaftslehre und Informatik stattfinden? Wird sie am Ende eines solchen Integrationsprozesses als Brückenkörper auf den Säulen aufliegen, die von der Betriebswirtschaftslehre und von der Informatik gebildet werden, so daß alle drei einen innigen Verbund darstellen?"[1]

Den Unterbau von betriebswirtschaftlicher Seite könnten die Ansätze von Heinen oder Ulrich darstellen. Auf diesen Ansätzen könnte eine informationsorientierte Betriebswirtschaftslehre aufbauen und als Bindeglied zur Informatik eine wichtige Rolle spielen. Da sich die Betriebswirtschaftslehre nicht selbst mit Stoffumwandlungsprozessen befaßt, sondern mit Informationen über diese Prozesse, könnte eine informationsorientierte Betriebswirtschaftslehre von den Informationen ausgehen und Fragen des Informationsbedarfs, der Informationsbeschaffbarkeit und der Organisation von Informationsflüssen in den Vordergrund stellen.

Eine betriebswirtschaftlich orientierte Informatik könnte hingegen der Frage nachgehen, wie sich die vorhandenen Werkzeuge für betriebswirtschaftliche Aufgaben nutzen lassen.

Entsprechend sieht Müller-Merbach die noch zu entwickelnde Betriebsinformatik als eigenständige Disziplin an:

> "Zunächst sei zu betonen, daß Betriebsinformatik weder als eine spezielle Betriebswirtschaftslehre bisheriger Prägung noch als eine spezielle Informatik bisheriger Prägung verstanden werden soll, sondern als etwas Neues, welches weder ohne die eine noch ohne die andere 'Gründungsdisziplin' entstehen kann."[2]

Im Zuge dieser Kontroverse faßt Heinrich die Standpunkte zusammen:

a) Klarheit besteht darüber, daß es sich bei dem Erkenntnisobjekt der Betriebsinformatik um Computergestützte Informationssysteme
.   in der Wirtschaft handelt.

b) Klarheit besteht darüber, daß es engste Verflechtungen zwischen der Betriebsinformatik und der Betriebswirtschaftslehre gibt.

---

1) Müller-Merbach 1981, 275

2) Müller-Merbach 1981, 278; Hervorhebungen im Original

c) Auch forschungsmethodisch gibt es eine große Übereinstimmung zwischen Betriebsinformatik und Betriebswirtschaftslehre.

d) Die "Bindestrichbezeichnung" ist unumstritten (Betriebsinformatik statt Betriebswirtschaftliche Datenverarbeitung).

Neben diesen weitgehenden Übereinstimmungen verbleiben allerdings wesentliche Differenzen:

"Weitgehend offen bleibt die Frage, ob die Betriebsinformatik als eine selbständige wirtschaftswissenschaftliche Disziplin zu begreifen ist oder ob es sich 'nur' um eine betriebswirtschaftliche Teildisziplin handelt."[1]

Heinrich selbst will diese Frage beantworten, indem er beide Felder in den Rahmen einer übergeordneten Disziplin integriert. Ausgehend von einer Sozial- und Wirtschaftswissenschaft können danach die Wirkungen moderner Kommunikations und Informationstechnologien nicht nur betriebswirtschaftlich, sondern darüber hinaus z.B. arbeitswissenschaftlich, soziologisch, psychologisch, pädagogisch und gesellschaftlich begriffen werden. Im Rahmen einer so verstandenen Wirtschaftsinformatik ergibt sich ein Erkenntnisobjekt "Mensch- Aufgaben- Informations- und Kommunikationstechnologie-System".[2] Die Strukturierung dieser Wirtschaftsinformatik ordnet sich nach Aufgaben, die bisher von anderen Wissenschaftsdisziplinen nicht aufgeworfen wurden.

"Die Betriebsinformatik mit ihrem spezifischen Erkenntnisobjekt 'Mensch- betriebswirtschaftliche Aufgaben-Informations- und Kommunikationstechnologie-Systeme' befaßt sich mit neuen oder zumindest graduell stark veränderten Problemen, die nicht von anderen Disziplinen abgedeckt werden."[3]

Als vorläufigen Schlußpunkt unter diese Diskussion stellt Steffens fest, daß eine Abgrenzung der Betriebsinformatik von der Betriebswirtschaftslehre einerseits und von der Informatik andererseits nicht eindeutig möglich ist und dort, wo sie vorgenommen wird, Ausdruck einer Konvention ist. Der gemeinsam betrachtete Erfahrungsausschnitt sei

---

1) Heinrich 1982, 667

2) Heinrich 1982, 668

3) Heinrich 1982, 669

breit. Produktions- und Planungssysteme könnten ebenso Bestandteil einer Industriebetriebslehre sein.[1]

3.3.2.   Zur Integration der EDV in die Betriebswirtschaftslehre

Geht es in der Diskussion der frühen 80-er Jahre in erster Linie um die Rolle und den Stellenwert einer Betriebsinformatik, ändert sich der Schwerpunkt der Diskussion mit der zunehmenden Verbreitung der Produktions- und Bürokommunikationstechnologien im Verlaufe der achtziger Jahre. Nun wird häufiger die Frage gestellt, ob über die Verbreitung der neuen Technologien in der Praxis nicht auch die Betriebswirtschaftslehre als Wissenschaft sich ändern müsse.[2] Als Diskrepanz wird wahrgenommen, daß die Betriebswirtschaftslehre vom Weg in die Informationsgesellschaft kaum Notiz nehme und eine eher zögerliche Beschäftigung mit den neuen Technologien zu verzeichnen sei. Als Stück aus dem Gruselkabinett wird berichtet, daß einerseits neuere Lehrbücher auf eine Darstellung der Rolle der EDV im Betrieb verzichten und sich über die Informatisierung der Produktion ausschweigen, während auf der anderen Seite Maschinenbauer und Ingenieure betriebswirtschaftlich relevante Produktionsablaufmodelle entwickeln.

Daß die Vorstellung, der Betriebswirtschaftslehre gehe die Praxis verloren, auf berechtigte Ängste stößt, zeigt Mertens anhand einer bezeichnenden Anekdote:

> "In einer Vortragsveranstaltung, an der ganz überwiegend Universitätsprofessoren mit dem Schwerpunkt 'Rechnungswesen' teilnahmen, stellte der Rezensent zur Diskussion, ob es gut sei, daß spezielle Algorithmen zur Kalkulation von Entwurfs- und Angebotsalternativen im Rahmen von CAD-Dialogen nicht von betriebswirtschaftlichen Forschern, sondern von Maschinenbauern entwickelt werden. Daraufhin meldete sich einer der Hochschullehrer und fragte: 'Können Sie uns sagen, was CAD ist?'."[3]

---

1)   vgl Steffens 1982

2)   vgl Schwarze 1987b, 36

3)   Mertens 1984b, 1o5o

Als immer dringlicher wird die Frage empfunden, ob die Betriebswirtschaftslehre Informationsverarbeitung, Informationsspeicherung und Kommunikation als eigenständiges Teilgebiet im Rahmen einer Betriebs oder Wirtschaftsinformatik betreiben will, sich in der Frage der Informationstechnologien als Anwendungsfach der Informatik sehen will, oder "... will sie die neuen Ansätze der Informationsverarbeitung und Informationsspeicherung und der Kommunikation in ihre Lehr- und Forschungsinhalte integrieren, d.h. will sich die gesamte Betriebswirtschaftslehre mit der technologischen Entwicklung und ihren Begleiterscheinungen inhaltlich wandeln."[1]

Dieser Frage gehen zur Zeit zwei Neuorientierungsversuche nach: die EDV-orientierte Betriebswirtschaftslehre und die informationsorientierte Betriebswirtschaftslehre.

3.3.2.1. EDV-Orientierte Betriebswirtschaftslehre

Scheer[2] knüpft in seiner Begründung einer EDV-orientierten Betriebswirtschaftslehre an frühere Interpretationsmuster an, indem er der Frage nachgeht, ob und in welcher Form die EDV betriebswirtschaftliche Problemstellungen verändert und ob sich daraus die Notwendigkeit einer Aufnahme der EDV in die klassische Betriebswirtschaftslehre ergibt. Dabei zeige sich, daß die EDV-Orientierung der Betriebswirtschaftslehre erforderlich sei, da die EDV immer stärker betriebswirtschaftliche Abläufe und Lösungsverfahren beeinflußt. Nur durch eine stärkere EDV-Orientierung sei die Betriebswirtschaftslehre in der Lage ihre Gestaltungskraft zu behalten.[3]

Ebenso begründet Strebel die Notwendigkeit einer Beschäftigung der Betriebswirtschaftslehre mit der neuen Technik. Seiner Meinung nach muß bislang die Betriebswirtschaftslehre " ... die Steuerung technologischer Prozesse im Interesse ökonomischer Ziele anderen überlassen."[4]

---

1) Schwarze 1987b, 37
2) vgl Scheer 1984a
3) vgl Scheer 1987a, 588
4) Strebel 1985, 281

Wenn aber die Betriebswirtschaftslehre ökonomische Ziele verwirklichen helfen will, komme sie um eine Beeinflussung der Technologie nicht herum:

> "Will nun die Betriebswirtschaftslehre technologische Variable in die Produktions- und Kostentheorie integrieren, so darf sie ihrerseits Inputgrößen nicht nur als Parameter und Ergebnis ingenieurtechnischer Überlegungen verstehen, sondern muß sie als Variable behandeln, die auch ökonomische Aktionsparameter darstellen. Dies aber setzt ein gewisses Verständnis technologischer Produktionsgrundlagen voraus."[1]

Die Nichtkenntnis der technischen Vollzüge verschenke möglicherweise ökonomische Chancen:

> "Kann nun der Ökonom diese Aktionsparameter aufgrund mangelnden technischen Verständnisses nicht in Koordination und Kooperation mit dem Ingenieur auch zu seinen eigenen machen, so muß er auf die Gestaltung wesentlicher Kostendeterminanten verzichten."[2]

Nun kann man darüber trefflich streiten, in welchem Ausmaß die Betriebswirtschaftslehre überhaupt über Gestaltungskraft verfügt. Auch stellt sich die Frage, in welcher Weise über den Gestaltungsanspruch hinaus auch der Erklärungsanspruch eingelöst werden soll. Dennoch, einer EDV orientierten Betriebswirtschaftslehre wird zugeschrieben, daß sie die in der Zukunft liegenden Aufgaben angemessen bearbeiten kann. Die Wirtschaftsinformatik jedenfalls sei angesichts der Stoffülle überfordert. Außerdem könne die Wirtschaftsinformatik die Veränderung und Entwicklung der Stoffinhalte der allgemeinen und speziellen Betriebswirtschaftslehre nicht angemessen berücksichtigen.

Der Bedeutung dieser Aufgabe entsprechend reiht Scheer[3] die EDV-orientierte Betriebswirtschaftslehre in die Reihe der betriebswirtschaftlichen Ansätze von Gutenberg über Heinen und die systemorientierte Betriebswirtschaftslehre bis hin zu einer empirisch begründeten Betriebswirtschaftslehre ein:

---

1) Strebel 1985, 292

2) Strebel 1985, 292

3) vgl Scheer 1984a

"Keine dieser Entwicklungsrichtungen kann in der Lage sein, das
Erfahrungsobjekt 'Betriebswirtschaft' vollständig zu umfassen.
Vielmehr ergänzen sich die Betrachtungsweisen. In diesem Sinn
soll deshalb auch der Versuch verstanden werden, mit der EDV-
Orientierung der Betriebswirtschaftslehre einen weiteren
Schwerpunkt der Betrachtung hinzuzufügen."[1]
Hierbei stehen nicht informationstheoretische Erörterungen im Vorder-
grund, sondern der Einfluß konkreter EDV-Techniken auf die Betriebs-
wirtschaftslehre.[2]
Damit soll zum Ausdruck gebracht werden, daß die Betriebswirtschafts-
lehre vorhandene und absehbare EDV-Techniken verarbeiten muß, da EDV
betriebswirtschaftliche Tatbestände maßgeblich beeinflußt.
Die beobachtbare enge Verflechtung von Betriebswirtschaftslehre und
EDV belegt Scheer auf drei Gebieten:

a) Unterstützung rechen- und/oder datenintensiver betriebswirtschaftlicher Verfahren durch die EDV. Hierbei geht es im
   wesentlichen um EDV-gestützte Verfahren, die detailliertere
   Berechnungen erlauben.

b) Notwendigkeit EDV-geeigneter betriebswirtschaftlicher Konzepte
   zur Erhöhung der Wirtschaftlichkeit. Hierbei geht es beispielsweise um den Einsatz von Datenbanksystemen, Dialogverarbeitung,
   Vernetzung von EDV-Systemen und sich daraus u.U. ergebende
   neue Organisationskonzepte.

c) Hohe Gestaltungswirkung von Anwendungssoftware. Das in
   Standardsoftware enthaltene betriebswirtschaftliche Konzept
   beeinflußt die Realität in hohem Maße.
   "Wenn die Betriebswirtschaftslehre die Gestaltung der Realität
   als eine ihrer Hauptaufgaben ansieht, wie es von einer ange-
   wandten Wissenschaft erwartet werden kann, so sollte sie
   versuchen, diese Anwendungssoftware in ihrem Sinne zu beeinflussen."[3]

Entsprechend dieser engen Verflechtung von Betriebswirtschaftslehre
und EDV konzentriert sich in dieser Sicht das Erkenntnisobjekt einer

---

1) Scheer 1984a, 1117
2) vgl Scheer 1987b, 1
3) Scheer 1984a, 1121

EDV-orientierten Betriebswirtschaftslehre auf die Wirkungen der Beziehung zwischen Elektronischer Datenverarbeitung und Betriebswirtschaftslehre.

Hier werden zwei Schritte unterschieden. Zunächst erkennt und verarbeitet Betriebswirtschaftslehre die Möglichkeiten der EDV-Techniken. Darüber hinaus können neue Anforderungen an die Gestaltung von EDV-Techniken aus Sicht der Betriebswirtschaftslehre gestellt werden. Dieser zweite Schritt wäre dann ein Zeichen echter Integration zwischen EDV und Betriebswirtschaftslehre.

> "In der EDV-orientierten Betriebswirtschaftslehre werden von den speziellen Betriebswirtschaftslehren die Fragen behandelt, wie ihre Problemstellungen durch den Einsatz der EDV verändert werden und wie betriebswirtschaftliche Entscheidungsmodelle und Abläufe unter dem EDV-Einfluß neu gestaltet werden können. Die Allgemeine Betriebswirtschaftslehre wird einen Überblick über diese Probleme geben und grundsätzlichen Anwendungs-Fragestellungen nachgehen."[1]

EDV-orientierte Betriebswirtschaftslehre erhebt damit den Anspruch, den bestehenden Kanon der Betriebswirtschaftslehre unter dem Gesichtspunkt der Veränderungen durch EDV neu zu konstruieren.

3.3.2.2. Informationsorientierte Betriebswirtschaftslehre

Auch Müller-Merbach knüpft an die Diskussion um die Betriebsinformatik an und konstatiert gleichfalls erstaunt, daß innerhalb der Betriebswirtschaftslehre eine bemerkenswerte Informatik-Abstinenz herrscht. In Fachzeitschriften, Lehrbüchern, Monographien, Dissertationen und Habilitationen wird nur in Ausnahmefällen eine Brücke zwischen der Betriebswirtschaftslehre und der Informatik geschlagen. Dieser Umstand stehe in krassem Widerspruch zur wachsenden Bedeutung der Informatik in den Anwendungswissenschaften. Dieser Bedeutungszuwachs erfordere eine stärkere Einbeziehung der Informatik in die Betriebswirtschaftslehre:

> "Zur Vorbereitung auf die Nutzung der heutigen und zukünftigen Informationsverarbeitungstechnologie bedarf es einer Ausrichtung

---

1) Scheer 1984a, 1123

der Betriebswirtschaftslehre auf die betrieblichen Informationsstrukturen und Informationsverarbeitungsabläufe. Diese Ausrichtung sei als 'informationsorientierte' BWL bezeichnet. In ihr geht
es darum, betriebliche Tatbestände und betriebliches Geschehen
von der Information her zu begreifen."[1]

Durchaus vergleichbar mit Scheer will auch Müller-Merbach eine
dermaßen ausgerichtete Betriebswirtschaftslehre in die Liste der
herrschenden Orientierungen der Betriebswirtschaftslehre einreihen.
Das Fach, so Müller-Merbach, habe in seiner bald hundertjährigen
Geschichte zahlreiche verschiedene Orientierungen erlebt.

"Der Reigen des Vorhandenen sei hier um eine informationsorientierte Betriebswirtschaftslehre erweitert."[2]

Auch heute sei die Betriebswirtschaftslehre durch neue verschiedene
Orientierungen gekennzeichnet, wie bspw. durch den situativen Ansatz
oder die Entscheidungsorientierung.

Eine informationsorientierte Betriebswirtschaftslehre nimmt für sich in
Anspruch, das Fach ebenso aus einer spezifischen Objektsicht heraus zu
beobachten, wie die entscheidungs-, system-oder verhaltensorientierte
Betriebswirtschaftslehre. Lediglich der arbeitsorientierten Betriebswirtschaftslehre wird diese Gleichrangigkeit abgesprochen, weil sie "... an
politische Ziele einer Interessengruppe gebunden ist."[3]

Sieht man davon ab, daß damit längst überwunden geglaubte Debatten
über die Affinität der Betriebswirtschaftslehre zu Interessengruppen
wiederbelebt werden, stellt sich die Frage, wie eine informationsorientierte Betriebswirtschaftslehre zu beurteilen ist, die als ihre Aufgabe
definiert:

"Die Aufgabe einer solchen Lehre liegt in der zielgerichteten
Gestaltung von Informationssystemen mit dem Zweck eines
wirksamen Einsatzes zur bestmöglichen Leistungsfähigkeit der
Unternehmung."[4]

Der Unterschied zwischen einer EDV-orientierten Betriebswirtschaftslehre
und einer informationsorientierten Betriebswirtschaftslehre ist auf den

---

1) Müller-Merbach 1985a, 122
2) Müller Merbach 1985b, 13
3) Müller-Merbach 1985a, 123
4) Müller-Merbach 1985b, 16 f.

ersten Blick nicht ganz eindeutig. Müller Merbach unterscheidet die beiden Orientierungen dadurch, daß er die EDV-orientierte Betriebswirtschaftslehre von Scheer an das Instrument des Computers gekoppelt sieht, während der informationsorientierte Ansatz im Prinzip unabhängig von der Technik an die sachlogischen Informationsstrukturen und Abläufe der Informationverarbeitung anknüpft.

Zur Begründung werden zwei Argumente herangezogen:

- Der Betriebswirt hat in der Regel nicht mit physischen Gegenständen zu tun, sondern mit Informationen über Gegenstände.

- Die Entwicklung neuer Kommunikationstechnologien verändert die Möglichkeiten der Informationsverarbeitung umfassend. Da es der Betriebswirtschaftslehre aber an einer systematischen Aufarbeitung der Informationsbedürfnisse der Unternehmung fehlt, soll dies in einer informationsorientierten Betriebswirtschaftslehre nachgeholt werden.[1]

Die informationsorientierte Betriebswirtschaftslehre wird als Vorstufe für eine inhaltliche Verschmelzung von Betriebswirtschaftslehre und Informatik in einer Betriebsinformatik verstanden. Sie geht also der Bildung einer Betriebsinformatik zeitlich und inhaltlich voraus.[2]

Diese Verschmelzung[3] muß von der Seite der Betriebswirtschaftslehre systematisch vorbereitet werden, damit die Betriebsinformatik zu einem integralen Bestandteil der Betriebswirtschaftslehre werden kann. Sollte dieser Schritt versäumt werden, so Müller-Merbach, muß damit gerechnet werden, daß die Betriebsinformatik stärker von der Informatik her geprägt wird. Nicht nur die Beschäftigungsmöglichkeiten der Absolventen werden davon berührt, sondern es betrifft "... auch Auswirkungen auf die künftige Bedeutung dieser Fächer und ihren Einfluß auf die Informationssysteme der Zukunft."[4]

In einer informationsorientierten Betriebswirtschaftslehre orientiert sich das Denken an Informationsstrukturen und Informationsverarbeitungsvorgängen, wobei drei Gebiete im Vordergrund stehen:

---

1) vgl Müller-Merbach 1985b, 15

2) vgl hierzu ausführlich Müller-Merbach 1984

3) vgl auch z.B. Hartmann 1985a, 83, der ebenfalls davon spricht, die Betriebswirtschaftslehre mit der EDV zu "verschmelzen".

4) Müller-Merbach 1985a, 126

a) Informationsentstehungsanalyse. Wo entsteht wann welche Information?

b) Informationsbedarfsanalyse. Wo wird wann welche Information benötigt?

c) Informationsverarbeitungsanalyse. Wie lassen sich aus verfügbaren Informationen benötigte Informationen erzeugen?

Der qualitative Sprung innerhalb der Betriebswirtschaftslehre wird nicht in einer Richtungsänderung des Faches gesehen, sondern die informationsorientierte Betriebswirtschaftslehre beinhaltet eine "... spezifische Sicht des Faches, in die sich das gesamte vorhandene betriebswirtschaftliche Wissen einfügen läßt."[1]

Die Schaffung einer solchen systematischen Struktur wird deshalb als eine Hauptaufgabe der informationsorientierten Betriebswirtschaftslehre angesehen.

---

1) Müller-Merbach 1985a, 14o

3.4. Zusammenfassung

Marktstrukturen haben sich in einer Weise verändert, daß Autoren von einem Ende der Massenproduktion sprechen. Auf der Basis mikroelektronischer Technologien wird Flexibilität zu einem Schlagwort bei der Herstellung von Massenprodukten und bei der Automatisierung von Einzel- und Kleinserienfertigung.

Neue Technologien werden von Unternehmen in dieser Marktsituation verstärkt eingesetzt, um die Wettbewerbsfähigkeit zu verbessern.

Man geht allgemein davon aus, daß die Entwicklung der Mikroelektronik hohe technische Gestaltungspotentiale in Produktion und Büro erzeugt hat. Allein die technischen Möglichkeiten beeinhalten eine Vielzahl von Alternativen und einen erheblichen Gestaltungsspielraum bei der konkreten Realisierung der Technik in Betrieben:

a) So kann der Prozeß der Produktentwicklung und Konstruktion durch EDV nicht nur unterstützt und rationalisiert werden, sondern die Organisation dieser Computerunterstützung erlaubt auch eine Vielzahl von Varianten. Auf diese Weise kann jeweils entsprechend den betriebsspezifischen Gegebenheiten auf der technischen Ebene unterschiedlichen Wegen folgend eine hohe Flexibilität mit einer hohen Produktivität verbunden werden.

b) Die Verbindung der computergestützten Konstruktion mit computergestützter Fertigung ermöglicht vielfältige und kurzfristig veränderbare Kombinationen im Produktionsablauf. Diese Kombinationen folgen weder einem eindeutigen technischen noch einem eindeutigen ökonomischen Gestaltungprinzip. In flexiblen Fertigungssystemen kann auf diese Weise eine hohe Reaktionsgeschwindigkeit auf Produktentwicklung und Produktionsumstellung technisch realisiert werden. Hierzu trägt bei,

- daß Handhabungssysteme und Roboter als frei programmierbare Maschinen über mehrere Bewegungsachsen nacheinander oder gleichzeitig unterschiedliche Bearbeitungsgänge erlauben, so daß auf Produktvariationen flexibel reagiert werden kann und kürzere Produktzyklen in diesem Bereich durch entsprechende Programmierung als unproblematisch interpretiert werden. Gleichzeitig verändern sich mit Robotern die Arbeitsinhalte der Arbeitnehmer und das Arbeitsumfeld. Auch diesen Auswirkungen kann auf der technischen Ebene unterschiedlich und je nach betriebsspezifischen Gegebenheiten entsprochen werden.

- daß numerische Werkzeugmaschinen weitgehend automatisiert werden können, ohne daß damit erforderliche Eingriffsmöglichkeiten in dem Prozeßablauf verloren gehen. Auch hier erlaubt die mikroelektronische Basistechnologie eine hohe Flexibilität durch die Programmierfähigkeit der Maschinen. Die Organisation der Bearbeitungsvorgänge kann je nach ökonomischen oder organisatorischen Rahmenbedingungen technisch auf unterschiedlichen Wegen vorgenommen werden.

c) Die Integration oder Weiterentwicklung dieser Bestandteile läßt unterschiedliche Gestaltungsstrategien im Hinblick auf das Gesamtsystem zu. Aber auch insgesamt werden die Wege der technischen Entwicklung noch als offen angesehen. So ist zur Zeit eher unbestimmt, ob es zu einer zunehmenden Vernetzung im Rahmen von Computer Integrated Manufacturing oder zu einer Weiterentwicklung bestehender Insellösungen kommen wird.

d) Im Büro verändern die Computersysteme die Möglichkeiten der Bearbeitung von Daten, die Kommunikation und Textverarbeitung, ohne daß erkennbar ist, daß sich ein Weg oder wenige Wege zur Gestaltung dieser Technik in den Büros abzeichnet. Im Gegenteil: hier wird außerordentlich deutlich, daß die Unbestimmtheit der Technik einen weiten Gestaltungsspielraum bezogen auf die betrieblichen Anforderungen erlaubt.

Betriebswirtschaftslehre bleibt von diesen Entwicklungen nicht unberührt. Als Erklärungs- und Gestaltungswissenschaft befaßt sie sich mit der Analyse der durch EDV bewirkten Veränderungen und will ihrerseits dazu beitragen, die mit EDV angestrebten Veränderungen zu optimieren.

Hierbei ist mittlerweile ein breites Spektrum der betriebswirtschaftlichen Behandlung neuer Technologien festzustellen. Es erstreckt sich auf die Beobachtung technischer Entwicklungslinien, über Auswirkungsforschung bis hin zur Anwendungsforschung in den Funktionsbereichen der Betriebswirtschaftslehre. In diesem Kapitel wurde der Rezeption neuer Technologien in den Bereichen Produktion und Büro nachgegangen. Im Bereich der Produktion werden in erster Linie Auswirkungen neuer Produktionstechnologien unter betriebswirtschaftlichen Gesichtspunkten untersucht, d.h. in einem Teilgebiet der Betriebswirtschaftslehre wird danach gefragt, wie die neuen Technologien dazu beitragen können, die Produktionsressourcen im Produktionsablauf zu optimieren. Es geht bspw. um die Verringerung von Auftragsbearbeitungszeiten und Reduzierung der Durchlaufzeiten. Hier kann die Rezeption neuer Technologien unter dem Gesichtspunkt der Produktivitätserhöhung identifiziert werden. Verbesserung des Informationsflusses und Informationsintegration sollen eine betriebsspezifische Optimierung der Ablaufplanung ermöglichen, der Einsatz von Entscheidungsunterstützungssystemen eine Optimierung von Fertigungsverfahren, Arbeitsfolgen und Arbeitsplänen erlauben.

Eng damit verknüpft sind Auswirkungen neuer Technologien auf die Kostenstrukturen. Inwieweit lassen sich durch neue Technologien Kosten senken und in ihrer Struktur beeinflussen, inwieweit kann die Kapitalbindung verringert, bzw. der Kapitalfluß beschleunigt werden. Neue Formen der strategischen Investitionsrechnung sollen es ermöglichen, dem systemischen Charakter neuer Technologien gerecht zu werden und frühzeitig personelle, technische und betriebswirtschaftliche Aspekte in diesen Investitionsentscheidungen zu berücksichtigen.

Der Einsatz neuer Technologien im Büro wird erst seit einigen Jahren verstärkt betrieben. Als ein maßgeblicher Grund ist die Zunahme der Beschäftigten im Bürobereich zu nennen. Die damit verbundene Steigerung der Personalkosten und die allgemein vorherrschende Meinung eines niedrigen Produktivitätsstandards forcierten das Interesse am Einsatz neuer Technologien im Büro. Zwar werden Zweifel geäußert, ob Produktivitätsstandards aus der Produktion auf das Büro übertragen werden können, denn Steuerungs-, Planungs- und Kontrollfunktionen haben mit Zunahme der Automatisierung der Produktion erheblich zugenommen. Dennoch wird der Einsatz von EDV-Technologien auf einer ersten Stufe vorwiegend unter klassischen Rationalisierungsgesichtspunkten betrachtet, d.h. Aufteilung und EDV-gerechte Segmentierung von Tätigkeiten sowie Auslagerung von Massenarbeiten.

Auf einer zweiten Stufe bedeutet dieses Rationalisierungskonzept eine unmittelbare Veränderung der Sachbearbeitung durch Bildschirmtätigkeit. Arbeitsplatz- und Organisationsgestaltung werden unter Produktivitätsgesichtspunkten so organisiert, daß der Anteil technisierbarer Tätigkeiten ausgelagert (z.B. Textverarbeitung, Datenerfassung) und durch Zentralisierung und Technisierung verdichtet wird. Hierbei entstehen allerdings kontraproduktive Effekte. Segmentierung und Zentralisierung gehen häufig einher mit einem Verlust an Flexibilität und Kooperation. Standardisierung und Bürokratisierung verursachen dann Widerstände und Motivationsverluste, die den angestrebten Rationalisierungserfolg u.U. wieder beeinträchtigen.

In einer dritten Stufe werden innerhalb der Betriebswirtschaftslehre Anwendungskonzepte erprobt, die Nachteile bisheriger Rationalisierungsstrategien aufheben sollen. Neue Büro- und Kommunikationstechnologien sollen ökonomisch und sozial akzeptable Anwendungskonzepte erlauben. Bedingungen, Ausprägung und Konsequenzen neuer Technologien werden untersucht und praktisch erprobt. Hier sind verschiedene Modelle in der Diskussion. Dargestellt wurde, daß über die Ermittlung relevanter Aufgabentypen im Büro Konzeptionen von Büroarbeit entwickelt werden, die ökonomische Vorteilhaftigkeit mit Arbeitsqualität in Übereinstimmung bringen sollen.

Neben der Entwicklung von Anwendungskonzepten bei der Gestaltung von Büroarbeit wird in einem zweiten Schwerpunkt nach Methoden gesucht, die Wirtschaftlichkeit von Informations- und Kommunikationstechnologien im Büro zu verbessern. Hier besteht grundsätzlich das Problem, daß den entstehenden Kosten nicht zweifelsfrei ein spezifizierbarer Nutzen gegenübergestellt werden kann. So konzentrieren sich betriebswirtschaftliche Bemühungen auf zwei Bereiche: Im Rahmen von Einzelanwendungen werden Kosten-Nutzen- Relationen konstruiert, wo dies aufgrund des systemischen Charakters neuer Technologien zunächst problematisch erscheint. Darüber hinaus werden auf der Basis erweiterter Wirtschaftlichkeitsrechnungen Kosten-Nutzen-Relationen entwickelt, die den Kosten den möglichen Gesamtnutzen in seiner qualitativen Ausprägung gegenüberstellen.

Das sich in den Umbrüchen in der Produktions- und Bürostruktur u.U. entwickelnde Akzeptanz- und Personalentwicklungsproblem wird zunächst unter dem Gesichstpunkt diskutiert, inwieweit im Rahmen von Implementierungskonzepten Akzeptanz und Beteiligung der Arbeitnehmer herzustellen ist, um den Erfolg des Einsatzes neuer Technologien nicht zu beeinträchtigen. Die Meinung ist hier nicht einheitlich. Während auf der einen Seite Autoren weder Widerstand noch Reibungsverluste beim Personal erkennen können und deshalb dafür plädieren, in Implementierungskonzepten eher sachbezogene Lösungsschwerpunkte zu entwickeln, betonen Betriebswirte andererseits die Notwendigkeit, durch geeignete Maßnahmen Ängste und Widerstände der Arbeitnehmer zu minimieren und eine aktive Akzeptanz aufzubauen.

Als ein wesentliches Instrument zur Herstellung dieser Akzeptanz, aber auch zur Bewältigung der sich entwickelnden Anforderungen in der Betriebswirtschaftslehre, wird die Personalentwicklung angesehen. Neben extrafunktionalen Fertigkeiten und auf die spezifische Aufgabe bezogenen Weiterbildungsmaßnahmen, wird darüber nachgedacht, wie durch geeignete Personalentwicklungsstrategien eine Flexibilisierung des Personals und der Arbeitsstrukturen hergestellt werden kann. Hier werden insbesondere Konzepte entwickelt, die eine frühzeitige Abstimmung der Personalentwicklung mit technischen und ökonomischen Zielsetzungen erlauben. Im Rahmen eines strategischen Personalmanagements sollen Personalstrategien bereits bei der Planungsentstehung, aber auch begleitend im Prozeß der Planungsumsetzung berücksichtigt werden.

Zusammenfassend kann damit als Fazit für die untersuchten Bereiche festgehalten werden: betriebswirtschaftliche Rezeptionen konzentrieren sich in erster Linie auf:

- Beschreibung und Erklärung ökonomierelevanter Entwicklungen jeweils neuer Technologien.
- Untersuchungen der Auswirkungen neuer Technologien mit Schwerpunkt auf der Entwicklung der Kostenstrukturen, Produktivität aber auch im Hinblick auf soziale Anpassungsprobleme, Widerstände, Akzeptanz sowie Anpassung, Vorbereitung und Unterstützung der Optimierung technischer Prozesse durch geeignete personalpolitische Maßnahmen.
- Untersuchung und Erprobung von Anwendungs und Implementierungskonzeptionen in verschiedenen Funktionsbereichen.

Damit wird in erster Linie auf die ökonomische Vorteilhaftigkeit neuer Technologien abgestellt.

Gerade die Fähigkeit zur Beurteilung dieser ökonomischen Vorteilhaftigkeit wird aber von einigen Autoren der Betriebswirtschaftslehre dort abgesprochen, wo sie sich nicht intensiver als bisher mit EDV/Technik befaßt. Sie halten deshalb eine EDV-Orientierung der Betriebswirtschaftslehre für unumgänglich, wenn Betriebswirtschaftslehre weiterhin bei der Optimierung herrschender Praxis Hilfestellung leisten soll.

In diesem Kapitel wurden zwei Diskussionsstränge diskutiert, wie nach Auffassung einiger Fachvertreter diese EDV-Orientierung hergestellt werden kann.

Betriebs- oder Wirtschaftsinfomatik als noch recht junge Entwicklung geht in erster Linie davon aus, daß der zunehmenden Durchdringung der Betriebe in Forschung und Lehre entsprochen werden muß. Betriebs- oder Wirtschaftsinformatik rekonstruiert deshalb den Betrieb vor dem Hintergrund seiner informations- und informationstechnischen Seite. Zwar gibt es innerhalb der Wirtschafts- oder Betriebsinformatik unterschiedliche Vorstellungen darüber, wie dieses Fach inhaltlich zu konzipieren ist, im weitesten Sinne kann es aber auf Erklärung und Gestaltung computergestützter Informationssysteme bezogen werden.

Als schwerwiegenderes Problem für die Entwicklung dieser Disziplin erweist sich die Frage ihrer Zuordnung. Nach wie vor bleibt umstritten, ob Betriebs- oder Wirtschaftsinformatik eine eigenständige Disziplin oder ein Teilgebiet der Betriebswirtschaftslehre sein kann. Für eine enge Verflechtung spricht die Auffassung, daß die veränderten technischen Möglichkeiten die betriebliche Realität in einer Weise verändern, die völlig neue betriebswirtschaftliche Lösungsansätze generieren wird. EDV entwickelt sich in dieser Denkhaltung vom Instrument zur strukturellen Basis, die als reales Problem der Erklärung und Gestaltung bedarf.

In einer weiteren Denkhaltung wird Betriebsinformatik aus vergleichbaren Gründen als eigenständige Disziplin angestrebt, die auf der Betriebswirtschaftslehre und der Informatik aufbaut. Beide Disziplinen werden als Gründungsdisziplinen ihre eigene Entwicklung weiterbetreiben, die Betriebsinformatik soll hingegen die Instrumente der beiden Disziplinen miteinander verbinden und so die Möglichkeiten der Informationstechnologien in Betrieben in einer neuen Weise nutzen helfen.

Geht es in diesem ersten Strang der Diskussion um die inhaltliche Konzeption und die Zuordnung einer Betriebs- oder Wirtschaftsinformatik, wird in einem zweiten Diskussionsschwerpunkt debattiert, ob sich angesichts der schnellen Verbreitung neuer Technologien in den Betrieben nicht die Betriebswirtschaftslehre insgesamt stärker inhaltlich wandeln muß. In einer EDV-orientierten Betriebswirtschaftslehre soll die Betriebswirtschaftslehre ihre Gestaltungsfähigkeit erhalten oder wiedergewinnen, indem sie die Steuerung technologischer Prozesse im Hinblick auf ökonomische Ziele zu ihrem Gegenstand macht. Nur wer die technologischen Prozesse versteht und zu beeinflussen vermag, ist - so die Denkhaltung - in der Lage, die ökonomischen Potentiale neuer Technologien zu nutzen. Andernfalls drohe, daß andere Disziplinen originäre Gestaltungsaufgaben der Betriebswirtschaftslehre übernehmen. Vor diesem Hintergrund plädieren Fachvertreter für eine EDV-Orientierung der Betriebswirtschaftslehre, die den Einfluß der EDV auf Betriebe untersucht und eigene Gestaltungsvorschläge für den betrieblichen Einsatz neuer Technologien entwickelt. EDV-orientierte oder eine informationsorientierte Betriebswirtschaftslehre sollen als eigenständiger Ansatz neben den Ansätzen von Gutenberg, Heinen und H.Ulrich eine spezifische Perspektive der Realität erlauben. Betriebswirtschaftslehre soll in diesem Ansatz die Möglichkeiten der EDV-Techniken erkennen und verarbeiten und Betriebswirtschaftslehre soll selbst Anforderungen an EDV entwickeln.

Als Kernproblem verbleibt damit die grundsätzliche Frage, ob Betriebswirtschaftslehre im Sinne Gauglers (siehe Kap. 1) unabhängig von Orientierungen eher pragmatisch Entwicklungsstränge und Auswirkungen neuer Technologien, sofern sie für Betriebswirtschaftslehre relevant erscheinen, beschreiben und in Anwendungskonzeptionen überführen soll oder ob eine neue Orientierung den betrieblichen Veränderungen eher gerecht wird. Vor diesem Hintergrund soll im folgenden Kapitel der Frage nachgegangen werden, ob eine solche Orientierung grundsätzlich möglich ist.

4. Rekonstruktion der Möglichkeiten einer Um- oder Neuorientierung der Betriebswirtschaftslehre

Neue Technologien verändern die Praxis der Betriebswirtschaft in fast allen Bereichen der Unternehmung. Darüber hinaus gibt es in Theorie und Praxis Hinweise, daß Spielräume in der Technikentstehung, und - anwendung bezogen auf den Einfluß von Akteuren vorhanden sind. Schließlich besteht innerhalb der Betriebswirtschaftslehre ein Dissens, in welcher Weise EDV/Neue Technologien zum Gegenstand der Betriebswirtschaftslehre werden sollen. Einige Vorschläge gehen in Richtung einer EDV-Orientierung der Betriebswirtschaftslehre, die neben den Ansätzen von etwa Heinen, Gutenberg und H.Ulrich bestehen soll.

Diese Ansätze stehen für historisch entwickelte Orientierungen der Betriebswirtschaftslehre, die sich entweder auf eine Gestaltungsorientierung (z.B. Ulrich) oder eine Erklärungsorientierung (z.B. Gutenberg) oder eine Vermittlung dieser beiden Orientierungen (Heinen) beziehen. Bevor eine neue Orientierung in diesen "Reigen" aufzunehmen ist, wäre zunächst zu prüfen, ob die Betriebswirtschaftslehre in der Wahl ihrer Orientierungen frei ist, ob sie das Objekt ihrer Erkenntnis wählen kann oder ob es konstitutive Bedingungen gibt, die eine mögliche Wahl begrenzen. Es soll der Frage nachgegangen werden, wie vor diesem Hintergrund neu auftretende Phänomene behandelt werden können.

Schon immer haben Betriebswirte danach gefragt, ob neue Einsichten und Perspektiven zu einer (jeweils) neuen Orientierung in der Betriebswirtschaftslehre führen sollen. In einer historischen Rekonstruktion wird untersucht in welcher spezifischen Weise neu auftretende Phänomene in diesem Bereich der Betriebswirtschaftslehre aufgenommen und verarbeitet werden.

Die Chance und die Bedeutung einer historischen Rekonstruktion liegt u.U. in der Diskussion der Frage "in welcher Weise" neue Phänomene jeweils in die Betriebswirtschaftslehre integriert wurden oder Anlaß zu einer Um- oder Neuorientierung gaben.[1]

Hierzu werden zunächst die Gründungsintentionen und Gründungsschritte der Betriebswirtschaftslehre entwickelt, da damit gezeigt werden kann,

---

1) zur Notwendigkeit und Bedeutung historischer Forschung vgl Schneider 1987, 74 ff.

daß Betriebswirtschaftslehre von Anfang an konkret auf Bedürfnisse der Praxis rekurriert. Hier stehen zunächst eine Ausbildungs- und Gestaltungsabsicht (Kap. 4.1), schließlich eine Erklärungsabsicht im Vordergrund (Kap. 4.2). Man kann also wiederum bezogen auf die Möglichkeiten einer EDV-orientierten Betriebswirtschaftslehre fragen, ob innerhalb dieser Orientierungen, die sich auf jeweils reale Praxis beziehen, Defizite vorhanden sind, die die Notwendigkeit einer EDV-Orientierung evident werden lassen.

Vor diesem Hintergrund wird generell der Frage nachgegangen, ob Neuorientierungen der Betriebswirtschaftslehre überhaupt möglich sind, bzw. welche Bedingungen erfüllt sein müssen, damit sich Neuorientierungen etablieren können.

Schon immer haben Betriebswirte die Verarbeitung neuer Phänomene als "Wettstreit" verschiedener Richtungen, Orientierungen und Schulen zelebriert, ohne daß jeweils zwingend herrschende Praxis als Maßstab für Erklären oder Gestalten zugrunde gelegt wurde. Neu auftretende Phänomene oder sich verändernde Perspektiven müssen also nicht zwangsläufig auf konstitutive Merkmale der Realität bezogen werden. Früher wie heute stehen Betriebswirte auf dem Standpunkt, daß Veränderungen in der Praxis nicht nur erklärt und im Sinne der herrschenden Praxis gestaltet werden müssen, sondern Erklären und Gestalten auch vor dem Hintergrund begründeter Prinzipien erfolgen kann. In diesem Sinne könnte sich eine EDV-orientierte Betriebswirtschaftslehre jenseits praktischer Notwendigkeiten als eigener Ansatz verstehen, der eine spezifische Erkenntnisperspektive etabliert. Es geht also darum zu fragen, was mit Orientierungen in der Betriebswirtschaftslehre geschieht, die konstitutive Grundtatbestände der Praxis zum Teil oder insgesamt vernachlässigen (Kap. 4.3). Es soll untersucht werden, wie die Betriebswirtschaftslehre bislang mit neuen Orientierungen umgegangen ist, um u.U. Hinweise zu erhalten, ob und wie eine EDV-orientierte Betriebswirtschaftslehre möglich sein kann. Sind, wie es einige Fachvertreter unterstellen, in der Betriebswirtschaftslehre mehrere Blickwinkel möglich. Ist die Standpunktfrage unerheblich oder bezieht sich Betriebswirtschaftslehre auf immer gleiche Phänomene, die Neuorientierungen relativieren?

4.1. Rekonstruktion der Betriebswirtschaftslehre als Management- oder Gestaltungslehre

Betriebswirtschaftslehre - so H.Ulrich[1] - entsteht auf Initiative von Kaufleuten. Es werden Handelshochschulen gegründet, damit Führungskräfte (Söhne von Unternehmern und Prokuristen) eine höhere Ausbildung erhalten.

> "Mit der Gründung der Handelshochschulen entstand also eine Betriebswirtschaftslehre, die einen unmittelbaren Praxisbezug anstrebte, von den Bedürfnissen der Wirtschaft nach höher gebildeten Kaufleuten ausging und Forderungen nach Wissenschaftlichkeit vergleichsweise eher in den Hintergrund stellte."[2]

Auch die Verwissenschaftlichung der Betriebswirtschaftslehre ändere nichts daran, daß die Studenten von der Betriebswirtschaftslehre eine praxis- und berufsorientierte Ausbildung erwarten. Auch zahlreiche (die Mehrheit?) Professoren fühlen sich dieser Aufgabe verpflichtet, insbesondere durch den stark gewachsenen Bedarf an Führungskräften in der Wirtschaft. So ist nicht verwunderlich, daß der Aufstieg der Betriebswirtschaftslehre zur wissenschaftlichen Disziplin diesen praktischen Bezug in seiner Bedeutung nicht schmälert. Der Dualismus von Erklären und Gestalten beherrscht die Betriebswirtschaftslehre und ist Gegenstand einer Vielzahl von Disputen.

Wer nun wie H.Ulrich die ausbildungs- und berufsorientierte Perspektive ernst nimmt, fragt danach, wie eine anwendungsorientierte Wissenschaft Handlungsanleitungen für praktisch handelnde Menschen entwickeln kann. Sie wählt im Falle einer systemorientierten Betriebswirtschaftslehre zur Charakterisierung ihres Objektbereiches die allgemeine Systemtheorie. Sie wählt zur Charakterisierung ihres Problembereiches die Kybernetik, um Gestaltung, Lenkung und Entwicklung von Systemen kategorial behandeln zu können.

Ohne nun die Binnenstruktur der systemtheoretischen Betriebswirtschaftslehre ausbreiten zu wollen, zeigt sich hier, daß Intention und Instrument getrennt voneinander interpretiert werden. Gefragt wird nach einem Rahmen, der bestimmte Kriterien zu erfüllen hat:

---

1) vgl Ulrich 1985
2) Ulrich 1985, 4 f.

- Die Lehre soll problemorientiert sein, also Antworten auf Fragen der Praxis geben,
- sie soll pädagogisch zweckmäßig sein,
- sie soll wissenschaftlich einwandfrei sein.

Gesucht wird ein allgemeiner Ansatz, der in der Lage ist, eine logische und praxisrelevante Problemabgrenzung zu erlauben, ohne in der Vielfalt der Praxis unterzugehen. Mit Hilfe der Systemtheorie wird die Unternehmung "als Ganzes" (und nicht nur vom wirtschaftlichen Standpunkt ausgehend) betrachtet, um zu den zu lösenden Problemen vorzustoßen. Durch Erschließung von Subsystemen, Handlungs- und Funktionsbereichen, Betrachtungsebenen und Dimensionen bis hin zur Kategorisierung der Probleme, die in einem Unternehmen zu lösen sind, soll sich das Ganze in seinen miteinander verbundenen Teilen erschließen.

Die Übernahme des Systemansatzes in die Betriebswirtschaftslehre soll ihre Leistungsfähigkeit steigern durch:

- Erweiterung des Gesichtsfeldes durch Übernahme eines formalen Systems;
- eine einheitliche Terminologie;
- die Gewinnung von Erkenntnissen und die Gestaltung von Wirklichkeit;
- eine Erleichterung im Zugang zu anderen Disziplinen;
- die Erfassung der realen und idealen Zusammenhänge;
- die Erfassung der gesamten Komplexität der Unternehmung.

Weitere Vorteile sieht H.Ulrich in der Eignung des Systemansatzes als Gestaltungsmodell und die Möglichkeit, mit seiner Hilfe sowohl statische als auch dynamische Prozesse zu betrachten:

> "Der Systemansatz ist formal und eignet sich zur Fassung eines beliebigen Inhalts. Die systemtheoretische Terminologie behindert deshalb die inhaltliche Betrachtung unter verschiedenen Gesichtspunkten in keiner Weise."[1]

Systemtheorie sowie Teile der Kybernetik[2] sind lediglich als Rahmen gedacht, um instrumentell verwendet zu werden und um Führungskräften in der Lehre Wissen zu vermitteln, das praktisches Handeln erlaubt. Erkenntnistheoretisch erlaubt der Systemansatz den Entwurf von

---

1) Ulrich 1968, 136
2) vgl hierzu Ulrich et al. 1976

Beschreibungsmodellen sowie die Schaffung von Erklärungsmodellen und die Ableitung von Entscheidungsmodellen. Allerdings stellt sich H.Ulrich die Frage, ob eine Erklärungsfunktion überhaupt notwendig ist. Da die Betriebswirtschaftslehre in erster Linie Gestaltungslehre ist, reicht es hin, wenn Instrumente für die Veränderung von Realität vermittelt werden.[1]

Der wirtschaftliche Standpunkt ist innerhalb dieser Betriebswirtschaftslehre also nur ein Standpunkt neben vielen, denen sich die Betriebswirtschaftslehre zu nähern hat, weil die Komplexität der Unternehmung viele Problemlagen und Gestaltungsdimensionen kennt, denen man mit einem rein wirtschaftswissenschaftlichen Standpunkt nicht gerecht werden kann. Kirsch verwendet für diesen Umstand das sehr anschauliche Bild des Scheinwerfers. Ein Gegenstand kann eine ganze Reihe von Forschungstraditionen berühren (ausleuchten). Probleme können bspw. innerhalb einer Lehre von der Führung Gegenstand einer Vielzahl von Forschungen wie Ökonomie, Rechtswissenschaft, Psychologie, Informatik werden.[2] Der hier mögliche Erkenntnispluralismus schließt die nur eindimensionale Behandlung eines Problems aus, der Erkenntnispluralismus wird zum Programm.

Deutlich wird, daß in den Denkansätzen einer dermaßen konzipierten Managementlehre der "ökonomische" Standpunkt erheblich relativiert wird und u.U. verschwindet.

Kein Wunder, daß Bleicher[3] die Betriebswirtschaftslehre vor dem Schisma sieht und feststellt, daß heute unterschiedliche Schwerpunkte, Ansätze und Wissenschaftsprogramme existieren, die sich an zwei Polen festmachen lassen:

a) Festhalten an der disziplinären Vorstellung mit Konzentration auf ökonomische Fragestellungen auf der Mikroebene. Dieser disziplinäre Pol trägt gesellschaftlichen Veränderungen Rechnung und erweitert sein Spektrum auf Ziele und Verhalten der Handelnden im Betrieb.

b) Orientierung des Faches am Management oder an der Führung von Institutionen. Die Rezeption anderer Disziplinen führt zu einer

---

1) vgl Ulrich 1971
2) vgl Kirsch 1986, 36
3) vgl Bleicher 1985

Lösung von ökonomischen Grundlagen der Betriebswirtschaftslehre.

Die entscheidende Frage, die sich Bleicher angesichts dieser vermeintlichen Pole stellt, ist dann, in welche Richtung sich die Betriebswirtschaftslehre entwickeln wird:

"Steht die Betriebswirtschaftslehre vor dem Zerreissen in zwei gesonderte Fachdisziplinen, einer auf die Unternehmung abhebenden ökonomischen Mikrotheorie und einer auf eine breitere Palette von 'Institutionen' abstellenden Führungs- oder Managementlehre, trotz vielfacher 'Lippenbekenntnisse', das Fach als Führungslehre verstehen zu wollen?"[1]

Bevor es zu diesem Spaltungsprozeß kommt, plädiert Bleicher für eine Integration von interdisziplinärer Managementlehre und ökonomischem Standpunkt, indem Betriebe und Märkte zum Gegenstand der Managementlehre werden. Ohne ein vorgegebenes Selektionskriterium, das den wissenschaftlichen Fortschritt hemmt, soll ein Forscherpluralismus vorherrschen, so daß im Rahmen der Forschung unterschiedliche und, wenn möglich, widerstreitende Paradigmen Platz finden:

"Ich persönlich meine, es müsse beides geben, die fachliche Identität als lockeren Rahmen, ohne den wissenschaftliche Institutionen und eine Professionalisierung ihrer Absolventen nicht gedeihen können, und einen möglichst flexiblen Wettstreit einzelner 'scientific communities', die ihre eigenen 'Sprachspiele' und einen Konsens über methodologische Regeln entwickeln."[2]

Im Grundtenor vergleichbar fordert Gaugler:

"Die betriebswirtschaftliche Führungs- und Managementlehre muß an der ökonomischen Grundbestimmung des Unternehmens festhalten."[3]

Wie im folgenden gezeigt wird, ist im Rahmen der Betriebswirtschaftslehre die Ökonomie als Kernproblem einer gestaltungsorientierten Betriebswirtschaftslehre nicht in Gefahr. Die bislang wesentlichen Orientierungen der Betriebswirtschaftslehre rezipieren zwar ein breites Spektrum von Wissen, greifen auch in hohem Ausmaß auf Erkenntnisse

---

1) Bleicher 1985, 73
2) Bleicher 1985, 79
3) Gaugler 1985, 154

von Nachbardisziplinen zurück, beziehen diese Erkenntnisse aber soweit sie als Ansätze relevant sind und relevant bleiben wollen jeweils wieder auf ökonomische Realität.

Diese ökonomische Orientierung in einer gestaltungsorientierten Betriebswirtschaftslehre hängt eng zusammen mit den Quellen der Betriebswirtschaftslehre, die wenngleich immer noch nicht sehr intensiv erforscht, Hinweise auf die Gestaltungsabsicht bei der Realisierung von Gewinnen deutlich werden lassen (Kap. 4.1.1). Diese Gestaltungsabsicht wird aufgenommen bei der Gründung von Handelshochschulen (Kap. 4.1.2), in der Entwicklung erster einzelwirtschaftlicher Orientierungen in Auseinandersetzung mit der Nationalökonomie (Kap. 4.1.3) und in der Schmalenbachschen Betriebswirtschaftslehre (Kap. 4.1.4).

4.1.1.   Ökonomischer Ausgangspunkt: Einkommen und Gewinn

Die praktische Aufgabe, den Menschen mit Gütern zu versorgen, war schon immer auch Gegenstand ethischer, religiöser, und philosophischer Bemühungen. Alte und älteste überlieferte Schriften geben Hinweise, wie in unterschiedlichen Epochen die Versorgung mit Gütern unter Beachtung bestimmter Prinzipien geregelt werden sollte.

Schneider[1] zieht als ein Beispiel den "Oikos" heran. In dieser Wirtschaftsform sind Haushalt und landwirtschaftlicher Betrieb nicht getrennt. Familienangehörige und Sklaven sind immer auch Bestandteil des Haushaltes. Zwar wird im "Oikos" die Vergrößerung des häuslichen Vermögens durch das Erarbeiten von Überschüssen angestrebt. Allerdings ist das Erwerbsstreben nicht Selbstzweck, "... sondern Voraussetzung, um das Leben eines geachteten Bürgers der Polis (ein Leben "außerhalb des Hauses") zu führen ..."[2]

Griechische Philosophen wie bspw. Aristoteles oder Xenophon formulieren eine Reihe von Tugenden, die der Hausherr besitzen muß, um ein vernünftiges Leben führen zu können.

Dazu gehört vor allem die Menschenführung, um Abhängige zu ständiger Tätigkeit zu erziehen. Hierbei nimmt die Behandlung der Sklaven eine

---

1)   vgl Schneider 1981, 81 ff.

2)   Schneider 1981, 81

wichtige Stellung ein. Manche Zitate aus dem Schrifttum des Xenophon oder des Aristoteles erinnern hier an moderne Motivationstheorien bzw. an Gestaltungsempfehlungen in der verhaltenswissenschaftlichen Betriebswirtschaftslehre:

"Man braucht den Sklaven nur zu zeigen, daß aus sorgfältiger Tätigkeit Gewinn für sie erwächst."[1]

Den Fleißigen solle man durch Zuteilung von größeren Essenrationen und von besserer Kleidung bevorzugen. Die richtige Behandlung des "Faktors" Arbeit steht also im Vordergrund. Aristoteles führt aus:

"Drei Dinge sind bei der Behandlung der Sklaven wichtig: Arbeit, Züchtigung und Nahrung. Genügende Kost soll man ihnen geben: denn ganz ohne Lohn kann man sich nicht bedienen lassen; die Kost ist aber der Lohn des Sklaven."[2]

Aristoteles unterscheidet streng zwischen der natürlichen Erwerbskunst, die "im Haus" stattfindet und dem Erwerbsstreben des Händlers (Chrematistik). Sobald die Interessen anderer Herren z.B. durch Gewinn verletzt werden, sind diese Gewinne unehrenhaft, muß ein anderer verlieren.

"Das Leben hat die politische Betätigung, nicht die wirtschaftliche Erzeugung zum Ziele, überall nach dem wirtschaftlichen Nutzen zu fragen, schickt sich am wenigsten für ehrliche und freie Bürger."[3]

Das "gute Leben" und nicht der Gewinn steht damit in der griechischen Tradition an erster Stelle, eine ökonomische Intention, die sich bei den Moralphilosophen häufig wiederfindet und die erst in jüngster Zeit eine Renaissance in ökonomischen Debatten erfährt.[4]

Auch in späteren Epochen steht zunächst einmal das Verhalten der an der Ökonomie Beteiligten im Vordergrund. Insofern lassen sich Vergleiche und Parallelen zur griechischen Tradition herleiten. Allerdings gerät - in Abweichung hierzu - der Gewinn des Kaufmanns zum zentralen Gegenstand.

---

1) Xenophon zitiert nach Löffelholz 1935, 45

2) Aristoteles, zitiert nach Löffelholz 1935, 45

3) Aristoteles zitiert nach Löffelholz 1935, 41

4) vgl Ulrich 1986

Kaufmännische Darstellungen durchziehen das gesamte Mittelalter. Es handelt sich meist um praktische Fragen der Betriebsführung und der Buchhaltung.[1] Systematisch folgt die einschlägige Literatur zur Geschichte der Betriebswirtschaftslehre in der Regel dem Erscheinen von Werken, die wegen ihrer Vorschläge zur Handhabung praktischer kaufmännischer Fragen oder wegen ihres enzyklopädischen Charakters über einen längeren Zeitraum Bestand hatten. Historisch arbeitende Betriebswirte[2] folgen weitgehend einer gemeinsamen Bewertung der wichtigsten Vorläufer der Betriebswirtschaftslehre. Deren Ansätze sind dort ausführlich beschrieben und können hier kurz zusammengefaßt werden.

Als epochemachend gilt zunächst die Darstellung der doppelten Buchführung in dem Werk von Luca Paccioli "Summa de Arithmetica Geometria Proportioni et Proportionalita" im Jahre 1494. Paccioli war Hauslehrer in einer venezianischen Kaufmannsfamilie und hat die dort erworbenen kaufmännischen Kenntnisse zusammengestellt.

Als ein weiteres bedeutendes Werk wird das 1675 in Paris erschienene Werk "Le parfait negociant" von Savary gewertet. Als Großhändler, Verleger und Fabrikant stellt er zwei Fragen in den Mittelpunkt:

- Wie kann ein Kaufmann auf redliche Weise auf Dauer den größten Gewinn erzielen?
- Wie kann der einzelne zu einem guten Wirtschafter und Staatsbürger erzogen werden?

Durch analytische Beobachtung, Sammlung von erwerbspolitischen Grundsätzen und Erfahrungsregeln wird systematisch eine Kunstlehre aufgebaut, die Antworten auf Fragen ermittelt, wie:

- Welche positiven Eigenschaften muß der Kaufmann haben?
- Welches Grundwissen braucht ein Lehrling im Bereich der Meß-Gewichts-Warenkunde?
- Welche Kenntnisse benötigt der Handlungsgehilfe im Bereich Lagerung, Absatz, Zahlungstechniken?
- Welche Kenntnisse braucht der Unternehmer im Bereich der Arbeitslehre (z.B. Standort, Einkaufspolitik, Mahnwesen usw.)?

---

1) vgl ausführlich Weber 1914
2) vgl Seyffert 1925; 1956; Penndorf 1925; Bellinger 1967; Löffelholz, 1970; 1975; Wittmann 1977; Hundt 1977; Sundhoff 1979; Schneider 1981; 1987

Der Einfluß der Schriften von Savary wird in mehrfacher Hinsicht sehr hoch eingeschätzt. Zunächst galt Savary als sehr wichtiger Berater Colberts und seiner beiden Nachfolger. Er galt als kompetenter Kenner der juristischen und handelstechnischen Fragen seiner Zeit, wodurch er häufig als Gutachter für Handelsfragen eingesetzt wurde.

Darüber hinaus hat er auch die kaufmännische Literatur in Deutschland beeinflußt. Sein "Le Parfait negociant" hat sowohl Ludovici als auch Leuchs als Vorlage für ihre eigenen kaufmännischen Werke gedient.[1] Dennoch wird seinem Werk nicht unbedingt ein Wissenschaftsstandard zugesprochen.

> "Aus empirisch gewonnenen Erkenntnissen oder durch deduktive Ableitungen bis zur Feststellung allgemein geltender Gesetzmäßigkeiten vorzustoßen und so der ökonomischen Theorie zu dienen, lag seiner auf die Bedürfnisse der Wirtschaftspraxis eingestellten Arbeitsweise nicht so sehr. Hingegen sah er seine Aufgabe darin, eine Kunstlehre zu schaffen, bei der nicht der Betrieb, sondern durchaus die Person des Wirtschaftenden im Vordergrund steht."[2]

Ludovici gilt als erster akademischer Vertreter der Handlungswissenschaft. Er wiederholt den Versuch von Savary, alles kaufmännische Wissen seiner Zeit zusammenzufassen und zu systematisieren. Die 1752 - 1756 erschienene "Eröffnete Akademie der Kaufleute oder vollständiges Kaufmannslexikon" besteht aus 5 Bänden und umfaßt in der 1. Auflage 5112 Seiten. Sie enthält ein System von Haupt- und Nebenwissenschaften.

In den kaufmännischen Hauptwissenschaften unterteilt Ludovici in:

a) Allgemeine und besondere Warenkunde;

b) Handlungswissenschaft (die Handlung, ihre Träger, ihre Hilfsmittel);

c) Buchhalten (Die Führung der Bücher).

In den Nebenwissenschaften unterteilt er in

a) Nötige oder unentbehrliche Beiwissenschaften, z.B. die Rechenkunst, Schreibkunst, Münzwissenschaft, aber auch kaufmännische Kryptographie

b) Nützliche oder Hilfswissenschaften, z.B. Naturlehre, Mechanik, Vernunftlehre.

---

1) vgl Weber 1914, 12 ff.

2) Sundhoff 1979, 39

Sowohl die zeitgenössische Kritik als auch spätere Autoren bescheinigen den Arbeiten Ludovicis eine hohe Präzision und angemessene Systematik.

"Sein Verdienst um die Betriebswirtschaftslehre ist ein zwei-faches: die Herausgabe des ersten und besten deutschen Handelslexikons und die klare Systematik sowohl der Kaufmanns-wissenschaften im allgemeinen, als der Handlungswissenschaft im besonderen."[1]

Das Werk von Leuchs wird von einigen historisch arbeitenden Betriebs-wirten als Höhepunkt der Handlungswissenschaft angesehen.[2] Das "System des Handels" (1806, 1816, 1822) gilt als wissenschaftlich beachtl-iches Werk, das umfassend und genau die Gebiete der Handlungswissen-schaft bearbeitet.

Leuchs ging wie seine Vorgänger selbstverständlich davon aus, daß der Gewinn theoretischer und praktischer Ausgangspunkt des Handels sei, in der Annahme, daß der private Nutzen zum gemeinschaftlichen Nutzen führe:

"Jeder thue das Seine und beglücke sich selbst. Das Glück des Ganzen geht dann unausbleiblich hervor."[3]

In der Folge, fast bis zur Wende des 20. Jahrhunderts, können die Chronisten nicht mehr über nennenswerte wissenschaftliche oder praktische Ergebnisse der Handelswissenschaft berichten.[4]

Hier können als Ursache vermutlich mehrere Gründe herangezogen werden, ohne daß eine eindeutige Zuschreibung möglich wäre.

Die sich im 18. Jahrhundert entwickelnden Kameralwissenschaften widmeten sich in erster Linie der Mehrung von Einkünften der Feudal-herren. Dabei entstehen auch umfangreiche Stoffsammlungen und Fallstudien von Betrieben.[5] Diese Kameralistik, die in Deutschland am 14. Juli 1727 durch eine Professur für Ökonomie, Polizei und Kameralsachen

---

1) Seyffert 1956, 1002

2) so Penndorf 1925, 12

3) Leuchs zitiert nach Seyffert 1925, 52

4) vgl Seyffert 1925; er spricht bedauernd vom "Niedergang" der Handelswissenschaft

5) vgl ausführlich Bellinger 1967

an der Universität Halle als Fach institutionalisiert wurde, behandelte drei große Stoffgebiete:[1]

a) Das Finanzwesen; d.h. die Verwaltung der Einkünfte von Fürst und Staat;

b) Das allgemeine Regierungs- oder Verwaltungswesen;

c) Die Privatökonomie oder die Gewerbswissenschaften.

Dabei war die Bedeutung der Privatökonomie nicht unerheblich, wie Walb am Beispiel des Etats Friedrichs des Großen deutlich macht. Von 22 Millionen Talern Einnahmen entfielen 10 Millionen auf Domänen. Offensichtlich mußten die Verwalter der Fürsten in hohem Maße über privatökonomische Kenntnisse verfügen.

Entsprechend intensiv befaßte sich die Kameralistik mit verschiedenen Betriebslehren (z.B. des Bergwerks, der Land- und Forstwirtschaft, der Dienstleistungsbetriebe). Hierbei ging es um Fragen von Kapital und Arbeit, der Organisation der Betriebe, der Betriebsleitung, des Rechnungswesens sowie um Zins-, Abschreibungs- und Kalkulationsprobleme. Soweit also damalige "Großbetriebe" überhaupt Bedarf an privatökonomischer Ausbildung besaßen, lieferte dies die Kameralistik. "Großbetriebe" fanden damit in den kameralistischen Wissenschaften eine Entsprechung ihres Bedarfs an Qualifikation, ein Vorgang, der sich um die Wende zum 20. Jahrhundert wiederholen wird, als in Großbetrieben der Industrie und des Handels die Notwendigkeit und Bedeutung einer akademischen Ausbildung von Kaufleuten erkannt wird.

In diesem Sinne kann die Kameralistik als wichtiger Vorläufer der Betriebswirtschaftslehre betrachtet werden. Von der Intention her ging es um die systematische Durchdringung der Probleme von Großbetrieben, die nicht nur auf praktisch-intuitivem Weg geleitet werden konnten. Zum anderen bezog sich diese Kameralistik eindeutig auf Gewinn, ohne daß der Sinn dieses Bezugs in Frage gestellt wurde. Strukturell besteht hier eine deutliche Affinität zwischen dem Gründungsimpetus der Kameralistik und dem Gründungsimpetus der Betriebswirtschaftslehre.

Für die Mehrzahl der kleineren kaufmännischen Betriebe scheint dagegen - so Wittmann[2] - das Bedürfnis nach wissenschaftlicher Ausbildung recht gering gewesen zu sein. Kleine und überschaubare Betriebe der vorindu-

---

1) vgl zum folgenden Walb 1927, 6 ff.

2) vgl Wittmann 1977

striellen Epoche hatten wohl weniger Bedarf an wissenschaftlichen als an technischen Kenntnissen.

Lediglich Emminghaus kann mit seiner "Allgemeinen Gewerkslehre"[1] als Ausnahme von dieser kameralistischen Dominanz gewertet werden, die allerdings weniger der Tradition einer Handelswissenschaft als einer Industriebetriebslehre folgt. Emminghaus befaßt sich mit dem Charakter der gewerklichen Arbeit, mit der Arbeit des Unternehmers und seinem Verhältnis zu seinen Arbeitern, mit Fragen des Kapitals, des Standortes, der Beschaffung von Roh- und Hilfsstoffen und natürlich auch mit der Buchführung. Auf der einen Seite gibt Emminghaus deutliche Ratschläge; bspw. bei der Festsetzung von Löhnen:

> "Alles, was im Betreff der Lohnhöhe Gewerks-Unternehmern anzurathen ist, konzentrirt sich in folgenden Sätzen: Die Bewegungen des Arbeitsmarktes müssen genau so sorgfältig beobachtet werden, wie die Bewegungen des Bezugsmarktes für die Kapitalien und des Absatzmarktes für die Erzeugnisse. Die Bestimmung der Lohnsätze muss das Ergebniss dieser Beobachtungen und einer sorgfältigen Ermittlung desjenigen Theiles des Rohertrages des Unternehmens sein, welches der Arbeit der Gewerksgehülfen zu danken ist. Der Lohnsatz, den zu bewilligen die Lage des Arbeitsmarktes zwingt, bildet die unterste, der Lohnsatz, der sich aus jener Kalkulation des Antheiles am Rohertrage ergibt, bildet die oberste Gränze des Spielraumes rationeller Lohnbewilligung."[2]

Auf der anderen Seite bemüht er sich, das Gebiet der Gewerkslehre in ein weitergehendes Wissenschaftssystem zu integrieren. Er konstruiert ein System von 'Grundwissenschaften' und 'Abgeleiteten Wissenschaften' (siehe Abb. 5, Seite 172).

Auch Emminghaus nennt - vergleichbar den Vertretern der Handelswissenschaft - den Gewinn als zentrales Motiv des Erwerbsstrebens:

> "Vom privatwirthschaftlichen Gesichtspunkt aus betrachtet, giebt es keinen andern Zweck des Gewerbebetriebs, als den der Vermögensvermehrung auf Seiten des Gewerbetreibenden."[3]

---

1) vgl Emminghaus 1868
2) Emminghaus, 1868, 51
3) Emminghaus 1868, 6

```
┌─────────────────────────────────────────────────────────┐
│                                                         │
│                GRUNDWISSENSCHAFT                        │
│                                                         │
│           Allgemeine Wirtschaftstheorie                 │
│                                                         │
│         (Volkswirtschaft, National- oder                │
│                                                         │
│              politische Ökonomie)                       │
│                                                         │
├─────────────────────────────────────────────────────────┤
│                                                         │
│              ABGELEITETE WISSENSCHAFTEN                  │
│                                                         │
│        Angewandte Allgemeine Wirtschaftslehren          │
│ - - - - - - - - - - - - - - - - - - - - - - - - - - - - │
│                            │                            │
│  - Privatwirtschaftslehren │  - Staatswirtschaftslehre  │
│                            │    (Finanzwissenschaft)    │
│  - Allgemeine Hauswirt-    │                            │
│    schaftslehre            │  - Allgemeine Gewerbs-     │
│                            │    lehren                  │
│                            │                            │
│                            │    a) Allg. Landwirt-      │
│                            │       schaftslehre         │
│                            │    b) Allg. Forstwirt-     │
│                            │       schaftslehre         │
│                            │    c) Allg. Bergbaulehre   │
│                            │    d) Allg. Gewerkslehre   │
│                            │    e) Allg. Handelslehre   │
│                            │       usw.                 │
│                            │                            │
└─────────────────────────────────────────────────────────┘
```

Abb. 5:   Die Gewerkslehre von Emminghaus

Quelle: in Anlehnung an Emminghaus, 1868, 12

Zusammenfassend kann festgehalten werden, daß die Beschäftigung mit der Versorgung von Gütern auf durchaus heterogenen Quellen und Traditionen beruht. Während in der Antike der Erwerb ausschließlich dazu diente, das Leben eines geachteten Bürgers zu führen, der Politik betreibt und die Gewinnsucht (Chrematistik) als unehrenhaft verachtet, stellt die Handelswissenschaft von Anfang an den Gewinn in das Zentrum ihres Interesses. Die Bemühungen der jeweiligen "Lehren" der Handelswissenschaft konzentrierten sich in der Regel auf die Person des Kaufmanns, der ethische Tugenden, spezifische Eigenschaften und Kenntnisse auf sich vereinigen sollte. Die Methoden der Handelswissenschaftler waren überwiegend Beobachtung, Sammlung, eigene Erfahrung und die Ableitung von Gestaltungsregeln.

Auch die Kameralwissenschaften hatten die Steigerung der Einkünfte des Staates bzw. der Fürsten zum Ziel. Sie entspricht deutlich eher unserem heutigen Verständnis von wissenschaftlicher Analyse und praktischer Gestaltung von Betrieben.

Betriebswirtschaftslehre ist damit auf mindestens zwei Quellen zurückzuführen, die die praktische Absicht im Hinblick auf Gewinn oder Einkommen als Voraussetzung und konstitutives Merkmal enthalten. In diesem Sinne werden beide als Systematik auf dieses Ziel hin konstruiert.

4.1.2. Handelshochschulen

Die Notwendigkeit, praktisches kaufmännisches Wissen zu systematisieren und zu vermitteln ist also keine Erfindung des 19. oder 2o. Jahrhunderts. Allerdings änderte sich mit der industriellen Revolution Inhalt und Organisationsform dieser Wissensvermittlung.

Die Notwendigkeit dieser inhaltlichen und organisatorischen Verfassung der Wissensvermittlung war offensichtlich.

Mit Beginn der industriellen Revolution mehrten sich die Anzeichen, daß der Kaufmann auf der Basis praktischer Erfahrungen den sich verändernden Anforderungen nicht mehr gewachsen war. Dies kam in mehreren Denkschriften zum Ausdruck, die die Verbesserung der Bildung und Ausbildung von Kaufleuten forderten. In mehreren Städten gab es Anstöße, bspw. Akademien oder Handelshochschulen zu gründen. So bemühte sich Gustav von Mevissen im Jahre 1879 in einer Denkschrift, einen Anstoß für die Gründung einer Handelshochschule in Köln zu geben. Auch Böhmert[1] - Hochschullehrer für Nationalökonomie und Statistik - berichtet in seiner 1897 erschienenen Denkschrift von verschiedenen Versuchen, die immer bedenklicher werdenden Lücken in der theoretischen und praktischen Ausbildung der Kaufleute zu schließen. Danach erscheinen im "Organ des Verbandes deutscher kaufmännischer Vereine" in den sechziger Jahren vereinzelt Artikel, in denen gefordert wird, daß der bislang übliche Bildungsgang des Kaufmanns völlig umgestaltet werden müsse. Das Aufkommen eines neuen Typs von Unternehmer und die sich abzeichnende Aufteilung in Klein- und Großindustrielle erfordere neue Bildungswege, insbesondere eine höhere kaufmännische Bildung.

Diese Erkenntnis setzt sich gegen Ende des 19. Jahrhunderts immer weiter durch. Schließlich wird ein "Deutscher Verband für kaufmännisches Unterrichtswesen" gegründet, der durch verschiedene Aktivitäten die Entstehung von Handelshochschulen publizistisch begleitet und unterstützt. Auch von politischer Seite werden in verschiedenen Ländern des Deutschen Reiches Anstrengungen unternommen, Hochschulen für Kaufleute einzurichten. So faßte am 11. März 1893 der Provinzialausschuß des Landtages der Rheinprovinz in Preußen einen Beschluß, daß beim Landtag eine Subvention für den Fall beantragt werden sollte, daß die Einrichtung einer Handelsakademie beschlossen werde. Behördliche "Ermittlungen" über die Lage der höheren Handelshochschulen wurden zusammengestellt und 1894 an alle Handelskammern der Rheinprovinz sowie an die Vertretungen der Handels- und Industriestädte und an eine Anzahl von wirtschaftlichen Vereinen versandt mit der Bitte, die beigefügten Fragen zu beantworten:

a) Bedürfnis?

b) Erforderliche Vorbildung?

c) In welches Stadium der kaufmännischen Ausbildung ist der Besuch
   . der Handelsakademie zu legen, vor oder nach der Lehrzeit?

d) Eventuelle Verbindung mit einer Handelsmittelschule
   oder Lehrlingsschule?

e) Bereitwilligkeit zur Unterstützung der Handelsakademie?

---

1) vgl zum folgenden Böhmert 1897

Zu Frage a) äußerten sich zwei Drittel der 24 befragten Handelskammern positiv und legen zu den weiteren Fragen konkrete Vorschläge vor.

> "Die 5. Frage (Unterstützung) beantworten nur 2 Handelskammern beziehentlich der finanziellen Beihilfe bejahend, des gleichen das Oberbürgermeisteramt Köln, wenn die Akademie dort errichtet werden würde und die Stadt und Provinz einen Teil der Kosten übernähmen. Der Verein der Industriellen des Regierungsbezirks Köln teilte mit, daß für den Fall der Errichtung der Akademie in Köln Geheimrat Dr. Mevissen 300.000 M dafür stiftete und weitere Mittel zu erhoffen wären."[1]

Die 1. Fachkommission des Landtages beantragt, auf der Basis dieser Erhebungen über die Einrichtung einer Handelsakademie in der Rheinprovinz mit der Staatsregierung zu verhandeln.

Dieser Antrag wird allerdings 1894 im Provinziallandtag zu Fall gebracht. Nach Böhmert hat sich bei diesem "Begräbnis" vor allem Freiherr von Stumm hervorgetan, der erklärt haben soll:

> "Die Nationalökonomie könne kaum mehr als konkrete Wissenschaft betrachtet werden. Akademische Bildung könne nur wenigen Großkaufleuten nützen, würde aber der Mehrzahl der Kaufleute schaden, ein kaufmännisches Proletariat schaffen und die Sozialdemokratie stärken."[2]

Böhmert berichtet von weiteren Versuchen in anderen Ländern, die aber alle ein mehr oder weniger ähnliches Schicksal erfahren. Dies weist darauf hin, daß trotz der vielfältigen Aktivitäten der Widerstand von Unternehmen, staatlichen Stellen und vieler Nationalökonomen beträchtlich war. Als hauptsächliches Argument gegen einen akademisch ausgebildeten Kaufmann wurde eingewandt, daß sich kaufmännische Kenntnisse nur in der Praxis erwerben ließen.[3]

Diese Vorurteil aufzubrechen und Argumente für die Gründung von Handelshochschulen zu sammeln, war eine Aufgabe des 1895/96 gegründeten "Deutschen Verbands für das Kaufmännische Unterrichtswesen". In seinem Auftrag veranstaltete R. Ehrenberg eine Umfrage an Kaufleute, Industrielle, Handelskammern, Professoren und Sachverständige. Ziel war

---

1) Böhmert 1897, 20
2) zitiert nach Böhmert 1897, 21
3) vgl Nicklisch 1913; Colbe 1962, 6393

es, der Frage nachzugehen, ob die Errichtung von Handelshochschulen notwendig sei und wie diese Errichtung vorgenommen werden könnte.

Als Ergebnis dieser Umfrage sprachen sich von den 301 auf die Umfrage eingegangenen Antworten 249 unbedingt und 11 bedingt dafür aus, daß Handelshochschulen notwendig seien. 41 lehnten sie als überflüssig ab.[1]

Die Argumente für und gegen die Einrichtung von Handelshochschulen spiegeln den Zwiespalt wieder, den vor allem Unternehmer gegenüber einer akademischen Ausbildung empfunden haben. In Barmen schreibt der Unternehmer Ernst von Eynern auf die Anfrage:

"Die jetzige Art der kaufmännischen Vor- und Ausbildung ist eine so verschiedene, daß sich die Frage gar nicht beantworten läßt. Eine einheitliche Vorbildung oder eine kaufmännische Einheitsschule würde, da jeder Berufszweig andere Anforderungen stellt, einer mechanischen Geistesabrichtung gleichkommen. So wie es jetzt ist, die Verschiedenartigkeit der Vorbildung, dürfte das Richtige sein. Welche Schule der Kaufmann durchzumachen hat, ist eine ebenso unmöglich zu beantwortende Frage. Ich kenne eine Menge Kaufleute, welche die besten Schüler auf den genannten Anstalten waren, und welche die schlechtesten Kaufleute wurden, und umgekehrt. Das Wissen ist für einen Kaufmann sehr schön, aber das Können ist die Hauptsache, und das Letztere entsteht aus den Verhältnissen, den natürlichen Anlagen und einer Charakterentwickelung, welche kein Schulmeister eintrichtern kann."[2]

Auch der gleichfalls in Barmen ansässige Unternehmer Tillmanns lehnt Handelsschulen für die "besser situierten"[3] zwar nicht ab, betont aber die Bedeutung der Praxis oder von Auslandsaufenthalten.

Ganz anders wird die Situation im nicht weit entfernten Aachen eingeschätzt. Dort wird die Ansicht vertreten, daß es nicht mehr genüge, mit gesundem Menschenverstand und praktischen Erfahrungen an die neuen Aufgaben heranzugehen. Vielmehr brauche der Kaufmann das geistige Rüstzeug einer akademischen Bildung, um im Rechts-, Wirtschafts- und technischen Leben zurechtzukommen.

---

1) vgl Münstermann 1963, 16 f.
2) Ehrenberg 1897a, 4 f.
3) ebenda, 6

Sehr deutlich bringt auch die Handelskammer Köln die anstehenden Aufgaben auf den Punkt. Sie unterscheidet drei wesentliche Problembereiche, die eine Einrichtung von Handelshochschulen unumgänglich machen:

a) Durch die außerordentliche Entwicklung von Handel, Gewerbe und Verkehr sei eine erweiterte wissenschaftliche Ausbildung und Fachbildung für diejenigen Kaufleute notwendig, die später als Inhaber, Direktoren oder Disponenten größerer Handelshäuser, industrieller Werke, Geldinstitute, Versicherungsanstalten, Reedereien usw. tätig sind.

b) Während angehende Theologen, Juristen, Mediziner und Lehrer ihre Ausbildung an Universitäten und Vertreter der technischen Fächer ihre Ausbildung an technischen Hochschulen erhalten, gäbe es für Kaufleute keine vergleichbare wissenschaftliche Aus- und Weiterbildung.

c) Die Verantwortung der leitenden Kaufleute umfasse immer häufiger auch Fragen der Volkswirtschaftslehre, der Finanzwissenschaft, sowie des Staats- und Verwaltungsrechts. Hierbei entstehen auch Probleme der gesellschaftlichen Verständigung: "Durch eine derartige Ausbildung wird nicht allein die sociale Stellung des Kaufmanns bedeutend gehoben werden, sondern auch der oft behauptete Gegensatz in der wissenschaftlichen Ausbildung des Kaufmanns dem Beamtenstande gegenüber mehr und mehr verschwinden."[1]

Ehrenberg übernimmt in seiner Auswertung die wesentlichen Argumente, die für die Errichtung von Handelshochschulen votieren und kommt zu dem Schluß, "... daß die Zeit der ausschließlichen Praxis wenigstens für die oberste Schicht von Handel und Industrie abgelaufen ist."[2]

Kurz nach dieser Umfrage, die offensichtlich die weit verbreitete Stimmung für die Einrichtung von Handelshochschulen erfaßt hatte, kam es zu den ersten Gründungen von Handelshochschulen:

1898 Leipzig, Aachen, Wien, St. Gallen

1901 Köln, Frankfurt; 1906 Berlin; 1908 Mannheim

---

1) ebenda, 264

2) Ehrenberg 1897b, 9

1910 München; 1915 Königsberg; 1919 Nürnberg[1]

Die neuen Handelshochschulen sollen nicht "bloße Fertigkeiten" vermitteln, sondern neben einer besseren Allgemeinbildung eine konzentrierte wissenschaftliche Behandlung derjenigen Fächer erlauben, die den angehenden Kaufmann in die Lage versetzen, auf neue und kritische Situationen zu reagieren.

"Die Handelshochschule will begrifflich und auch juristisch klar denken lehren, sie will die geistige Kraft schärfen und dem jungen Manne mit der Zeit das starke Bewußtsein geben, daß die Geisteskräfte geübt genug sind, um die schwierigsten Aufgaben zu bewältigen und den kritischsten Lagen gewachsen zu sein; das und noch vieles andere will sie bewirken, - aber direkt alles praktisch lehren, was der künftige Beruf erfordert, das will und kann und soll sie nicht."[2]

Dahinter steht die Auffassung, daß erst eine breite wissenschaftliche Ausbildung den veränderten ökonomischen Bedingungen Rechnung tragen kann:

"Sie soll die künftigen 'Kapitäne der Industrie' lehren, ihre Aufgabe groß aufzufassen. Sie soll sie mit den Idealen der Arbeiterschaft bekannt machen und so auf dem Gebiete der inneren Politik dazu beitragen, die beklagenswerte geistige Entfremdung großer sozialer Gruppen unseres Volkes zu beseitigen. Sie soll aber auch die Blicke nach außen richten, weit über Land und See, wo deutsche Tatkraft schon viel geleistet und noch viel größeres zu leisten hat."[3]

Auch wenn Ehrenberg und der Deutsche Verband für das kaufmännische Unterrichtswesen häufig als Initiatoren und Wegbereiter der Handelshochschulen dargestellt werden, es bedurfte einer stärkeren Unterstützung als des Idealismus einiger Nationalökonomen und Bildungsbürger. Liest man die Liste derjenigen, die die Gründungen materiell unterstützten, läßt sich der Eindruck nicht vermeiden, daß weitblickende Industrielle und Kaufleute eine "Kaderschmiede" für eine neue kaufmän-

---

1) Zum raschen Ausbau der Handelshochschulen vgl Schmidt 1925; zur Entwicklung des Lehrangebots Pape 1924; Colbe 1962

2) Arndt 1903, 12

3) Arndt 1903, 30

nische Elite begründeten, die die Herausforderung der gewaltigen technologischen und ökonomischen Umwälzungen annehmen und bewältigen sollte.[1]

Bspw. wurde die Handelshochschule Köln aus Mitteln der Mevissen-Stiftung finanziert. Gustav Mevissen vermachte der Hochschule nahezu einen Millionenbetrag. Allein an Stipendien für Studenten standen der Kölner Handelshochschule ca. 5.000 M zur Verfügung.

Der Frankfurter Hochschule stellte der Industrielle Wilhelm Merton einen jährlichen Zuschuß von 30.000 M zur Verfügung.

In Aachen haben sich zur finanziellen Durchführung des Lehrbetriebs die Aachener Handelskammer, der Aachener "Verein zur Beförderung der Arbeitsamkeit" und die "Aachener und Münchener Feuerversicherungsgesellschaft" zu einer Kooperation vereinigt. "... was an dem jährlichen Erfordernis durch deren Beträge und die eigenen Einnahmen der Handelshochschule nicht gedeckt wird, stellt ein Aachener Industrieller privatim zur Verfügung."[2]

Die städtische Handelshochschule Berlin wurde von der Corporation der Berliner Kaufmannschaft auf Initiative des Syndikus Max Apt gegründet.

Die Handelshochschule Mannheim entwickelte sich auf einem Millionenfundus, der von der Familie Lanz gestiftet wurde.

Die Geschichte der Handelshochschulen beginnt also damit, daß sie überwiegend aus Stiftungen sowie von den Industrie- und Handelskammern und Städten unterstützt und finanziert wurden.[3]

Das große Engagement der Industriellen kommentiert Großmann als beispielhaft: "... wie Großunternehmer die berufsethische Verpflichtung erfüllten, der ungeahnten volkswirtschaftlichen Entwicklung eine wissenschaftliche Grundlage zu geben. Damit bekundeten sie, daß Geist und Kapital zusammengehören."[4]

Diese Zusammengehörigkeit zeigt sich nicht nur im Bereich der Wirtschaft, sondern ebenso in den sich entwickelnden industriell verwertba-

---

1) vgl Töndury 1916, 5 f.

2) Kähler 1905, 21

3) vgl Colbe 1962, 6395

4) Großmann 1950, 31

ren naturwissenschaftlichen Disziplinen.[1] Allerdings war die Zusammenarbeit von Unternehmern, Handelskammern und Kaufleuten bei der Gründung und finanziellen Unterstützung der Handelshochschulen besonders eng:

> "Also: wissenschaftliche Bildung für angehende Kaufleute und Unternehmer, organisiert und mit erheblichen Mitteln finanziert durch die Wirtschaft selbst."[2]

Ziel war "... die theoretische Durchdringung des wirtschaftlichen Handelns, der Betriebspraxis, seine Verwissenschaftlichung: Sie sollte das Handeln rationaler und optimaler machen und - wiederum - das kaufmännische Prestige stärken."[3]

Kann nun die Gründung der Handelshochschulen als Geburtsstunde der Betriebswirtschaftslehre angesehen werden?

Diese Auffassung ist naheliegend, da mit diesem Gründungsakt eine untergegangene Wissenschaft nicht nur reaktiviert, sondern Erfordernissen einer gewandelten Realität angepaßt werden soll. Junge Kaufleute sollen eine Ausbildung erhalten, die neuen Formen der Marktökonomie entspricht.

Schneider[4] hält gegen diese weitverbreitete Auffassung und will mit "gängigen Lehrbuchdarstellungen" aufräumen. Danach "... darf die Gründung der Handelshochschulen nicht als Wiege der Betriebswirtschaftslehre angesehen werden. Die Handelshochschulen entstehen vor allem, um die Allgemeinbildung der Kaufleute (Fremdsprachen, Volkswirtschaftslehre, Recht) zu erhöhen."[5] Schneider stützt diese Behauptung mit dem Argument, daß in den ersten 10 Jahren ihres Bestehens in den Handelshochschulen nichts gelehrt wurde, was heute zur Betriebswirtschaftslehre zählt. Dies ist nicht besonders erstaunlich, denn heute wird man wohl auch kein Unternehmen mehr finden, das mit den Methoden des beginnenden 20. Jahrhunderts geführt, geplant und organisiert wird. Auch hätte es zur Hebung der Allgemeinbildung sicher nicht der

---

1) vgl ausführlich Nipperdey 1987
2) Nipperdey 1987, 91
3) ebenda
4) vgl Schneider 1981
5) Schneider 1981, 129

Gründung von Handelshochschulen bedurft. Das damalige Bildungssystem sah diese (jedenfalls für die privilegierte Klientel) bereits vor. Es mußte also etwas eingetreten sein, was Vorbehalte nach und nach auflöste und die Notwendigkeit einer akademischen Ausbildung von Kaufleuten und einer verstärkten betriebswirtschaftlichen Forschung und Lehre evident werden ließ.

Die moderne Betriebswirtschaftslehre entsteht weitgehend zeitgleich mit der Ausdifferenzierung und Konsolidierung der industriellen Entwicklung.

Es kann nun hier nicht darum gehen, die Wirtschafts- und Sozialgeschichte des 19. Jahrhunderts neu zu schreiben und auf die Entwicklung der Betriebswirtschaftslehre zu beziehen. Immerhin ist bemerkenswert, daß Autoren diesen Zusammenhang nur eher am Rande konstatieren und die spezifische ökonomische Entwicklung nicht auf die konkrete Ausprägung als "Handelswissenschaft" beziehen.[1] Diese ökonomische Entwicklung, die nicht ohne Auswirkung auf die Handelswissenschaft bleiben konnte, kann nicht pauschal der Industrialisierung des 19. Jahrhunderts zugeschrieben werden. Die Veränderung der Produktionsstruktur erhöhte zunächst den Bedarf an Ingenieuren und nicht an Kaufleuten. Es ist die Vergrößerung des Marktes im Zusammenhang mit der Produktion und Verteilung von Massengütern, die den Kaufmann vor neue Aufgaben und Möglichkeiten stellt. Diese Vergrößerung des Marktes begann mit der Bildung des Deutschen Zollvereins am 1. Januar 1834, der vorsah, daß zwischen den deutschen Ländern die Zollschranken wegfallen. Dieser dadurch entstehende Binnenmarkt wuchs zwischen 1835 und 1867, als auch die norddeutschen Länder sich diesem Zollverein anschlossen (zuletzt Bremen 1885 und Hamburg 1888). Die wirtschaftlichen Folgen waren erheblich.[2] Der Markt entwickelte sich aber nicht nur in seiner geographischen Ausdehnung. Er wurde auch verkehrstechnisch den Notwendigkeiten einer verstärkten Handelstätigkeit angepaßt. Bereits 1835 begann bspw. der Eisenbahnbau, in den erhebliche Mittel investiert wurden.[3]

---

1) vgl als Ausnahme Berger 1979
2) vgl hier zu ausführlich Dumke 1981, 241 ff.
3) vgl hierzu ausführlich Hoffmann 1981; Borchardt 1977

Eine ähnliche, wenngleich nicht ganz so vehemente Entwicklung des Transportwesens vollzog sich in der Binnenschiffahrt und im Straßenbau. Insgesamt ergab sich eine erhebliche Verbilligung des Massentransports. Auch eine weitere, nicht unerhebliche Beschränkung des Handels wird aufgehoben. Unterschiedliche Gewichte, Währungen und Maße werden sukzessive vermindert. Ausgehend von den Napoleonischen Reformen trägt hier insbesondere die politische Einigung Deutschlands zu diesem Prozeß bei. 1871 schließlich wird ein Gesetz über die Prägung von Goldmünzen erlassen. Die Mark wird zur Währungseinheit bestimmt, ihr Verhältnis zu den umlaufenden Silbermünzen festgesetzt. 1873 wird der Goldstandard gesetzlich eingeführt. 1875 wird eine der dreiunddreißig Notenbanken - die Preußische Bank - in die Reichsbank umgewandelt.[1]

Das Wegfallen von Handelshemmnissen und die Umgestaltung der Produktion im Zuge der Industrialisierung veränderten die Konsum- und Verkehrsgewohnheiten drastisch:

Eine neue Wirtschaftsordnung, die auf ausgedehntem Gebrauch von Maschinen und der Anwendung einer zunehmenden Vielfalt von Techniken beruhte, ersetzte Gewohnheit, Versuch und Laune durch Vertrag, systematischen Aufbau und Vernunft.[2]

Der explodierende Handel verbesserte die europäische Nahrungsmittelversorgung und erschloß die für die Industrialisierung wichtigen Rohstoffe. Die Verbesserungen im Verkehrswesen veränderten die europäische Marktlage. Sie verwandelten lokale Märkte in internationale. Diese Entwicklung hatte mehrere Folgen für den Handel. Sie vergrößerte das Gütervolumen und beschleunigte deren Umschlag.

Entsprechend nahm die Anzahl der Handelsbetriebe zu (Abb. 6, siehe Seite 183).

---

1) vgl Stolper et al. 1966, 23 f.
2) vgl Ritter/Kocka 1974

Jahr	1882	1907
Anzahl der Handelsbetriebe	453.000	842.000
Anzahl der Betriebs- personen im Handel	838.000	2.064.000

Abb. 6:   Zunahme der Handelsbetriebe und Beschäftigten
Quelle: Ritter/Kocka 1974, 104

Auch der Außenhandel profitierte erheblich von den neuen Entwicklungen

Jahr	Ausfuhr	Einfuhr (in Mrd.)
1872	2,5	3,5
1880	3,0	2,8
1890	3,4	4,3
1900	4,8	6,4
1910	7,5	8,9
1913	10,1	10,8

Abb.7:   Entwicklung des Außenhandels
Quelle: Stolper et al. 1966, 34 f.

Entsprechend nahm die Anzahl der im gesamten Dienstleistungsbereich Beschäftigten zu (siehe Abb. 8, Seite 184):

Jahr	Handel, Banken und Versicherungen (in tausend)
1846	362
1875	691
1880	833
1890	1160
1900	1664
1910	2378

Abb.8:   Zunahme der Beschäftigten im Dienstleistungsbereich
Quelle: Hoffmann 1965, 202

Im frühen 19. Jahrhundert galten deutsche Handelsorganisationen - im Vergleich zu westlichen Ländern - als rückständig, sowohl im Groß- wie auch im Einzelhandel. Die Zahl der Großhändler betrug in Preußen nur wenige hundert. Das Geschäft wurde auf Messen und Märkten abgewickelt. Mit der Vermarktung von Produkten änderte sich dies ab Mitte des 19. Jahrhunderts erheblich. Dominierten bis dahin im Bereich des Großhandels Messen, so gingen einige Hersteller dazu über, ihre Produkte über eigene Vertriebssysteme zu vertreiben. Im Zuge der Entwicklung des Postsystems gewannen Kataloge und Musterkollektionen an Bedeutung. Rohstoffbörsen wurden zu Dauereinrichtungen, ebenso wie einige wenige Messen, die als Markt für bestimmte Produkte den ursprünglichen Sinn der Messen spezifizierten. In ähnlicher Weise veränderte sich der Einzelhandel. Die Verschränkung von Groß- und Einzelhandel durch die Einrichtung von Niederlassungen sowie die Entstehung von Warenhäusern kennzeichnen Veränderungen auch in diesem Bereich. (Gründungen: Tietz 1879, Karstadt 1881, Althoff 1885). Aufmerksam wird beobachtet, daß mit zunehmender Verflechtung des Welthandels neue Anforderungen an die Produktion und den Vertrieb von Waren gestellt werden.[1] Die Entwicklung des Bank- und Börsenwesens, neue Transportmöglichkeiten, Gewerbefreiheit und eine erdrückende internationale Konkurrenz verschärfen damals (wie heute) das Bewußtsein, daß wissenschaftliches Know-how ein erheblicher Produktivfaktor

---

1)   vgl ausführlich Beigel 1898

ist, den es zu fördern gilt. In diesem Sinne rekurrieren die Anfänge einer sich entwickelnden Betriebswirtschaftslehre von Anfang an auf die konkreten Bedürfnisse, aktuell und antizipativ:

> "Bei dem Vorherrschen des landwirtschaftlichen Betriebes in der Vergangenheit mußte auch das Bedürfnis nach einer Entwicklung der landwirtschaftlichen Betriebslehre zuerst einsetzen. Je mehr aber in den modernen Industriestaaten die Probleme des Handels, der Produktion und der Bankwirtschaft in den Vordergrund traten, desto stärker wurde das Bedürfnis nach allgemeinen Erkenntnissen auf diesen Gebieten. Die Entstehung der Handelshochschulen ist das erste Zeichen der Einsicht auf seiten vorausschauender und gegenwartsempfindlicher Wirtschafter für dieses Bedürfnis."[1]

Dieses erste "Zeichen der Einsicht" hatte allerdings handfeste Vorbilder. Offensichtlich hatten im internationalen Konkurrenzkampf andere Handelsnationen die Nase vorn:

> "So lange der Bildungstrieb in der fremdländischen Kaufmannschaft schlummerte, konnte Deutschland, vermöge seiner guten einfachen und mittleren Bildungsanstalten, der internationalen Konkurrenz gegenüber auskommen. Dieser günstige Zustand ist aber für immer beseitigt, seitdem in Frankreich, England und Nordamerika die wissenschaftliche Ausbildung des Großkaufmannsstandes so umfassend und energisch gefördert wird, daß die bisherigen deutschen Bildungsinstitute nicht mehr ausreichen, um mit dem Auslande gleichen Schritt zu halten. Unübersehbare Gefahren können für die internationalen Verkehrsinteressen Deutschlands erwachsen, wenn der fremdländische Handelsstand einen erheblichen Vorsprung an wissenschaftlicher Bildung über den deutschen erhalten sollte. Es ist ein großer Irrtum, daß zum transatlantischen Verkehr eine mittlere Bildungsstufe genügend sei. Nur die intensivste Fachbildung kann den Deutschen den Sieg im internationalen Wettkampf verbürgen."[2]

---

1) Schmidt 1925, 148
2) Böhmert 1897, 41

Bis weit in die 70er Jahre des 19. Jahrhunderts hinein war aufgrund einer guten Konjunktur die Nachfrage groß. Die professionelle Vertreibung von Gütern unter der Bedingung sich verschärfender internationaler Konkurrenz stellte damit zunächst das Hauptproblem dar.[1]

Es kann deshalb nicht wundern, daß im Anfangsstadium das Innere des Betriebs, also der Produktionsprozeß, nicht zur Domäne der Kaufleute gehörte. Dieser Bereich war fest in der Hand der Ingenieure, wie dies Rupieper am Beispiel MAN im 19. Jahrhundert recht anschaulich demonstriert.[2] Die eher technisch orientierten Ingenieure und Praktiker produzierten mit steigenden Kapazitäten ohne Rücksicht auf Marktverhältnisse. Für den Absatz sorgte der Kaufmann.

Vor dem Hintergrund dieser Entwicklung ist erklärlich, daß zunächst die Forderungen nach Handels-Hochschulen dominierten und später auf den Handelshochschulen eine curriculare Entsprechung fanden.

Diese Arbeitsteilung änderte sich mit dem Mitte der siebziger Jahre beginnenden Abschwung, der eine Reihe von erheblichen Strukturverschiebungen mit sich brachte.[3] Bspw. wird der bis dahin vorherrschende Kleinbetrieb mehr und mehr zurückgedrängt. Zwei Daten mögen dies verdeutlichen:

- 1882 arbeiten 55,1% der in der deutschen Industrie beschäftigten Personen in Kleinbetrieben und nur 26,3% in Großbetrieben.
- Die Betriebszählung vom 12.6.1907 zeigt das umgekehrte Bild: 29,5% Beschäftigte arbeiten in Kleinbetrieben, 45,5% in der Großindustrie.[4]

Durch das Wachstum der Betriebsgrößen wurde die Leitung der Unternehmen komplizierter. Die Bedeutung und Zahl der Angestellten wuchs. Während 1870 die Angestellten zahlenmäßig noch keine Rolle spielten - auf 30 Arbeiter kam ein Angestellter - hatte sich das Verhältnis bis zum 1. Weltkrieg auf 1 : 9 reduziert.

Diese Tendenz wurde durch die Gründung von Aktiengesellschaften verstärkt. In den neunziger Jahren erfaßt die Entwicklung zum Großbetrieb auch die Konsumgüterindustrie und setzt schließlich die Bildung

---

1) vgl hierzu auch die Welthandelslehre von Hellauer 1910; 1914
2) vgl Rupieper 1982, 25 ff.
3) vgl Rosenberg 1973, 234 ff.
4) vgl Großmann 1950, 32

der vertikal gegliederten Konzerne ein, in denen die verschiedenen Produktionsstufen von der Urproduktion bis zum Endprodukt in einer wirtschaftlichen Einheit zusammengefaßt werden.[1]

Mit der Herausbildung der Aktiengesellschaft als dominierendem Typus des Großunternehmens, mit der steigenden Zahl der Beschäftigten in den Betrieben und mit zunehmender Produktdiversifikation änderte sich auch die innere Struktur der Unternehmen.[2]

In immer mehr großen Unternehmen wächst die Anzahl der Maschinen und Werkzeuge, wird der Produktionsprozeß komplizierter, explodieren die Produktionskapazitäten. Diese Entwicklung, aber auch der Einsatz von Managern, die Suche nach der rationellen Organisation, der rasche Ausbau von Verwaltung und Vertriebsnetzen erfordern die Einstellung von qualifiziertem kaufmännischen Personal. Großbetriebe lassen sich organisatorisch und im Hinblick auf die schnell wachsenden Märkte nicht mehr mit den Methoden der Handelswissenschaft leiten. Viele Firmenzusammenbrüche werden auf die Unfähigkeit des Managements zurückgeführt, sich auf der Basis einer soliden Ausbildung den Erfordernissen der rasch vorwärtsschreitenden Industrialisierung zu stellen.[3] Hier ist ein enger Zusammenhang zwischen dem Bedarf an gut ausgebildeten Führungskräften und der Entstehung von Handelshochschulen evident.

"Schließlich ist die Entwicklung zum Großbetrieb auch wissenschaftsgeschichtlich von Bedeutung; denn auf dem Höhepunkt dieser Entwicklung wurde um die Jahrhundertwende die beinahe vergessene Handlungswissenschaft wiederbelebt und als wissenschaftliche Disziplin der Betriebswirtschaftslehre neu begründet."[4]

Born spricht hier die zweite, sich allerdings erst nach der Jahrhundertwende konkretisierende und später dominierende Richtung einer sich entwickelnden Einzelwirtschaftslehre an: Die Untersuchung und Steuerung des Produktionsprozesses.

---

1) vgl Born 1973, 280 ff.
2) vgl Kocka/Siegrist 1979, 55 ff.
3) vgl Gomberg 1903, 16
4) Born 1973, 281

Handelshochschulen als Ort einer Ausbildung von kaufmännischen Führungskräften vermitteln zunächst traditionelles und ordnen aus verschiedenen Bereichen das für den Kaufmann notwendige Rüstzeug. Eine Übersicht von Schmidt[1] über den Lehrbetrieb an den Handelshochschulen in den Jahren 1913 - 1915 belegt dies nachdrücklich. Die Handelshochschule Köln bspw. bietet in vier Semestern:

- Übungen im kaufmännischen Rechnen;
- Buchhaltung;
- Handelskorrespondenz;
- Grundlagen der Technik des Waren-, Güter- und Kapitalverkehrs.

Innerhalb der Spezialbetriebslehren wurden weitere Handhabungstechniken angeboten, z.B.:

- Verwaltungstechnik der Fabrikbetriebe;
- Geld- und Kapitalverkehr;
- Handel.

In Leipzig, der ersten Gründung, werden vergleichbare Fächer ebenfalls in vier Semestern angeboten:

1. Semester:

I. Allgemeine Volkswirtschaftslehre.
   Geschichte der Nationalökonomie.

II. Handelsrecht.
    Allgemeine Grundlehren des Obligationenrechts.

III.Allgemeine Wirtschaftsgeographie.

IV. Korrespondenz und Kontorarbeiten.
    Kaufmännische Arithmetik, Buchführung.

Im 2. - 4. Semester, jedenfalls immer nach den "allgemeinen" Vorlesungen, sind zu hören:

I. Spezielle Volkswirtschaftslehre, Geld-, Kredit- und Bankwesen; Handels- und Verkehrspolitik; Kolonialpolitik; Sozialpolitik; Finanzwissenschaft; Wirtschaftsgeschichte, speziell Geschichte des Handels. Außerdem werden Einführungen in Statistik, Versicherungswesen und politische Arithmetik empfohlen.

II. Wechsel- und Seerecht mit praktischen Übungen, ebenso auch Übungen im Handelsrecht; Konkursrecht; Gewerberecht, Arbeiter-

---

1) vgl Schmidt 1917

versicherung; Versicherungsrecht. Außerdem werden Völkerrecht, Urheberrecht und Recht des Buchhandels empfohlen.

III. Nach der allgemeinen Wirtschaftsgeographie sind zu hören Vorlesungen über Deutschland und die anderen europäischen und außereuropäischen Länder. Außerdem werden die Vorlesungen über allgemeine und physikalische Geographie, Anthropogeographie und politische Geographie empfohlen.

IV. Zusammenfassende kaufmännische Übungen; außerdem werden empfohlen: Mechanische Technologie der Textilindustrie, chemische Technologie, sowie fremdsprachliche Übungen, namentlich in der Handelskorrespondenz. Kurse in Stenographie und Maschinenschreiben.

V. Studierende, welche sich zu Handelslehrern ausbilden wollen, werden gut tun, sich von vornherein für das Handelsschullehrerseminar einschreiben zu lassen. Wünschenswert ist für sie der Besuch pädagogischer Vorlesungen und Übungen.[1]

Schmidt urteilt über das Curriculum:

"Als Basis kam das in Betracht, was Handels- und Höhere Handelsschulen, die kaufmännische Initiative hie und da schon länger unterhielt, lehrten. Das war ein Konglomerat aus Recht, Buchhaltung, kaufmännischem Rechnen, Handelskorrespondenz u.a.m."[2]

Dies wird als ein Zustand angesehen, der auf Dauer weder die Praxis noch die Lehrenden zufriedenstellt. Wissenschaftliche Ordnung und Zusammenfassung werden zunehmend als notwendige Voraussetzungen für den weiteren Ausbau der Handelshochschulen diskutiert.[3]

Es wächst damit das Interesse:

"1. an der wissenschaftlichen Ergründung der Betriebe durch Fachgelehrte der Hochschulen, also für die Grundlagenforschung;
2. für die Weitergabe der Forschungsergebnisse an die Wirtschaftspraxis, und zwar an die Betriebe aller Größenklassen.

---

1) Quelle: Kähler 1905, 131 f.
2) Schmidt 1917, 5
3) vgl Nicklisch 1913; Preiser 1930/1970, 85

Hierher gehört auch die Ausbildung von Lehrkräften für die
Wirtschaftsschulen verschiedener Stufen."[1]

Man kann zusammenfassend festhalten, daß die Gründung von Handelshochschulen eindeutig feststellbaren Motiven folgt. Unabhängig davon,
ob die Gründungen als Ausgangspunkt einer Reaktivierung der wissenschaftlichen Behandlung kaufmännischer Praxis und damit als Ausgangspunkt heutiger Betriebswirtschaftslehre bezeichnet werden können, ist
die Intention, die mit der Industrialisierung komplizierter werdende
Kapitalverwertung systematischer in Lehre und Forschung zu behandeln.
Diese Absichten werden offen und öffentlich diskutiert. Ohne falsche
Moral wird die funktionale Notwendigkeit als notwendige Voraussetzung
für eine positive Entwicklung der internationalen Konkurrenzfähigkeit
herausgestellt.

4.1.3. Einzelwirtschaftliche Orientierungen

Betriebswirtschaftliche Lehre[2] ohne genaue Kenntnis des Gegenstandes
war allerdings auf die Dauer nicht aufrecht zu erhalten. H.Ulrich weist
darauf hin, daß die betriebswirtschaftliche Programmatik in einer dualen
Struktur ihren Ausgangspunkt genommen hat:

"Seit ihrem Aufstieg zur universitätswürdigen Wissenschaft ist
diese zweifache Zielvorstellung der Betriebswirtschaftslehre –
Wissenschaftlichkeit der Aussagen nach allgemein anerkannten
Standards einerseits, Relevanz der Aussagen für erfolgreiches
Handeln in der Praxis andererseits – erhalten geblieben und
bildete den Gegenstand zahlreicher, teils heftig geführter
Dispute; sie bildet auch heute noch einen wesentlichen Aspekt

---

1) Deutsch 1956, 480; vgl auch Bellinger 1967, 49; Seyffert 1956, 1006

2) Der Begriff "Betriebswirtschaftslehre" setzt sich erst mit Schmalenbach durch; in den Anfängen der Betriebswirtschaftslehre drückt
sich die einzelwirtschaftliche Orientierung in Abhängigkeit von
Autoren mit Begriffen wie "Einzelwirtschaftslehre", "Privatwirtschaftslehre", "Betriebwissenschaft" aus. Dahinter standen durchaus
unterschiedliche Intentionen, wie noch zu zeigen sein wird. Die
Konzentration auf den Betrieb war ihnen jedoch gleich.

der Diskussionen über verschiedene Ansätze und wissenschaftstheoretische Ausgangspositionen der Betriebswirtschaftslehre."[1]
Trotz gewisser Schwerpunktbildungen erweist sich Gestalten ohne
Erklären für die Betriebswirtschaftslehre als kaum möglich, ein Umstand,
dem die Gründer der Betriebswirtschaftslehre zu Beginn des 20. Jahrhunderts Rechnung tragen mußten.

Wie stark das Interesse an einer wissenschaftlichen Erforschung der
Einzelbetriebe zu Beginn des 20. Jahrhunderts ist, zeigt eine Ausschrei-
bung des Deutschen Verbandes für kaufmännisches Unterrichtswesen. Die
Fachwelt wird aufgefordert, der folgenden Frage nachzugehen:

"Wie ist die Handelsbetriebslehre (...) zur selbständigen Bedeutung zu erheben und in die natürliche Verbindung mit den
übrigen kaufmännischen Unterrichtsfächern zu bringen? Wie ist
der Lehrstoff einzuteilen, und welche Methode erweist sich als
besonders zweckmäßig?"[2]

Preisträger ist der Schweizer Gomberg, der seine Ergebnisse im Jahre
1903 unter dem Titel "Handelsbetriebslehre und Einzelwirtschaftslehre"
in Leipzig veröffentlicht. Bereits hier wird deutlich, daß sich eine
Orientierung auf das Innere der Betriebe abzeichnet. Bemerkenswert ist,
daß die finanzökonomische Orientierung am Erfolg der Unternehmung in
diesem ersten programmatischen Entwurf einer Einzelwirtschaftslehre
selbstverständlich ist:

"Eine solche Untersuchung der wirtschaftlichen Vorgänge auf
ihre Ursachen und ihren Zusammenhang vermittelt die Verrech-
nungswissenschaft, welche die wirtschaftlichen Erscheinungen
nach einem bestimmten Maasstab (einer Geldeinheit) bewertet,
dieselben auf ihre Ergebnisse untersucht und durch planmäßige
Gruppierung und Zusammenfassung derselben zur Ableitung der
allgemeinen Ursachen der Wirtschaftserfolge führt."[3]

Als größte Schwierigkeit nennt Gomberg die Ausarbeitung einer
allgemeinen Betriebslehre, die nicht nur für den Handel, sondern für alle
Formen der wirtschaftlichen Tätigkeit gilt.

---

1) H.Ulrich 1985, 6

2) zitiert nach Weber 1914, 136; vgl auch Isaac 1923, 45

3) Gomberg 1903, 18

Gomberg ordnet daher die bisherigen zerstreuten kaufmännischen Kenntnisse in ein wissenschaftliches Konzept. Er schlägt vor, zunächst die Vorgänge in der Einzelwirtschaft zu beobachten und zu beschreiben, dann nach ihren typischen Merkmalen zu gruppieren und daraus Kausalzusammenhänge abzuleiten. Auf dieser Basis sollen Normen und Grundsätze über das Leben und die Führung von Einzelwirtschaften aufgestellt werden.

Es ist erstaunlich, welch hohes Maß an Übereinstimmung diese Vorgehensweise mit heutiger herrschender Betriebswirtschaftslehre aufweist.[1] Ebenso selbstverständlich wird die vorgefundene kapitalistische Rationalität zum Ausgangspunkt wissenschaftlichen Erkenntnisinteresses. Die Orientierung am individuellen Vorteil der Einzelunternehmungen steht in krassem Widerspruch zur Lehre der offiziellen Nationalökonomie, die das Gemeinwohl, die Vermittlung divergierender Interessen zum Inhalt hat. Gomberg plädiert deshalb (in Übereinstimmung mit anderen Vertretern einer Einzel- oder Privatwirtschaftslehre) für den Ausbau der Einzelwirtschaftslehre zur Wissenschaft und für ihre Loslösung von der Nationalökonomie:

> "Die Einzelwirtschaftslehre beschäftigt sich mit der Einzelwirtschaft; sie hat den Gebarungsprozeß der Einzelwirtschaft zu beobachten, dessen Ergebnisse nach ihrer Homogenität zu gruppieren, den Kausalzusammenhang dieser Ergebnisse zu ermitteln und daraus Normen für die rationelle Organisation und Verwaltung der Einzelwirtschaft abzuleiten."[2]

Als selbständige Wissenschaft soll sie im wesentlichen folgende Bereiche umfassen:

a) Die Einzelwirtschaftslehre soll sich zunächst mit dem Gegenstand der Forschung beschäftigen, insbesondere mit den Formen und Arten der Einzelwirtschaften.

b) In einem weiteren Bereich sollen die Mittel der Wirtschaftenden analysiert werden, insbesondere die moderne Geld- und Kreditwirtschaft.

c) Der dritte Bereich soll sich mit den Gesetzen der Organisation und Verwaltung der Einzelwirtschaften befassen.

---

1) vgl Heinen 1983, 12
2) Gomberg 1903, 11

Diese Einzelwirtschaftslehre richtet sich in erster Linie an Kaufleute, Industrielle, Landwirte, Finanzbeamte usw. Sie soll ihnen ein Verständnis über Zusammenhänge und Gesetzmäßigkeiten vermitteln, da Routine und Kunstlehren - so Gomberg - nicht mehr ausreichen, um Unternehmen erfolgreich zu leiten.

"Um vernünftig zu handeln, mit Sachverständnis sich am Wirtschaftsleben beteiligen zu können, genügt es nicht einer Routine des Wissens, wie in verschiedenen Situationen verfahren werden muss, einer Kunstlehre, sondern für einen denkenden Menschen ist das Verständnis der Situation selbst notwendig."[1]

Mit diesem Entwurf gibt Gomberg deutlich eine Richtung an, in die sich einzelwirtschaftliches Denken bewegt. Ausgangspunkt ist die industrielle Produktion. Ziel ist die Loslösung von der Nationalökonomie unter dem Gesichtspunkt eines eigenständigen Erkenntnisinteresses: Rentabilität. Auch Ehrenberg, der etwa zur gleichen Zeit den Ausbau einer Privatwirtschaftslehre anstrebt, will privatwirtschaftliche Erfahrungen sammeln und durch Betriebsvergleich zur Anwendung bringen.[2] Voraussetzung ist - ähnlich wie bei Gomberg - eine weitgehende Quantifizierung der wirtschaftlichen Vorgänge und ihre Übersetzung in einheitliche, abstrakte Geldwertgrößen.

Nach Ehrenberg verlangt das Wirtschaften eine genaue Registrierung der wirtschaftlichen Tatsachen, die nach seiner Einschätzung bislang in der Volkswirtschaft nur unzureichend gelungen ist. Gerade die in den Unternehmen stattfindende Buchführung erlaube es, die vergleichende Methode zu einem exakten Forschungsmittel auszubilden, denn der Grad der Nichtübereinstimmung gebe Hinweise, ob schlecht oder gut gewirtschaftet worden sei:

"Die Leiter der Wirtschaftseinheiten sind im eigenen Interesse bestrebt, möglichst viele wirtschaftliche Tatsachen zu registrieren und in Geld zu bewerten, ihre Buchführung so genau wie möglich zu gestalten, weil sie selbst nur auf solche Weise ermitteln können, ob sie gut oder schlecht wirtschaften, und

---

1) Gomberg 1903, 16
2) vgl Ehrenberg 1906, 6 ff.

welches die Ursachen ihres guten oder schlechten Wirtschaftens
sind."[1]

Die auf diese Weise erhobenen "wirtschaftlichen Tatsachen" können dann
für beliebige Zwecke gruppiert und im Sinne einer Fragestellung
verändert werden:

"Indem man schließlich aus vielen solchen vergleichenden
Beobachtungen gleiche Ergebnisse gewinnt, entstehen allgemein
gültige Beobachtungen typischer Kausalverknüpfungen. Ob diese
den zwingenden Charakter von 'Naturgesetzen' haben oder nicht,
ist eine Frage, deren Beantwortung wir ruhig einer späteren Zeit
überlassen dürfen."[2]

Diese Denkrichtung bleibt in der Folge auch unter einzelwirtschaftlich
orientierten Ökonomen nicht unumstritten; größerer Widerstand wird
allerdings von der "Mutterwissenschaft", der Nationalökonomie, geleistet.
Sie reklamiert die einzelwirtschaftliche Forschung als konstitutive
Grundlage der Nationalökonomie und steht deshalb einer sich ausbrei-
tenden Privatwirtschaftslehre als eigenständiger Wissenschaft mit
unverhohlener Ablehnung gegenüber.

Schmoller bspw. reagiert äußerst ungnädig auf die Aktivitäten von
Ehrenberg:

"Der früher ganz im Sinne der historischen Schule arbeitende
Ehrenberg hat seit kurzem entdeckt, daß die ganze deutsche
Nationalökonomie nach falscher Methode arbeite; er sieht im
Anschluß an Thünen, dessen Methode und Resultate die ganze
ältere deutsche Wissenschaft immer hochgehalten, eine große
Reform und sucht sie in seinem Thünenarchiv durchzuführen. Er
erstrebt eine umfangreichere Ausführung von privatwirtschaftlichen Untersuchungen auf Grund kaufmännischer Buchführungs-
resultate, die nur weder etwas Neues noch etwas die volkswirtschaftlichen Arbeiten Ersetzendes sind; er diskreditiert durch
seine zahllosen Zeitungsartikel und übertreibenden Anklagen, wie

---

1) Ehrenberg 1906, 11

2) Ehrenberg 1906, 11; zur schillernden Entwicklung diese Ansatzes vgl
   Ehrenberg 1907; 1910; 1912a; 1912b; 1912/1913

die, daß die Führer des Kathedersozialismus einen neuen 30jährigen Krieg herbeiführten, sich selbst."[1]

Auch eine zweite Denkrichtung, die stärker von der Handelswissenschaft herkommenden Vertreter einer Einzel- oder Privatwirtschaftslehre, wird von Vertretern der Nationalökonomie heftig kritisiert.[2] So lehnen Weyermann/Schönitz den Namen "Handelswissenschaft" rundweg ab, da er zu einseitig auf den Handel rekurriere und die interessanten Gebiete der Landwirtschaft, des Verkehrs und des Gewerbes nicht berücksichtige. Auch würde die privatwirtschaftliche Seite des Produktionsprozesses zu kurz kommen.[3]

Die Kritik richtet sich damit gegen zwei wesentliche Punkte:

a) Die verschiedenen Einzelwirtschaftslehren, die sich je nach Schwerpunkt der einzelnen Autoren Privatwirtschaftslehre, Einzelwirtschaftslehre, Handelsbetriebslehre nennen, fokussieren auf den einzelnen Handels- oder Industriebetrieb, ohne daß, wie in der Nationalökonomie üblich, volkswirtschaftliche Zusammenhänge daraus abgeleitet werden.

b) Bemängelt wird, daß die Vertreter einer einzelwirtschaftlichen Orientierung nicht mehr das Gesamtwohl, sondern Einzelinteressen zum Gegenstand von Lehre und Forschung machen wollen.

Gegen diese Strömung setzen Weyermann/Schönitz den Vorschlag, die Privatökonomie innerhalb der Nationalökonomie auszubauen.

Untersuchungen in diesen Bereichen seien nach wie vor Erkenntnisobjekt der Nationalökonomie. Schon immer habe die Volkswirtschaftslehre auch Privatökonomie betrieben, die Kameralisten ebenso wie Adam Smith in seinen grundlegenden Werken. Auch die historische Schule (Kathedersozialisten) habe vielfältige privatwirtschaftliche Untersuchungen vorgenommen. Also auch der Nationalökonom untersuche einzelne Unternehmen, dabei gehe er aber vom Ganzen aus. Dagegen stelle man sich bei der Privatökonomie "... auf den Standpunkt des Interesses des privaten Wirtschaftssubjektes."[4] Eine derartige Privatwirtschaftslehre

---

1) Schmoller 1911, 449

2) hierbei handelt es sich z.B. um die Werke von Schär 1923; Hellauer 1910

3) vgl Weyermann/Schönitz 1912, 8 f.

4) Weyermann/Schönitz 1912, 18

kann über die gegenwärtige Volkswirtschaftslehre hinaus so akkurat wie möglich diejenigen wichtigen Anteile herausarbeiten, die zum Erfolg der Beteiligten (z. B. der Unternehmer) führen. Für gewisse volkswirtschaftliche Erkenntnisse sei die privatwirtschaftliche Analyse des Gegenstandes notwendig. So ermöglicht erst eine genaue Kenntnis des differenzierten privatwirtschaftlichen Verhaltens eine Erklärung der zusammengesetzten Wirtschaftserscheinungen. Deshalb seien privatwirtschaftliche Untersuchungen im Rahmen der Nationalökonomie durchzuführen.

Die Aufgaben einer dermaßen eingebundenen Privatwirtschaftslehre werden klar umrissen: Analyse der Mittel, die zu wirtschaftlichem Erfolg führen:

-   "Entdecken" neuer Fragestellungen.
-   Typologisierung von Wirtschaftssubjekten.
-   Erarbeitung von Richtlinien für staatliche und kommunale Verwaltungen.
-   Erarbeitung von nützlichem Wissen für die Privatwirtschaft.
-   Die Nationalökonomie zur Rechenschaft und zur Abgrenzung zwingen.

Auch der sich abzeichnende Wissenschaftscharakter bedarf einer Klärung. Weyermann/Schönitz bringen die Spannung, in der sich Privatökonomie befindet, in Bewegung:

a) Man kann Privatwirtschaftslehre zur überwiegenden Technik ausgestalten. In diesem Fall ist einzuwenden, "... sie sei nichts weiter als eine Anleitung zu möglichster Routine in einer öden Profitmacherei."[1]

b) Man kann aber auch die Privatwirtschaftslehre als reine Wissenschaft auffassen und betreiben. Sie hat dann nicht Ratschläge zu erteilen, sondern will Tatsachen erkennen. Sie ist nicht Mittel zum Zweck, sondern Selbstzweck.[2]

Weyermann/Schönitz plädieren dafür, Privatwirtschaftslehre als reine Wissenschaft zu betreiben:

"Wir wollen gar nicht Regeln feststellen, 'wie man es machen soll', sondern wir untersuchen die Einzelunternehmen unserer kapitalistischen Zeit, (...), oder auch der vorkapitalistischen Zeit

---

1) ebenda, 46
2) vgl ebenda

wie sie organisiert sind bezw. waren (nicht sein sollen) und funktionieren (nicht funktionieren sollen), um ihre Rentabilität zu erreichen. Diese Betrachtungen sind Selbstzweck, nicht Mittel zum Zweck der Bereicherung, also nicht Lehre vom Seinsollen, sondern vom Sein; Wissenschaft in des Wortes strengster Bedeutung."[1]

Einer dermaßen verpflichteten reinen Wissenschaft fällt es nicht schwer, die Erkenntnisse der Privatwirtschaftslehre in Bezug zur Sozialökonomie zu setzen. Weyermann/Schönitz schlagen deshalb vor, die Privatwirtschaftslehre zwar als gesonderte Lehre zusammenzufassen, allerdings als Bestandteil der Sozialökonomie.

"Also kurz gesagt: gesonderte Zusammenfassung der Privatwirtschaftslehre gegenüber dem heutigen Komplex des nationalökonomischen Lehrstoffes; aber stets in dem Bewußtsein, der sozialökonomischen Erkenntnis zu dienen, in diesem Sinne indirekt ein Stück Sozialökonomie zu geben."[2]

Diese Vorschläge, Privatwirtschaftslehre als reine Wissenschaft in die Nationalökonomie zu integrieren, fanden weder bei den Vertretern der Privat-, Handels- oder Einzelwirtschaftslehre noch bei den Vertretern der Nationalökonomie Unterstützung.[3] Diehl bringt den Konflikt auf den Punkt:

"Entweder wir wollen zu einer volkswirtschaftlichen Erkenntnis gelangen, dann ist der Gesichtspunkt, unter dem wir die genannten Unternehmungen oder Einzelbetriebe ins Auge fassen, gegeben dadurch, daß wir auf die gesamten sozialen Beziehungen achten, oder aber es sind die rein persönlichen privatwirtschaftlichen Rentabilitätsgesichtspunkte des Einzelnen, und dann scheiden sie für uns aus."[4]

Diehl lehnt deshalb - wie andere Nationalökonomen - eine Integration der Privatwirtschaftslehre in die Nationalökonomie ab und spricht sich,

---

1) ebenda, 59; vgl kritisch zu dieser eher naiven Wissenschaftsauffassung Schönpflug 1954, 50 ff.; Moxter 1957, 12 ff.

2) ebenda, 67

3) vgl hierzu Diehl 1912, 1913; Weyermann/Schönitz 1912/1913 und Wiernik 1917, die die zeitgenössische Diskussion zusammenfassen.

4) Diehl 1913, 443 f.

ebenso wie Calmes[1], der die Privatwirtschaftslehre als legitime Fortsetzung der Handelswissenschaften bezeichnet, für eine strikte Trennung aus. Eine privatwirtschaftliche Betrachtungsweise ließe sich mit der Nationalökonomie nicht vereinbaren.

Es ist diese merkwürdige Mischung aus Wissenschaftsanspruch und Konzentration auf die Rentabilität der Unternehmungen, die Vertreter der herrschenden Nationalökonomie zu bissigen Attacken provoziert. Während die Nationalökonomie eine Beschreibung der privaten Betriebe vornehme, dabei Kausalzusammenhänge aufdecke und politische Lösungen kritisiere, maße sich die Privatwirtschaftslehre an, "... über das Seinsollende Vorschriften zu geben."[2] Während die Nationalökonomie Kapital und Arbeit analysiere und damit auch die Arbeiterbevölkerung weitgehend in ihren Untersuchungen berücksichtige, konzentriere sich die Privatwirtschaftslehre auf die Spezialinteressen kapitalistischer Unternehmungen:

"Die private Unternehmung und ihr Erfolg soll (...) Ausgangs- und Zielpunkt der wirtschaftlichen Betrachtung sein. Nicht Privatwirtschaftslehre, sondern Privatunternehmungslehre müssten jene Schriften sich nennen ..."[3]

Dies ließe sich allerdings nur rechtfertigen, wenn das Wohl des Unternehmers als Ausgangs- und Endpunkt des wissenschaftlichen Interesses gleichzeitig die automatische Herstellung des Allgemeinwohls bedeute. Häufig stehen sich aber Unternehmer und Arbeiter in ihren Interessen diametral gegenüber. "Auf welche Seite wird sich der Privatwirtschaftler in diesem Streite stellen?"[4] Der sich abzeichnenden engen Verflechtung von Kapital und Einzelwirtschaftslehre kann nach Brentano nur begegnet werden, wenn Privatwirtschaftslehre als unentbehrliche Voraussetzung der Nationalökonomie stets vom Gesichtspunkt des Gesamtinteresses behandelt wird. Wenn Sonderinteressen Eingang in die Wissenschaft finden, anstatt nach Wahrheit zu forschen, wäre dies das Ende der nationalökonomischen Wissenschaft.

---

1) vgl Calmes 1912/13
2) Brentano 1912/1913, 3
3) Brentano 1912/1913, 5
4) Brentano 1912/1913, 6

Es werden aber nicht nur wissenschaftliche Dienstleistungen im Interesse der Unternehmer kritisiert. Mit Mißfallen wird auch der umgekehrte Weg, die materielle Unterstützung durch die Unternehmer bei der Etablierung der Privatwirtschaftslehre, zur Kenntnis genommen. In schneller Folge gründen z.B. in Kiel, Breslau und Königsberg Hochschullehrer mit großzügiger finanzieller Unterstützung der Industrie private Institute, die z.T. an die jeweiligen Universitäten angegliedert sind (und später übernommen werden). Nationalökonomen sehen hierdurch die Eigenständigkeit der Wissenschaft bedroht.

Eine von Unternehmern ausgehaltene Nationalökonomie könne man nicht gebrauchen. Man stelle sich vor, die Gewerkschaften oder die SPD würde solche Institute gründen. Die Anbindung an Universitäten würde wohl kaum so einfach gelingen:

> "Wollte eine religiöse Sekte für sich ein Institut in der theologischen Fakultät begründen, ein Verein von Naturheilkundigen ein solches in der medizinischen Fakultät, alle Welt würde das unerträglich finden. Daß aber in der Nationalökonomie die Interessen einer einzelnen sozialen Gruppe Vertretung haben, deren Mitglieder in der Lage sind, die Kosten für ein Institut aufzubringen, sollte ruhig hingenommen werden müssen?"[1]

Hier aber irrte die herrschende Nationalökonomie. Es ging eben nicht darum, die Nationalökonomie unter bestimmte Interessen zu subsumieren; vielmehr sollte eine neue Lehre entwickelt werden, die sich ausschließlich mit dem Unternehmen beschäftigt. Es ging nicht um das Unternehmen in seiner Eigenschaft als volkswirtschaftlicher Bestandteil mit Bedarfsdeckungs- und Versorgungsfunktionen, sondern:

> "Die neuere Privatwirtschaftslehre, wie sie sich aus den ehemaligen Handelswissenschaften (Handelsbetriebslehre, Buchführung etc.) herausentwickelt hat, soll sehen, wie die einzelne Unternehmung wirtschaftet, unter welchen Umständen der höchstmögliche Reinertrag erzielt wird. Betrachtet unter dem Gesichtswinkel des verantwortlichen Leiters dieser Wirtschaftsstellen, wird man nicht zu einem sozialökonomischen, sondern zu einem rein privatwirtschaftlichen Ergebnis gelangen."[2]

---

1) Bücher 1917, 290
2) Obst 1912/1913, 361

Die Legitimation für diesen Standpunkt wird aus der Moralphilosophie übernommen. Dem Vorwurf, nur dem Wohl der Unternehmer zu dienen, wird damals wie heute entgegengehalten:

"Indem es den einzelnen Teilen des Organismus gut geht, wird in der Regel auch das Wohl der Gesamtheit gefördert."[1]

4.1.4. Gestaltung und Steuerung des Betriebs

In ihrer ersten Phase konzentrieren sich einzelwirtschaftliche Orientierungen auf die ökonomische Realität. Sie erkennen an, daß Ausbildungserfordernisse im Vordergrund stehen, daß sich die Ausbildung am Erfolg der Unternehmung orientiert und daß die Gestaltung des Erfolgs der Unternehmung eine genaue Kenntnis der betrieblichen (d.h. noch vorwiegend finanztechnischen) Zusammenhänge voraussetzt. Diese Grundidee wird von Schmalenbach aufgenommen und erheblich ausgebaut.

4.1.4.1. Herrschende Praxis als Ausgangspunkt ökonomischer Schlachtpläne

Die Gestaltung der betrieblichen Realität setzt umfangreichere Kenntnisse dieser Realität voraus. Weisen heute Vertreter einer Managementlehre auf die Notwendigkeit des spezifischen Zugriffs auf eine heterogene Komplexität des Gestaltungsgegenstandes hin[2], so befinden sie sich hier in Übereinstimmung mit Schmalenbach, der schon 1911/12 betont, daß es für den wissenschaftlichen Ausbau eines Faches von Bedeutung ist, daß die Menschen, die in diesem Fach ihre Arbeit tun, einen weiten Spielraum haben. Man solle deshalb nicht zu früh daran gehen, Grenzpfähle zu setzen und innerhalb der abgesteckten Felder allgemeingültige Gliederungen einzuführen:

"Daß an den deutschen Handelshochschulen die Namen, die Grenzen und die Einteilungen unseres Faches einstweilen noch

---

1) Obst 1912/1913, 361
2) vgl Kirsch 1985; Hill 1985

sehr auseinandergehen, ist nicht ein Unglück, sondern ein
Glück."[1]

Schmalenbach hält es für einen Vorteil, wenn die Vertreter des Faches
sich weit in die Gebiete des Rechts, der Volkswirtschaftslehre und der
Technologie hineinwagen.

Vor dem Hintergrund des eigenen Erkenntnisinteresses weiß Schmalenbach um die Notwendigkeit von Kenntnissen in vielen Gebieten der
ökonomischen Realität, wenn diese gestaltet werden soll. Wenn die
Wissenschaft erklärt, kann sie sich auf schmale Segmente der Realität
konzentrieren. Will sie gestalten, hat sie wesentlich umfangreicher
Variablen in ihr Kalkül einzubeziehen. Die Frage "Ökonomie oder
Management" stellt sich deshalb nicht. Management und Ökonomie sind
untrennbar miteinander verbunden. Was bleibt, ist die Frage, ob es
überhaupt zur Herausbildung von Managementwissen kommen soll.

Diesem wesentlichen Problem geht Schmalenbach nach, indem er eher
rhetorisch danach fragt, ob das Fach Wissenschaft oder Kunstlehre sein
soll. Als Unterscheidungsmerkmal zwischen diesen beiden Ausprägungen
benennt Schmalenbach die Aufstellung von Verfahrensregeln.

> "'Wissenschaft' im Gegensatz zu 'Kunstlehre' ist eine philoso-
> phisch gerichtete, 'Kunstlehre' dagegen ist eine technologisch
> gerichtete Wissenschaft. Die 'Kunstlehre' gibt Verfahrensregeln,
> die 'Wissenschaft' gibt sie nicht."[2]

Schmalenbach macht keinen Hehl daraus, daß er die Zukunft des neuen
Faches in der Kunstlehre sieht und entwickelt diese Auffassung
programmatisch in drei Schritten:

a) Privatwirtschaftslehre ist nicht nur eine Lehre des Handels. Sie
umfaßt auch Bankbetriebe, Verkehrsunternehmen, Gewerbeunternehmen
und öffentlich-rechtliche Körperschaften. "Überall, wo wirtschaftliche
Kräfte eingesetzt werden, um einen Erfolg zu erzielen, und wo zugleich
die Verhältnisse kompliziert genug sind, um wissenschaftliche Arbeit zu
rechtfertigen, tritt der Privatwirtschaftler der Handelshochschule auf
den Plan."[3]

---

1) Schmalenbach 1911/12, 305
2) Schmalenbach 1911/12, 306
3) Schmalenbach 1911/12, 309

b) Ein Problem der Privatwirtschaftslehre ist die Frage, "... in welcher Weise ein wirtschaftlicher Erfolg mit möglichst geringer Aufwendung wirtschaftlicher Werte erzielt wird; das Problem beschränkt sich auf die wirtschaftliche Seite, es scheiden also aus als selbständige Fächer die mechanische und chemische Technologie."[1]

Auf diese Weise trennt Schmalenbach deutlich den Betrieb von seiner Umwelt, bzw. nimmt die Realität der Ökonomie gelassen zur Kenntnis. Zwar könne man mit Abscheu von öder Profitmacherei sprechen, aber offensichtlich sei das ganze wirtschaftliche Leben auf privatwirtschaftliches Gewinnstreben abgestellt. Dennoch widmet sich die Privatwirtschaftslehre nicht dieser Profitmacherei, obwohl dies eine sinnvolle Sache sein könnte:

"Die Frage lautet tatsächlich nicht: Wie verdiene ich am meisten? Sondern: Wie fabriziere ich diesen Gegenstand mit der größten Ökonomie?"[2]

Dieser Frage - so Schmalenbach - hat die Privatwirtschaftslehre immer nachzugehen und zwar unabhängig vom Wirtschaftssystem. Auch in einem Zukunftsstaat, der keine Profitmacherei kennt, ist die Privatwirtschaftslehre unentbehrlich. Sie hat das Verrechnungswesen in sich und im Zusammenhang mit dem Ganzen wissenschaftlich zu bearbeiten.

c) Eine Privatwirtschaftslehre, die Kunstlehre sein will, gibt Rezepte. Allerdings dürfen diese Rezepte nicht mit Geschäftskniffen oder simplen Anleitungen im Sinne eines Kochbuches verwechselt werden. Vielmehr analysiert man das konkrete Problem in Betrieben, fragt nach den Bedürfnissen, liest die in diesem Bereich erschienene Literatur und entwirft einen Reformplan.

"Dieser Umstand, daß man die Schlachtpläne, die man entworfen ausführen kann oder muß, oder anders ausgedrückt, daß man Schlachtpläne entwirft für den Gebrauch, dieser Umstand ist für die Entwicklung der privatwirtschaftlichen Kunstlehre von ungemein wesentlicher Bedeutung."[3]

Bei Schmalenbach war es noch durchaus hinreichend, die "sozioökonomische" Realität als Wechselspiel zwischen Kaufmann und Gesamtinter-

---

1) Schmalenbach 1911/12, 310
2) Schmalenbach 1911/12, 311
3) Schmalenbach 1911/12, 313

esse zu interpretieren. Die Frage der innerbetrieblichen Interessenaus-
einandersetzungen stellte sich weder politisch noch kulturell. Der
Betrieb als Abstraktum diente im Denken Schmalenbachs der wirtschaftlichen Versorgung des Ganzen. Er lehnt es ab, in Unternehmung und
Betrieb zu unterscheiden. Als derjenige, der den Begriff Betriebswirtschaftslehre geprägt und institutionalisiert hat, verwendet er ihn im
weitesten Sinne als auch die öffentlich-rechtlichen Betriebe umfassend.

"Wir sehen in der Privatwirtschaftslehre die Fabrik als Fabrik
und nicht als Veranstaltung eines Unternehmers."[1]

Zwar nähert sich Schmalenbach dem von ihm gewählten Problem unter
dem Gesichtspunkt des Kaufmanns: "... seinen Zwecken zuliebe sollen
durch theoretische Arbeit Verfahrensregeln gewonnen werden."[2] Dieser
Zweck ist aber nicht der individuelle Vorteil des Kaufmanns, sondern
wird aus der Sicht der Gesamtheit interpretiert. In diesem Sinne ist
nicht jeder Zweck Gegenstand privatwirtschaftswissenschaftlicher
Forschung. Diese Denkhaltung findet sich auch vergleichbar in anderen
Wissenschaftsdisziplinen. So beschränkt sich z.B. die Medizin darauf, das
Heilverfahren wissenschaftlich zu befruchten, ohne Rücksicht darauf zu
nehmen, wie der Arzt mit Hilfe dieser Kenntnisse sich Einkommen und
Reichtum verschafft. Ebenso hat die kaufmännische Privatwirtschaftslehre nicht zu zeigen, wie man Geld verdient: "... vielmehr hat sie
die Aufgaben kaufmännischer Betriebe, wie sie sich aus den Bedürfnissen
der Gesamtheit ergeben, wissenschaftlicher Untersuchung zu unterwerfen."[3] Allein die Tatsache, daß es im Interesse der Gesamtheit ist, daß
alle Betriebe so wirtschaftlich wie möglich arbeiten, macht diese Frage
zum Gegenstand des Fachgelehrten.[4]

Die Aufgabe des Kaufmanns ist es, wirtschaftliche Tätigkeiten, die die
Gesamtheit benötigt, auf die beste Art, mit geringstem Stoff- und
Kräfteverbrauch durchzuführen. In diesem Sinne steht dem Kaufmann ein
Einkommen ebenso zu, wie dem Rechtsanwalt oder dem Arzt:

"... für die Fachwissenschaft ist es gleichgültig, ob der Kaufmann
durch seine Tätigkeit viel oder wenig verdient, ob er überhaupt in

---

1) Schmalenbach 1913/14, 319
2) Schmalenbach 1920, 5
3) Schmalenbach 1920, 5
4) vgl Schmalenbach 1919, 258 ff.

seinem Einkommen abhängig ist von der Frucht seiner Arbeit. Für die Fachwissenschaft kommt es nur darauf an, daß die dem Kaufmann obliegende Arbeit nach dem Grundsatze des wirtschaftlichen Optimums im Sinne der Gesamtheit geschieht. Hierzu, nur hierzu hat sie durch wissenschaftliche Arbeit beizusteuern."[1]

Auch in seinen späteren Werken nimmt Schmalenbach die Grundidee immer wieder auf, daß der "Erfolg" oder das wirtschaftliche Optimum keineswegs nur auf den Kaufmann bezogen werden darf. Jede wirtschaftliche Produktion komme unabhängig von der Wirtschaftsverfassung der Gesamtheit zugute:

"Des Kaufmanns gesamtwirtschaftliche Funktion ist nicht, reich zu sein oder zu werden; und wer sein Vermögen zu oft zählt, tut unproduktive Arbeit. Aber den Erfolg soll er messen, fort und fort messen, denn die gesamtwirtschaftliche Aufgabe des Kaufmanns ist, Güter zu erzeugen, Güter zu transportieren, Güter zu verwahren und an den Mann zu bringen; und zwar dies alles zu tun mit einem ökonomischen Effekt, damit nicht bei seiner Arbeit der Stoff sich selber verbrauche. Ein Mehrwert muß zwischen Aufwand und Ertrag übrigbleiben; ein Mehrwert, der aus der Sache selbst entspringt. Ob der Kaufmann diesen Mehrwert in die Tasche steckt oder ob ein Unternehmen für den Staat oder eine Kommune arbeitet, ist nebensächlich und interessiert mich als Betriebswirtschaftler nicht."[2]

Dieser Vermischung von ethischen Ansprüchen mit realer Funktion und Zielsetzung des Kaufmanns ist vor allem Rieger scharf entgegengetreten, indem er auf die Irrelevanz solcher gemeinwirtschaftlicher Überlegungen für die konkrete Praxis hinweist. Das Zusammenwürfeln von Gewinn und Wirtschaftlichkeit tat er als unergiebig, als kaum begründbar ab und bezeichnete sie als "rein akademische Erörterungen, denen keine praktische Bedeutung zukommt ..."[3]

Tatsächlich bleibt in den konkreten Vorschlägen zur Kontrolle der Wirtschaftlichkeit von den ursprünglich ethisch begründeten Zielsetzungen wenig übrig.

---

1) Schmalenbach 1920, 5
2) Schmalenbach 1962, 49
3) Rieger 1936, 74 f.

Dennoch: Ausgangspunkt bleibt die Versorgung der Gesamtheit mit Gütern, die auf eine möglichst wirtschaftliche Weise hergestellt werden sollte. Dies ist in modernen Ansätzen nicht anders, allerdings wird dort der veränderten Realität notwendigerweise Rechnung getragen. Konnten ökonomische Ziele zur Zeit Schmalenbachs noch vor dem Hintergrund eines einfachen Interessendualismus behandelt werden, müssen moderne Ansätze konstatieren, daß der Betriebszweck nur dann erfüllt werden kann, wenn auch weitere Kriterien berücksichtigt werden. Hill bspw. stellt zunächst das Gesamtinteresse in den Vordergrund. Danach ist zu berücksichtigen, daß

- Produkte und Dienstleistungen zu erbringen sind, die der Versorgung der Gesellschaft dienen bzw. Probleme von Personen und Institutionen lösen.
- Diese sind effizient und wirtschaftlich zu erstellen.
- Die Verteilung der Wertschöpfung ist so zu organisieren, daß die Ressourcenlieferanten das Interesse am Betrieb erhalten.
- Sozial-kulturellen Normen ist zu entsprechen:
  "Aufgabe des Management als Institution ist es, den Betrieb im Sinne sozio-ökonomischer Rationalität so zu lenken und zu gestalten, dass im komplizierten Wechselspiel externer und interner Kräfte den Interessen der Involvierten mindestens so weit Rechnung getragen wird, daß der Fortbestand des Betriebes gewährleistet wird."[1]

4.1.4.2. Gewinnermittlung durch Kontrolle des Betriebes und Bilanzierungstechniken

Gestalten und Lenken erweisen sich gleichfalls in Abhängigkeit von Zeit und Betrachtungsebenen als durchaus unterschiedlich. Schmalenbach konzentrierte sich auf die Kontrolle der Wirtschaftlichkeit, die den "Manager" in die Lage versetzt, ökonomische Schlachtpläne zu entwickeln. Die dabei von ihm entwickelten Instrumente stellen damals wie heute Instrumente dar, die den Betrieb mit Hilfe der Kostenrechnung bei der Aufgabe unterstützen, Leistungen in einer Weise auszuführen, wie

---

1) Hill 1985, 120

sie am wirtschaftlichsten gelingen. Schmalenbach stattet die Kostenrechnung mit einem Gerüst von klar abgegrenzten, aber zusammenhängenden Begriffen aus, die es erlauben, Betriebssteuerung über die Erfassung und Beobachtung von Kosten zu organisieren.

Er verwendet den Begriff Kosten nicht im üblichen, alltagssprachlichen Gebrauch, sondern definiert ihn als "Werte der für Leistungen verzehrten Güter."[1] Mit diesem Kostenbegriff löst Schmalenbach das "zu verzehrende Gut" von der Ausgabe.

Zwischen Kosten und Ausgaben, die häufig deckungsgleich sind, kann es Unterschiede in sachlicher, zeitlicher und wertmäßiger Hinsicht geben.

> "Das Verzehren, nicht das Geldausgeben entscheidet. Darum ist das Wort 'Kosten' nicht glücklich gebildet; es knüpft an die Tatsache der Geldausgabe und nicht an die Tatsache des Verzehrens an ..."[2]

Kosten und Aufwand fallen häufig zusammen, müssen aber für bestimmte Zwecke unterschieden werden.

Es gibt Aufwand, der sich nicht als Kosten darstellt, z.B. übermäßige Abschreibungen, zu hohe Rückstellungen. Umgekehrt müssen z.B. bei niedrigen Abschreibungen Kostenbeträge in die Kostenrechnung eingestellt werden. Diese Art von "Nichtkosten" bezeichnet Schmalenbach als "neutraler Aufwand". Ebenso wie es neutralen Aufwand gibt, hat ein Betrieb Kosten, die nicht Aufwand sind, z.B. kalkulatorischer Unternehmerlohn, kalkulierte Zufallskosten. Diesen Bereich nennt Schmalenbach "Zusatzkosten". Analog zum Kostenbegriff grenzt er den Begriff Leistung von den Begriffen Einnahme und Ertrag ab. Unter Leistung versteht Schmalenbach "ein bestimmtes Werteschaffen". Leistung läßt sich also von der Einnahme dann unterscheiden, wenn die Einnahme nicht mit einer Leistung zusammenhängt, die dem Betriebszweck entspricht, bspw. Einnahmen aus Darlehensrückzahlungen oder aus einem Lotteriegewinn. Umgekehrt ist nicht jede Leistung mit einer Einnahme verknüpft, bspw. wenn eine selbsterstellte Anlage für betriebseigene Zwecke verwendet wird.

Auf der Basis dieser differenzierten Erfassung, Bewertung und Steuerung von Güterverzehr und Güterschaffung soll die Kontrolle der Betriebsge–

---

1) Schmalenbach 1956, 6
2) Schmalenbach 1956, 7

barung organisiert werden. Dies geschieht, indem die Kosten nicht nur
auf Zeiteinheiten, sondern vor allem auf Leistungseinheiten verrechnet
werden (z.B. Stück, Kilogramm, Tonne). Durch diese verbesserte Kontroll-
situation können Mängel und Vorzüge einer Betriebssituation aufgedeckt
werden. Die Detaillierung und Zuordnung der Kosten können Vergeudung
und mangelnde Wirtschaftlichkeit offenlegen. Schmalenbach gibt hierzu
ein Beispiel:

> "Beispielsweise bedürfen die Löhne einer besonderen Kontrolle,
> um die Lässigkeit der Zeitlöhner zu bekämpfen ..."[1]

Die Kontrolle des Betriebes führt Schmalenbach auf der Basis der
Kostenrechnung, die noch eine Vielzahl weiterer Aufgaben und Möglichkeiten in sich birgt, zur Ableitung von Kostenabhängigkeiten und damit
zur bekannten Definition und Differenzierung von auch heute verwende-
ten Kostenkategorisierungen und Berechnungen, bspw. die Unterscheidung
in proportionale Kosten, fixe Kosten, degressive Kosten, progressive
Kosten und regressive Kosten.

Ein weiteres Mittel zur Beobachtung der Wirtschaftlichkeit eines
Betriebes ist die kaufmännische Bilanz.

Schmalenbach unterscheidet hier zwei Hauptarten:

a) Eine statische Bilanz will den Zustand eines Betriebes schildern.
   Unter den statischen Bilanzen spielen diejenigen die Hauptrolle,
   in denen der Kaufmann sein Vermögen ermitteln will.

b) Wenn aber die Bilanz die Aufgabe hat, die im Betriebe stattfindenden Bewegungen darzustellen, so nennt Schmalenbach sie eine
   dynamische Bilanz. Die dynamische Bilanz schließt aus dem
   Vergleich mehrerer Perioden auf die Bewegungen, die stattgefunden haben. Im Vordergrund der dynamischen Bilanz steht die
   Erfolgsrechnung.

Die Bilanz dient der Bestimmung des Gewinns als Maßstab der Wirtschaftlichkeit. Zwar erkennt Schmalenbach an, daß der Gewinn sich aus
verschiedenen Quellen speist, z.B. Zustand der Volkswirtschaft und der
Konjunktur. Er ist aber eben auch das Ergebnis von Sparsamkeit,
Vorsicht, Fleiß und Geschick. All dies zusammen läßt den Gewinn

---

1) Schmalenbach 1956, 17

entstehen. Seine Berechnung gibt die Möglichkeit, das Betriebsgebaren zu kontrollieren.[1]

Wenn nun der Gewinn als Maßstab der Wirtschaftlichkeit herangezogen wird, muß er einigen Erfordernissen genügen. So setzt sich der Gesamtgewinn eines Unternehmens aus inneren und äußeren Einflüssen, aus Markt- und Betriebseinflüssen zusammen. Markteinflüsse sind veränderlich. Es wechseln die politischen Strömungen ebenso, wie die Konjunkturen. Schwankungen in den Erträgen sind ebenso zu beobachten, wie Schwankungen in der Kapitalinvestition oder im Kapitalverzehr:

"Dieses Begehrtsein einer Wirtschaftsstätte im Gesamtwirtschaftsleben ist veränderlich. Es verändert sich ohne Zutun des Wirtschafters: aber der Wirtschafter soll gegenüber diesen Veränderungen nicht einfach stillhalten, sondern er soll steuern; durch gute Steuerung läßt sich sehr häufig ein Schifflein wieder in die beste Strömung bringen. Auch das ist wiederum nicht nur Frage seines eigenen Vorteils, sondern so verlangt es das Gesamtwohl."[2]

Hierzu bedarf es innerer Einflußgrößen, wie der Wirkung von Sparsamkeit und Vorsicht, Fleiß und Geschick.

"Wenn wir die Bilanz als Mittel der Berechnung dieses Gewinnes betrachten, so fragen wir nicht, ob die kaufmännische Bilanz allgemein im praktischen Geschäftsleben diesem Zwecke dient; wir lassen diese Frage völlig auf sich beruhen. Wir fragen auch nicht, ob es gesetzlich erlaubt oder geboten ist, die Bilanz diesem Zwecke dienen zu lassen; was das Gesetz will, geht uns hier nichts an. Es handelt sich hier lediglich um die Frage, welche Forderungen sich für die Bilanzierungstechnik ergeben, wenn sie der Ermittlung des Gewinns dienen soll; es handelt sich um eine rein wirtschaftswissenschaftliche Untersuchung. Daß die Bilanz auch anderen Zwecken dienen kann, mag wahr oder unwahr sein; im Rahmen dieser Untersuchung berührt es uns nicht."[3]

Die Vorteile dieser Vorgehensweise sieht Schmalenbach in der Verbesserung der Wirtschaftlichkeit. Die Vergeudung von Arbeit und Stoffen

---

1) vgl Schmalenbach 1920, 10 ff.
2) Schmalenbach 1920, 1o
3) Schmalenbach 1920, 7

könne verringert werden. Kapital könne an die Stelle fließen, wo es im gesamten Wirtschaftskörper sinnvoll eingesetzt werden kann.[1]

Gute Erfolgsrechnungen würden immer gebraucht. Sie würden gebraucht, um den Niedergang eines Unternehmens rechtzeitig zu erkennen. Sie würden aber auch benötigt, um den Auftrieb eines Betriebes rechtzeitig zu erkennen und kräftig zu fördern:

> "Der für uns wesentliche Zweck der kaufmännischen Gewinnrechnung ist die Nötigung, den Erfolg des kaufmännischen Betriebes zum Zwecke richtiger Betriebssteuerung festzustellen."[2]

Es sei also eine Gewinnrechnung anzustreben, die die Betriebssteuerung am besten unterstützt. Dabei sind die Komponenten des Erfolgs, der Ertrag und der Aufwand, genau zu bestimmen. Wenn nun der Gewinn Maßstab der Wirtschaftlichkeit ist, können genaue Periodenabgrenzungen und Vergleich der Gewinnentwicklung Auf- und Abstieg eines Unternehmens frühzeitig anzeigen. Es geht also bei der Gewinnrechnung weniger um die absolute Höhe, als um Richtigkeit, Schnelligkeit, vor allem aber Vergleichbarkeit der gewonnenen Ziffern.

Sie dient damit mehreren Zwecken:

a) Kontrolle der Betriebsgebarung. Diese erfolgt in der Regel über einen Zeitvergleich, d.h. es werden Zahlen verschiedener Rechnungszeiträume miteinander verglichen. Hierbei sind konjunkturelle Schwankungen ebenso zu berücksichtigen wie die langsam verlaufenden Strukturveränderungen.

b) Rechenschaftslegung
Sie spielt in erster Linie bei Gesellschaftsunternehmen eine Rolle, bspw. bei der AG, OHG, KG.

c) Berechnung von Gewinnanteilen. Hierbei geht es um die Zuweisung von Gewinnen und Verlusten bei bestehenden Partnerschaften.

d) Die Beobachtung von Strukturwandlungen.
Dies erfolgt entweder durch Zeit- und/oder Betriebsvergleiche.

Um diesen Zwecken gerecht zu werden, unterteilt Schmalenbach die Bilanz in eine Totalrechnung und eine Periodenrechnung.

---

1) zum Kapitalbegriff vgl ausführlich Schmalenbach 1913/14, 319; 1949, 11 ff.; dazu kritisch Hundt 1977, 78 f.

2) Schmalenbach 1962, 50

Die extreme Form der Totalrechnung ergibt sich, wenn eine Fabrik über einen längeren Zeitraum betrieben und schließlich liquidiert wird, um zu berechnen, ob die entnommenen Gewinne und die Erlöse aus der Liquidation das Hineingesteckte übersteigen. In dieser Idee der Totalrechnung ist noch die alte Vorstellung enthalten, daß der Kaufmann Geschäfte abschließt und abwickelt, um anschließend festzustellen, ob ein Überschuß entstanden ist. Um aber den vordringlichen Zweck der Kontrolle der Betriebsgebarung dauerhaft erfüllen zu können und da es Steuer- und Bilanzvorschriften gibt, wird die Lebensdauer eines Unternehmens in Teilabschnitte zerlegt:

> "So entsteht an Stelle der Totalrechnung die periodische Erfolgsrechnung, d.h. eine Erfolgsrechnung der mitten im Leben stehenden Unternehmung."[1]

Das Problem besteht nun darin, daß schwebende Geschäfte von einer zur anderen Periode übertragen werden müssen. Beispielsweise werden Anlagen beschafft, die über mehrere Perioden genutzt werden, es gibt aktive und passive Schuldverhältnisse, die mehrere Perioden überdauern. Diese Beispiele zeigen, daß in einer Rechnungsperiode Einnahmen und Ausgaben vorkommen, die früheren oder späteren Perioden zuzuordnen sind und umgekehrt. Diese Bewegungen zu erfassen, wäre Gegenstand einer dynamischen Erfolgsrechnung. Schmalenbach entwickelt ein Bilanzschema, das in der Lage ist, diese schwebenden Posten zu verrechnen:

Aktiva

a) Ausgabe noch nicht Aufwand. Hierunter zählt Schmalenbach Positionen, deren Ausgabe jetzt, deren "Verzehr" aber in späteren Perioden erfolgt, bspw. die Investition in Anlagen oder Versuchs- und Laborkosten, die rechentechnisch auf mehrere Perioden verteilt werden.

b) Ausgabe noch nicht Einnahme. Hierunter versteht Schmalenbach insbesondere aktive Darlehen oder Beteiligungen.

c) Ertrag noch nicht Aufwand. Dies sind z.B. im Betrieb zu Herstellkosten produzierte Anlagen, die erst in späteren Perioden Aufwand sind.

---

1) Schmalenbach 1962, 65

d) Ertrag noch nicht Einnahme. Hier handelt es sich um Forderungen an Kunden aus gelieferten Waren.

Passiva

a) Aufwand noch nicht Ausgabe. Hier sind in erster Linie Verbindlichkeiten gegenüber Lieferanten angesprochen unter der Voraussetzung, daß die Waren des Lieferanten bereits im Produktionsprozeß verbraucht wurden.

b) Einnahme noch nicht Ausgabe. Hier kommt der schwebende Charakter von aufgenommenen Darlehen zum Ausdruck.

c) Aufwand noch nicht Ertrag. Analog zur Aktiva handelt es sich hier um einen vorweggenommenen Güterverzehr (z.B. betriebliche Einrichtungen, die durch den Betrieb selbst wieder instandgesetzt werden).

d) Einnahme noch nicht Ertrag. Vorauszahlungen von Kunden für zukünftige Lieferungen.

Mit diesem berühmt gewordenen Bilanzschema gelingt es Schmalenbach, schwebende Vor- und Nachleistungen zu erfassen und dem Betriebszweck entsprechend zuzuordnen:

"Die Aufgabe der Bilanz bei diesem Zusammenwirken ist, die schwebenden, d.h. die noch der Auslösung harrenden Posten, in Evidenz zu erhalten. Man sieht aus ihr, was noch nicht ausgelöst ist. Das noch nicht Ausgelöste stellt noch vorhandene aktive Kräfte und passive Verpflichtungen dar. Die Bilanz ist mithin die Darstellung des Kräftespeichers der Unternehmung."[1]

Gestaltung und Lenkung der Betriebe auf der Basis von Kostenrechnung und Bilanzanalyse sind nach wie vor zwingende, aber nicht mehr hinreichende Voraussetzungen für den ökonomischen Erfolg. Längst sind andere Felder ins Zentrum der Managementlehre gerückt, ohne daß die vormals entwickelten und verfeinerten Instrumente an Bedeutung verloren haben. Ökonomischer Erfolg setzt heute, mehr als früher die Berücksichtigung betriebspolitischer und operativer Maßnahmen voraus. Dazu gehören Führung und Organisation ebenso, wie das Ausbalancieren wechselnder externer und interner Interessen. Die Grundidee Schmalen-

---

1) Schmalenbach 1962, 74

bachs ist - wenn auch komplizierter gewordene Praxis spezifischere
Instrumente nach sich gezogen hat - gleich geblieben.

4.1.5. Zusammenfassende Beurteilung: Zur Rolle der EDV im Rahmen einer gestaltungsorientierten Betriebswirtschaftslehre

Ganz gleich, wann die Anfänge der Betriebswirtschaftslehre aus wissen-
schaftshistorischen Gründen angesetzt werden, Betriebswirtschaftslehre,
wie wir sie heute kennen, entwickelt sich in Deutschland mit der
Ausdehnung des Kapitalismus. Komplexer werdende Betriebe und Märkte
machen eine intensivere betriebswirtschaftliche Forschung und Ausbildung erforderlich. Gegen den Widerstand der Nationalökonomie, aber mit
Unterstützung von Unternehmern, entwickelte sich Betriebswirtschaftslehre zunächst als finanzökonomische, an der Realität orientierte
Wissenschaft, die wirtschaftlichen Erfolg zum Gegenstand hat.
Betriebswirtschaftslehre hat sich ihren Gegenstand nicht selbst ausge-
sucht, vielmehr steht sie in der Kontinuität eines Paradigmas, das sich
schon immer zwischen den Polen Erklären und Gestalten der Praxis hin,
her und wieder zurück bewegte. Konzentrieren sich in der Antike
Schriften zur Ökonomie auf den Hausherrn und auf für den Erfolg
notwendige Eigenschaften, so widmeten sich kaufmännische Darstellungen
in späteren Epochen dem Kaufmann, das für ihn notwendige Instrumentarium, und den Methoden, Gewinn zu realisieren. Auch die Kameralwissenschaft, die sich als universitäre Wissenschaft in Preußen etabliert,
fokussiert auf das Finanzwesen von Fürst und Staat.
Die harmonische Einheit von Erklären und Gestalten durchzieht in all
ihren möglichen Schattierungen die Geschichte und korrespondiert mehr
oder minder stark mit herrschender Praxis. Einkommen und Gewinn
bilden als herrschender Bezugspunkt eine wesentliche Voraussetzung für
die Entwicklung und Etablierung dieser Lehren.
Dies ändert sich grundsätzlich auch nicht mit der Herausbildung der
"modernen" Betriebswirtschaftslehre um die Wende zum 20. Jahrhundert;
so, wie sich zunächst nach der industriellen Revolution die moderne
Maschinerie in Manufakturen und Handwerksbetrieben entwickelte, um
diesen bald zu eng gewordenen Rahmen zu sprengen, entwickelt sich

adäquat zur ökonomischen Umwälzung eine Lehre des neu aufkommenden (Groß-)Betriebs im Rahmen bekannter herkömmlicher Strukturen, um diese gleichfalls nach kurzer Zeit zu überwinden.

Es ist zunächst die Vergrößerung und Anonymisierung der Märkte, die mit der Bildung des deutschen Zollvereins begann und den Handel mit Industrieprodukten als bisher nicht gekanntes Problem aufwarf. Je mehr die Probleme des Handels in den Vordergrund traten, um so deutlicher wurde das Bedürfnis nach akademischer Ausbildung und nach verallgemeinerungsfähigen Erkenntnissen.

Die Entstehung von Handelshochschulen hat hier eine erste Voraussetzung erfahren. Aber auch die Leitung der Großunternehmen mußte sich mit der Veränderung der inneren Struktur der Unternehmung verändern. Mit wachsender Größe und dem Ausbau des kaufmännischen Personals wuchs in diesem Bereich die Notwendigkeit einer akademischen Ausbildung. Die Notwendigkeit einer modernen Betriebswirtschaftslehre basiert auf der Einsicht von Industriellen und Hochschullehrern, daß die Leitung des modernen Großbetriebs eine wissenschaftliche Ausbildung erfordert. Die Gründung von Handelshochschulen wurde mit entsprechender Unterstützung gegen den erbitterten Widerstand von Nationalökonomen betrieben, die eine Unternehmerwissenschaft heraufziehen sahen.

Damit wird, bezogen auf die Binnenstruktur und auf die Außenbeziehungen der im 19. Jahrhundert entstehenden Großunternehmen, eine akademische Ausbildung institutionalisiert, die komplizierter werdende Markt- und Betriebsstrukturen bewältigen helfen soll (systemtheoretische, managementorientierte Betriebswirtschaftslehre hat in dieser Zielsetzung einen wichtigen Bezugspunkt).

Ausbildung ist allerdings nur möglich, wenn der Gegenstand - also der Betrieb - analysiert, ergründet und systematisiert ist. Es wächst damit das Interesse an der wissenschaftlichen Durchdringung der Betriebe.

Von Anfang an stehen sich in ersten Entwürfen die Ziele einer neu bzw. wieder zu etablierenden Wissenschaft kontrovers gegenüber. Auf der einen Seite soll mit Hilfe wissenschaftlicher Methoden der "Erfolg" bzw. "Rentabilität" zum zentralen Gegenstand werden (Gomberg, Ehrenberg). Über die klassischen Methoden der Beobachtung, Beschreibung, Merkmalsgruppierung und Entwicklung von Kausalzusammenhängen wird die Quantifizierung der betrieblichen Vorgänge zur Ermittlung der Rentabilität in den Vordergrund gestellt. In Auseinandersetzung mit der Nationalökonomie wird deutlich, worum es den ersten Gründervätern ging: Nicht das allgemeine Volkswohl stand an erster Stelle, sondern privatwirtschaftlicher Erfolg, über den sich das allgemeine Wohl der Gesamtheit von selbst einstellen sollte. Diese Mischung aus Wissenschaftsanspruch und Konzentration auf die Rentabilität ist heftig kritisiert worden. Dennoch setzte sich diese Zielsetzung durch. Wie aber konnte auf der instrumentellen Ebene dieser Zielsetzung entsprochen werden?

Es ist Schmalenbach, der die reale Ökonomie zur Kenntnis nimmt und - sieht man von für seine Lehre unerheblichen normativen Legitimationsversuchen ab - eine den realen ökonomischen Verhältnissen entsprechende Betriebswirtschaftslehre entwickelt, die bis heute ihre praktischen Möglichkeiten absteckt.

Die Übereinstimmung des modernen Managementgedankens mit der Betriebswirtschaftslehre von Schmalenbach ist erheblich. Er macht die Frage nach dem wirtschaftlichen Erfolg zum Zentrum der von ihm etablierten Betriebswirtschaftslehre. Sein Aspekt ist nicht die Rentabilität, sondern die Frage, wie mit der größten Ökonomie gefertigt werden kann. Zu diesem Zweck entwirft die Betriebswirtschaftslehre "Reformpläne" und entwickelt Instrumente zur Messung und Steuerung der Wirtschaftlichkeit, wie bspw. in Kostenuntersuchungen und Bilanztechniken. Es ist die Kontrolle der Kosten und die Kontrolle der Kapitalbewegung, die über das Konstrukt der Wirtschaftlichkeit eine Ermittlung und Steuerung der Gewinne partiell erlauben.

Die Betriebswirtschaftslehre hat mit Schmalenbach den wohl exponiertesten Vertreter einer eher praktischen Betriebswirtschaftslehre. Er hat seinen Einfluß und seinen Impetus bis heute behalten. Bestehende Praxis auf der Basis wissenschaftlicher Erkenntnisse zu optimieren, entspricht dem dominierenden Interesse einer Betriebswirtschaftslehre als Management- und Führungslehre.[1] In diesem Sinne bezieht sich gestaltungsorientierte Betriebswirtschaftslehre auf konstitutive Grundtatbestände, die Gutenberg als Ausnutzen von Preisdifferenzen bezeichnet, die Neu- oder Umorientierungsversuche begrenzen. Zwar gibt es verschiedene Möglichkeiten, sich diesen Grundtatbeständen zu nähern; immer aber bleiben sie auf diese begrenzt.

---

1) vgl z.B. die Beiträge in Wunderer 1985

Bezogen auf eine EDV-orientierte Betriebswirtschaftslehre kann zunächst festgehalten werden:

Betriebswirtschaftslehre stellt eine allgemeine akademische Ausbildung, in Anlehnung an die Erfordernisse von Wirtschaftsunternehmen in den Mittelpunkt. Diese akademische Ausbildung wird in Reaktion auf Veränderungen in der Praxis für notwendig gehalten. Orientierungen rekurrieren auf diese Veränderungen und etablieren eine curriculare Entsprechung in den Lehrplänen von Handelshochschulen, so, wie EDV ihre Entsprechung in den curricularen Lehrplänen der heutigen Hochschulen gefunden hat.

Dies dient einer gestaltungsorientierten Betriebswirtschaftslehre als Grundlage für die Gestaltung und Steuerung der Betriebe. Damals wie heute muß Betriebswirtschaftslehre dort, wo sie gestalten will, der Komplexität der Realität gerecht werden, wenn sie ernst genommen werden will. Dies bedeutet, daß sie nicht umhin kann, sich möglichst tief auch in andere Gebiete hineinzuwagen, denn die Praxis macht vor den Grenzen des Wissenschaftsbetriebes nicht halt. Je nachdem, welches Problem ökonomisch in der Praxis relevant wird, wechselt die Perspektive, sind neue Instrumente zu erschließen. Schmalenbach fordert aus diesen Gründen die Betriebswirte auf, sich intensiv mit der Technologie (aber auch mit der Volkswirtschaftslehre und dem Recht) zu befassen, ohne daß sich daraus die Notwendigkeit einer Technologieorientierung (oder rechtliche oder volkswirtschaftliche Orientierung) ableiten ließe. Im Gegenteil, folgt man dem Gedankengang Schmalenbachs, so erweist sich eine EDV-Orientierung in einer gestaltungsorientierten Betriebswirtschaftslehre als zu eng, als zu sehr auf ein schmales Segment fokussiert. Sie vernachlässigt die komplexe Realität, die diese Einengung nicht akzeptieren kann. EDV/Technik in ihrer technischen und informatorischen Konstruktion mag relevant sein, ebenso relevant ist im gleichen Zusammenhang die personale, organisatorische, die planerische und die rechtliche Seite.

Ganz gleich welche Perspektive jeweils auf Praxis bezogen wird, ihre Relevanz in der Ausbildungs- und Gestaltungsorientierung erweist sich erst in der Rückführung auf die wirtschaftlichen Aspekte. Da hierbei der Wissenschaftler im Sinne Schmalenbachs nicht nach Wissenschaftsgrenzen fragen darf, entwickelt er Reformpläne, die, wenn sie auf praktische Anwendung fokussieren, ökonomisch relevant sein müssen. Im

Hinblick auf die Einbeziehung von EDV mag sich der Betriebswirt mit der technischen Seite der Informations- und Kommunikationstechnologien befassen, um ökonomische Pläne zu entwickeln. Ebenso mag der Betriebswirt die Technologie als black-box betrachtend auf der Basis moderner Wirtschaftlichkeitsrechnungen einen auf Kosten und Nutzen bezogenen Vergleich von hard- und software Angeboten vornehmen und dabei die systemischen Effekte im Bereich der Organisation, der Kommunikation und des Personals einbeziehen.

Jede dieser Gestaltungsabsichten erfordert gute Kenntnisse benachbarter Disziplinen, ohne daß daraus jeweils eine spezifische Orientierung für die Grundlagen der Betriebswirtschaftslehre abgeleitet werden könnte. Innerhalb einer gestaltungsorientierten Betriebswirtschaftslehre stellt sich lediglich die Frage, welche Kenntnisse der Betriebswirt zur ökonomischen Beurteilung eines Problems benötigt. Dies kann weder nur ein Fach sein, noch läßt sich der Kreis möglicher Fächer eingrenzen. Wenn also die Forderung nach einer EDV-Orientierung wie oben dargestellt (siehe Kap. 3.3) erhoben wird, um die Gestaltungsfähigkeit der Betriebswirtschaftslehre aufrecht zu erhalten, so ist dies ein Widerspruch in sich. In modernen gestaltungsorientierten Ansätzen der Betriebswirtschaftslehre zielt die Intention auf möglichst effektive Anpassung an Veränderungen. Ein EDV-orientierter Ansatz kann daher nicht in Konkurrenz zu solchen Ansätzen treten oder sie ergänzen. EDV ist ein relevantes Merkmal von Praxis, das innerhalb solcher Ansätze Berücksichtigung finden muß.

4.2. Rekonstruktion der Betriebswirtschaftslehre als Erklärungs- wissenschaft

Betriebswirtschaftslehre als Erklärungswissenschaft entfaltet innerhalb der Betriebswirtschaftslehre die ökonomische Deutung der Realität. Als Wissenschaft lehnt sie vordergründige Gestaltung ab, weil nur dort, wo erklärt wird, Prognosen abgeleitet werden können.[1]

Auch dieser Strang der Betriebswirtschaftslehre bezieht sich auf Realität und erkennt die konstitutiven Merkmale der Realität an. Anders aber als eine managementorientierte Betriebswirtschaftslehre bezieht sie sich trotz unterschiedlicher Methoden und Vorgehensweisen auf die Erklärung der Ökonomie.

Unter Rückgriff auf Gutenberg wird die Unternehmung in zweifacher Hinsicht zum Gegenstand dieser Erklärungswissenschaft. Betriebswirt- schaftslehre will in dieser Denkhaltung die Wechselwirkungen zwischen Markt und Unternehmung ebenso erklären, wie das Zusammenwirken der Menschen im Rahmen des Kombinationsprozesses und der dadurch ausgelösten finanzwirtschaftlichen, personalwirtschaftlichen und güterwirtschaftlichen Prozesse. Insbesondere der letzte Aspekt hat in den vergangenen Jahren im entscheidungsorientierten Ansatz eine erhebliche Zunahme der Bedeutung erfahren.[2]

Zurückgeführt werden kann diese Denkhaltung vor allem auf Rieger und Gutenberg, die beide, wenngleich deutlich auf unterschiedlichen Wegen, eine auf Ökonomie bezogene erklärungswissenschaftliche Orientierung begründet haben. Während Rieger die Erklärung der Geldströme in den Vordergrund stellt (Kap. 4.2.1), fokussiert Gutenberg zunächst auf die Erklärung des "Nervensystems" der Unternehmung und untersucht dort den Kombinationsprozeß (Kap. 4.2.2).

Beide Ansätze geben Hinweise, wie erklärende Betriebswirtschaftslehre sich auf konstitutive Grundtatbestände bezieht und welche Möglichkeiten bestehen, neue Phänomene aufzunehmen und zu verarbeiten. Die Möglich-

---

1) vgl Witte 1985, 193 ff.; auf die zwischen "Ökonomisten" und "Manage- mentlehrern" bestehenden, unterschiedlichen Auffassungen hinsicht- lich der Forschungsmethoden kann hier nicht eingegangen werden; vgl dazu Albach 1985

2) vgl Heinen 1983

keiten einer EDV-Orientierung im Rahmen dieser Betriebswirtschaftslehre sollen abschließend (Kap. 4.2.3) diskutiert werden.

4.2.1. Privatwirtschaftslehre: Analyse der Unternehmung als Geldfabrik

Betriebswirtschaftslehre als Gestaltungslehre war schon zu Schmalenbachs Zeiten erheblicher Kritik derjenigen Betriebswirte ausgesetzt, die Betriebswirtschaftslehre als Wissenschaft von der Ökonomie betreiben wollten. Nicht Gestalten, sondern Erklären der Ökonomie war das Zentrum dieser Art von Betriebswirtschaftslehre.

Als einer der entschiedensten Verfechter einer Betriebswirtschaftslehre, die sich theoretisch der ökonomischen Realität widmet, gilt Rieger.[1] Er hat seine Privatwirtschaftslehre explizit als Ergebnis empirischer Forschung angesehen. Sie wurde nicht geschrieben, damit die Praxis daraus Nutzen ziehe. Es ging ihm ausschließlich um die Beschreibung und Erklärung wichtiger wirtschaftlicher Sachverhalte.[2] Die häufig vorgebrachte These, Rieger sei ein Apologet des Kapitalismus gewesen, ist nach Ansicht seiner Schüler unhaltbar. Bergler zitiert z.B. Rieger mit dem Ausspruch:

> "Ich würde auch jede andere Wirtschaftsform genau so betrachten, wie ich die gegenwärtige untersuche. In ihr leben wir und deswegen ist sie mein Erkenntnisobjekt."[3]

Diese Beschreibungs- und Erklärungsaufgabe der Privatwirtschaftslehre macht ihn zum unerbittlichen Kritiker jeder ethisch überhöhten Erklärung und Sinnstiftung dieses Faches. Hasenack zitiert aus einem Brief von 1953, der an Deutlichkeit kaum zu überbieten ist und der die Adressaten genau herausstellt, ohne sie beim Namen zu nennen:

> "Meine Lehre ist also - Gott sei's geklagt! - anethisch, d.h., ich werte nicht, und zwar deshalb nicht, weil es ein besonderes Fach dafür gibt, nämlich die Ethik (...). Nicht weil ich von der Ethik nichts halte, mische ich mich nicht da hinein, sondern aus der

---

1) vgl Rieger 1928

2) vgl Fettel 1958

3) zitiert nach Bergler 1953, 326; vgl auch Fettel 1971

Erkenntnis heraus, daß dies nicht meines Amtes ist. Es wäre doch wahrhaftig eine Kleinigkeit, ein paar salbungsvolle Phrasen über dieses Thema zu verzapfen, die ihres Beifalls immer gewiß sein können; aber das ist - verzeihen Sie den anmaßenden Ausdruck - unter meiner Würde, mag man mich auch für einen unethischen Menschen halten."[1]

Entsprechend dieser selbstgestellten Aufgaben beschreibt Rieger die kapitalistische Ökonomie und räumt mit - seiner Meinung nach unangebrachten - ethischen Überhöhungen auf.

4.2.1.1. Konstitutive Steuerungsmechanismen der Ökonomie

Rieger geht es zunächst darum, herauszubekommen, was den zentralen Steuerungsmechanismus darstellt, der in der immer komplizierter werdenden Wirtschaft die Einzelwirtschaften miteinander verbindet.

Mit dem Zeitalter des Kapitalismus kam die Ausdifferenzierung der Maschine, Massenproduktion, die zunehmende Verwendung von sachlichen Produktionsmitteln und eine Ausbildung der Geldrechnung. Mit zunehmender Arbeitsteilung wurde die Wirtschaft, also Produktion und Verteilung, komplizierter. Rieger stellt zwei Fragen:

- "Wo war die Instanz, die hier regelnd eingriff und die Atome der Einzelwirtschaften zum Organismus der Volkswirtschaft sinnvoll fügte? ...
- Wie war ein Austausch, eine Verrechnung der gegenseitigen Leistungen möglich bei derart komplizierten Verhältnissen?"[2]

Es ist das Verhältnis von Angebot und Nachfrage, das die Produktion regelt und wie ein Magnet die Atome anzieht. Dazu steht auch nicht in Widerspruch, daß in vielen Fällen erst Herstellung von etwas neuem das Bedürfnis weckt. Am Markt entscheidet sich, welche Güter siegreich sind oder den Kampf nicht bestehen.

Die zweite Frage hängt eng zusammen mit den immer weiter abnehmenden Möglichkeiten des direkten Tauschs:

---

1) zitiert nach Hasenack 1958, 136 f.
2) Rieger 1928, 4

"Wenn die Entwicklung nicht zum Abbruch gezwungen sein sollte, mußte eine andere Art der Verrechnung als durch den höchst umständlichen direkten Tausch ermöglicht werden. Diese Einrichtung ist das Geld."[1]

Es ist das Geld, das eine unerhörte Steigerung und Erleichterung der Tauschmöglichkeiten erlaubt. Waren in der Selbstversorgung, im Handwerk oder in der Landwirtschaft die Güter selbst noch von Interesse, so verliert sich dieses Interesse in der Massenproduktion.

"Man erzeugt nicht mehr, um das Erzeugte selbst zu konsumieren, sondern um es verkaufen zu können. Und mit dem hierbei erzielten Geldeinkommen geht man an den Markt, um dort seinen Bedarf zu decken - genau wie es unsere Abnehmer getan haben. Die unausbleibliche Folge ist, daß sich das wirtschaftliche Denken anders orientieren muß."[2]

Es wird nicht mehr in Gütern, sondern in Geld gedacht. Man verläßt das persönliche Verhältnis zu den Gütern. Sie werden zur seelenlosen Ware. Damit kann eine Erwerbswirtschaft bezeichnet werden als "... eine geschlossene wirtschaftliche Einheit, die zum Zwecke des Gelderwerbs für ihre Rechnung und Gefahr Güter herstellt oder vertreibt, oder die sich in der gleichen Absicht in einem Hilfsgewerbe betätigt. Sie muß auch auf reine Geldrechnung abgestellt sein."[3]

Die Identifizierung des Betriebes als Geldfabrik läßt Rieger Abstand nehmen von jedem Versuch, Betriebe und damit Betriebswirtschaftslehre als etwas Zeitloses, immer Geltendes, anzusehen. Er konzentriert seine Forschung auf die konkrete, in einer Epoche dominierende Unternehmung. Auch hier lehnt er jeden Versuch einer Überhöhung ab. Wenn die Unternehmung als Gegenstand der Forschung firmiert, ist - so Rieger - der Name Betriebswirtschaftslehre falsch gewählt, denn Gegenstand der Untersuchungen sind nicht Betriebe schlechthin, z.B. Staatsbetriebe, sozialisierte Betriebe, sondern private Erwerbswirtschaften, insbesondere die Unternehmung. Es interessiert auch weniger die technische Ausgestaltung der Produktion sondern die zweckbewußte Ausrichtung:

---

1) Rieger 1928, 6
2) Rieger 1928, 14
3) Rieger 1928, 15

"... nicht vom Stoff, sondern vom Geld wird das Wirtschaften dirigiert."[1]

Das Wort Betrieb sei deshalb in beide Richtungen ein Torso, man wisse weder wirtschaftlich noch technisch, um was es sich handelt. Immer müsse eine Ergänzung hinzukommen.

Betriebe habe es immer gegeben, aber im Kapitalismus konkretisieren sie sich zweckgerichtet in der Unternehmung. Unternehmung ist deshalb der umfassendere Begriff; er bezeichnet den Betrieb und die zentrale Idee, das Gewinnstreben:

"Ein Betrieb, der von einem Unternehmer benutzt, in den Dienst seiner Erwerbsabsicht gestellt wird, ist eine Unternehmung."[2]

Wenn Gewinnstreben das dominierende Prinzip der privaten Erwerbswirtschaften darstellt, läßt sich dieser Prozeß von der wissenschaftlichen Seite her erklären und analysieren. Es verbietet sich aber, daß der Wissenschaftler der Wirtschaft Vorschläge und Vorschriften unterbreitet. Jeder Versuch, diese Absicht zu legitimieren, wird von Rieger scharf und unerbittlich zurückgewiesen. Mit Blick auf Schmalenbach (und der neueren Managementliteratur nicht unangemessen) konfrontiert er die Legitimationsversuche einer gestaltungsorientierten Betriebswirtschaftslehre mit der kapitalistischen Realität.

So persifliert Rieger die vor allem von Schmalenbach aufgestellte Forderung, Aufgabe der Unternehmung sei es, an der Befriedigung wirtschaftlicher Bedürfnisse mitzuwirken, den Markt zu versorgen.

Allerdings - so Rieger - kann die Versorgung des Marktes wohl kaum das primäre Ziel der Unternehmung sein, sonst würde sie in Zeiten schlechter Ernährungslage Büchsenmilch einführen.

Unternehmer ist vielmehr jemand, der durch risikobelastete Tätigkeit einer Geld- und Erwerbsidee folgt.

Im Gegenteil, man kann von Unternehmern behaupten, daß sie es außerordentlich bedauern, wenn sie den Markt versorgen, denn je länger er nicht versorgt wird, desto länger besteht die Aussicht auf Absatz und Gewinn:

---

1) Rieger 1928, 34
2) Rieger 1928, 41

> "Man ist versucht, zu sagen: Die Unternehmung kann es leider
> nicht verhindern, daß sie im Verfolg ihres Strebens nach Gewinn
> den Markt versorgen muß."[1]

Es bestehe auch die Forderung, der Unternehmer solle als Organ der
Gesamtwirtschaft Dienst an der Gemeinschaft leisten. Leider - so Rieger
- hat keiner der Autoren, von Schmalenbach bis Schär (siehe Kapitel
4.1.4 und 4.3) offengelegt, wie man diesen Dienst vollbringen kann,
welche Stelle darüber entscheidet, wann der Dienst gut oder böse, das
Produkt für die Gemeinschaft nützlich oder schädlich ist. Wenn der
allgemeine Wunsch bestehe, daß sich der Unternehmer in den Dienst der
Allgemeinheit stelle, so sei dieser Forderung bereits Genüge getan. Der
Vermittler zwischen ihm und der Gemeinschaft sei der Markt. Hier
realisieren sich Bedürfnisse und ihre Befriedigung.

Als weitere Annahme bzw. Voraussetzung kritisiert Rieger das von
Betriebswirten eingeführte "gemäßigte Gewinnstreben."

Wenn der Marktpreis zu hoch sein sollte, dürfe der Kaufmann ihn nicht
fordern. Er habe vielmehr einen gerechten Preis festzusetzen, um die
Konsumenten vor Ausbeutung zu schützen.

Sehe man davon ab, daß die Wissenschaft eine dermaßen motivierte
Preis- und Gewinnfestsetzung ebensowenig empfehlen könne wie eine
andere, so sei festzustellen, daß diese Empfehlung für die bestehende
Wirtschaftsform kaum geeignet sei. An wen wende sich der Unternehmer,
der in fetten Jahren auf Gewinne verzichtet habe, wenn er in mageren
Jahren Verluste erleidet?

Angebot und Nachfrage würden bei einem "gerechten Preis" außer
Funktion geraten.

> "Wir würden notwendig zu einer Art Planwirtschaft kommen. Das
> wäre an sich für den Betrachtenden gleichgültig, die Entwicklung
> mag dahin treiben. Aber einstweilen haben wir diese Form nicht,
> und es läßt sich durch nichts rechtfertigen, wenn man der
> heutigen Wirtschaft mit Ideen kommt, die von einer völligen
> Verkennung ihres Wesens zeugen."[2]

---

1) Rieger 1928, 47
2) Rieger 1928, 52

Ethische Werte spielen (damals wie heute, siehe Kap. 4.3) in der Betriebswirtschaftslehre eine große Rolle. Nach Meinung Riegers können ethische Fragen aber nicht Gegenstand der Wirtschaftswissenschaft sein.

"Die Privatwirtschaftslehre kann doch unmöglich ethische Normen aufstellen! Sie hat vielmehr zu sagen, wie die Wirtschaft beschaffen ist, und so weit ethische Erwägungen dabei mitgewirkt haben, kommen sie ja in den Wirtschaftserscheinungen zum Ausdruck, werden also von der Beschreibung mit erfaßt."[1]

Ethik, so scheint es, ist nach Rieger kein konstitutiver Steuerungsmechanismus der Ökonomie. Hier scheinen andere Mechanismen zu greifen, denen sich Rieger in Auseinandersetzung insbesondere mit Schmalenbach widmet.

4.2.1.2. Aufgaben der Privatwirtschaftslehre: Analyse der herrschenden Ökonomie

Hier fokussiert Rieger auf den Kern der von Schmalenbach vertretenen Betriebswirtschaftslehre: der Wirtschaftlichkeit.

Die herrschende Betriebswirtschaftslehre interessiere sich nicht für das Unternehmen, sondern für den Betrieb. Der Grund - so Rieger - sei einleuchtend: "... weil die Betriebswirtschaftslehre unmittelbar in das Leben eingreifen will, kann sie sich unmöglich auf die Erwerbswirtschaft beschränken; sie fürchtet sich dem Vorwurf auszusetzen, daß sie eine Förderung des Profitstrebens bezwecke. Sie hat sich daher ein höheres Ziel gesteckt: sie sucht die Wirtschaftlichkeit zu heben, und da diese gleichmäßig bei allen Betrieben anzustreben ist, kommt ihre Arbeit der Gesamtwirtschaft zugute."[2]

Da es sich hier um eine wesentliche Grundannahme handelt, setzt sich Rieger intensiv mit ihr auseinander. Wirtschaftlichkeit kann nach Rieger für die Unternehmung nur bedeuten, daß der geldliche Ertrag des aufgewendeten Kapitals hoch zu gestalten ist:

"Mithin würde sich für den Unternehmer das ökonomische Prinzip auf den Ratschlag reduzieren: Suche möglichst viel zu verdienen,

---

1) Rieger 1928, 54

2) Rieger 1928, 56

werde möglichst schnell reich! Und damit wären wir mit über-
raschender Schnelligkeit wieder bei dem öden Erwerbsprinzip
angelangt."[1]

Wirtschaftlichkeit als solche sei nur zu erkennen, wenn man Geldbeträge
vergleicht. Geld ist das relevante Kriterium, hinter dem subjektive
Maßstäbe und konkrete Güter verschwinden.

Vor dem Hintergrund dieser ökonomischen Ausgangssituation muß der
Betrieb warten, bis ihm die Aufgabe gestellt wird, an bestimmten Gütern
seine Wirtschaftlichkeit zu erproben. Der Unternehmer wird Güter
wählen, die ihm Gewinn versprechen. Während also der Betrieb eine
technische Rationalität anstrebt, steht über dieser die Wirtschaftlichkeit
des Unternehmens: die Rentabilität. Erst wenn der Ertrag in einem
angemessenen Verhältnis zum Aufwand steht, kann für die Unternehmung
von Wirtschaftlichkeit gesprochen werden.

Rieger unterscheidet damit deutlich zwei Arten von Wirtschaftlichkeit:

a) Es gibt eine Wirtschaftlichkeit des Betriebes, die sich in der
   Senkung der Kosten ausdrückt. Dieser Rationalität wird allerdings ein konkretes Ziel zugemessen werden müssen. Dieses Ziel
   ist

b) die Rentabilität der Unternehmung. "Ihre Rechnung trägt einen
   ganz anderen Charakter; sie ist zweiseitig, umfaßt nicht nur die
   Kostenseite, sondern auch den Ertrag, beides in Geld."[2]

Die Privatwirtschaftslehre will die Erwerbswirtschaft erforschen und
beschreiben. Sie will zeigen, was eine Unternehmung ist, was dort
vorgeht. Hierbei kann es sich nur um das Allgemeine handeln, also was
Unternehmungen gemeinsam ist. Damit gibt sie keine Anleitung zur
Gewinnerzielung:

"Was sie will, ist jedenfalls ein anderes: sie versucht, Erkenntnis
zu vermitteln über das, was wir Wirtschaft nennen; sie will nicht
Anleitung und Rezepte zum praktischen Handeln geben; sie will
auch nicht Wirtschaftsführer oder Unternehmer ausbilden,
überläßt es vielmehr ganz dem Studierenden, was er mit der
gewonnenen Einsicht in das Wirtschaftsleben anfangen will. Es
ist ganz und gar nicht ausgeschlossen, daß angehende Vertreter

---

1) Rieger 1928, 59
2) Rieger 1928, 64

von Arbeitgebern ebensogut zu ihren Füßen sitzen wie zukünftige Gewerkschaftsführer. Denn beiden tut Erkenntnis dieser jetzt bestehenden Wirtschaft not, nicht zuletzt dann, wenn sie sie ändern wollen. Es wird keineswegs für Aufrechterhaltung der jetzigen Wirtschaftsverfassung plädiert - sie wird nur geschildert, und zwar ohne Rücksicht darauf, ob man sie billigt oder nicht. Auch wenn wir damit zu Lehrern des Profitmachens würden, bliebe uns keine Wahl; denn oberstes Gesetz jeder Wissenschaft ist Wahrheit."[1]

Die Wissenschaft liefert lediglich das geistige Rüstzeug, aber befindet nicht über ihre Anwendung. Alles andere hieße die Wissenschaft zu überfordern.

Die Theorie will der Wirtschaft nichts aufdrängen, denn die Realität entzieht sich in ihrer Komplexität allgemeinen Empfehlungen:

- Es kann keine erfolgreiche Unternehmerlehre geben, denn wenn es ein objektives Rezept zum Gewinnmachen gäbe, würde es alle Welt anwenden;
- Die Träger der Lehre sind gar nicht in der Lage, Anleitungen zum Profit zu geben. Ihre Sphäre ist die des Erkennens; "... der Unternehmer aber muß handeln."[2]
- Auch die Ausbildung an einer Hochschule macht niemanden zum Kaufmann. Der eigentliche Wert des Studiums liegt eher in der geistigen Schulung. "... die Theorie erfordert Abstand, und die Aufgabe des Lehrens setzt voraus, daß der Stoff die Umbiegungen erfahre, die sein Wesen genügend deutlich hervortreten lassen. Nicht Wirklichkeit, sondern Wahrheit heißt unser Ziel."[3]

Die wissenschaftliche Forschung gleiche nicht einem Geldstück, das man in den Automaten wirft, um alsbald den Ertrag in Empfang zu nehmen. Wissenschaft erziele Erfolge wenn überhaupt - oft erst spät und auf seltsamen Umwegen. Die Theorie als Angebot an die Menschheit macht vielerlei Veränderungen durch, bis sie reif und aufgeschlossen ist für die Anwendung im Leben. Und die Entscheidung darüber, ob und wann dies der Fall ist, steht immer dem Leben zu, in dessen Dienst ja die

---

1) Rieger 1928, 73
2) Rieger 1928, 78
3) Rieger 1928, 80

Wissenschaft tätig ist. Sie ist ihm untertan, hat ihm aber nicht Vorschriften zu machen.

Die Beschäftigung mit Wirtschaft bedeute damit, daß diese Disziplin sich mit den Fragen der Wirtschaft auseinandersetze und nicht mit technischen oder sonstigen Fragen. Privatwirtschaftslehre sei eine ökonomische Disziplin:

"Im Mittelpunkt ihrer Untersuchungen steht die Unternehmung nicht als technischer Betrieb, sondern als ein Glied der Geldwirtschaft von heute. Sie heftet ihren Blick nicht auf das Technische, sieht nicht die Maschinen und Werkzeuge als solche, sondern - genau wie der Unternehmer - als Durchgangsstation zum Ertrag. Und was immer in der Unternehmung vorgeht, ist ihr nur interessant in seinen geldlichen Auswirkungen. Dieser Standpunkt entspringt nicht ganz freier Wahl, er ist vielmehr von der Verfassung unserer Wirtschaft aufgedrängt - oder so wird es wenigstens hier empfunden. Was über das Technische in den Betrieben der Unternehmungen von der wirtschaftlichen Seite her gesagt werden kann, das findet seine Stätte in den Betriebslehren."[1]

4.2.2. Die Unternehmung als Gegenstand betriebswirtschaftlicher Theorie

Auch Gutenberg geht wie sein Zeitgenosse Rieger von einer Analyse der Bestimmungselemente der Unternehmung aus, um sich in einem zweiten Schritt der Unternehmung selbst zuzuwenden.

Während Rieger das Geld als zentrales Bestimmungselement der Wirtschaft herausarbeitet, bemüht sich Gutenberg, die Bestimmungselemente der Unternehmung zu klassifizieren.

Sie sind Ausdruck der jeweiligen geistigen Grundlagen ihrer Zeit und unterliegen als schöpferische Akte des Menschen systembezogenen Veränderungen. Während im Merkantilismus die Idee der Staatsraison vorherrschte und im Kameralismus ihre Entsprechung fand, war es später individualistisch-liberales Gedankengut, welches die Ökonomie beein-

---

1) Rieger 1928, 82

flußte. Und natürlich ist der Einfluß der Gesellschaftsordnung von
hoher Bedeutung:

> "Daß schließlich eine Gesellschaftsordnung, die das Verhältnis
> zwischen dem einzelnen und der Gesellschaft grundsätzlich vom
> Gesellschaftlichen her bestimmt, zu anderen Organisationsformen
> wirtschaftlicher Betätigung gelangen muß als ein von der Idee
> der persönlichen Freiheit ausgehendes System, braucht nicht
> näher nachgewiesen zu werden."[1]

So gesehen ist der Gegenstand der Betriebswirtschaftslehre die Unternehmung als Ausdruck der geistigen und gesellschaftlichen Voraussetzungen, auf denen das System ruht. Kennzeichnend für den heutigen
Betriebstyp ist die Autonomie, die sich darin ausdrückt, daß auf das in
dem Unternehmen investierte Kapital auf Dauer eine möglichst hohe
Rendite erzielt werden soll.

4.2.2.1. Die Entwicklung betriebswirtschaftlicher Grundvorgänge

Mit dieser Grundannahme wird rasch deutlich, was Gutenberg von
Schmalenbach unterscheidet. Sieht Schmalenbach die sich entwickelnden
wirtschaftlichen Kräfte in den Dingen, setzt Gutenberg auf die bewußte
Handlung des Menschen, die ihn in die Lage versetzt, scheinbar
unabweisliche Entwicklungen dem eigenen Willen zu unterwerfen und zu
gestalten. Am deutlichsten wird die unterschiedliche Einschätzung am
Beispiel der Fixkostentheorie. Schmalenbach konzentriert sich auf die
fixen Kosten als wesentliche Erscheinung, die das Ende der freien
Wirtschaft verursacht. Gutenberg selbst vermag den fixen Kosten diesen
deterministischen Zwang nicht abzugewinnen. Er stellt die fixen Kosten
in einen Zusammenhang mit Produktionsfunktionen, die den technischen
Gegebenheiten Rechnung tragen.[2]
Unter Einbeziehung von variablen Kosten entwickelt Gutenberg systematisch das Gestaltungspotential zur Beeinflussung von Kostenverläufen

---

1) Gutenberg 1957, 10

2) vgl Gutenberg 1956; 1966, 1o

und nimmt ihnen den von Schmalenbach aufgebauten mystischen Charakter.[1]

Obwohl also Gutenberg den Schmalenbachschen Versuch zurückweist, gesetzmäßige Entwicklungsverläufe aus der Wirkung der fixen Kosten abzuleiten, knüpft er dennoch erkenntnistheoretisch an Schmalenbachs Methode an. In einem Rückblick weist er darauf hin, daß ihn vor allem die Tatsache interessiert habe, daß Schmalenbach ein Abhängigkeitsverhältnis isoliert habe, um präzisere Vorstellungen über den Zusammenhang zwischen zwei Variablen zu erhalten. Konkret habe Schmalenbach die Abhängigkeit des Produktionskostenniveaus vom Produktionsvolumen untersucht:

> "Das Interessante und von den betriebswirtschaftlichen Untersuchungen Schmalenbachs selbst und den anderen betriebswirtschaftlichen Autoren Abweichende besteht in der besonderen Methodik, die Schmalenbach in seiner Untersuchung anwendet. Er löst aus dem großen Variablenzusammenhang, den ein Unternehmen darstellt, zwei Variable heraus und richtet sein Interesse ausschließlich auf die Abhängigkeit, die zwischen diesen Variablen besteht. Das war neu in der Betriebswirtschaftslehre und für mein wissenschaftliches Anliegen von großem Interesse."[2]

Das Ziel war nun, auf diese Weise zu Aussagen über den Gesamtzusammenhang des betrieblichen Variablensystems zu gelangen. Dies war - wie Gutenberg rückblickend feststellt - ein völlig neues Unterfangen. Die Suche nach Grundlagen der Betriebswirtschaftslehre und die Durchforschung eines wissenschaftlichen Raumes war bislang nicht geleistet.[3]

So geht Gutenberg der Frage der Orientierungsmöglichkeiten der Betriebswirtschaftslehre im übertragenden Sinne systematisch in seiner Habilitationsschrift nach. Er fragt in seinem Vorwort: "... was es denn überhaupt mit einer betriebswirtschaftlichen Theorie auf sich haben

---

1) Schmalenbach hatte im Zusammenhang mit dem steigenden Anteil der fixen Kosten in den Unternehmen den Zwang zur Überproduktion, Kartellbildung und schließlich das Ende der freien Wirtschaft thematisiert. Vgl Schmalenbach 1928a; 1928b; 1949

2) Gutenberg 1984, 1157

3) vgl Gutenberg 1956, 429

könne, insbesondere, in welcher Weise die Unternehmung als Einzelwirtschaft Gegenstand einer solchen Theorie zu sein vermag."[1]

Die Frage, die sich Gutenberg stellt, ist zunächst eine generelle, noch
unbestimmte "... zu untersuchen, was es denn <u>überhaupt</u> mit einer
betriebswirtschaftlichen Theorie auf sich haben könne ..." (Heraushebung
durch HGR).

Hier steht der Sinn zumindest rhetorisch zur Disposition. Noch ist die
Richtung offen. In seiner Einschränkung fragt er "... <u>in welcher Weise</u>
die Unternehmung als Einzelwirtschaft Gegenstand einer solchen Theorie
zu sein vermag ..." (Hervorhebung durch HGR). Bereits im Vorwort deutet
Gutenberg an, daß die existierende ("moderne") Betriebswirtschaftslehre
mehrere Möglichkeiten besitzt, die Objekte mit eigener Problematik und
Methodik darzustellen, also der Frage, "in welcher Weise" nachzugehen.
"Nachweisen" lassen sich zwei Problemgebiete:

"Einmal handelt es sich hierbei um jene betriebswirtschaftlichen
Erscheinungen und Vorgänge, die vor allem praktisch-organisato-
rischer Natur sind. Zum anderen aber lassen besonders die
neueren Untersuchungen über die Kostengestalt und die
Erfolgsrechnung betriebswirtschaftliche Prozesse sichtbar
werden, deren Analyse besondere Methoden notwendig macht."[2]

Gutenberg skizziert die vor ihm liegende Aufgabe:

"Im wesentlichen handelt es sich also um das Aufsuchen einer
solchen Fragestellung, die auf das für eine betriebswirtschaftliche Theorie Relevante gerichtet ist und die es erlaubt, die
Fülle der von der Betriebswirtschaftslehre bisher aufgeworfenen
Probleme auf ihren theoretischen Gehalt hin zu überprüfen."[3]

Der Frage, "in welcher Weise", geht Gutenberg zunächst am Beispiel einer
Betriebswirtschaftslehre nach, die organisatorische Fragen als Hauptar-
beitsgebiet und Hauptansatzpunkt betriebswirtschaftlicher Forschungen
bildet.

"Das spezifisch Organisatorische des Betriebes bildet zunächst
und primär den Gegenstand solcher betriebswirtschaftlicher

---

1) Gutenberg 1929, Vorwort
2) ebenda
3) ebenda

Untersuchungen. Ihnen liegen also im wesentlichen organisatorische Leistungen zu Grunde."[1]

Das spezifisch Organisatorische wird der Praxis unmittelbar entnommen.
Je mehr Beschreibungen geleistet werden, um so eher gelingt es, das
organisatorisch Allgemeine im organisatorisch Besonderen zu finden.

"Dieses Aufsuchen von typischen organisatorischen Verfahren ist
nichts anderes als die Reduzierung der mannigfachen Vielheit
organisatorischer Erscheinungen auf bestimmte Grundformen."[2]

Und es ist genau dieses Aufsuchen von typischen Verfahrensregeln aus
der Fülle der einzelbetrieblichen Verfahrensweisen, die das Charakteris-
tikum dieser Art von Betriebswirtschaftslehre ausmacht. Im Vordergrund
steht die praktische Verwendung einer auf theoretischem Wege gewonnenen Einsicht oder:

"Das eigentliche Grundthema, um dessen Diskussion es sich in
dem zuletzt noch gestreiften Falle handelt, ist die Hineinproji-
zierung einer theoretischen Einsicht in die Sphäre des Praktisch
- Organisatorischen auf dem Gebiete des Verrechnungspreises."[3]

Es gibt hier einige Besonderheiten, in denen sich theoretische Einsicht
und organisatorische Realisierung verknüpft. So arbeiten bspw.
Kostenuntersuchungen abstrakt isolierend, vereinfachend, mit Annahmen,
um funktionale Zusammenhänge abzuleiten. Diese Erkenntnisse über die
funktionale Verbundenheit von Gütern in den Kostendarstellungen
werden ohne Umweg über die Organisation in das kaufmännische
Rechnungswesen transportiert.

"Das bereits vorliegende Ergebnis der theoretischen Analyse wird
damit zum organisatorischen Problem. Es rückt in den Bereich
derjenigen Betriebswirtschaftslehre, die das Organisatorische zum
Gegenstand hat."[4]

Oder allgemeiner: bekannte theoretische Einsichten werden als Grundlage
für die Gestaltung organisatorischer Fragestellungen zugrunde gelegt.

---

1) ebenda, 13
2) ebenda, 14
3) ebenda, 16
4) ebenda, 19

Der organisatorische Aspekt der Betriebswirtschaftslehre ist einer von vielen möglichen Ansatzpunkten, von denen aus betriebswirtschaftliche Phänomene zum Problem gemacht werden können:

"Es besteht z.B. die Möglichkeit, betriebswirtschaftliche Erscheinungen in das Blickfeld des rein Technologischen, des Wirkungsgrades, des 'Betriebsprozesses', der Volkswirtschaftslehre, der Soziologie und Ethik zu rücken, obwohl das Realobjekt im eigentlichen Sinne dasselbe bleibt."[1]

Bei aller Begrenztheit dieses Ausgehens von einem bestimmten Standpunkt ist es dennoch eine Möglichkeit, betriebliche Probleme aufzuzeigen.

"Diese Probleme aufzuzeigen und, wenn auch in geringerem Ausmaße, auszubreiten, nicht aber sie zu lösen, ist die Aufgabe, der im folgenden nachzukommen ist."[2]

Es stellt sich die Frage, warum Gutenberg Probleme aufzeigen, nicht aber sie zu lösen bereit ist. Ein wesentlicher Grund liegt in der Methodik seiner Vorgehensweise. Er abstrahiert von der empirischen Unternehmung und sucht nach "Regelmäßigkeiten", die das "Nervensystem" der Unternehmung bilden. Ziel ist die Gewinnung von Einsichten in die Grunderscheinungen der Betriebswirtschaft.

Ein weiterer wichtiger Grund ist die empirisch-realistische Annahme, die Gutenberg seinen Überlegungen voranstellt:

"Die Durchführung nun dieser einem letzten betriebswirtschaftlichen Zweck entspringenden Entschlüsse und Maßnahmen bedarf bestimmter Mittel und Einrichtungen, deren Inanspruchnahme den möglichst reibungslosen Vollzug dieser Zielsetzungen ermöglicht. Solche 'Einrichtungen' und 'Mittel' bilden den Komplex betriebswirtschaftlicher Institutionen, den man als Organisation bezeichnet. Diese ist also Mittel zur Erfüllung des Unternehmungszweckes, der hier zunächst rein privatwirtschaftlich als 'Ausnutzung von Preisdifferenzen' bezeichnet sei. Jede Maßnahme, die diesem betriebswirtschaftlichen Endzweck dient, nimmt die Einrichtungen der Organisation in Anspruch."[3]

---

1) ebenda, 24 f.

2) ebenda, 25

3) ebenda, 11 f.

Der Unternehmenszweck als "Ausnutzen von Preisdifferenzen" ist damit konstitutiv für diese Art von Betriebswirtschaftslehre. Da diese Annahme empirisch realistisch den Kern der kapitalistischen Produktionsweise trifft, ist dieser Unternehmenszweck unter Umständen auch konstitutiv für jede andere Art von Betriebswirtschaftslehre, die Bestand haben will. Deshalb ist - wie Gutenberg es zeigt - die Standpunktfrage völlig gleichgültig. Zentraler Grundtatbestand bleibt das Ausnutzen von Preisdifferenzen. Nur dadurch kann Kapital verwertet werden.

Marx[1] zeigt an einem durchaus vergleichbaren Beispiel, wie die Preisdifferenz bei der Produktion des absoluten Mehrwertes entsteht. Ziel ist die Produktion eines Gebrauchswertes, der am Markt besteht. Diese Ware soll die Eigenschaft haben, im Wert höher zu sein, als die Werte, die zu ihrer Produktion benötigt werden. Der Unternehmer kauft am Markt alle notwendigen Bestandteile ihrem Wert entsprechend. Auch die Arbeitskraft wird äquivalent ihren Produktionskosten entsprechend bezahlt. Die Addition der Werte ergibt ihren Marktpreis. Eine Preisdifferenz findet nicht statt.

Nun wird angenommen, daß - um einen Gewinn zu realisieren - ein Mehrpreis von 10% auf die Ware aufgeschlagen wird. Der Verkäufer realisiert dann eine Differenz. Aber aus dem Verkäufer wird zwangsläufig wieder ein Käufer und ein dritter Warenbesitzer begegnet ihm, der seinerseits 10% Aufschlag fordert und ebenfalls als Käufer diesen "Gewinn" wieder verlieren wird. Ausnutzen von Preisdifferenzen findet hier im Sinne eines Nullsummenspiels statt.

> "Das Ganze kommt in der Tat darauf hinaus, daß alle Warenbesitzer ihre Waren einander 10% über dem Wert verkaufen, was durchaus dasselbe ist, als ob sie die Waren zu ihren Werten verkauften."[2]

Umgekehrt gilt das gleiche. Auch wenn es Käufern gelingt, unter Wert zu kaufen, verlieren sie als Verkäufer entsprechend.

Preisdifferenzen können also nicht dadurch ausgenutzt werden, daß Zu- oder Abschläge realisiert werden, die sich am Markt zwischen Käufern und Verkäufern wieder ausgleichen.

---

1) vgl Marx 1975
2) Marx 1977, 175

Tatsächlich existiert auf dem Markt eine Ware, die zu ihrem Wert gekauft und dennoch mehr Wert schaffen kann. Es ist die Arbeitskraft, die sich im Gegensatz zu anderen Waren als ergiebig erweist:

"Daß ein halber Arbeitstag nötig ist, um ihn während 24 Stunden am Leben zu erhalten, hindert den Arbeiter keineswegs, einen ganzen Tag zu arbeiten. Der Wert der Arbeitskraft und ihre Verwertung im Arbeitsprozeß sind also zwei verschiedene Größen. Diese Wertdifferenz hatte der Kapitalist im Auge, als er die Arbeitskraft kaufte."[1]

Ausnutzen von Preisdifferenzen könnte also Ausnutzen der Differenz von Gebrauchs- und Tauschwert der Arbeitskraft und ihrer Realisierung am Markt bedeuten.

Eine Betriebswirtschaftslehre, die diesen Zweck als konstitutiv für ihre theoretischen Bemühungen voraussetzt, bedarf nicht unbedingt der Produktion von Lösungen. Die Gewinnung von Einsichten ist ebenso unabweisbar für die theoretische Erkenntnis wie die praktische Gestaltungsabsicht.

Albach - ein Schüler Gutenbergs - weist deshalb zutreffend darauf hin, daß die Kritik an Gutenbergs Menschenbild völlig unangemessen war und ist, denn im Mittelpunkt der Betriebswirtschaftslehre kann nicht der Mensch stehen, sondern nur die Ergiebigkeit seiner Arbeitskraft:

"Entsprechend der funktionalen Betrachtungsweise menschlicher Arbeit steht die Abgabe von Arbeitsleistungen durch Menschen im Betrieb im Mittelpunkt der betriebswirtschaftlichen Analyse der 'Grundlagen'. Die Individualität des Menschen im Unternehmen, seine Fähigkeit, mit anderen Menschen zusammenzuarbeiten, und seine Reaktionen auf die Impulse, die von den Anreizen, die die Organisation gibt, auf seine Motivationen und Anstrengungen ausgehen, interessieren mithin unter methodischen Gesichtspunkten nicht als solche, sondern letztlich nur insoweit, als sie die Ergiebigkeit der menschlichen Arbeitsleistung im Kombinationsprozeß bestimmen."[2]

Nun wird die Interpretation der Realität, wie sie von Gutenberg in seiner Habilitationsschrift vorgenommen wurde, kaum bestritten. Damit

---

1) Marx 1977, 208
2) Albach 1982, 6

setzt Gutenberg zwar realistische Voraussetzungen, aus denen sich aber nicht zwangsläufig Konsequenzen für den theoretischen Umgang mit dieser Realität ergeben. Immerhin legt Gutenberg zwei zentrale Einsichten zugrunde, die einer genaueren Untersuchung bedürfen:

a) Es gibt für die Betriebswirtschaftslehre konstitutive Grundtatbestände.

b) Es gibt verschiedene Möglichkeiten (Standpunkte), sich diesen Grundtatbeständen zu nähern.

Gutenberg selbst will nicht gestalten, sondern aufklären. Er will die Bedingungen von Möglichkeiten erkenntnismäßig konstruieren. Dabei ist in Gutenbergs Sinne die Betriebswirtschaftslehre nicht frei, sondern bezieht sich unmittelbar auf Realität, die in seinem Ansatz in spezifischer Weise Gegenstand der Theorie wird:

> "Es leuchtet nun ohne weiteres ein, daß die Unternehmung, in dieser theoretischen Grundeinstellung gesehen, unmittelbar auf die Probleme der Theorie zugeschnitten sein muß. Sie hat die Bedingungen zu enthalten, welche die Möglichkeiten geben, zu spezifisch theoretischen Sätzen überhaupt zu kommen."[1]

Es stellt sich damit die Frage, welcher zentrale Gegenstand zum Ansatzpunkt der Betriebswirtschaftslehre gemacht werden kann. Daß z.B. die Gruppe arbeitender Menschen als zentraler Bezugspunkt für eine Betriebswirtschaftslehre geeignet ist, wird von Gutenberg bezweifelt. Einmal stellt dieses Gefüge nur eine sehr lockere Bindung dar, die lediglich auf arbeitsorganisatorischen Bedingungen ruht. Auch die sog. informellen Gruppen sind zu flüchtig, als daß sie zum zentralen Bezugspunkt einer Theorie der Betriebswirtschaftslehre erklärt werden könnten. Zum anderen sollte nicht außer acht gelassen werden, daß in einer auf Privateigentum ruhenden Wirtschaftsordnung der Führungsanspruch in den Unternehmen, also auch die Entscheidung über Bestehen und Nicht-Bestehen der Unternehmung, nicht von der Mitarbeit in den Unternehmungen abhängig ist. Schließlich dürfte es schwierig sein, eine systematische Einheit zwischen menschlicher Arbeit und den Betriebsmitteln herzustellen.[2]

---

1) Gutenberg 1929, 26

2) vgl Gutenberg 1966

Gutenberg selbst nimmt für sich einen Standpunkt in Anspruch, der einen Vorstoß in das Generelle ermöglichen soll. Es geht darum, betriebswirtschaftliche Grundvorgänge zu erforschen, die nach Organisation verlangen, wie bspw. die kostentheoretischen Untersuchungen Schmalenbachs.

Um diese Grundvorgänge erforschen zu können, transportiert Gutenberg die Unternehmung auf eine Ebene, in der zwar die Organisation vorhanden ist, ohne aber selber zum Problem zu werden. Die Unternehmung kann also nicht unmittelbar die empirische Unternehmung sein:

"Es muß für sie die Annahme gemacht werden, daß die Organisation der Unternehmung vollkommen funktioniert. Durch diese Annahme wird die Organisation als Quelle eigener Probleme ausgeschaltet und soweit aus ihrer wissenschaftlich und praktisch bedeutsamen Stellung entfernt, daß aus ihr keine Schwierigkeiten mehr für die theoretischen Gedankengänge entstehen können."[1]

Dies bedeutet keine Negation der Organisation, sondern eine Neutralisierung, um zu theoretischen Sätzen zu gelangen.

Dieser Versuch wird von einigen grundsätzlichen Schwierigkeiten begleitet. Da das Unternehmen von unterschiedlichen Menschen bewußt geschaffen wird, gleicht kein Unternehmen dem anderen, hat jedes Unternehmen ein eigenes individuelles Gepräge, mit einer Vielzahl scheinbar ungeordneter Phänomene. Hinzu kommt, daß Menschen ständig auf die Unternehmung Einfluß ausüben:

"Das Ausmaß, in dem sich dieses Durchsetzen vollzieht oder vollziehen kann, ist in den einzelnen Unternehmen deshalb verschieden, weil die Unternehmung im wesentlichen ein Gebilde ökonomischer Macht ist."[2]

Auch die Beeinflussungen der Kostenstruktur und der Fertigungsmethoden, der Standort, Konjunkturen etc., all dies macht die Unternehmung zu einer Veranstaltung, die unübersehbaren Einflußfaktoren unterliegt, die wiederum einem ständigen Wandel ausgesetzt sind.

"Die Frage lautet, ob sich nicht doch 'Regelmäßigkeiten' in der anscheinenden Regellosigkeit der betriebswirtschaftlichen

---

1) ebenda, 26
2) ebenda, 27

Erscheinungen feststellen lassen, die gewissermaßen das
Nervensystem bilden, in dem die Betriebswirtschaft als wirtschaftliche Institution lebt?"[1]

4.2.2.2. Die Verbindung von Betriebswirtschaftslehre und Unternehmung: Geld-Ware-Geld

Um dieser Frage nachzugehen, gilt es zunächst, Grundtatsachen zu
finden. Gutenberg nennt hier drei letzte Elemente, ohne die eine
Betriebswirtschaft nicht sein kann:
- Material
- psychophysisches Subjekt
- Rationalprinzip

Gutenberg geht davon aus, daß es für das menschliche Schaffen und
Handeln charakteristisch ist, daß es sich in der Zweck- Mittel-Relation
vollzieht. "Vernünftig" handeln, heißt zweckmäßig handeln, also Mittel
richtig auf einen Zweck abstimmen. Welche Zwecke dies sind, bleibt
zunächst ohne Bedeutung. Das Rationalprinzip wird damit als formales
Prinzip gekennzeichnet, das seinen Inhalten gegenüber indifferent ist.
Die Verwendung eines allgemeinen Prinzips macht aber erst Sinn, wenn
es auf die Ökonomie bezogen wird.

Es muß also in einem zweiten Schritt auf das Wirtschaftliche bezogen
werden, also auf das zweite Element: das Material. Auf diese Weise
gelingt es Gutenberg, das Rationalprinzip vom häufig mit ihm identifi-
zierten Ertragsprinzip abzugrenzen. Zwar ist es richtig, daß ein Teil der
Unternehmen auf die Erzielung von Gewinn abstellt und öffentliche
Unternehmen eher auf die Erstellung von Sachgütern und Dienstleistungen, aber die so unterschiedlichen Zwecke folgen beide dem
Rationalprinzip:

> "Mit dem Prinzip der Ertragserzielung hat das Rationale des
> Wirtschaftens im Unternehmen an sich nichts zu tun. Es vom
> Ertrags- oder Gewinnstreben ableiten zu wollen, ist ein Bemühen,
> welches nicht berücksichtigt, daß das Rationelle als solches,
> also das auswählende Abstimmen von Mitteln auf einen Zweck

---

1) ebenda, 28

überhaupt ein Prinzip ist, das auf die verschiedensten Zweckin-
halte und Materiale bezogen werden kann."[1]

Wie ist nun der Inhalt, auf den das Rationalprinzip bezogen werden soll,
beschaffen?

"Der Inhalt ist, genau gesehen, ein Prozeß, der in der Umwandlung von Geld in konkrete Güter und dann wieder in Geld
besteht."[2]

Unabhängig davon, wie Güter beschaffen sind und in welchen Mengen
sie in Unternehmungen auftauchen, stets sind die Güter im Umwandlungs-
stadium befindliches Kapital:

"Das Kapital ist größenmäßig bestimmt und gleichzeitig die
Instanz, auf die alle Güter in der Unternehmung beziehbar sind.
Es ist der Generalnenner, der für die Güter fehlt, wenn man sie
nur in ihrer qualitativen Unterschiedlichkeit sieht."[3]

Die bewerteten Güter, also die Preise, haben die Funktion, die Verbindung zwischen den Gütern und dem Kapital herzustellen. Auf diesem Wege
sind Güter in die Kapitalsumme eingliederbar:

"Die Preise sind es also, welche betriebswirtschaftlich gesehen,
die Kapitalquoten angeben, die auf die einzelnen Güter entfallen."[4]

Damit sind Gütermengen als Kapitalquoten das Material, auf das sich das
Rationalprinzip bezieht. Es interessieren also nicht die qualitative
Beschaffenheit der Güter, ihre chemisch - physikalischen Eigenschaften.
Es sind lediglich aufzuwendende Kapitalbeträge und zurückerhaltene
Kapitalbeträge, die die Elemente der betriebswirtschaftlichen Überle-
gungen bilden.

Zwischen dem Material und dem Zweck der Unternehmung gibt es eine
Verbindung. Das "Messen-Können" durch die Betriebswirtschaftslehre
wäre dann nicht möglich, wenn der Unternehmer keinem quantitativen
Zweck folgen würde, sei es, daß dieser Zweck rein psychischer Natur sei.
Da aber der Zweck entweder ein Geldertrag oder eine bestimmte Anzahl
von Sachgütern bzw. Dienstleistungen darstellt, "... erhält das

---

1) ebenda, 32 f.
2) ebenda, 33
3) ebenda, 33
4) ebenda, 34 f.

wirtschaftliche Prinzip erst infolge der inneren Verwandtschaft von betriebswirtschaftlichem Material und konkreten Zweckinhalten seinen quantitativen Charakter."[1]

Es sind die Menschen, die die Güter im Hinblick auf den Unternehmenszweck ordnen und bewegen. Diese Menschen unterscheiden sich sehr stark voneinander und entsprechend wird in vielfältigster Weise gegen das Prinzip der Wirtschaftlichkeit verstoßen. Es sind Mängel im Subjekt, die Verstöße möglich machen, bspw. durch:

- ungünstigen Einkauf und/oder
- falsche Preisgestaltung.

In der Praxis wird das Rationalprinzip deshalb nur unvollkommen realisiert. Es stellt sich also die Frage, wie das psycho-physische Subjekt in einer theoretischen Betriebswirtschaftslehre berücksichtigt werden kann. Gutenberg geht davon aus, daß es, bei allen Fehlern und Unvollkommenheiten, eine richtige Preisstellung, einen richtigen Einkauf gibt:

"Ob diesen Einkauf resp. Verkauf zu treffen, die menschlichen Kräfte übersteigt oder nicht, ist irrelevant. Nur darauf kommt es an, daß es unter auch noch so komplizierten Verhältnissen einen theoretisch richtigen Einkauf oder Verkauf geben muß."[2]

Den Modus zu finden, wie sich ein richtiger Preis bildet und in einem allgemeinen Satz auszudrücken, ist Aufgabe der Theorie.

Diese Aufgabe zu erfüllen, stößt an Grenzen, wenn das psychophysische Subjekt mit all seiner Irrationalität zum Gegenstand der Theorie wird. Die Menschen als bewegende Subjekte entziehen sich einer Quantifizierung. Dennoch muß es "Regelmäßigkeiten" geben, um die sich betriebswirtschaftliche Theorie zu bemühen hat. Deshalb wird so getan, als ob ein psychophysisches Subjekt nicht vorhanden sei:

"Dieses letztere wird auf diese Weise aus der Unternehmung als Objekt der betriebswirtschaftlichen Theorie eliminiert."[3]

Damit ist die Unternehmung von Zufälligkeiten und Irrationalität, wie sie sich in der Organisation durch den Menschen vollziehen können, befreit:

---

1) ebenda, 38 f.
2) ebenda, 40
3) ebenda, 42

"Indem die Organisation als sich reibungslos vollziehend gedacht
wird, bleibt sie als solche zwar nicht unberücksichtigt, aber als
Quelle eigener Probleme ausgeschaltet. Diese Ausschaltung folgt
unmittelbar aus der Notwendigkeit, das psychophysische Subjekt
aus dem Erkenntnisobjekt der theoretischen Betriebswirtschaftslehre herauszulösen, da es die Beantwortung der Fragen stören
würde, um deren Beantwortung es der Theorie zu tun sein muß."[1]
Wozu aber wird die Unternehmung in ein sich ideal vollziehendes Gebilde
transformiert? Was ist nun das Ziel dieser Suche nach Regelmäßigkeiten?

"Die Produktions- oder Ertragstheorie sieht die gesuchte Wurzel,
auf die sich alles betriebliche Geschehen mittelbar oder
unmittelbar zurückführen läßt, in der Beziehung zwischen dem
Einsatz von Arbeitsleistungen, Betriebsmitteln und Werkstoff und
dem Ergebnis dieses Faktoreinsatzes, dem Ertrag, hier rein
mengenmäßig gesehen."[2]
Diese Beziehung vollzieht sich im Kombinationsprozeß zwischen Elementarfaktoren und dispositiven Faktoren.
Einer dieser Elementarfaktoren ist die objektbezogene Arbeitsleistung.
Hierunter werden alle Tätigkeiten verstanden, die unmittelbar mit der
Leistungserstellung und mit finanziellen Aufgaben in Zusammenhang
stehen "... ohne dispositiv - anordnender Natur zu sein."[3]
Unter dem zweiten Elementarfaktor werden die Arbeits- und Betriebsmittel, also alle Einrichtungen und Anlagen verstanden, die die technische Grundlage der betrieblichen Leistungserstellung darstellen.
Unter dem dritten Elementarfaktor Werkstoff subsumiert Gutenberg alle
Roh-, Halb- und Fertigerzeugnisse, die als Ausgangs- und Grundstoffe
der Leistungserstellung dienen.
Diese Elementarfaktoren werden in einem Kombinationsprozeß zu einer
produktiven Einheit verbunden. Dies - so Gutenberg - vollzieht sich
weder mechanisch noch organisch, es "... geschieht vielmehr durch
bewußtes menschliches Handeln nach Prinzipien."[4]

---

1)   ebenda, 42
2)   Gutenberg 1956, 429
3)   Gutenberg 1976, 3
4)   Gutenberg 1976, 5

Die Person oder Personengruppe, die diese Kombination vollzieht, stellt einen vierten Faktor dar: den dispositiven Faktor.

> "Die Kombination der elementaren Faktoren schlechthin ist die betriebswirtschaftliche und volkswirtschaftliche Aufgabe der Unternehmer in marktwirtschaftlichen Systemen.
> Allein mit dieser Aufgabe läßt sich der Anspruch der Unternehmer auf Unternehmergewinn begründen. Er stellt eine Vergütung für die erfolgreiche Durchführung produktiver Kombinationen dar."[1]

Dieser Faktor besteht aus individuellen, nicht quantifizierbaren Eigenschaften. Er kann aber durch Planung den Betriebs-, Absatz- und Finanzbereich von Zufälligkeiten frei machen. In diesem Falle handelt es sich bei Planung um einen aus dem dispositiven Faktor abgeleiteten derivativen Faktor.

Zur Aufgabe des dispositiven Faktors gehört es also, das betriebspolitisch Gewollte in rationale Formen betrieblicher Planung umzugießen. Darüber hinaus muß das geplante auch durchgesetzt und verwirklicht werden. Diesen verlängerten Arm der Betriebs- und Geschäftsleitung bezeichnet Gutenberg als zweiten derivativen Faktor.

Auf der Basis dieser Elementarfaktoren und dispositiven Faktoren will Gutenberg den Kombinationsprozeß daraufhin untersuchen, welches die günstigste Kombination dieser Faktoren ist. Er fragt also danach, welche Beziehungen es zwischen Faktoreinsatz, also Elementarfaktoren und dispositiven Faktoren, und Faktorertrag gibt:

> "Da diese Beziehung eine Produktivitätsbeziehung ist, wird damit zugleich die Produktivität zum Grundphänomen der betriebswirtschaftlichen Analyse des Produktionsprozesses gemacht."[2]

Die Suche nach Gesetzen und Regelmäßigkeiten hat Gutenberg u.a. damit begründet, daß theoretische Betriebswirtschaftslehre den Bedürfnissen der Praxis am nächsten kommt, und daß es eher eine praktische Betriebswirtschaftslehre ist, die die Diskrepanz zwischen Theorie und Praxis fördert.

Natürlich - so Gutenberg - beschäftigen sich Praktiker und Wissenschaftler mit dem gleichen Gegenstand, aber die Perspektiven sind

---

1) Gutenberg 1976, 5 f.
2) Gutenberg 1976, 9

unterschiedlich. Der Praktiker handelt praktisch, bei dem Wissenschaftler handelt es sich um die gedankliche Bewältigung von betrieblichen Sachverhalten.

Ist alles einfach und überschaubar, gibt es für den Praktiker keinen Anlaß, auf wissenschaftliche Erkenntnisse zurückzugreifen, denn diese kommen dann über eine Sammlung von betrieblichen Tatsachen, die auch den Praktikern bekannt sind, nicht hinaus.

> "Wenn also in einer Publikation lediglich beschrieben wird, was in den Betrieben praktisch geschieht, dann pflegen solche Arbeiten die Praxis wenig zu interessieren, denn die Praktiker kennen ja die Dinge in der Regel aus eigener Anschauung besser."[1]

Zur Herausbildung einer Wissenschaft kommt es erst, wenn es betriebliche Tatbestände gibt, die nicht genügend durchsichtig und in ihren Konsequenzen nicht überschaubar sind.

Erst wenn die Dinge nicht einfach und wenig überschaubar sind, ist es für die Praxis von Bedeutung, sich wissenschaftlich mit diesen Fragen zu beschäftigen:

> "Unter diesen Umständen ist die wissenschaftliche Beschäftigung mit betrieblichen Fragen vor der Praxis legitimiert. So eng ist auf betriebswirtschaftlichem Gebiete das Verhältnis zwischen Praxis und Wissenschaft."[2]

Während also betriebspolitisch die Zweckmäßigkeit des Handelns im Vordergrund steht, ist es wissenschaftlich die methodische Sauberkeit, die Schlüssigkeit des Gedankengangs:

> "Eine wissenschaftliche Konzeption, der es gelingt, die innere Logik der Dinge aufzuspüren und die betrieblichen Sachverhalte geistig zu durchdringen, wird immer das Interesse der Praktiker haben, da sie anregt und Perspektiven öffnet. Ist das nicht auch die Aufgabe der Wissenschaft?"[3]

> "Wie klein und eng erscheint in diesem Zusammenhang die Ansicht, die Betriebswirtschaftslehre habe die Aufgabe, den

---

1) Gutenberg 1953, 338
2) Gutenberg 1953, 339
3) Gutenberg 1953, 340

leitenden Persönlichkeiten in den Unternehmungen sagen zu sollen, was sie zu tun haben."[1]

4.2.2.3. Die Dominanz des erwerbswirtschaftlichen Prinzips

Offensichtlich gibt es Einflußfaktoren, die sich aus dem jeweiligen Wirtschaftssystem ergeben. Gemeinsam mit systemindifferenten Tatbeständen bezeichnen sie den jeweiligen Betriebstyp.

Gutenberg wendet sich zunächst der finanziellen Sphäre zu und fragt nach den Einflüssen, die ein Wirtschaftssystem auf diesen Bereich nimmt. Grundsätzlich kann geschlossen werden, daß ein Betrieb dann aufhört zu existieren, wenn die vorhandenen Mittel nicht mehr ausreichen, um fällige Verbindlichkeiten auszugleichen. Daraus kann nun gefolgert werden, daß im Umkehrschluß die Leistungserstellung und -verwertung ein finanzielles Gleichgewicht voraussetzen. Dies gilt nicht nur für marktwirtschaftliche Unternehmen, sondern auch für öffentliche Betriebe und Betriebe in zentralverwaltungswirtschaftlichen Systemen. Auch dort muß das finanzielle Gleichgewicht aufrecht erhalten werden. Dies geschieht nicht durch selbstregulierende Finanzströme der Unternehmen, sondern durch die Zuwendung Dritter. Auch hier gilt: ohne diese Zuwendung würde der Betrieb nicht existenzfähig sein:

> "Ist aber so die Aufrechterhaltung des finanziellen Gleichge-
> wichtes Existenzvoraussetzung für alle Betriebe, von welcher Art
> sie auch sein mögen und welchen Wirtschaftssystemen sie auch
> angehören, so wird man das Prinzip des finanziellen Gleichge-
> wichtes zu jener betrieblichen Grundsubstanz rechnen müssen,
> die hier als 'systemindifferent' bezeichnet wird."[2]

Systemindifferente Prinzipien stellen damit Grundvoraussetzungen für die Existenz von Betrieben dar, die unabhängig von Wirtschaftssystemen Gültigkeit besitzen und vom Betriebswirt analysiert werden. Neben dem finanziellen Gleichgewicht sind die Kombination von Faktoren sowie die Wirtschaftlichkeit diesen Prinzipien zuzuordnen. Sie stellen somit in

---

1) Gutenberg 1953, 341
2) Gutenberg 1976, 459 f.

Gutenbergs Betriebswirtschaftslehre ewige Grundvoraussetzungen dar, die als Basis für sog. systembezogene Faktoren dienen.

Systembezogen ist die Frage, ob ein Unternehmen gegenüber dem Staat oder einer anderen übergeordneten Instanz autonom oder Teil eines Organs ist. Je nachdem, ob das Wirtschaftssystem nach dem Prinzip der Autonomie oder nach dem Organprinzip verfaßt ist, wird es zu unterschiedlichen Betriebstypologien kommen. Autonomie sagt nichts darüber aus, wie das Verhältnis zwischen den Unternehmen konstruiert ist, sondern es wird danach gefragt, ob der Unternehmer bzw. das entscheidende Gremium in seinen Entscheidungen frei ist. Diese systembezogenen Faktoren vermitteln damit zwischen diesen Grundvoraussetzungen und dem jeweiligen Wirtschaftssystem.

Betriebswirtschaftslehre in marktwirtschaftlichen Systemen stellt weiter fest, daß die Leiter der Unternehmen Gewinnerzielung als primäre Aufgabe und Leistungserstellung als sekundäre Aufgabe zum Zwecke der Gewinnerzielung betrachten. Dieser rein privatwirtschaftlichen Sicht steht volkswirtschaftlich die Annahme gegenüber, daß dieses Gewinnprinzip in erster Linie Sach- und Dienstleistungen bereitstellt und daß dabei in zweiter Linie Gewinne abfallen. Ob nun diese Annahme mit den empirischen Gegebenheiten immer zusammenfällt oder zusammengefallen ist, wird von Gutenberg bezweifelt.[1] Allerdings bleibt festzustellen, daß das erwerbswirtschaftliche Prinzip die Grundorientierung für Betriebe ist, die auf Privateigentum aufbauen und sich im Wettbewerbszustand befinden. Zwar - so Gutenberg - wird niemand mehr der Annahme folgen, daß die Rendite geeignet ist, ökonomische und soziale Spannungen abzubauen oder daß der Preis- und Gewinnmechanismus nur in unwichtigen Märkten versagt:

"Aber gleichwohl bleibt das erwerbswirtschaftliche Prinzip ein konstitutives Element des liberalistisch-kapitalistischen Systems und damit eine Determinante, welche den für dieses Wirtschaftssystem charakteristischen Betriebstyp, die privatwirtschaftlich - erwerbswirtschaftlich - kapitalistische 'Unternehmung' kennzeichnet."[2]

---

1) vgl Gutenberg 1976, 464 f.

2) Gutenberg 1976, 469

Diesem erwerbswirtschaftlichen Prinzip ordnen sich die Betriebsprozesse unter. Wirtschaftlichkeit konkretisiert sich im Gewinn:

"Die Art und Weise, wie sich das erwerbswirtschaftliche Prinzip als Leitmaxime betrieblicher Betätigung im kapitalistischen Betriebstyp gegenüber dem Wirtschaftlichkeitsprinzip durchsetzt, es gewissermaßen als Instrument sparsamster Mittelverwendung benutzt und dennoch den Betrieb ihm nicht überantwortet, macht das Wesen der kategorialen Umklammerung des Prinzips der Wirtschaftlichkeit durch das erwerbswirtschaftliche Prinzip aus. Auf diese Weise verschmelzen systemindifferente und systembezogene Tatbestände zu einer betrieblichen Einheit und lassen jenen Typ entstehen, den man als kapitalistische Unternehmung bezeichnet."[1]

Entsprechend gilt in zentralverwaltungswirtschaftlichen Systemen, daß das Prinzip der plandeterminierten Leistungserstellung das Wirtschaftlichkeitsprinzip konkretisiert und so als systembezogener Tatbestand einen bestimmten Betriebstyp entstehen läßt.

Einen dritten systembezogenen Tatbestand bildet schließlich das Angemessenheitsprinzip. In kapitalistischen Systemen tritt dieses Prinzip als Prinzip der Gewinnbeschränkung auf, insbesondere in Unternehmen, die öffentlichen Bedarf zu decken haben. Da diese Unternehmen dem erwerbswirtschaftlichen Prinzip nur beschränkt folgen, führt dies zu einem Betriebstyp, der deutlich vom erwerbswirtschaftlichen Betriebstyp abweicht.

Dieses Angemessenheitsprinzip hat seine Entsprechung in Systemen der plandeterminierten Leistungserstellung, wo mit Hilfe des Organprinzips begrenzte Gewinne festgelegt werden können, da jedes Unternehmen als Teil eines Gesamtorganismus den Lenkungsprinzipien einer Planungsinstanz unterworfen ist.

Trotz dieses häufig kritisierten Versuchs,[2] die Betriebswirtschaftslehre als systemübergreifende Aufgabe zu definieren und im jeweiligen Wirtschaftssystem zu konkretisieren, ist dennoch klar, daß sich Gutenberg nicht mit den jeweils anderen Betriebswirtschaftslehren befaßt. Seine Frage ist der Kombinationsprozeß in dieser Gesellschafts-

---

1) Gutenberg 1976, 471
2) vgl Hundt 1977, 135 ff.

ordnung und er bezieht sich dabei auf bestehende Normen und Werte, wie sie sich in der kapitalistischen Produktionsweise niederschlagen.

"Die Aufgabe der Betriebswirtschaftslehre besteht darin, diesen Optimierungsprozeß aufzuhellen und an seiner Vervollkommnung aktiv mitzuarbeiten. Hierbei denkt sie - bei aller Verfeinerung, die sie erstrebt - dennoch grundsätzlich nur in Strukturen weiter, die in ihrem Gegenstand enthalten sind."[1]

Betriebswirtschaftslehre bezieht sich damit notwendigerweise auf herrschende ökonomische Normen und Strukturen, ohne daß die Notwendigkeit besteht, Betriebswirtschaftslehre selbst als normative Wissenschaft zu begreifen. Die Übernahme von Normen ist notwendiger Bestandteil einer Wissenschaft, die sich auf bestehende Praxis bezieht und sie optimieren will. Es erscheint Gutenberg weitgehend sinnlos, gegen Tatbestände anzurennen, die er als Wissenschaftler nicht beeinflussen kann:

"Der Gegenstand der Betriebswirtschaftslehre als solcher verlangt keine politischen, sozialethischen oder dergleichen Entscheidungen. Diese Entscheidungen fallen in einem völlig anderen Raum als dem der Betriebswirtschaftslehre, wirken dann jedoch in betriebswirtschaftliche Bezirke hinein und führen unter Umständen zu Konsequenzen, die betriebswirtschaftlich relevant sind."[2]

Die Tatsache, daß das erwerbswirtschaftliche Prinzip ein konstitutives Element der Unternehmung ist, hat der Betriebswirt zur Kenntnis zu nehmen. Es ist durch höherwertige Normen oder normative Empfehlungen kaum zu negieren.

4.2.3. Zusammenfassende Beurteilung: Zur Rolle der EDV im Rahmen einer erklärungsorientierten Betriebswirtschaftslehre

In einer erklärungsorientierten Betriebswirtschaftslehre wird bei Rieger danach gefragt, welche Steuerungsmechanismen die gegenwärtige Ökonomie bestimmen. Er identifiziert den Markt als Ort von Tausch und

---

1) Gutenberg 1963, 127 f.
2) ebenda, 129

Austausch, der im Zeitalter der Massenproduktion durch Geld erheblich erleichtert wird.

Produkte werden erzeugt und verteilt, nicht um den Markt zu versorgen wie Rieger in Auseinandersetzung mit Schmalenbach klarstellt, sondern um Geldeinkommen zu erzielen. Jede andere Vorstellung gehe an der Realität vorbei. Der in früheren Epochen vorhandene Bezug zu den Produkten weicht in dieser Epoche einer Gleichgültigkeit gegenüber den stofflichen Eigenschaften von Gütern.

Wenn also in Unternehmen in erster Linie das Geldeinkommen zum zentralen Gegenstand wird, ist nicht der Betrieb schlechthin Gegenstand einer Betriebswirtschaftslehre, sondern, wie Rieger konsequent betont, das Unternehmen ist Gegenstand einer Privatwirtschaftslehre. So wie das Ziel der Unternehmung sich in der Realisierung von Ertrag ausdrückt, konzentriert sich die Privatwirtschaftslehre auf diesen Aspekt als allgemein existierendes Phänomen. Dabei geht es Rieger um die Beschreibung der Wirtschaft, in der wir leben und die Beobachtung ihrer Veränderungen, unabhängig davon, welchen Nutzen Praktiker aus diesen Beobachtungen ziehen. Gesucht wird das Allgemeine, die letzte Instanz, die den Privatwirtschaften als gemeinsames Prinzip zugrunde liegt. Jede "Orientierung" wird von Rieger mit aller Schärfe zurückgewiesen. Wer sich der Wahrheit verpflichtet fühlt, lehnt jede Gestaltungsabsicht ebenso ab, wie den Rückgriff auf ethische Zielvorstellungen.

Der Rückbezug auf reine Ökonomie, die Interpretation des Unternehmens als Geldfabrik, die notwendigerweise in einer kapitalistischen Umwelt aus Geld mehr Geld machen muß, läßt die Frage der eingesetzten Technik nur unter dem Aspekt interessant werden, ob sie dazu beiträgt, diesen ökonomischen Kreislauf in Gang zu halten. Die Orientierung ist hier konkurrenzlos ökonomisch. Sie bedarf keiner Ergänzung.

Auch in einer weiteren Variante einer erklärungsorientierten Betriebswirtschaftslehre geht es im wesentlichen um ökonomische Fragen, denen alle weiteren Aspekte von Betrieben zunächst untergeordnet sind.

Gutenbergs Absicht ist es, den Riegerschen Intentionen nicht unähnlich Aussagen über den Gesamtzusammenhang zu erhalten, Grundlagen zu suchen, Variablen zu isolieren und ihre wechselseitigen Beziehungen zu analysieren.

Bei der Frage nach dem Kern der Betriebswirtschaftslehre erweist sich die Beziehung Geld Ware Geld im Denken Gutenbergs als ein zentraler

Bezugspunkt, den es auf der Suche nach Regelmäßigkeiten und Grundtatsachen zu analysieren gilt. Auch hier werden Güter analog zur herrschenden Praxis als in Umwandlung befindliches Kapital interpretiert.
Zentraler Gegenstand betriebswirtschaftlicher Überlegungen sind
aufgewendete und zurückerhaltene Kapitalbeträge. Hier besteht eine
innere Verwandschaft zwischen dem Ziel von Betriebswirtschaften und
betriebswirtschaftlicher Theorie. Indem theoretische Betriebswirtschaftslehre idealtypisch die Möglichkeit der Optimierung des herrschenden
Rationalitätsprinzips demonstriert, ermöglicht sie der Praxis, die
Differenz zwischen Realität und Ideal zu thematisieren. Es ist dann
Angelegenheit der Praxis, theoretische Erkenntnisse umzusetzen.
Angesichts der Kompliziertheit der Praxis ist die Betriebswirtschaftslehre in dieser Denkhaltung nicht in der Lage, Gestaltungsempfehlungen
abzugeben und lehnt dies deshalb ab.

Die Aufhellung von Regelmäßigkeiten, die Suche nach einer inneren
Logik der Kapitalbewegung, vollzieht sich vor dem Hintergrund einer
realistischen Einschätzung der Dominanz des erwerbswirtschaftlichen
Prinzips, das möglicherweise auch partiell zu einer Befriedigung
gesamtgesellschaftlicher Bedürfnisse beiträgt. Wirtschaftlichkeit mag ein
raum- und zeitunabhängiges Prinzip sein, in dieser Wirtschaftsordnung
konkretisiert es sich im Gewinn. Dem erwerbswirtschaftlichen Prinzip
ordnen sich die Betriebsprozesse unter, so daß es in dieser Sichtweise
nicht gelingen kann, andere Phänomene, wie bspw. den Menschen, zum
zentralen Kern der Betriebswirtschaftslehre zu machen.

Kann somit EDV zum zentralen Bezugspunkt der Betriebswirtschaftslehre
werden?

Im Gutenbergschen Sinne kann dies nicht geschehen, weil Betriebswirtschaftslehre vergleichbaren Grundproblemen unterliegt wie der Mensch
oder die Organisation. Als Bezugspunkt erweist sich EDV als zu flüchtig,
sie ist zu vielen sozialen, politischen, ökonomischen und gesetzlichen
Einflüssen ausgesetzt, von denen kaum abstrahiert werden kann (vgl
ausführlich Kap. 2). Es ist vermutlich daher kein Zufall, daß in einer
EDV-orientierten Betriebswirtschaftslehre eher auf Fallbeispiele als auf
generelle Einsichten rekurriert wird. Es ist vermutlich auch kein Zufall,
daß fehlende Verallgemeinerung häufig mit der Universalität der EDV
oder mit der hohen Entwicklungsdynamik begründet werden.

Zwar ist dem Argument zuzustimmen, daß EDV im Rahmen des Kombinationsprozesses funktionelle Zusammenhänge verändert, aber auch hier
gilt, daß die Universalität der Technik den Vorstoß ins Allgemeine eher
behindert, wenn sie selbst Gegenstand der Untersuchung wird. Gerade
weil Technologie von Branche zu Branche, von Betrieb zu Betrieb
unterschiedlich eingesetzt werden kann, wäre es Aufgabe einer erklärenden Betriebswirtschaftslehre nach dahinterliegenden Prinzipien und
Zusammenhängen zu suchen.

Von konkreter Technk wäre hier wiederum zu abstrahieren. Im Vordergrund steht die Analyse der veränderten Produktivitätsbeziehung. Ziel
könnte es sein, die Beziehungen zwischen Einsatz von Arbeitsleistungen,
Betriebsmitteln und Werkstoffen neu zu bestimmen. Erst wenn diese
Beziehungen grundlegend und verallgemeinerungsfähig Veränderungen
unterworfen werden, können diese neu beschrieben, analysiert und
erklärt werden und zwar bezogen auf eine optimale Kombination. Sie
bezieht sich dann auf das Optimum in den Produktivitätsbeziehungen,
unabhängig davon, ob dieses Optimum in der Praxis erreicht werden
kann. Auf diese Weise konkurriert Betriebswirtschaftslehre eben nicht
mit gestaltungsorientierten Nachbardisziplinen, wie z.B. dem Maschinenbau, wenn es darum geht, neue Technologien zu entwickeln und zu
implementieren.

Betriebswirtschaftslehre untersucht Undurchschautes in den Produktivitätsbeziehungen. Wenn diese Beziehungen so klar sind, daß der Maschinenbau die notwendige Software entwickeln kann, dann verliert
Betriebswirtschaftslehre nicht ihre Gestaltungsfähigkeit, sondern sie
tritt in Konkurrenz, wenn es darum geht, durch gute Ideen die durch-
schaute Praxis zu optimieren. Erklärende Betriebswirtschaftslehre findet
dort, wo alles einfach ist, keine Aufgabe.

4.3. Rekonstruktion alternativer Orientierungen

Bislang wurde aufgezeigt, daß EDV im Rahmen einer gestaltungsorientierten Betriebswirtschaftslehre und im Rahmen einer erklärungsorientierten
Betriebswirtschaftslehre berücksichtigt wird. In diesem Kapitel soll nun
geprüft werden, ob eine eigenständige EDV-orientierte Perspektive, die
nicht dem herrschenden ökonomischen Denken verpflichtet ist, möglich
werden kann. Es geht um die praktische und theoretische Relevanz einer
Perspektive, die Betriebe zunächst einmal unter dem Gesichtspunkt der
Information oder Informationsverarbeitung interpretiert, erklärt und
gestaltet.[1] Im Vordergerund steht damit zunächst nicht die ökonomische
Vorteilhaftigkeit des Technikeinsatzes, sondern die Möglichkeit "... die
irgendwie faktisch gewordene Betriebsorganisation kritisch zu rekonstruieren. Das bedeutet, daß schrittweise eine Entstehungsgeschichte
zusammengefügt wird, wie sie hätte verlaufen können und sollen."[2]
Unter Rückgriff auf die Rekonstruktionsprinzipien der Erlanger Schule[3]
kann damit aus einem Vergleich der rekonstruierten Soll-Situation mit
der Ist-Situation die pragmatische Aufgabenstellung einer Betriebsinformatik oder informationsorientierten Betriebswirtschaftslehre erschlossen
werden:

> "So paradox es klingen mag: Die Fragestellungen aller Ange-
> wandten Informatiken entstehen erst, wenn man sich von den
> vorgelegten Ergebnissen ihrer Anwendungen kritisch distanziert,
> um dann deren Neuaufbau in Angriff zu nehmen. Nicht die bloße
> Übertragung von Funktionen auf Geräte der Datenverarbeitung
> sowie ihrer sozialen Folgen und die Beherrschung des Mengenpro-
> blems der Daten sind also die Anliegen einer wissenschaftlichen
> Betriebsinformatik. Im Mittelpunkt steht vielmehr eine kritische
> Rekonstruktion der Funktionalbereiche einer Betriebswirtschaft,
> die für eine automatische Informationsverarbeitung anstehen."[4]

Faktisch bedeutet dies, daß unter informationstechnischen Gesichtspunkten Begriffe schrittweise und zirkelfrei aufgebaut werden sollen "... die

---

1) vgl Müller-Merbach 1985b
2) Mertens/Wedekind 1982, 511
3) vgl ausführlich Kambartel 1974a; 1974b
4) Mertens/Wedekind 1982, 511

in der Lebenswelt keine Entsprechung zu haben brauchen..."[1] Diese "kritische Rekonstruktion", die zunächst von der faktischen Lebenswelt abstrahiert, um vor dem Hintergrund von übergeordneten Prinzipen als Sollvorstellung Anregung zur praktischen Veränderung zu geben, ist in den letzten Jahren innerhalb der Betriebswirtschaftslehre (wieder) modern geworden (siehe Kap. 4.3.1). Dies mag unter anderem daran liegen, daß eine Reihe von Phänomenen in der Praxis auftauchen (z.B. Informationstechnologien), von denen Autoren glauben, daß die klassische Denkhaltung der Betriebswirtschaftslehre diesen Phänomenen nicht gerecht werden, weil wie P. Ulrich behauptet, "... die Praktiker ... ganz einfach ein umfassenderes und realistischeres Verständnis von 'Wirtschaftlichkeit' haben als die Theoretiker, die durch die enggefaßte Brille ihres 'ökonomischen Prinzips' schauen?!"[2]

Aus diesem Grund plädieren Betriebswirte, bezogen auf relevante Phänomene in der Praxis, für eine Perspektive, die eine eigenständige Alternative zum herkömmlichen ökonomischen Denken erlauben soll. Diese Versuche stehen in der Tradition eines Zweiges der Betriebswirtschaftslehre, der bezogen auf wechselnde Phänomene immer Anlaß zu Neuorientierungsversuchen und Schulenbildung gegeben hat. Unter Rückgriff auf historisch vergleichbare Versuche (siehe Kap. 4.3.2), soll im folgenden diskutiert werden, ob moderne, eigenständige Orientierungen sich behaupten können oder ob sie vergleichbaren strukturellen Grundproblemen unterliegen (siehe Kap. 4.3.3). Die Diskussion dieser Fragestellung kann Hinweise auf die Grundlagen einer Überlebensfähigkeit EDV-orientierter Betriebswirtschaftslehre geben.

4.3.1. Ökologie und Konsens als Gegenstand moderner Orientierungen

Als herausragende eigenständige Orientierungen der Betriebswirtschaftslehre können zur Zeit zwei Ansätze angesehen werden, die antreten, ".. mehr lebenspraktische Vernunft in das ökonomische Rationalitätsverständnis hineinzubringen ..."[3] bzw. um eine soziale und ökologische Ethik

---

1) Wedekind 1980, 1269
2) Ulrich 1987, 11
3) Ulrich 1987, 17

zu entwickeln, die die "... Vernetzungen von Mensch und Natur akzeptiert."[1]

Beiden Ansätzen gemeinsam ist die Einschätzung, das bisherige ökonomische Fortschrittskonzept schlage immer deutlicher auf die Funktionsfähigkeit und Effizienz des Wirtschaftssystems nach Maßgabe seiner eigenen Rationalitätskriterien zurück. Es stehe zu befürchten, daß die bisherigen ökonomischen Prinzipien an ihrem eigenen Erfolg zugrunde gehen:

> "Es wird unter diesen Umständen Zeit, dass sich auch die Wirtschaftswissenschaften auf die Suche nach der verlorenen ökonomischen Vernunft machen, wenn sie mit der fälligen Kurskorrektur des historischen Transformationsprozesses Schritt halten wollen."[2]

> "Unter den Bedingungen einer Produktionsweise, die weiterhin wesentlich durch die Konkurrenz einzelwirtschaftlicher privatkapitalistischer Unternehmungen bestimmt ist, erscheint es deshalb vernünftig, die betriebswirtschaftliche Bedingtheit ökologischer Schadensentwicklung ausfindig zu machen."[3]

Beide Ansätze gehen davon aus, daß bestehende Betriebswirtschaftslehre bestimmte, im Zusammenhang mit Wirtschaften entstehende Probleme, entweder nicht zur Kenntnis nimmt oder lediglich instrumentell behandelt. Notwendig sei hingegen, über die Analyse der neu auftretenden Phänomene hinaus, Vorschläge zu ihrer positiven Behandlung innerhalb der Betriebswirtschaftslehre zu entwickeln.

4.3.1.1. Die Überwindung fehlgeschalteter Praxis durch Vernunft

Ziel der Überlegungen von P. Ulrich ist die Suche nach tragfähigen Orientierungsmustern für eine lebenspraktisch-vernünftige Fortsetzung des ökonomischen Rationalisierungsprozesses. Dieses Orientierungsmuster soll unter Rückgriff auf Elemente der kritischen Theorie in einer

---

1) Pfriem 1983b, 6

2) Ulrich 1986, 12

3) Pfriem 1983b, 2 f.

kommunikativ-ethisch begründeten kritisch-normativen Ökonomie gefunden werden, die die Voraussetzungen klärt, unter denen die Betroffenen ihre eigene Lebenspraxis selbst vernünftig gestalten können: "... und sie in ihren eigenen Argumentationen mit durchdachten Leitideen zu unterstützen versucht."[1] Angestrebt werden vier Qualitätsveränderungen ökonomischen Denkens:

a) Philosophisch werdende politische Ökonomie. Erreicht werden soll eine Reintegration von Rationalität und Moralität. Praktische Sozialökonomie übt dabei aber nicht als "sachfremde" moralische Instanz Kritik an der politischen Ökonomie, sondern will die ökonomische Rationalität von innen her kritisch-philosophisch zur Sprache bringen und mit den Kriterien lebenspraktischer Vernunft versöhnen.

b) Betriebswirtschaftslehre als Verständigungswissenschaft. Sie will keine praktische Theorie, sondern eine theoretische Praxis bieten, die Voraussetzungen klären hilft, unter denen die Betroffenen ihre eigene sozialökonomische Praxis selbst vernünftig gestalten können.

c) Nachvollzug des lebenspraktischen "Themenwechsels". Dies soll bedeuten: Wiederankoppelung des ökonomischen Systems an die Lebenswelt aus dem Blickwinkel der lebensweltlich betroffenen Menschen. "Nicht mehr die funktionale Rationalität des Systems für seine 'eigensinnigen' Entwicklungsbedürfnisse, sondern die kommunikative (praktische) Rationalität der sozialökonomischen Fortschrittskriterien selbst und der Wirtschaftsordnung steht im Vordergrund."[2]

d) Ablösung des herkömmlichen monistischen durch ein umfassenderes dualistisches Wissenschaftsmodell der Ökonomie.

Es geht in diesem Ansatz nicht darum, die herrschende ökonomische Perspektive zu ersetzen. Vielmehr soll ein dualistisches Wissenschaftsprogramm praxisorientierter Ökonomie beide Perspektiven, funktionale Systemrationalisierung einerseits und kommunikative Rationalisierung sozialer Interaktion andererseits, gleichermaßen gelten lassen.

"Die kritisch-normative Sozialökonomie zielt auf die kommunikative Rationalisierung der politisch - ökonomischen Verständi-

---

1) Ulrich 1986, 18
2) Ulrich 1986, 351

gungsverhältnisse, die sozialtechnologische 'Systemökonomie' auf die funktionale Rationalisierung des ökonomischen Systems."[1] Das Aufeinanderbeziehen von kommunikativer und Systemrationalisierung stößt sich - wie auch P.Ulrich unumwunden einräumt - an der herrschenden Praxis und er behilft sich mit der "regulativen" Idee der offenen Unternehmensverfassung. Regulative Ideen geben bei P.Ulrich in Anlehnung an die Frankfurter Schule[2] die grundsätzliche Richtung für pragmatische Bemühungen um eine kommunikative Rationalisierung an, ohne daß das Ideal je völlig erreicht wird.[3] In diesem Sinne bedeutet offene Unternehmensverfassung das Konzept einer pluralistischen Unternehmensverfassung auf der Basis neutralisierten Kapitals, d.h. Kapital soll entpersonalisiertes Stiftungskapital werden. Damit entfällt das Interesse an "personaler" Kapitalverwertung und Kapital erhält den Charakter einer Funktionsbedingung, auf deren Basis alle Beteiligten an Verantwortung und Nutzen der Verwertung teilhaben können. Es gibt in diesem Denkansatz einen fairen Kosten-Nutzen Ausgleich. Ein demokratisch legitimiertes Management hat die Aufgabe, das funktionale Interesse am effizienten Kapitaleinsatz wahrzunehmen.

Der Stellenwert der Kapitalneutralisierung ist in diesem Denkansatz von hoher Bedeutung, befreit sie doch Betriebswirtschaftslehre von ihrer bisherigen Funktionalisierung durch Kapitalverwertungslogik.

"... es ist die 'fehlgeschaltete' Verfügungsordnung des Unternehmens, die bisher eine 'fehlgeschaltete' Betriebswirtschaftslehre zur logischen Konsequenz hatte; wird die personalistische Fehlschaltung des Unternehmenskapitals aufgehoben, so schlägt auch die Stunde des Paradigmenwechsels der betriebswirtschaftlichen Vernunft."[4]

Soweit diese Leitidee im "Jenseits" verwirklicht werden kann, mutet sie schon deutlich materialistisch an, solange wir uns aber im "Diesseits"

---

1) Ulrich 1986, 355; eine durchaus vergleichbare Diskussion im Hinblick auf die Vereinbarkeit von ökonomischen und sozialen Erfordernissen der Produktion wurde in den siebziger Jahren innerhalb der Arbeitswissenschaft unter dem Stichwort "Humanität und Wirtschaftlichkeit geführt: vgl Gohl/Ridder 1977; Volpert 1975

2) vgl insbesondere die Arbeiten von Habermas 1971; 1974a

3) vgl Ulrich 1983, 75

4) Ulrich 1986, 424

befinden, begreift P.Ulrich diesen Ansatz als Chance, schon hier und jetzt mehr kommunikativ-ethische Vernunft in Unternehmen zu unterstützen, zumal die Praxis diese Transformation bereits in Teilen realisiere:

"In modern geführten Unternehmungen, am Puls der industriegesellschaftlichen Rationalisierungsdynamik, ist eine Transformation der betriebswirtschaftlichen Vernunft in Gang gekommen."[1]

Mit Bezug auf Peters/Waterman[2] wird die Entdeckung der bisher vernachlässigten zweiten Dimension rationalen Managements gefeiert. Hierbei soll es sich um Ansätze handeln, die auf eine Verbesserung der Kommunikationskultur und -struktur im Unternehmen, auf die Persönlichkeitsentwicklung, auf Entwicklung von Verständigungspotentialen hinauslaufen. Diese Ansätze werden

"... als eigentliche systematische Gegenbewegung begriffen (...), die auf eine Rationalisierung der 'vergessenen' kommunikativen Dimension zielt und damit disfunktional gewordene Technokratisierungstendenzen korrigieren will."[3]

Chancen für dieses "Konsensus Management" sieht P.Ulrich schon im Rahmen der gegebenen Wirtschaftsordnung:

a) Eine Dialogethik wird handlungs- und gestaltungswirksam, weil sie für ein funktionsfähiges ökonomisches System unentbehrlich ist.

b) Diese Unentbehrlichkeit ergibt sich aus der Funktionalität der Kommunikationskultur, wie sie sich in vielen Managementansätzen widerspiegelt.

Aufgabe einer praktischen Sozialökonomie sei es, die Praxis auf drei Ebenen zu unterstützen:

a) Sozialökonomische Betriebswirtschaftslehre nimmt Praxis ernst und wendet sich gegen jede theoretisch vorentschiedene Interessenbindung. Sie läßt Raum für den rationalen Umgang mit verschiedenen Wertstandpunkten.

b) Sie kann ebenso pragmatisch angewendet werden wie herkömmliche Betriebswirtschaftslehre. Sie fragt danach, ob effiziente Sozialtechnologien durch die Unterworfenen konsensuell legitimiert sind. Sie vertieft

---

1) Ulrich 1986, 431
2) vgl Peters/Waterman 1982
3) Ulrich 1986, 434

aber das Verständnis für eine kommunikative Rationalisierung des Managements.

c) Die sozialökonomische Rationalitätsidee bietet einen tragfähigen Ansatz, Unternehmensethik mit der Betriebswirtschaft zu vermitteln.[1]

4.3.1.2. Die Überwindung der Schädigung von Mensch und Natur als Gegenstand der Betriebswirtschaftslehre

Konzentriert sich der ethisch-normative Entwurf von P.Ulrich auf Konsens, Dialog und die Rückgewinnung der Vernunft in die Ökonomie, fragt ökologische Betriebswirtschaftslehre danach, in welchem Ausmaß Unternehmen direkt oder indirekt an der Schädigung der Umwelt beteiligt sind und welche Konsequenzen sich daraus für die betriebswirtschaftliche Forschung und Lehre ergeben. In diesem Zusammenhang werden Entwürfe vorgestellt, wie Betriebswirtschaftslehre Instrumente entwickeln und einsetzen könnte, um ihrerseits einen Beitrag zur Bewältigung ökologischer Schäden zu leisten. Diese Instrumente reichen von sozialen Indikatoren und Kennziffernsystemen über Sozialbilanzen bis hin zur ökologischen Buchhaltung.[2] Neben diesen eher instrumentellen Ansätzen gibt es auch Überlegungen, Betriebswirtschaftslehre grundsätzlich aus ihrer finanzökonomischen Orientierung zu lösen und sie auf ihre stofflichen Grundlagen - also auf Mensch und Natur - zu beziehen. Gegenüber einer real existierenden Ökonomie und ihrer Lehre werden Ansprüche geltend gemacht, Forderungen aufgestellt und Alternativen entwickelt.[3]

Diese Ansätze unterscheiden sich von der herrschenden praktisch-normativen Betriebswirtschaftslehre dadurch, daß sie vorfindbare herrschende Praxis nicht optimieren wollen, sondern auf der Grundlage ethischer Einstellungen einen utopischen Gegenentwurf entwickeln.

Ökologische Betriebswirtschaftslehre konzentriert sich auf drei Bereiche:

a) Was sind die betriebswirtschaftlichen Ursachen der Zerstörung von Natur und der Gefährdung menschlichen Lebens?

---

1) vgl Ulrich 1987, 28 ff.

2) vgl hierzu die Übersicht bei Freimann 1984

3) vgl Pfriem 1983a; 1983b; Haas et al. 1982

b) Was sind die Defizite, die verhindern, daß herrschende (aber auch nicht herrschende) Betriebswirtschaftslehre in der Lage ist, ökologische Probleme zu erfassen und positive Gestaltungsvorschläge zu unterbreiten?

c) Wie kann ein auf Mensch und Natur bezogener Ansatz der Betriebswirtschaftslehre aussehen, der diese Defizite überwindet?

Ein erheblicher Anteil am Ausmaß der ökologischen Belastungen wird der Industrie zugeschrieben. Bei Luftverunreinigung, Wasserbelastung, Verbrauch von Rohstoffen und Energie, Anwachsen gefährlicher Abfalldeponien, Lärmbelastung und Gefährdung durch Chemikalien wird im wesentlichen die betriebliche Produktion als Hauptverursacher identifiziert.[1]

Die Zurückführung der Schädigung von Mensch und Natur auf betriebliche Praxis gibt Anlaß, nach Veränderungsmöglichkeiten zu suchen. Ökologisch orientierte Autoren fragen danach, ob die Betriebswirtschaftslehre diese Probleme erkennt und in der Lage ist, sie aufzunehmen und zu bearbeiten. Dazu werden die Ansätze der führenden betriebswirtschaftlichen Strömungen analysiert. Hierbei handelt es sich um:

- den entscheidungsorientierten Ansatz (Heinen);
- den systemorientierten Ansatz (H.Ulrich);
- den verhaltensorientierten Ansatz (Schanz).

Das Ergebnis dieser Analyse ist eindeutig: Alle drei Ansätze zeichnen danach lediglich betriebswirtschaftliche Praxis mit ihren aufgezeigten ökologischen Auswirkungen nach. Keiner dieser Ansätze sei in der Lage, auf der theoretischen Ebene praktische ökologische und soziale Defizite zu erfassen und einer Lösung zuzuführen. Wenn bspw. Menschen überhaupt in der Betriebswirtschaftslehre berücksichtigt werden, dann dort, wo deren Widerstände und Anpassungsprobleme ein differenziertes Instrumentarium für das Management erfordern. Gleichwohl ändere diese Modifizierung nichts an der finanzökonomischen Betrachtung von Mensch und betrieblicher Produktion unter der Maßgabe der Kapitalverwertungslogik. Die Betrachtung sei nicht stofflich, sondern verbleibe im Denken an Kapitalquoten:

"Sich real vollziehende Vergegenständlichung lebendiger Arbeit bleibt außer Betracht:

---

1) vgl Pfriem 1983b, 6 ff.

- das, was sich durch Produktion im und am arbeitenden Menschen vollzieht,

- Bedingungen und Resultate der Arbeit von der Gebrauchswertseite für die lebendige Arbeit her betrachtet,

- Verbrauch und Schädigung der Natur durch betriebswirtschaftliches Geschehen."[1]

Diese Einschätzung wird gleichermaßen auf Gutenbergs Theorie bezogen. In seiner Produktionstheorie werden danach stoffliche Inputgrößen entweder als "freie Güter", und damit als wirtschaftlich irrelevant, unterstellt oder eben rein finanzökonomisch weiter behandelt. Folgerichtig gebe es bei Gutenberg auch keine stoffliche Betrachtung der Outputgrößen. Auch hier dominiere das Denken in Kapitalquoten. Natur stelle in diesem Ansatz keine Problemebene dar.[2]

Ökologisch orientierte Autoren sehen damit die herrschende Betriebswirtschaftslehre als unfähig an, den skizzierten Problembereich angemessen zu behandeln und schlagen deshalb eine positive Konstruktion vor. Sie entwickeln Ansätze zu einer neuen Betriebswirtschaftslehre. Im Gegensatz zu einer überwiegend finanzökonomisch ausgerichteten Betriebswirtschaftslehre wird in einer auf Natur und Mensch bezogenen Betriebswirtschaftslehre der Arbeitsprozeß als Dreh- und Angelpunkt des Wirtschaftens gewählt. Diese Kategorie "Arbeit" wird in vier stoffliche Dimensionen differenziert:[3] sozial, ökologisch, produktural und technisch.

Nun sollen Produkte danach beurteilt werden, wie weit sie bestimmte menschliche Bedürfnisse befriedigen; Techniken, wie weit sie bedürfnisbefriedigende Produkte erzeugen. Vorrangig ist die soziale Dimension von Arbeit. Hier umfaßt die Produktion die Befriedigung menschlicher Bedürfnisse. Dies bezieht sich aber nicht nur auf die Produkte, sondern auch auf Bedürfnisse in Bezug auf Arbeitsbedingungen und Arbeitsinhalte.

Dieses Raster hat nach Ansicht der Verfasser zwei Vorteile:

---

1) Pfriem 1983a, 55
2) vgl Pfriem 1983b, 18 ff.; 1983a, 61 ff.
3) vgl Pfriem 1983a, 121 ff.

"Es erlaubt eine ganzheitliche Betrachtung der Menschen und der nichtmenschlichen Natur sowie der gesellschaftlichen Organisation ihrer Zusammenhänge, ohne von vornherein reduktionistisch zu verfahren und Wesentliches auszuklammern."[1]

"Als analytisches Raster vermögen die stofflichen Dimensionen von Arbeit die konkreten Konflikte abzubilden, die zwischen verschiedenen Dimensionen oder auch innerhalb einer Dimension bestehen können."[2]

Wie das in der Praxis aussehen könnte, beschreiben Haas et al. an einem Beispiel: Beim Bau eines neuen Stahlwerkes stehen Probleme der Arbeitsplatzsicherheit, der westeuropäischen Stahlmarktsättigung und der Luftverunreinigung in einem komplexen und konfliktären Zusammenhang. Mit Hilfe des vorgeschlagenen Rasters "... ist es möglich, die genannten Problemfelder gemeinsam auf konkrete gesellschaftliche Organisation von Arbeit zu beziehen und nach einer Problemlösung zu suchen, die allen Problemfeldern gerecht wird."[3]

4.3.2. Historische Vorläufer ethisch-normativer Orientierungen

Ansätze, wie sie von P.Ulrich[4] oder Pfriem[5] entwickelt wurden, die sich als Alternative zur herrschenden Praxis verstehen, haben in der Betriebswirtschaftslehre eine lange Tradition. Sie verlängern eine ethisch-normative Richtung, die mit den Namen Schär, Dietrich und Nicklisch verbunden ist. Diese Strömung war immer schon eine interessante Alternative zu den auf "herrschende" Praxis bezogenen Management- bzw. Erklärungsorientierungen.

Die Entwürfe konzentrieren sich auf Arbeitsbedingungen, Bedarfsdeckung, gerechten Lohn und Arbeitszeit.

Dennoch zeigt die Konfrontation zwischen damaligen empirischen und ethisch-normativen Strömungen exemplarisch, mit welchen Risiken und

---

1) Haas et al. 1982, 58 f.
2) Haas et al. 1982, 59
3) Haas et al. 1982, 59
4) vgl Ulrich 1986
5) vgl Pfriem 1983a; 1983b

Schwierigkeiten alternative Theorieentwürfe in der Betriebswirtschaftslehre generell behaftet sind, wenn sie die herrschende Ökonomie als
Bezugsbasis verlassen.

4.3.2.1. Handel und Betrieb als Gegenstand ethisch - normativer Wissenschaft

Schon früh wurden ethisch-normative Prinzipien auf die Außenbeziehungen der Unternehmung bezogen. Schär[1] knüpft an der (auch heute
noch) spannenden Frage an, ob es nicht die "Kniffe" und "Kenntnisse"
der Erzielung großer Gewinne waren, die den Handel in ein schlechtes
Licht rückten und ob nicht gerade dieses Gewinnprinzip es war, das die
Etablierung einer Wissenschaft des Handels verhinderte.
Angesichts der neuen Aufgaben des Handels kann das Gewinnprinzip - so
Schär - jedenfalls in der Handelswissenschaft nicht aufrecht erhalten
werden.

> "Denn soviel möchte ohne weiteres klar sein, daß es unmöglich
> Aufgabe der handelswissenschaftlichen Bildungsanstalten, am
> allerwenigsten die der Handelshochschule sein kann, das
> Gewinnprinzip, bzw. die Profitmacherei zum Ausgangspunkt einer
> wissenschaftlichen Darstellung zu erheben. Es wäre das nicht nur
> eine völlige Verirrung, sondern geradezu eine gänzliche Ver-
> kennung des wahren Wesens des Handels. Die Träger des
> kaufmännischen Bildungswesens müssen es ablehnen, als Lehrer
> des Profits zu gelten; wie auch die Lehrer der Medizin sich nicht
> nachsagen lassen, daß sie ihre Studenten zum Geldverdienen
> anleiten."[2]

Der Handel in seiner entwickelten Form hat nicht mehr die Aufgabe,
Reichtümer zu sammeln, sondern Reichtümer zu erzeugen. Der Handel
verbindet auf billigste, bequemste, schnellste und zuverlässigste Art die
Glieder der Weltwirtschaft, um Bedürfnisse zu befriedigen und um die
Kultur zu fördern.

---

1) vgl Schär 1923
2) Schär 1923, V

Angesichts dieser neuen Aufgaben ist der Kaufmann nicht mehr nur sich selbst verantwortliches Individuum, sondern er erhält eine bedeutende Funktion in der entwickelten Volkswirtschaft. Er verrichtet einen sozialen Dienst. Die Frage der Entlohnung spielt dann die gleiche Rolle, wie in anderen Zweigen der privaten und öffentlichen Tätigkeit.[1]

Zwar bleibe das Gewinnprinzip das uneingeschränkte Leitmotiv des Handels, doch bewirken die verschiedensten Einflüsse, insbesondere die Konkurrenz, daß Produzent und Konsument sich des Kaufmanns nur so lange bedienen, wie dieser den Austausch der Produkte billiger und wirtschaftlicher vornimmt, als es ohne seine Vermittlung erfolgen könnte.[2]

Auf diese Weise kommt es zu einer Neuorientierung des Kaufmanns: "... die Verbindung zwischen Produzent und Konsument zwecks Austausches ihrer Produkte und Befriedigung ihres Bedarfs mit dem geringsten Aufwand von Zeit, Kraft und anderen Kosten auf das billigste, schnellste und bequemste zu organisieren, die Gesamtaufgabe des Handels nach den Grundsätzen der Wirtschaftlichkeit und Zweckmäßigkeit zu lösen. Dieses Leitmotiv soll auch der Leitstern zur Neuorientierung des Kaufmanns sein: Je mehr er seinen Beruf als ein Amt im Dienste der Gesellschaft auffaßt und danach handelt, desto sicherer wird er nicht nur Erwerb, sondern auch Befriedigung in seinem Berufe finden."[3]

Die Aufgaben einer auf diese Ziele verpflichteten Wissenschaft sind weit gespannt. Zunächst umfaßt sie zwei Gebiete:
- allgemeine Betriebslehre
- spezielle Betriebslehre.

Während die spezielle Betriebslehre, das Material zur systematischen Verarbeitung, Vergleich und kritischer Würdigung herangezogen werden soll, dient die allgemeine Betriebslehre der Entwicklung von Betriebs-grundsätzen. Das bedeutet, die Handelswissenschaft "... beschäftigt sich mit der Erforschung und kritischen Beurteilung des ganzen kaufmännischen Betriebs in seiner gesamten Organisation im Innern und seinen Beziehungen nach außen."[4]

---

1) vgl Schär 1923, 9
2) vgl ebenda, 101 f.
3) ebenda, XVIII
4) ebenda, VII

Diese Aufgaben umfassen damit nicht nur den Handel, sondern auch die Organisation der kaufmännischen Betriebe, insbesondere Rechnungs- und Kontrollwesen. Die Bewältigung dieser Aufgabe erfolgt in der klassisch-wissenschaftlichen Abarbeitung des Gegenstandes:

a) Sammeln des vorhandenen Materials;

b) Systematische Bearbeitung;

c) Logische Gliederung der Wissenschaft.

Vor dem Hintergrund der ethisch-normativen Einstellung im Hinblick auf die Rolle des Kaufmanns in der Gesellschaft und im Hinblick auf das weit gespannte Aufgabenfeld der Handelswissenschaft, wie sie Schär etablieren will, wundert es nicht, daß eine Trennung von Handelswissenschaft und Nationalökonomie hier nicht vorgesehen ist. Die Nationalökonomie ist auf die Erforschung der kaufmännischen Einzelwirtschaft angewiesen. Während der Nationalökonom den Handel von seiner volkswirtschaftlichen Seite her erforscht, also die Beziehungen der Handelsunternehmen, untersucht die Handelsbetriebslehre, wie die Handelsunternehmung wirtschaftet. Wie die Zelle mit dem Organismus, ist der Handelsbetrieb mit der Volkswirtschaft verbunden. So, wie dem Vertreter der Handelsbetriebslehre gestattet sein muß, auch die volkswirtschaftlichen Zusammenhänge des privatwirtschaftlichen Forschens zu thematisieren, muß auch der Nationalökonom den privaten Handel in das System der Volkswirtschaft einbeziehen. Handelsbetriebslehre ist deshalb auch "... ein integrierender Bestandteil der Nationalökonomie."[1]

In diesem Zusammenhang stellt sich Schär - wie die meisten seiner Zeitgenossen - die Frage, ob die Handelsbetriebslehre Kunstlehre oder Wissenschaft sein solle. Erstaunlich modern charakterisiert Schär den Doppelcharakter dieser Disziplin, den er - vor dem offengelegten Hintergrund seiner ethisch-normativen Einstellung - expliziert: Handelsbetriebslehre beschreibt und erklärt wie jede andere "reine Wissenschaft", ohne Werturteile abzugeben bzw. praktische Wege und Ziele aufzuzeigen. Aber dabei kann und soll es nicht bleiben:

---

1) ebenda, 45

"Wir stehen auf dem Standpunkt, daß jede Berufslehre und jedes
auf die Verwertung im praktischen Leben hinzielende Erkenntnis-
gebiet auch Ziel-, Zweck- und Kunstlehre sein muß."[1]

4.3.2.2. Betrieb als Gegenstand ethisch-normativer Wissenschaft

Konzentriert Schär seine Handelsbetriebslehre vor allem und in erster
Linie auf den Handel, so wenden sich andere Vertreter einer ethisch
geprägten Lehre stärker dem Betriebsleben zu. Hierbei handelt es sich
zunächst um Dietrich, der in einem größeren Werk seine "Betriebwissenschaft" vorlegt, sowie um Nicklisch, der sich erst sukzessive von der
kaufmännischen Handelslehre zur Lehre von der Betriebswirtschaft hin
entwickelt.

4.3.2.2.1. Betriebwissenschaft

Dietrich läßt sich beim Aufbau seines Werkes von sehr klaren und z.T.
sehr dogmatischen ethischen Prinzipien leiten. Ausgangspunkt ist das
Wohl der Gemeinschaft:
> "Jeder persönlich gegliederte Betrieb ist eine Arbeit-Gemein-
> schaft, deren Gedeihen auf der Einsicht und dem Gemeinsinn der
> Glieder beruht. Das Wohl des Ganzen soll für sie, im Innern, das
> höchste Gesetz sein; das Wohl in seinem ungeteilten - wirtschaft-
> lichen, sozialen, ethischen Wesen."[2]

Entsprechend soll die Leitung eines Unternehmens von ethischen
Grundsätzen geleitet werden. Auf Vermögen und Reichtum wird verzichtet, das Gemeinwohl hat oberste Priorität. Die Betriebsinhaber oder die
Betriebsleiter sind dann lediglich Beamte, die den Willen der Volkswirtschaft vollziehen. Erst wenn sich diese Einsicht durchgesetzt hat,
können die Interessengegensätze zugunsten einer Arbeit-Gemeinschaf-
aufgehoben werden.

Eine dermaßen angestrebte Betriebsgemeinschaft bedarf der wissenschaftlichen Beratung. Dietrich lehnt deshalb eine Privatwirtschaftslehre

---

1) ebenda, 46
2) Dietrich 1914, 693

strikt ab. Sie ist für ihn eher Nebenprodukt. Sie behandele Betriebs-
techniken und könne somit nicht als Wissenschaft angesehen werden. Das
heißt aber nicht, daß sich die Wissenschaft nicht mit dem Innenleben
der Betriebe beschäftigen soll. Nur ist es dazu notwendig, die Wirtschaftswissenschaft insgesamt einer ganzheitlichen Betrachtung und
Behandlung zu unterziehen.[1] Dieses gemeinsame Objekt Wirtschaftswissenschaft unterteilt er in:

a) Verkehrswissenschaft: Darunter versteht er das Außenleben eines
   Betriebes, die Volkswirtschaftslehre im engeren Sinne.

b) Betriebwissenschaft: Darunter versteht er das Innenleben der
   Betriebe, allerdings immer bezogen auf die Volkswirtschaft. Er
   lehnt auch den Begriff "Unternehmen" ab, weil dieser lediglich
   konkrete Ausprägung einer kapitalistischen Wirtschaftsordnung
   ist.

c) Haushaltswissenschaft: Hierunter ist eine Lehre von den
   öffentlichen und privaten Haushalten zu verstehen.

Die Betriebwissenschaft, die sich auf das Innenleben der Betriebe
konzentriert, basiert auf den drei Kräften: Kapital, Natur, Mensch.
Dietrich unterscheidet das Kapital in geistiges Kapital (wirtschaftliche
und technische Erfahrungen, berufliche Ausbildung der Mitarbeiter)
sowie das körperliche Kapital (Arbeitsmittel).

Natur hat grundsätzlich ein Eigenleben. Dietrich unterscheidet hier drei
wirkende Kräfte: 1. Naturstoffe (Bodenbestandteile, Wasser, Luft), 2.
Naturkräfte (Sonnenenergie, Wind), 3. Lebewesen ("nützliche" Tiere,
Pflanzen). Die wild wachsenden Pflanzen und Blumen, Tiere und Naturschätze sind nicht betriebliche Mitarbeiter und daher zunächst für den
Betrieb irrelevant. Allerdings werden bestimmte Naturkräfte vom
Menschen eingefangen, gebändigt, geleitet und übertragen. Bestimmte
Naturschätze werden in Besitz genommen, Pflanzen und Tiere betrieblich
genutzt. Mit dieser Inbesitznahme verlieren die stofflichen Eigenschaften
ihre Bedeutung. Sobald Naturgüter angeeignet sind, entstehen Kosten,
sobald sie in Betriebsbesitz gelangen, unterliegen sie dem wirtschaftlichen Verkehr.

    "Wir können Natur nur als wirtschaftlich (betrieblich) wirkende
    Größe ins Auge fassen, d.h. ihre freie, selbständige Tätigkeit,

---

1) vgl auch Keinhorst 1956; Dietrich 191oa; 1910b; 1910c

ihre freie Mitarbeit im Betrieb. Eine Mitarbeit, die nicht bloß erwünscht, sondern wirklich notwendig ist, auf die bestimmt gerechnet wird und gerechnet werden muß."[1]

Der Betrieb - so Dietrich - ist nicht nur wirtschaftliche Kategorie. "Überall, wo Menschen im Spiele sind - und wo wären sie es nicht! - erhalten die Tatsachen und Verhältnisse einen festen, starken, unausscheidbaren sozialen Einschlag. Und da die Menschen im besonderen die Träger aller wirtschaftlichen Angelegenheiten sind, kann es 'rein' wirtschaftliche Dinge - wie 'rein wirtschaftliche Betrachtung' der Dinge - nicht geben. Folglich ist der Betrieb ein wirtschaftlich-soziales Wesen. Und das Gebot der Wirtschaftlichkeit im Verfahren, Verbrauchen wird dem Menschen, dem persönlichen Betriebs-Gliede gegenüber zur sozialen Pflicht."[2]

Erst ein freiwilliger Zusammenschluß aller im Betrieb Arbeitenden, auf der Basis einer vernünftigen Ertragsverwendung und einer Pflichtenlehre des inneren Betriebslebens, kann die soziale Pflicht erfüllen helfen.

Eine sich selbst als sozial verstehende Betriebwissenschaft dient keinem Unternehmer. Sie hilft dem Betrieb, seine Aufgaben zu erfüllen. Dietrich umschreibt normativ diese Aufgaben: "Erhaltung des Betriebes", "Bedarfsdeckung" und "Erfüllung von Aufgaben im Gemeinwesen".

Betriebwissenschaft konzentriert sich dabei auf die sozialen Aspekte von Arbeit. Bei Dietrich sind dies Fragen der Arbeitszeit, des Ertrages, des Lohnes, der Leitung und Beteiligung. Kontrafaktisch zum Massenelend der Arbeiterschaft und merkwürdig modern formuliert er für diese Bereiche Prinzipien:

- die Arbeitszeit soll regelmäßig nur solange dauern, daß jeder Arbeitende bis ins hohe Greisenalter geistig gesund und "rührig" bleiben kann. Es muß täglich genügend Zeit für die Befriedigung von Ansprüchen außerhalb des Betriebslebens verbleiben.[3]

- Recht am Ertrag erhält nur, wer arbeitet. Daraus resultiert auch eine kontrafaktische Einschätzung des Eigentumsrechtes. Nur wer körperliches

---

1) Dietrich 1914, 92

2) ebenda, 104

3) vgl ebenda, 363 ff.

oder geistiges Kapital einsetzt und persönlich mitarbeitet, kann Betriebseigentum erwerben.[1]

- Die Löhne auf der Basis von Marktmechanismen zu bestimmen, hält Dietrich für unwirtschaftlich und vor dem Hintergrund der niedrigen Löhne für "unwürdig". Lohn hängt vielmehr in seiner Mindesthöhe von Lebensansprüchen ab. Erst zunehmendes Alter begründet eine Differenzierung ebenso wie die Unterschiedlichkeit von Leistung. Dies erfordert natürlich "Gemeinsinn", da eine derartige Lohnbestimmung weitgehend Verzicht auf übliche Lohndifferenzierung ausdrückt.

- Das wirtschaftliche und soziale Ziel der Leitung besteht darin, dafür zu sorgen, daß "... ein Betrieb, der in seinem volkswirtschaftlichen Beruf das Höchste leistet, das Wohlbefinden und die Würde seiner persönlichen Mitarbeiter sichert, seine Pflichten als Glied des Gemeinde- und Staatslebens erfüllt."[2]

- Eine Beteiligung der Mitarbeiter ist in den Angelegenheiten vorgesehen, die ihren Arbeitsbereich betreffen. Ein System von Arbeitsgemeinschaften, Abteilungsbesprechungen, Betriebs- und Jahreshauptversammlungen soll den Sinn des Betriebes als Gemeinschaft stärken.[3]

Dietrich ist nicht blind gegenüber der Tatsache, daß seine Entwürfe der tatsächlichen Realität erheblich widersprechen und gewisse Schwierigkeiten bei der Realisierung auftreten könnten.

Allerdings nimmt er das Recht der Wissenschaft für sich in Anspruch, "vernünftige" Prinzipien zu entwerfen:

"Dem Gange der Tatsachen selbst also habe ich vorgegriffen. Mit welchem Rechte? Mit dem klaren Rechte der Wissenschaft, ihrem Rechte und Berufe, zu reiner, d.h. unverfälschter, unparteiischer Erkenntnis und zur Betätigung dieser Erkenntnis zu führendem Rechte des Geistes, den Körper zu bauen, die Welt der lebendigen Wirklichkeiten mit schaffen, bilden, gestalten zu helfen ...

Und wie weit in der Zeit vorgegriffen? Nicht so weit, daß man von Übereilung oder Verfrühung sprechen dürfte. Wir wissen, daß die Sache weder von heute noch von gestern ist. Sie könnte leicht schon an vielen Orten vollendet sein. Soll die Wissen-

---

1) vgl ebenda, 393 ff.
2) ebenda, 638
3) vgl ebenda, 698 ff.

schaft warten, bis es den vielen beliebt? Dann würde sie ihre Pflicht versäumen."[1]

4.3.2.2.2. Die Betriebswirtschaft von Nicklisch

Nicklisch war einer der ersten Betriebswirte, der sich bemühte, seine ethisch-normative Position zu begründen.[2] Dieser umfassende Versuch, ein Wissenschaftsgebäude zunächst zu fundieren und später dieses Gebäude möglichst umfassend und solide zu konstruieren, löst seinen Ansatz heraus aus der Enge der Rentabilitätsüberlegungen und umfaßt das ganze wirtschaftliche Leben.[3] Dies bedeutet, daß für Nicklisch die Natur ein ebenso relevanter Bestandteil des Wirtschaftens ist, wie die Haushalte; daß die sozialen Beziehungen und mit ihnen der Mensch ebenso Gegenstand der Betriebswirtschaftslehre sein müssen, wie die Produktion oder das Rechnungswesen:

> "Gegenstand der Betriebswirtschaftslehre ist das Leben der Einheiten der Wirtschaft, die Betriebe heißen."[4]

Mit dieser Definition beginnt Nicklisch sein Hauptwerk "Die Betriebswirtschaft". In den Betrieben erfassen und erzeugen die Menschen Werte, um Bedürfnisse zu befriedigen. Betriebe sind gleichermaßen eine Antwort auf die Tatsache, daß Bedürfnisse nicht mehr direkt, sondern indirekt befriedigt werden müssen, was eine spezifische Art des Wirtschaftens erfordert. Die Erforschung dieser Bedürfnisse ist deshalb für den Wirtschaftswissenschaftler ebenso wichtig, wie die Erforschung der Möglichkeiten, sie zu befriedigen. Gesetzmäßigkeiten, wie Bedürfnisse entstehen und wie sie sich im Bewußtsein zueinander verhalten, sind für die Organisation des Wirtschaftens von erheblicher Bedeutung. Eine erste fundamentale Aufgabe ist dem Wirtschaftswissenschaftler damit vorgegeben:

---

1) Dietrich 1914, 799

2) vgl ausführlich Nicklisch 1920

3) vgl zu diesem weitgespannten Entwurf Nicklisch 1915a; 1915/1916; 1920a; 1921; 1922a; 1928

4) Nicklisch 1932/1972, 6

"Aber der Wirtschaftswissenschafter wird die Erscheinungen des Wirtschaftslebens nicht verstehen, wenn er sie nicht bis in die Wurzel verfolgt. Es hilft ihm hier wenig, die Arbeit allein dem Philosophen und Psychologen zu überlassen. Er muß sich ihr selbst unterziehen, muß selbst in die Tiefe dringen. Dabei wird er sich mit Schürfern auf anderen menschlichen Betätigungsgebieten, die die gleiche Arbeit von diesen aus tun, begegnen. Diese Fühlung, aus der Arbeit an der gleichen Aufgabe von verschiedenen Gebieten aus, wird von dem Wirtschaftswissenschafter gleichzeitig die Gefahren des Spezialistentums fernhalten und in ihm wirkungsvoll den universalen Menschen erhalten zum Nutzen seiner Wissenschaft und ihres Gegenstandes, der sich gerade darin zeigen wird, daß die Wirtschaft stärker davor bewahrt bleibt, die letzten tiefsten Zusammenhänge zu lange unbeachtet zu lassen."[1]

Die Aufgabe des Betriebes ist damit eine Teilaufgabe der Gesamtaufgabe der Wirtschaft. Sie soll die Befriedigung der Bedürfnisse der wirtschaftenden Menschen ermöglichen. Zwar sind sich die Wirtschaftssubjekte dieser Aufgabe nicht immer bewußt; dennoch aber ist die Aufgabe des Betriebes, mit beschränkten Mitteln latente oder vorhandene Bedürfnisse zu befriedigen.

Zu erforschen gilt es daher den Gegenstand zwischen dem Bedürfnis zu Wirtschaften und seiner Befriedigung. Dazu bedarf es zweier Elemente. Einmal werden die Möglichkeiten der Naturbeherrschung sowie die Wirkungen aus der beherrschten Natur für den Konsum abgeleitet; zum anderen bedarf es einer genauen Analyse des Lebens der Wirtschaft. Diese Wirtschaft umfaßt die Volkswirtschaftslehre, die die Gesamtwirtschaft überindividuell beobachtet und die Betriebswirtschaft, die das Leben der konkreten Betriebe erforscht.

Die Methoden, mit denen das Leben der Betriebe erforscht werden soll, folgen keinem naturwissenschaftlich-induktiven Verständnis. Es können zwar in den Naturwissenschaften auf induktiv gewonnenem Wege Gesetzmäßigkeiten übernommen werden, soweit sie für den wirtschaftenden Menschen von Interesse sind. Diese Ableitung erfolgt allerdings deduktiv. Die Betriebswirtschaftslehre fragt generell, ob es Verallge-

---

1) Nicklisch 1932/1972, 19

meinerungen oder genauer Gesetzmäßigkeiten gibt, die dabei helfen, den Betriebsapparat besser zu gestalten. Diese deduktive Vorgehensweise wird um eine weitere Methode ergänzt: die Intuition.

"Aus Selbstbeobachtung und Selbsterkenntnis erwächst dem Menschen das Verstehen von Persönlichkeiten und Schicksalen, aus der Erkenntnis der eigenen Besonderheit, die der Besonderheit der anderen, auch der Handlungen, in denen sie sich ausdrückt."[1]

Da jede wirtschaftliche Handlung von Zwecksetzungen ausgeht, sei die Intuition dieser Wissenschaft adäquat. Methodisch folgt Nicklisch damit einem Pluralismus, der deutlich vom Betriebszweck ausgeht:

a) Naturzusammenhänge werden dem Betriebszweck deduktiv dienstbar gemacht.

b) Die Betriebspolitik nach innen (gegenüber der Betriebsgemeinschaft) und nach außen (Geschäftsbeziehungen) ist Bestandteil eines intuitiv verlaufenden Erkenntnisweges.

c) Zusammenhänge, die sichtbar werden, sind gleichzeitig Erziehungsmittel.

Intuition und Erziehung sollen sich als Verfahren entsprechen. Auf diesem Wege soll die Betriebswirtschaftslehre Gesetzmäßigkeiten erkennen und Verallgemeinerungen offenlegen.[2] Die Betriebswirtschaft will Nicklisch "als Ganzes" aufnehmen und erforschen. Er wehrt sich dagegen, sie nur von einem Standpunkt aus zu betrachten, bspw. ausgehend vom Rechnungswesen, von der Bilanz oder von der Erfolgsrechnung. Nicklisch interessiert das ganze Leben des Betriebes:

"Es ist notwendig, daß die Betriebswirtschaftler ein stärkeres Gefühl gegen solche Einseitigkeiten entwickeln. Sie werden es dadurch beweisen, daß sie nicht in Gefahr kommen, irgendeine Einzelerscheinung für das Betriebsleben zu nehmen, und den Arbeitsproblemen (Arbeitsprozessen) im Betrieb größere Beachtung schenken als bisher."[3]

Der zentrale Inhalt dieser Forschung ist der Wertumlauf. Er besteht darin, "... daß arbeitende Menschen ihre Leistungen mit den Abnutzungs-

---

1) Nicklisch 1932/1972, 26
2) vgl auch Nicklisch 1929; Seyffert 1936, 9 ff.
3) Nicklisch 1927a, 98

werten der Hilfsmittel, deren sie sich bei der Arbeit bedienen, und mit dem Nutzwert abstrakten Kapitals zu den Leistungseinheiten verbinden, die der bestimmte Betrieb hervorbringen soll."[1]

D.h., daß durch den Produktionsprozeß Werte in die Unternehmung hineingezogen, durch Betriebsleistung verändert und wieder aus der Unternehmung herausgebracht werden. Dieser innere Wertumlauf ist verknüpft mit einem äußeren Wertumlauf. Er stellt den Gegenwert der Betriebsleistung, den Ertrag, dar. Durch Ertragsverteilung entsteht Kaufkraft, die wiederum Betriebs- und Absatzleistungen möglich macht.[2]

> "Dieser Rücklauf des Werts in Gegenwerten macht den Wertumlauf als kontinuierlichen Prozeß, als ununterbrochen sich wiederholenden Gesamtvorgang möglich."[3]

Diesem Wertumlauf ordnen sich alle Funktionen des Betriebes unter. Nicklisch macht deutlich, daß die ältere Auffassung, wonach der Betrieb eine Ansammlung von Apparaten und technischen Gegenständen sei, nun nicht mehr haltbar ist.

> "Soweit der Betrieb als etwas Technisches erklärt wird, darf füglich darauf hingewiesen werden, daß sein Apparat im Dienste eines wirtschaftlichen Wertumlaufs steht, so daß er von Wirtschaft erfüllt ist, die dadurch, daß sie sich der Hilfsmittel bedient, die ihr geboten werden, nicht zur Technik wird."[4]

Zum wirtschaftlichen Wertumlauf tragen im wesentlichen drei Elemente des Betriebes bei: Arbeit, Vermögen, Kapital.

Ähnlich wie bei Dietrich, ist es die Fokussierung auf Arbeit, die bei ethisch-normativen Betriebswirten besonders auffällig ist.

Nicklisch widmet sich in seinem Hauptwerk und in vielen weiteren Beiträgen[5] dem Menschen, weil er ihn als zentralen Beweger der Gesetze der Wirtschaft interpretiert:

> "Der Mensch steht in der Gemeinschaft des Betriebes; durch ihn wird der Betriebsmechanismus zu einem Organismus; er steht mit seinen Pflichten und Rechten im Betriebe. Und das Wohlergehen

---

1) Nicklisch 1932/1972, 164
2) vgl Nicklisch 1927b, 121 f.
3) Nicklisch 1932/1972, 164
4) Nicklisch 1932/1972, 172
5) vgl vor allem Nicklisch 1920

des letzteren wie auch das der in ihm stehenden Menschen hängt
davon ab, daß die Pflichten und Rechte erfüllt werden."[1]
Arbeit als Wert wird weniger vom Menschen getrennt, als es Taylorismus
und andere Formen der Arbeitswissenschaft nahelegen. So wird zwar die
Arbeitsteilung nicht grundlegend abgelehnt, weil die damit verbundene
hohe Produktivität nicht unmaßgeblich zum Erfolg der Betriebe beiträgt.
Allerdings wird ebenso bemängelt, daß die Persönlichkeit und die
Geschicklichkeit des Arbeitenden Schaden leiden kann. Zur zentralen
Frage wird deshalb für Nicklisch, ob es gelingen kann, den Sinn der
Arbeit zu erkennen, die Einheit des Ganzen im Auge zu behalten. Zu
diesem Zweck ist es - so Nicklisch - unumgänglich, daß die Betriebe sich
zu Betriebsgemeinschaften entwickeln.

Die Prinzipien einer Arbeitsteilung, die sich aus der Betriebsgemeinschaft entwickeln, folgen normativen Empfehlungen:

- Einheitlichkeit von Leitung und Anordnung,
- Das Einzelinteresse ordnet sich Betriebsprozessen unter,
- Es herrschen Autorität und Disziplin.

  "Die Prinzipien der Gemeinschaft sind es, die in der Erfüllung
  dieser Forderungen einen Ausdruck finden."[2]

Diese Prinzipien umfassen gleichzeitig eine Reihe von normativen
Schutzfunktionen. Die Grenzen der Arbeitsteilung werden bspw. dort
gesteckt, wo ihnen soziale Bedürfnisse entgegenstehen. Hieraus resultiert
u.a. die Forderung einer Begrenzung des maximalen Arbeitstages, der es
erlaubt, auch soziale Aufgaben in Haushalt, Familie und Staat zu
übernehmen.

Neben der Definition eines maximalen Arbeitstags gilt es, einen
optimalen Arbeitstag einzurichten, der es erlaubt, den Körper so zu
regenerieren, daß verlorengegangene Kräfte ersetzt werden können und
auf Dauer eine durchschnittliche Leistung ermöglicht wird.

Die für die damalige Zeit wesentliche Frage des Lohnes wird von
Nicklisch ebenfalls einer eindringlichen Untersuchung unterzogen. Zur
Sicherstellung der Regenerationsfähigkeit bedarf es eines Mindestlohnes,
der die physiologischen und psychischen Bedürfnisse ausreichend
befriedigt:

---

1) Nicklisch 1920, 169
2) Nicklisch 1932/1972, 250

"Mindestlohn bedeutet, daß der Wert einer Tagesleistung, den der Betrieb dafür zu gewähren hat, gleichbedeutend sein muß mit der Möglichkeit der täglichen völligen Erneuerung der Kräfte durch körperliche und geistige Ernährung und Pflege und durch Betätigung außerhalb der Aufgaben der täglichen Arbeit."[1]

Der Mindestlohn ist allerdings deutlich zu unterscheiden vom "gerechten Lohn", der als eine Größe der Ertragsverteilung eine ebenso große Bedeutung für die Betriebsgemeinschaft hat, wie die richtige Eingliederung des Arbeitenden in den Arbeitsablauf (Nicklisch greift hier im wesentlichen auf Taylor, Gilbreth, Bedaux und Fayol zurück). Dieser "gerechte Lohn" ist abhängig von vier Faktoren:

- Kosten des Existenzminimums;
- Kosten der Vor- und Ausbildung;
- Kosten der verausgabten Leistung;
- Fähigkeit des Unternehmens, Lohn zahlen zu können.

Grundsätzlich plädiert Nicklisch für die Verknüpfung des Lohnes mit einem Lohnmittelindex "... der die Schwankungen der Ausgaben für die Lebensunterhaltung erkennen läßt (...) aber mit einer Grenze nach unten zum Schutz der Arbeitenden und mit einer nach oben zum Schutz des Betriebes."[2] Vom Umsatzerlös schließlich werden Löhne und Unternehmerlohn abgezogen "... für den Rest wird ein Teilungsverhältnis vereinbart."[3]

Neben dem Betriebselement Arbeit, dem Nicklisch im Gegensatz zu seinen Zeitgenossen eine erhebliche Aufmerksamkeit widmet, bestimmen noch zwei weitere Elemente den "Bau der Betriebe". Hierbei handelt es sich einmal um das Vermögen, das im Inventar niedergelegt ist und auf der aktiven Seite der Bilanz erscheint. Zum anderen handelt es sich um das Kapital, das dem Betrieb als Beteiligungs- oder Kreditkapital zur Verfügung steht. Es ist das Kapital, das den Betrieb befähigt, Vermögen zu beschaffen. Das Vermögen verkörpert das Kapital.

Das Leben des Betriebes ist neben den drei skizzierten Bauelementen abhängig von der Erhaltung des Gleichgewichts. Um feststellen zu können, ob gewisse Risiken im Wertumlauf auftreten und welche

---

1) Nicklisch 1932/1972, 253
2) Nicklisch 1932/1972, 277
3) ebenda, 279; vgl auch Nicklisch 1922, 196

Maßnahmen ergriffen werden müssen, sind die Werte möglichst exakt zu bestimmen. Ebenso genau widmet sich Nicklisch der Gestaltung der Betriebsvorgänge und der Ertragsverteilung.[1]

Besonders deutlich wird die normative Fokussierung des Ansatzes von Nicklisch bei der Ertragsverwendung. Schon früh setzt sich Nicklisch mit dem Vorwurf auseinander, die neue Wissenschaft sei eine reine Profitwissenschaft. In Auseinandersetzung mit Brentano stellt er fest, daß nicht der Unternehmer im Vordergrund stehe, sondern die Unternehmung (später: der Betrieb). Zwar habe der Geschäftsgewinn eine besondere Bedeutung. Allerdings dürfe Gewinn nicht mit Profit verwechselt werden:

"Gewinn ist immer das Aequivalent für eine wirkliche Leistung der Kräfte, die in einem Unternehmen arbeiten: Profit wird unmittelbar gemacht - durch Uebervorteilung, Täuschung und andre ähnliche Mittel."[2]

Später begründet Nicklisch die Auflösung des Gewinnes in - vorab gezahlte - Löhne und Unternehmerlöhne und die Herstellung eines Teilungsverhältnisses für verbleibende Gewinne mit dem normativen Konstrukt der Betriebsgemeinschaft:

"Das Wort Betriebsgemeinschaft bedeutet, daß Menschen, einheitlich verbunden, das Leben des Betriebes leisten und daß der Mensch auf diese Weise aus dem Betriebsmechanismus einen Organismus macht. Die Menschen stehen mit ihren Rechten und Pflichten in ihm, und das Wohlergehen des Betriebes und ihr eigenes hängt davon ab, daß diese erfüllt werden."[3]

Da es die Gemeinschaft ist, die für das Wohlergehen des Betriebes sorgt, ist sie letzlich auch Verursacherin des Gewinnes. Der Unternehmer ist lediglich der Führer des Unternehmens, der seinen Beitrag zum Gewinn leistet. Nicklisch wendet sich scharf gegen die von Schmalenbach vorgenommene Verknüpfung von Wirtschaftlichkeit und Gewinn. Nach Nicklisch bedeutet Wirtschaftlichkeit Geltung des ökonomischen Gesetzes. Es kann unwirtschaftlich gearbeitet werden und aufgrund der Markt- oder Konkurrenzsituation dennoch hoher Gewinn erzielt werden. Wirtschaftlichkeit muß auch in Betrieben erzielt werden, die keine

---

1) vgl ausführlich Nicklisch 1932/1972, 410 ff.

2) Nicklisch 1915, 13

3) Nicklisch 1932/1972, 296

Gewinne anstreben, sei es in Staats- oder sozialisierten Betrieben. Der Gewinn hat demnach mit dem betriebswirtschaftlichen Produktionsprozeß unmittelbar nichts zu tun. Der Gewinn ist eine Größe des Ertragsverteilungsprozesses.

Was bedeutet nun Ertragsverteilung? Nicklisch unterscheidet hier zwei relevante Auffassungen:

- Ertrag als Gewinn
- Ertrag als Gegenwert der Betriebsleistung

Ertrag als Gewinn wird üblicherweise als Ergebnis bzw. als Überschuß aus Unternehmereinnahmen über Unternehmerausgaben interpretiert. Davon zu unterscheiden ist der Ertrag als Gegenwert der Betriebsleistung. Er bezeichnet die Leistung aller Betriebsglieder, die an der Betriebsarbeit beteiligt sind. Diese Betriebsleistung drückt sich aus in den Löhnen, Gehältern, Unternehmerlöhnen und Zinsen für die Nutzung von Kapital. Die Veräußerung von Werten kann außerdem einen Überschuß oder Unterschuß (Gewinn/Verlust) bewirken.

> "Der Vergleich zwischen dem Betriebs- und Unternehmerertrag ist nun in der folgenden Weise zu ziehen: bei dem ersten stelle ich mich auf den Standpunkt des Betriebes, bei dem zweiten auf den des Unternehmers."[1]

Nicklisch hält den Begriff des Betriebsertrages für wesentlicher, weil er die wirtschaftliche Bedeutung des gesamten Betriebes widerspiegelt, während der Unternehmerertrag nur den Einfluß auf die Vermögensverhältnisse des Unternehmens anzeigt. Dies aber ist nicht der Sinn der Ertragsverwendung:

> "Die Unternehmung ist dem Betriebswissenschafter kein Mittel der Ausbeutung von Arbeitern und Angestellten in der Hand des Unternehmers, sondern eine Gemeinschaft von Kräften, die organisiert werden, durch Organisation zu einer lebensvollen Einheit zusammengefaßt werden muß."[2]

Die vernünftige Verteilung des Ertrages ist vielmehr wirtschaftlich geboten, weil erst die gesteigerte Kaufkraft die Arbeitnehmer in die

---

1) Nicklisch 1933, 27
2) Nicklisch 1915, 14

Lage versetzt, die wirtschaftliche Situation in der Gesamtwirtschaft und im eigenen Geschäftszweig zu verbessern.[1]

4.3.3. Zusammenfassende Beurteilung: Strukturelle Probleme ethisch-normativer Orientierungen

Ethisch-normative Betriebswirtschaftslehre als Programm ist bekanntlich untergegangen. Die Vorstellung vom Handel als sozialer Dienst hat sich nicht durchgesetzt. Handelsbetriebslehre, die diese soziale Funktion durch Handlungsanweisungen unterstützt, ist nicht (mehr) existent.

Auch eine Betriebwissenschaft, die jenseits herrschender Normen bei der Realisierung von Gemeinwohl tätig wird, indem sie auf den Gebieten Arbeitszeit, Ertrag, Lohn, Leistung und Beteiligung der Arbeitnehmer "vernünftige" Normen aufstellt, die nicht einhergehen mit herrschenden Normen, konnte sich nicht durchsetzen. Kapital, Natur und Mensch, die gleichberechtigt dem Gemeinwohl dienen sollen, sind keine Partner geworden. Und selbst die dezidierten Vorstellungen einer Betriebsgemeinschaft von Nicklisch hatten nur dort eine kurze Blütezeit, wo es eine materielle Entsprechung in der politischen Realität der Praxis gab.[2]

Ethisch-normative Konzepte von Schär bis Nicklisch sind damit als Programme wieder in Vergessenheit geraten, weil sie, anders als auf Ökonomie bezogene Gestaltungs- und Erklärungswissenschaft, nicht mit herrschender Praxis korrespondierten. Dennoch wurden Teile der Programme - bereinigt um ihr ethisch-normatives Korsett - in die herrschende Betriebswirtschaftslehre integriert, sofern sich die dort angesprochenen Bereiche um Mensch und Natur als materielle Problembereiche der Praxis erweisen.

Hier sehe ich deutliche Übereinstimmungen mit modernen ethisch-normativen Betriebswirtschaftslehren, die ebenfalls in das Dilemma geraten könnten,

a) als Programm mit den entsprechenden Intentionen unterzugehen, weil sie nicht herrschender Praxis entsprechen, und

---

1) vgl Nicklisch 1925

2) vgl hierzu bspw. Nicklisch 1933a; 1933b; 1935

b) in Teilaspekten in herrschende Betriebswirtschaftslehre integriert zu werden, weil sie materielle Probleme und Veränderungen der Praxis thematisieren.

Eine derartige Diskussion ist auch für andere mögliche Orientierungen wie die EDV-Orientierung von Bedeutung. Sie soll hier unter zwei Gesichtspunkten geführt werden:[1]

a) Theoretische Ebene: Eine auf Mensch, Natur oder Konsens bezogene Betriebswirtschaftslehre setzt - wie ältere normative Theorien der Betriebswirtschaftlehre - auf die Kraft besserer und vernünftiger Ideen, die einen Paradigmawechsel einleiten sollen. Sie konkurriert damit ebenfalls mit herrschender Betriebswirtschaftslehre

b) Praktische Ebene: Eine auf Natur, Mensch oder Konsens bezogene Betriebswirtschaftslehre beschränkt sich nicht nur auf eine Veränderung der grundlegenden Paradigmen. Sie hat auch die Absicht, zu einer praktischen Veränderung gegenwärtiger betriebswirtschaftlicher Praxis beizutragen. Auch hier stellt sich - wie bei älteren ethisch-normativen Theorien der Betriebswirtschaftslehre - die Frage nach den Möglichkeiten ihrer praktischen Umsetzung, insbesondere nach möglichen Trägern (bzw. Adressaten) einer auf Vernunft bezogenen, sozial und ökologisch verträglichen Produktion.

zu a) Herrschende Betriebswirtschaftslehre konstituiert, entwickelt und verfeinert sich im wesentlichen auf der Grundlage herrschender Praxis. Damit wird das Vorfindbare - also auch die existierenden gesellschaftlichen Kräfteverhältnisse - zum Ausgangspunkt theoretischer und instrumenteller Vorgehensweise.[2]

Da dies der Entstehungsintention, dem Anspruch und der Praxis der Betriebswirtschaftslehre entspricht, muß sie "erfolgreicher" in dem Sinne sein, daß die auf herrschende Praxis bezogene Betriebswirtschaftslehre eine adäquatere Behandlung von herrschender Praxis immer schon zuläßt. Das heißt nicht, daß herrschende Betriebswirtschaftslehre statisch ohne Veränderungen verharrt. Es bedeutet nur, daß Änderungen im Theoriegebäude der Betriebswirtschaftslehre ihrem Gegenstand - also der kapitalistischen Produktionsweise - entsprechen müssen, wenn sie erfolgreich sein wollen. Eine auf Vernunft und Konsens orientierte

---

1) vgl Ridder 1986a
2) vgl Heinen/Dietel 1976a, 13 ff.; 1976b

praktische Sozialökonomie, die in diesem Sinne auf Praxis Bezug nimmt, unterscheidet sich nicht von herkömmlichen Managementlehren. Die Berücksichtigung der kommunikativen und partizipativen Aspekte zur Optimierung herrschender Praxis ist notwendiger Bestandteil der Gestaltung von Realität.[1] Es ist deshalb P.Ulrich nur zuzustimmen, wenn er ausführt:

> "Die strategische Funktionalität des Konsensus-Managements läßt sich durchaus in herkömmlichen betriebswirtschaftlichen Nutzen/Kosten-Kategorien definieren: Die Beteiligung der Betroffenen - seien es Mitarbeiter oder Externe - am unternehmungspolitischen Willensbildungsprozess wirkt sich strategisch um so günstiger aus, je geringer die Konsensbildungskosten im Verhältnis zu den dadurch vermeidbaren Folgekosten im Falle des Dissens oder gar des manifesten Widerstands der Betroffenen ins Gewicht fallen."[2]

Wenn aber die ökonomische Interpretation der Kommunikation schon ein hinreichendes strategisches Element der Unternehmensführung im Rahmen bestehender Rationalitäten darstellt, was sollte die Betriebswirtschaftslehre, die sich auf bestehende Praxis bezieht, und die Praxis selbst veranlassen, über dieses strategische Element hinauszugehen? Schließlich darf nicht vergessen werden, daß die bestehende Ordnung - allen Problemen zum Trotz - offensichtlich von den Betriebswirten und Managern, aber auch von den Arbeitnehmern, akzeptiert ist. Solange also mit den auch von P.Ulrich vorgeschlagenen Managementinstrumenten die bestehende Rationalität legitimerweise als ökonomische Grundlage anerkannt wird, sucht man vergeblich nach Gründen für die Notwendigkeit der Übernahme dieser ethisch-normativen Vorschläge.

Der Hinweis, daß die Eigentumsordnung durch Managerherrschaft und Staatsinterventionismus bereits ausgehöhlt worden ist, bleibt belanglos und ist nicht stichhaltig, weil damit nicht gleichzeitig das Verwertungsprinzip aufgehoben wurde. Der springende Punkt ist nicht die Frage, wer die Kapitalverwertung organisiert, sondern ob sie organisiert wird. Das Prinzip der regulativen Leitidee schirmt gegen die Faktizität der Realität in umfassender Weise ab. Für P.Ulrich entfällt daher die

---

1) vgl Hill 1985; Gaugler 1985
2) Ulrich 1986, 438

Notwendigkeit, eine Verbindung zwischen ordnungspolitischen Vorstellungen, die sich an die Zukunft richten, und der realen, unter
Kosten- und Effizienzgesichtspunkten eingesetzten Managementphilosophien herzustellen. Die Verbesserung der Kommunikationskultur und die
Anerkennung der Persönlichkeit von Mitarbeitern ist notwendige
Voraussetzung, um bestehende Rationalitäten aufrecht zu erhalten und
nicht, weil bestehende Rationalitäten verändert werden sollen. Auch die
jetzt schon zu beobachtende Ökonomie des Dialogs, also die Nützlichkeit
der freiwilligen Beteiligung einflußreicher Betroffener am betrieblichen
Willensbildungsprozeß, ist ebenfalls kein kommunikativ-ethisches
Problem, sondern ein rein ökonomisches. Kreative high-tech-Betriebe
können nun mal nicht nach dem Prinzip von Befehl und Gehorsam geführt
werden. In dem Sinne erweist sich die zweidimensionale Managementkonzeption, in der neben strategischem Management das konsensorientierte
Management als gleichrangige Managementkonzeption begriffen und
ausgestaltet werden soll, als Voraussetzung für das Überleben in der
Zukunft. Wenn dann also Konsens-Management als notwendige Voraussetzung eines intelligenten strategischen Managements erkannt wird, wird
die normative Komponente entbehrlich werden, die strategischen
Elemente in herrschende Betriebswirtschaftslehre integriert.

Auch eine auf Mensch und Natur bezogene ökologische Betriebswirtschaftslehre gerät in ein vergleichbares Dilemma. Nimmt sie auf
alternative Produktion Bezug, enthält sie den gleichen Stellenwert wie
eine Betriebswirtschaftslehre des Sports oder eine Betriebswirtschaftslehre des Krankenhauses, die mit herrschender Betriebswirtschaftslehre
nicht konkurrieren, da sie keine unmittelbar vorgängig kapitallogischen
Funktionen erfüllen. Wenn sich aber ökologische Betriebswirtschaftslehre
mit diesem Randdasein nicht bescheiden kann, sondern angesichts der
ökologischen und sozialen Schäden über einen Paradigmawechsel
flächendeckende Wirkung erzielen will, wird sie entweder von der
herrschenden Betriebswirtschaftslehre als ethisch-normativ und
interessenbehaftet zurückgewiesen oder sie wird in herrschende
Betriebswirtschaftslehre integriert, ohne daß die ursprünglichen Ziele
beibehalten werden können. So zeigt z.B. Strebel[1] Wege auf, wie sich die

---

1) vgl Strebel 1980

Betriebswirtschaftslehre heute und vermutlich auch in Zukunft der Ökologiefrage nähert. Natur als ehemals freies Gut wird verpreist:

"Wegen der tatsächlichen (gesellschaftlichen) Knappheit des Gutes Umwelt muß nach dem Faktorsystem auch die Produktionstheorie entsprechend revidiert werden. Dies ist nicht nur eine theoretisch motivierte Forderung, sondern schon deshalb auch praktische Notwendigkeit, weil 'Umweltbeanspruchung' in wachsendem Maße durch Gebühren etc. in der einzelwirtschaftlichen Kostenrechnung zutage tritt."[1]

Aus dieser kapitalrelevanten Behandlung der Umweltfrage läßt sich eine eindeutige Hierarchie möglicher Behandlungsfelder für die heutige Betriebswirtschaftslehre ableiten:

Überall dort, wo Umweltschutz nicht mit dem Gewinnprinzip konkurriert, hat er heute eine gute Chance, zum Gegenstand der Betriebswirtschaftslehre zu werden. Strebel nennt als realistische Beispiele die Kopplung von Ertrags- und Kostenvorteilen mit ökologischen Verbesserungen, Produkt- und Verfahrensinnovationen (die natürlich marktgängig sein müssen), Public Relations.[2]

Die Chancen werden geringer, wenn der Umweltschutz in Konkurrenz zum Gewinnprinzip tritt, auch dann, wenn zentrale Funktionserfordernisse der Marktwirtschaft nicht in Frage gestellt werden.

Dort, wo Fragen des Umweltschutzes Marktwirtschaft und daraus abgeleitete Prinzipien in Frage stellen und damit systemübergreifende Lösungen provozieren, unterliegen sie dem o.a. Ausgrenzungsmechanismus, es sei denn, sie würden ordnungspolitisch erzwungen.

Damit werden auch in Zukunft ökologische Fragen in klassischer betriebswirtschaftlicher Manier in erster Linie in Kapitalfragen übersetzt. Auf der Grundlage von Nutzen-Kosten-Kalkülen erfolgt eine Berücksichtigung ökologischer als ökonomischer Tatbestände.

Dagegen werden in einer auf "Mensch und Natur bezogenen Betriebswirtschaftslehre" ökologische als ökonomische Tatbestände vernachlässigt. Die stoffliche Betrachtung von Natur und Arbeit scheint dazu zu

---

1) Strebel 1980, 40
2) vgl Strebel 1980, 49 f.

verleiten, die starke Dominanz finanzökonomischer Kalküle - trotz gegenteiliger Absichten[1]- zu unterschätzen.

Der Analyse ökonomischer Beschränkungen einer sozial und ökologisch verträglichen Produktion wird normativ der stoffliche Entwurf einer besseren Welt entgegengehalten. Dabei scheint vor lauter ökologischen Forderungen übersehen zu werden, daß die Produktion nach wie vor nach ökonomischen Prinzipien abläuft. Dominanten Kategorien, wie Geld, Markt und Preis, werden stoffliche Kategorien, wie technisch, produktural, ökologisch, sozial gegenübergestellt, ohne daß eine Vermittlung zwischen ökonomischer Realität und normativem Anspruch geleistet wird.

Aus diesem Vermittlungsproblem ergibt sich auch ein Bewertungsproblem. Die den ökologischen Kategorien innewohnende abstrakte Übersetzung von Stoffen in Kapital ist gleichzeitig eine der zentralen Steuerungs- und Bewertungsmechanismen.

> "Das Kapital ist größenmäßig bestimmt und gleichzeitig die
> Instanz, auf die alle Güter in der Unternehmung beziehbar sind.
> Es ist der Generalnenner, der für die Güter fehlt, wenn man sie
> nur in ihrer qualitativen Unterschiedlichkeit sieht."[2]

Stoffliche Barrieren, wie die Widerstände der Arbeitenden (z.B. Fluktuation, Absentismus[3]) oder der Natur (Auflagen, Verordnungen, Rohstoffknappheit, etc.), werden erst dann relevant, wenn sie analog zur Praxis kostenmäßig, also in Form von Kapitalquoten, in Erscheinung treten. Kosten, also Geld, sind hier gleichzeitig Steuerungs- und Bewertungsmechanismen für die Behandlung von Mensch und Natur.

Wer, wie die Vertreter der ökologischen Betriebswirtschaftslehre, diese finanzökonomische Steuerungs- und Bewertungsfunktion zugunsten einer stofflichen Orientierung überwinden will, muß ansatzweise angeben können, wie die stoffliche Bewertung von Technik und Produktion in sozialer und ökologischer Dimension als Mechanismus der Lösung des Allokations- und Verteilungsproblems aussehen soll. Oder anders gefragt: Welches Kriterium tritt an Stelle des Marktes, wenn beurteilt werden soll: Was ist sozial verträglich? Was ist ökologisch sinnvoll? Wann sind menschliche Bedürfnisse befriedigt? Wie kann man prospektiv

---

1) vgl Lucas/Pfriem 1983, 377 f.
2) Gutenberg 1929, 33
3) vgl Nieder 1984

eine sich entwickelnde Technik auf ihre ökologischen und sozialen Auswirkungen hin beurteilen?

Es gibt ein schwierig zu lösendes Datenproblem, das in diesem Zusammenhang eine besondere Qualität hat. Es geht um die Frage, ob immer und überall alle Auswirkungen jetzt und für die Zukunft bestimmt werden können. Viele Produkte, die vor Jahren noch unbedenklich schienen, erweisen sich heute im Sinne des Wortes als lebensbedrohend. Rohstoffe für Produkte, die hier und heute als ökologisch und sozial unbedenklich akzeptiert sind, werden bspw. in der dritten Welt unter nicht akzeptablen Bedingungen erschlossen. Wie will man das Bewertungsproblem lösen, wenn die unbedenkliche Herstellung natürlicher Holzprodukte auf der Vernichtung brasilianischer Wälder beruht? D.h., es existiert ein methodisches Problem: Wie können Bewertungskriterien für eine ökologisch und sozial verträgliche Produktion begründet und herrschaftsfrei hergestellt werden?

Auf der theoretischen Ebene liegen hierzu mindestens zwei wissenschaftstheoretische Konzeptionen vor.

Die Erlanger Schule schlägt vor, Konflikt- und Mangelsituationen im Dialog zu beraten. Transsubjektiv - d.h. Argumente werden im Dialog aufrichtig, sachverständig begründet oder gerechtfertigt vorgetragen - werden in einer historischen Genese Konflikt- und Mangelsituationen rekonstruiert, um dann zu beraten, ob die gegenwärtige Situation nur faktische Gültigkeit besitzt und bei transsubjektiver Beratung als nicht begründet zurückgewiesen werden kann. Auf der Grundlage dieser Beratung wird dann der Praxis ein begründeter Reformvorschlag unterbreitet.[1]

Die Vorstellung eines Systems herrschaftsfreier Diskurse hat auch Habermas in seinem Programm einer kritischen Wissenschaftstheorie entwickelt. Danach kann sich die Verknüpfung von Theorie und Praxis auf drei Ebenen vollziehen. Auf der ersten Ebene erarbeiten im theoretischen Diskurs Wissenschaftler wahre Aussagen. Auf der zweiten Ebene soll der therapeutische Diskurs zu wahrhaften Einsichten anregen. Ähnlich wie beim Verhältnis Arzt/Patient dient er der zwanglosen Vermittlung und Organisation der im theoretischen Diskurs gewonnenen

---

1) vgl Kambartel 1974a; 1974b; Lorenzen/Schwemmer 1973; vgl auch den Vorschlag von Steinmann et al. 1975, diese Prinzipien auf die Betriebswirtschaftslehre zu übertragen.

Aussagen. Die zu Beginn des therapeutischen Diskurses herrschende Ungleichheit der Dialogpartner führt bei Gelingen des Diskurses zur Herstellung der Gleichheit von Chancen, Dialogrollen zu übernehmen. Im praktischen Diskurs entscheiden sich die potentiell Betroffenen, auf die sich die theoretischen Deutungen beziehen, ob sie die angebotene Interpretation annehmen oder ablehnen.

Für alle Diskurstypen gilt kontrafaktisch die ideale Sprechsituation, d.h. Verzerrungen oder faktische Auszeichnungen werden zugunsten einer egalitären Stellung aller Diskursteilnehmer ausgeschlossen.[1]

Den grundsätzlichen Einwand gegen diese Theorie der Kommunikation formuliert Habermas selbst. Interpretationen, die ihm Rahmen solcher Theorien gewonnen werden, können nicht unmittelbar als Handlungsorientierungen wirksam werden:

> "In politisch folgenreiche Aufklärungsprozesse können sie deshalb nur umgesetzt werden, wenn die institutionellen Bedingungen für praktische Diskurse im breiten Staatsbürgerpublikum erfüllt sind; solange das nicht der Fall ist, sind die restriktiven Zwänge, d.h. die in den Systemstrukturen angelegten Kommunikationseinschränkungen selber ein theoretisch zu klärendes Problem."[2]

Die Problematik dieser Vorschläge ist damit zutreffend benannt. Immerhin stellen sie einen Versuch dar, auf methodischem Wege Beratungen möglich zu machen. Wenn solche Modelle abgelehnt werden[3], eine theoretische Bewältigung dieses Problems aber aussteht, bleibt nur die faktische Entscheidung. Herrschende Praxis handelt nicht unbedingt entsprechend der Intentionen einer ökologisch und sozial verträglichen Produktion.

zu b) Der Praxisbezug einer sozialökonomischen Betriebswirtschaftslehre ist sozialtechnisch und ethisch-normativ. Sie ist zunächst offen für praktische Entscheidungen durch die Praxis. Auf überzogene theoretische Ansprüche und auf die Vorgabe "fester" substantieller Wertorientierungen wird verzichtet. Vielmehr will dieser Ansatz kritisch, d.h. selbstkritisch, mit den eigenen normativen Voraussetzungen umgehen und

---

1) vgl Habermas 1971; 1973; 1978
2) Habermas 1978, 11
3) vgl Pfriem 1983a, 95 f.

Raum lassen für rationalen Umgang mit verschiedenen Wertstandpunkten. Betriebswirtschaftslehre hilft dabei, in einem unternehmenspolitischen Prozeß unter Beteiligung der betroffenen Arbeitnehmer Postulate aufzufüllen, also "praktisch-diskursiv" aufzuheben.[1]

Den gegen diese Sichtweise schnell einzubringenden Einwand formuliert P.Ulrich selbst. Diese Art des Praxisbezuges kann funktional und pragmatisch verwendet werden, "... neu ist nur die Möglichkeit des selbstkritischen Umgangs mit den lebenspraktischen Wert- und Sinnzusammenhängen dieser Funktionsrationalisierung innerhalb der BWL, nämlich auf der Rationalisierungsebene der Unternehmungspolitik."[2]

Warum aber sollte die Betriebswirtschaftslehre diesen Weg gehen, wenn in der Praxis, auf die sich Betriebswirtschaftslehre ja bezieht, keine Anzeichen auszumachen sind, wonach Manager eine andere als die herrschende Rationalität befolgen. Warum sollte die Betriebswirtschaftslehre eine Wirtschaftsethik formulieren und Vernunft predigen, wenn es in der Wirtschaft keine entspechende Ethik gibt und Vernunft daran gemessen wird, was einzelwirtschaftlich erfolgreich ist.

Schließlich: Wer soll der praktische Träger der Vernunft sein?

1968 sah Habermas noch die Gruppe der Schüler und Studenten als Träger der Veränderung:

> "Auf lange Sicht könnte deshalb der Studenten- und Schülerprotest diese brüchig werdende Leistungsideologie dauerhaft zerstören und damit die ohnehin fragile, allein durch Entpolitisierung abgedeckte Legitimationsgrundlage des Spätkapitalismus zum Einsturz bringen."[3]

Der Schüler P.Ulrich ist 15 Jahre später bescheidener:

> "In der Bereitschaft, diese Chance im Rahmen der Unternehmenspolitik wahrzunehmen, könnte der wohlüberlegte Beitrag der Führungskräfte der Wirtschaft zur Bewältigung jener grundlegenden Herausforderung der Zeit gesehen werden, von der wir ausgegangen sind: mehr lebenspraktische Vernunft in unser wirtschaftliches Handeln zu bringen."[4]

---

1) vgl Ulrich 1987, 30
2) Ulrich 1987, 31
3) Habermas 1974, 103
4) Ulrich 1983, 84

Sollten die Schüler und Studenten von 1968 nun alle Führungskräfte der Wirtschaft geworden sein?

Ökologische Betriebswirtschaftslehre ist in ihrem Theorie-Praxis-Bezug nicht weniger eindeutig. Andere Denk- und Sichtweisen werden als mögliche "Irrwege" bezeichnet, die es "frühzeitig im eigenen Wegweiser-system zu analysieren"[1] gilt. Der Preis für diese Relativierung ist hoch. Im sicheren Bewußtsein der Richtigkeit des eigenen Programms und der Zielgerichtetheit praktischer Veränderungen wird gegenläufiges und nicht in die ökologische Betriebswirtschaftslehre zu integrierendes Wissen vernachlässigt. Die damit erreichte Harmonie und Geschlossenheit des Ansatzes wird erkauft mit abnehmendem Realitätsbezug. Nur eine ökologische Betriebswirtschaftslehre scheint noch in der Lage, die realen (stofflichen) Veränderungen zu erfassen und einen praktischen Beitrag zur Abwendung der Katastrophe leisten zu können. Die Aner-kennung eines ökologischen Paradigmas wird deshalb zu einer notwen-digen Voraussetzung praktischer betriebswirtschaftlicher Beratung. Denkt man aber diese Intentionen zu Ende, und geht man von einem erfolgreichen Paradigmawechsel aus, so stellt sich immer noch die Frage, ob sich Betriebswirtschaftslehre - als legitimes Kind kapitalistischer Entwicklung - ändern kann, ohne daß sich die Praxis ändert. Selbst wenn es gelingen würde, einen Großteil der Betriebswirte von der Notwendigkeit einer Umgestaltung der Betriebswirtschaftslehre zu überzeugen, wäre es doch eher zweifelhaft, daß dies auch konkrete Auswirkungen auf die Praxis haben könnte. Hier scheint mir eine nicht unerhebliche Überschätzung betriebswirtschaftlicher Einflußmöglich-keiten und Problemlösungskapazitäten vorzuliegen. Dort, wo ökonomische Interessen sich zuspitzen, kann man nicht nur davon ausgehen, daß es gegensätzliche betriebswirtschaftliche Lösungsvorschläge gibt, sondern auch, daß der Bedarf an betriebswirtschaftlichen Lösungsvorschlägen recht gering ist, es sei denn, sie dienen der Unterstützung konkreter Interessenstandpunkte.

Umgestaltungen vollziehen sich auf anderen Ebenen. Sie werden nur etwas später von der Betriebswirtschaftslehre "entdeckt". Dort, wo Betriebswirtschaftslehre Praxis ändern kann, ist sie im wesentlichen bei

---

1) Pfriem 1983a, 89

der Schmalenbachschen Methode geblieben. Sie geht von gegebenen Daten aus und entwickelt unter Verarbeitung relevanter Literatur "ökonomische Schlachtpläne". Da sie ja die Adressaten ihrer theoretischen Bemühungen kennt, nimmt sie auch dann reale ökonomische Problembereiche zum Ausgangspunkt, wenn programmatisch die Bedürfnisbefriedigung der arbeitenden und konsumierenden Menschen herausgestellt wird.

Betriebswirtschaftslehre tut dies vernünftigerweise, denn will sie, daß überhaupt etwas von ihren Überlegungen in die Praxis eingeht (und dies gilt vielen Kunstlehrern als Kriterium für Erfolg), wird sie Gegenstände wählen, die den Entscheidern betriebswirtschaftlicher Entwicklung als ökonomisch relevant erscheinen. Eine ökologische Betriebswirtschaftslehre, wie sie oben skizziert wurde, kann nicht damit rechnen, allgemein als ökonomisch relevant anerkannt zu werden. Der Weg zu einer praktischen Durchsetzung ökologischer Ziele bedarf daher konkreter Adressaten.[1] Ökologisch orientierte Autoren setzen hierbei auf die emanzipatorische Kraft ihres Ansatzes. Sie soll durch Gegenmacht die gewünschten Zustände herbeiführen.

> "In der praktischen Verbindung mit auf Produktionsumstellung hin engagierten Belegschaften und entsprechender betrieblicher Gewerkschaftspolitik kann aus Antizipation reale Konstruktion werden."[2]

Einerseits haben Gewerkschaften mit Wissenschaft bis in die jüngste Zeit nicht gerade gute Erfahrungen gemacht. Wie am Beispiel des HdA-Programms deutlich wurde, sind auch in guter Absicht vorgenommene Humanisierungsstrategien sehr schnell in konkrete Rationalisierungen umgeschlagen.[3]

Auf der anderen Seite stellt sich die Frage, welchen Stellenwert vorgedachte Lösungen für Gewerkschaften besitzen. Die von konkreten Bedürfnissen und in der Regel auch machtpolitisch und taktisch gespeisten Auseinandersetzungen mit dem Kapital bedürfen keiner akademischen Begründung und Besserwisserei.

Dies zeigt sich z.B. bei Anträgen zur Entwicklung alternativer Produktion bzw. zur Rüstungskonversion auf Gewerkschaftstagen, die ja weniger

---

1) vgl auch Freimann 1987
2) Pfriem 1983a, 137; vgl auch Haas et al. 1982, 65
3) vgl Sobott 1983

gestiegenem ökologischem Bewußtsein als drohendem Verlust von
Arbeitsplätzen aufgrund technologischer Veränderungen und Verschiebungen auf den Märkten zuzurechnen sind.

Ökonomische Konflikte werden mit Hilfe ökonomischer Macht ausgetragen
und durchgesetzt. Wer in dieser Auseinandersetzung Argumentationshilfen
für Gewerkschaften auf wissenschaftlicher Basis bereitstellen will - als
Gegengewicht zur kapitalorientierten Betriebswirtschaftslehre - steht
vor dem Problem, daß ja bereits der Gegenstand - die Unternehmung -
als kapitalistisch verfaßte sich einer nicht kapitalistischen Alternative
entzieht. Unterstützung von Gewerkschaft kann wissenschaftlich nur
erfolgen, wenn sie zum Gegenstand der Theorie wird, also mehr um sich
selbst weiß.

Es lohnt auch, darüber nachzudenken, ob die Gewerkschaften und
Belegschaften die ihnen zugedachte Rolle übernehmen können. Ist die
historisch gewachsene Aufgabe der Gewerkschaften beliebig veränderbar
und kann sie für veränderliche Problemdefinitionen funktionalisiert
werden?

Zwar entwirft der DGB auch gesellschaftspolitische Vorstellungen
(einschließlich ökologischer Produktion), im Kernbereich konzentriert
sich jedoch jede Einzelgewerkschaft auf den Schutz und die Interessen
ihrer Mitglieder im Rahmen der dominierenden Handlungsorientierungen.
Hier ist keine Struktur erkennbar, die die Übernahme von außen
induzierter Ziele erleichtern könnte. Auch ist nicht erkennbar, wie die
notwendige Einheitlichkeit des Programms innerhalb der Gewerkschaften
hergestellt werden könnte.

Als Fazit kann festgestellt werden: Die Grundprobleme älterer ethisch
- normativer Theorien, wie sie oben skizziert wurden, können durch
neuere ethisch-normative Theorien nicht überwunden werden. Eine auf
Mensch und Natur bezogene Betriebswirtschaftslehre kann sich nicht
gegen herrschende Betriebswirtschaftslehre durchsetzen, solange sich
nicht die Praxis ändert. Ökologische Betriebswirtschaftslehre wird, wie
eine auf Vernunft bezogene Betriebswirtschaftslehre, bestenfalls partiell
dort integriert, wo ökologische oder humane Tatbestände die Verwertung
von Kapital verbessern helfen oder sie gerät zur Zweiglehre für
alternative Produktion. Die historisch rekonstruierbare Aufgabe der
Betriebswirtschaftslehre ist es, Wissen zu schaffen und zu systemati-

sieren, das die Funktionsweise herrschender Praxis unterstützt. Diese Betriebswirtschaftslehre als Speerspitze einer ökologischen und humanen praktischen Veränderung der Praxis umgestalten zu wollen, zeugt deshalb von Mut. Auch die Hoffnung auf Veränderung dieser Praxis, entweder durch die Kraft der besseren Ideen oder durch die Benennung von Adressaten im Arbeitnehmerlager, geht nicht nur an den realen Fähigkeiten und Möglichkeiten der Betriebswirtschaftslehre vorbei, sondern vernachlässigt auch die Kräfteverhältnisse und die dominierenden gesellschaftlichen Interessen.

Die Tatsache, daß in dem hier interessierenden Zusammenhang die Ökonomie - also Produktion und Verteilung - sich unter kapitallogischen Prinzipien vollzieht, ist ernst zu nehmen. Das schnelle Entwerfen von gewünschten Gegenwelten scheint davon eher abzulenken. Anders ist nicht zu erklären, mit welcher Leichtigkeit von diesen Prinzipien abstrahiert und andere Prinzipien dagegen gesetzt werden. Vielmehr ist Wissenschaft - und Betriebswirtschaftslehre ganz besonders - selbst Bestandteil dieser Logik und kann sich nur partiell aus diesen Zusammenhängen lösen. Unter diesen Voraussetzungen ist es unerheblich, ob Wissenschaftler mit ihren Theorien antikapitalistische, bedürfnisorientierte, arbeitnehmerorientierte oder ökologische Ziele verfolgen. Solange sie in ihren praktischen Absichten auf dem Prinzip Hoffnung beruhen, bleiben sie folgenlos oder nehmen ihren kapitallogischen Weg. Es ist deshalb nicht unerheblich:

"... daß Überlegungen zu einer arbeitnehmerorientierten Wissenschaft sich nicht auf die Formulierung von Ansprüchen beschränken können, sondern ihre eigenen Durchsetzungsbedingungen mitreflektieren müssen, damit sie praktisch wirksam werden können."[1] Auch wenn es schmerzlich ist, Sozialwissenschaftler können keine Interessenvertreter, Politiker, oder Bürgerinitiativen ersetzen.

Damit wird deutlich, daß die Möglichkeiten einer alternativen Orientierung, die sich jenseits herrschender Ökonomie zu etablieren versucht, als eher problematisch und historisch als gescheitert interpretiert werden. Auch eine EDV-orientierte Betriebswirtschaftslehre, die nicht herrschendem ökonomischen Denken verplichtet ist, sondern informationstechnische Rekonstruktionen zu ihrem Gegenstand machen will

---

1) Bosch et al 1978, 659

unterliegt dem aufgezeigten Dilemma. Die Absicht, die faktische Betriebsorganisation kritisch zu rekonstruieren und unter informationstechnischen Gesichtspunkten wieder zusammenfügen, stößt sich, wenn dieser Anspruch eingehalten wird, an den Erfordernissen der Ökonomie, die weder ein technisches, noch ein soziales, noch ein ökologisches Optimum anstrebt.

5. Orientierung und Rekonstruktion. Zur Bestimmung der Betriebswirtschaftslehre

Betriebswirtschaftslehre bezieht sich in ihren relevanten Orientierungen von Anfang an und durchgängig auf herrschende Praxis. Sie akzeptiert die konstitutiven Grundtatbestände der herrschenden Praxis, die mit Gutenberg als Ausnutzen von Preisdifferenzen bezeichnet werden.

Ganz gleich, ob das Ausnutzen von Preisdifferenzen als relevantes Ausbildungs- und Gestaltungsziel entwickelt oder ob es "Wirtschaftlichkeit" genannt wird, ob das Ausnutzen von Preisdifferenzen auch sozialökonomische Bezüge aufweist oder ob die mittelbare bzw. unmittelbare Entstehung der Realisierung von Preisdifferenzen als Wechselspiel von Unternehmen und Markt erklärt wird, immer beziehen sich diese unterschiedlichen Zugänge auf diesen konstitutiven Grundtatbestand.

Will Betriebswirtschaftslehre gestalten, ist sie zwingend auf die Optimierung herrschender Praxis bezogen. Ein Vergleich der Orientierungen zeigt, daß die Optimierungsprobleme und -felder wechselten und wechseln. Immer neue relevante Aspekte des Optimierungspuzzles werden von der Betriebswirtschaftslehre "entdeckt" und in gestalterischer Absicht systematisiert und konstruiert.

Will sie erklären, ist sie in ihren Zugangsbedingungen freier. Sie verfügt über ein ansehnliches Arsenal an Scheinwerfern[1], mit deren Hilfe Aspekte der Praxis einer ökonomischen Analyse und Deutung zugänglich gemacht werden können. Je weniger die Absicht besteht, sich einzumischen, umso unabhängiger gerät die Betriebswirtschaftslehre bei der Schaffung von Wissen.

Diese Unabhängigkeit findet ihre Grenzen aber in der konstitutiven Konstruktion der Theorie-Praxis-Bestimmung.

Gibt es also einen "edlen Wettstreit" in der Betriebswirtschaftslehre[2], z.B. zwischen gestaltungsorientierter und erklärungsorientierter Betriebswirtschaftslehre? Kann sich die Betriebswirtschaftslehre umorientieren? Ist heute eine entscheidungsorientierte, morgen eine EDV-orientierte und übermorgen eine ökologische Betriebswirtschafts-

---

1) vgl Kirsch 1985
2) vgl Wunderer 1985, VI

lehre denkbar. Ist es möglich, daß diese Orientierungen gleichzeitig miteinander konkurrieren?

Wohl kaum. Hier hat die historische Rekonstruktion der Betriebswirtschaftslehre gezeigt, daß die heutigen "Konkurrenten" sich Auseinandersetzungen widmen, die bereits in der Entstehung und Entwicklung der Betriebswirtschaftslehre angelegt waren und funktional aufeinander beziehbar sind. Managementorientierungen und Erklärungsorientierungen sind zwei Seiten einer Medaille. Auch alte und neue ethisch-normative Orientierungen sind - was die Behandlung der Gegenstände der Betriebswirtschaftslehre angeht - entweder irrelevant, weil eine Verknüpfung zwischen antizipierter Zukunft und realer Praxis nicht gelingt oder sie werden dort, wo ihre Gegenstände ökonomisch bestimmbar sind (bspw. im sozialen, kommunikativen und ökologischen Bereich) in herrschende Betriebswirtschaftslehre integriert.

Bezogen auf die Ausgangsfrage heißt dies, daß Betriebswirtschaftslehre in der Behandlung ihres Gegenstandes nicht frei ist. Es gibt konstitutive Merkmale in der Praxis, die der Theorie zwar unterschiedliche Standpunkte erlauben, aber auf diese (ökonomische) Praxis bezogen bleiben. In diesem Sinne bedarf jede Orientierung einer ökonomischen Grundlage, sei sie stillschweigend akzeptiert oder explizit berücksichtigt. Keiner dieser Ansätze kommt um die Tatsache umhin, daß sich die praktische Relevanz erst an der ökonomischen Fundierung erweist.[1] Jede Betriebswirtschafslehre, sei sie sozialwissenschaftlich und/oder ökonomisch ausgerichtet, wird daran gemessen, ob sie ökonomische Probleme angemessen beschreibt, Erklärungen anbietet oder Gestaltungsvorschläge unterbreitet, die ökonomische Lösungen verbessern helfen. Es ist dann unerheblich, ob diese Erklärungen oder Vorschläge unter Rückgriff auf psychologische, rechtliche oder soziologische Erkenntnisse erfolgen. Entscheidend ist, daß die ökonomische Deutung erfolgt. Diese Orientierung erweist sich als Selektionskriterium für die Steuerung der Unternehmen, mag sie noch so sehr auf Verhalten, Anreize und Führung rekurrieren. Sie orientiert sich an ökonomischen Voraussetzungen.

Was bedeutet diese Grundvoraussetzung für Betriebswirtschaftslehre? Sie muß jede dieser in der Praxis relevant werdenden Veränderungen oder Perspektiven ökonomisch rekonstruieren, sei es implizit oder explizit.

---

1) vgl Albach 1985

Ganz gleich, ob sie erklären oder gestalten will, relevant werden diese
Veränderungen nur in ihrer ökonomischen Rekonstruktion.

Dies wird besonders deutlich in der entscheidungsorientierten Variante
der Betriebswirtschaftslehre,[1] die zwischen den Polen Erklären und
Gestalten vermitteln will. Sie verläßt nicht den ökonomischen Standpunkt, schließt aber Ergebnisse aus den Nachbardisziplinen ein, um
betriebliche Zielbildungsprozesse besser verstehen zu können. Die
Ergänzung zu Gutenberg ist folgerichtig, konstatiert doch Heinen
realistisch:

> "Allerdings weist in marktwirtschaftlichen Systemen das
> Gewinnziel eine gewisse Dominanz auf."[2]

Erklären und Gestalten beinhaltet also das immerwährende Einbeziehen
von ökonomisch relevanten Veränderungen der Praxis. Betriebswirtschaftslehre gießt sie durch den ökonomischen Filter (Abb. 9, siehe Seite
291). Nicht die Betriebswirtschaftslehre interpretiert Praxis lediglich
in ihrer ökonomischen Verengung, wie P.Ulrich annimmt[3], sondern
Betriebswirtschaftslehre folgt der ökonomischen Verengung der Praxis.
Veränderungen in der Praxis werden jeweils von der Betriebswirtschaftslehre aufgenommen und zwischen den Polen Erklären und Gestalten
ökonomisch gedeutet. In diesem Sinne hat der Mensch über eine längere
Strecke in der Betriebswirtschaftslehre eine erhöhte Aufmerksamkeit
erfahren.

Stoffliche Barrieren, wie die Widerstände der Arbeitenden, der Natur
oder der Technik, werden erst dann relevant, wenn sie analog zur Praxis
kostenmäßig, also in Form von Kapitalquoten in Erscheinung treten.
Kosten, sind hier gleichzeitig Steuerungs- und Bewertungsmechanismen
für die Behandlung von Mensch und Natur.

In diesem Sinne nehmen die verschiedenen Ansätze einer verhaltens-,
entscheidungs- oder systemorientierten Betriebswirtschafslehre diese
Veränderungen auf. Da sie auf die gegebene Praxis rekurrieren, werden
Erklärungen und Empfehlungen aber nur dann handlungsleitend, wenn sie
dem ökonomischen Kalkül der Praxis entsprechen.

---

1) vgl Heinen 1983
2) Heinen 1983, 27
3) vgl Ulrich 1987, 8 ff.

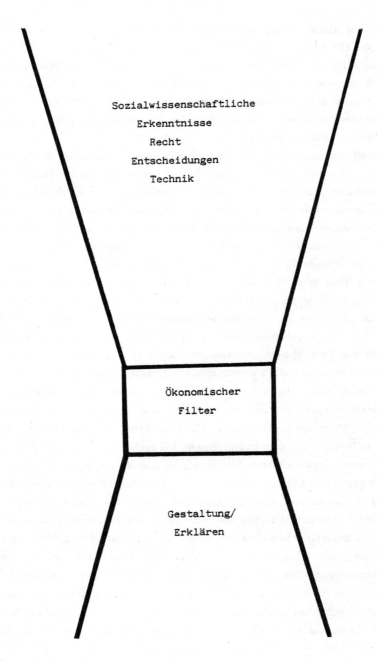

Abb. 9   Ökonomischer Filter,
in Anlehnung an Ulrich, 1986, 199

Bezogen auf die in dieser Arbeit behandelte EDV-Orientierung gilt es zu fragen, ob sie dort, wo sie eine ökonomische Fundierung aufweist, neben eine gestaltungs- oder erklärungsorientierte Betriebswirtschaftslehre treten kann, wie dies von ihren Vertretern gefordert wird[1], oder ob sie eine eigenständige ökonomieunabhängige Funktion übernehmen muß, um als Orientierung lebensfähig zu sein. Ist also eine EDV-Orientierung der Betriebswirtschaftslehre möglich?

Im Rahmen einer ausbildungs- und gestaltungsorientierten Betriebswirtschaftslehre wurde deutlich, daß dieser Zweig des Faches schon immer auf materielle Veränderungen der Praxis reagiert hat. Schließlich wurde Betriebswirtschaftslehre von Industriellen und praktisch orientierten Hochschullehrern ins Leben gerufen, weil technische und ökonomische Umwälzungen die bislang vorhandenen Instrumente den Erfolg oder Gewinn zu steuern, als sich dieser veränderten Praxis nicht mehr adäquat erwiesen haben. Hier gibt es zur heutigen Situation deutliche Parallelen, denn auch gegenwärtig fragen EDV-orientierte Betriebswirte, ob die Instrumente der Betriebswirtschaftslehre nicht vor dem Hintergrund der Gestaltbarkeit von Technik und der damit verbundenen Umwälzungen zunehmend obsoleter werden. Allerdings haben die Gründerväter der Betriebswirtschaftslehre die damals stattfindenden technischen Umwälzungen nicht zum Anlaß genommen, einen Aspekt dieser Bewegungsdynamik in den Mittelpunkt des Ausbildungsinteresses zu stellen, sondern sie hielten ganz allgemein eine akademische Ausbildung für grundlegend, die den zukünftigen "Wirtschaftskapitänen" grundsätzliche Kenntnisse vermitteln sollte. Schon damals entzweite die Frage der praktischen Fähigkeiten Befürworter und Gegner von Handelshochschulen. Diejenigen, die davon ausgingen, daß der Ökonom praktische Fähigkeiten mit detaillierten Kenntnissen einer bestimmten Branche, des jeweiligen Betriebes benötigt, betonten, daß eine akademische Ausbildung überflüssig sei. Diejenigen, die die Kenntnisse von grundlegenden Zusammenhängen und Instrumenten zur Beeinflussung von Erfolg und Gewinn für erforderlich hielten, betonten die Notwendigkeit eines breit angelegten wirtschaftswissenschaftlichen Studiums. Ausbildung betrifft deshalb nicht nur einen Aspekt der Realität, sondern umfaßt damals wie heute möglichst viele zusammenhängende Aspekte.

---

1) vgl Müller-Merbach 1985a; Scheer 1985

Nun kann darauf hingewiesen werden, daß die Komplexität der Realität
in der Ausbildung nur bedingt eingefangen werden kann und daß es Sinn
macht, den Gegenstand eines Faches von mehreren Standpunkten
ausgehend zu beleuchten, denn Ausbildung ohne genaue Kenntnis dessen,
was ist, verdoppelt entweder die reduzierte Ansicht von Praxis oder
verbleibt im Bereich der Spekulation. Für die Gründungszeit der
Betriebswirtschaftslehre kann gesagt werden, daß diejenigen Aspekte im
Vordergrund standen, die als für den Erfolg der Unternehmung maßgeblich angesehen wurden. Sie befand sich damit in der Kontinuität einer
Handels- und Kameralwissenschaft, in der Gewinne schon immer kataly-
tische Funktionen für die Auswahl relevanter Ausbildungsfächer hatte;
sollte sich dies bis heute nicht geändert haben, verbietet sich hier nach
wie vor die Fokussierung der Ausbildung auf einen Aspekt, sei er EDV-,
personal-, umwelt- oder produktionsorientiert.
Dieser Punkt trifft in gleicher Weise die Gestaltungsabsicht in diesem
Zweig der Betriebswirtschaftslehre. Managementorientierte Betriebswirtschaftslehre bemüht sich, Instrumente zu entwickeln, die Praktiker in
die Lage versetzen sollen, bestehende Praxis zu optimieren, zum Teil
unter wechselnden Vorzeichen. Hier geht es um ökonomische, um soziale,
um sozioökonomische Optimierung. Im Vordergrund steht noch immer die
Schmalenbachsche Grundidee der Gestaltung und Steuerung, die Entwicklung von Schlachtplänen. Mit dieser relevant gebliebenen Grundidee der
Betriebswirtschaftslehre von Schmalenbach bleibt auch die Einsicht
relevant, daß der Betriebswirt, der gestalten will, nicht vor der
Komplexität der Realität kapitulieren darf, indem er sich auf das
bequeme Polster eines Aspektes der Realität zurücklehnt. Gestaltungsorientierte Betriebswirtschaftslehre kann nicht umhin, sich tief in
andere Gebiete hineinzuwagen, wenn sie einen höheren Konkretisierungs-
grad anstrebt. Schmalenbachs Aufforderung, nicht zu früh Grenzen
abzustecken, die - auch in der Realität nicht vorfindbaren - Grenzen im
Objekt- und Wissenschaftsbereich zu überwinden, widerspricht damit
überzeugend allen Versuchen, Praxis auf der Basis eines Aspektes
gestalten zu wollen. Es muß als problematisch angesehen werden, in
einer konkreten Situation zwar technisch-ökonomische Gestaltungsvorschläge zu entwickeln, soziale, personale und organisatorische Aspekte
aber zu vernachlässigen, bzw. anderen Orientierungen zu übertragen.
Noch immer gilt, daß ein breites Spektrum zur Gestaltung erforderlich

ist. Adäquat zur ökonomischen Gestaltungsabsicht der Unternehmen werden in einer gestaltungsorientierten Betriebswirtschaftslehre Kenntnisse benötigt, die zu einer ökonomischen Beurteilung eines Problems notwendig sind. In diesem Zusammenhang kann dann die Binnenstruktur der EDV ein Aspekt zur ökonomischen Bewältigung eines Problems werden. EDV-orientierte Betriebswirtschaftslehre kann damit nicht neben eine gestaltungs- und ausbildungsorientierte Betriebswirtschaftslehre treten. EDV/Technik wird innerhalb einer gestaltungsorientierten Betriebswirtschaftslehre aufgenommen. In welcher Weise sie aber ökonomisch verarbeitet wird, mag variieren. Dies mag Technikgestaltung sein. Vorstellbar ist aber ebenso ein Schub in neue Formen der Wirtschaftlichkeitsrechnungen oder neue Formen der Organisationsgestaltung.

Im Rahmen einer erklärungsorientierten Betriebswirtschaftslehre verdichtet sich der Hinweis, daß Betriebswirtschaftslehre dort, wo sie erklärt, Veränderungen der Realität nicht zum Anlaß nimmt, Orientierungen zu konstituieren, sondern diese Veränderungen auf die ökonomische Verarbeitung bezieht. Dies wird deutlich bei Rieger, der die Ökonomie auf ihre Steuerungsprinzipien zurückführt und deshalb von konkreten Veränderungen abstrahiert, um sie mit Hilfe abstrakter Wertströme wieder einzufangen. Auch bei Gutenberg zeigt sich, daß erklärende Betriebswirtschaftslehre nicht Teilaspekte analysieren, sondern daß, von diesen Teilaspekten absehend, das Generelle in den Beziehungen des Unternehmens zum Markt und in den Innenbeziehungen herausgearbeitet werden soll. Technik/EDV kann also nur dort zum Gegenstand werden, wo das Generelle durch sie beeinflußt wird, wie dies Gutenberg am Beispiel der quantitativen und qualitativen Anpassung bei technischen Anlagen herausstellt. Die Technik selbst ist vor dem Hintergrund dieser Beziehungsanalyse nicht von erheblichem Interesse. Sie unterliegt wie der Mensch oder die Organisation zu vielen Veränderungen und zu vielen Einflüssen, als daß man sie zum Gegenstand der Betriebswirtschaftslehre machen könnte. Sie ist auch in der Unternehmenspraxis - die ja erhellt werden soll - nur Mittel zu einem ökonomischen Zweck. Es ist dieser ökonomische Zweck, der ein zentraler Gegenstand der erklärenden Betriebswirtschaftslehre ist. In diesem Sinne kann die Beziehung zwischen Technik/EDV und dem ökonomischen Zweck, den Gutenberg für diese Wirtschaftsordnung als das erwerbswirtschaft-

liche Prinzip bezeichnet, als ein Gegenstand der erklärenden Betriebswirtschaftslehre identifiziert werden, wenn sich diese Beziehung nach
Gutenbergs Analysen als undurchschaut erweisen sollte. Allerdings: die
Notwendigkeit einer EDV-Orientierung läßt sich daraus nicht umstandslos ableiten. Vielmehr legt die Literatur nahe, daß die Universalität der
Technik eher organisatorische und personale Probleme in den Produktivitätsbeziehungen in den Vordergrund rückt.

Als Fazit kann festgehalten werden, daß durch EDV ausgelöste Veränderungen in einer Erklärungsorientierung auf ihren theoretischen Gehalt
hin analysiert und ökonomisch interpretiert werden. In einer Gestaltungsorientierung werden Veränderungen in der Praxis dort zum
Gegenstand, wo bisher verwendete Optimierungskalküle nicht mehr
greifen. EDV-Technikkenntnisse sind dabei insoweit erforderlich, wie es
zur Beurteilung der ökonomischen Vorteilhaftigkeit notwendig ist.

In beiden Orientierungen kann EDV nur relevant werden, sofern dies zu
einer ökonomischen Interpretation erforderlich ist.

Im Rahmen einer Betriebswirtschaftslehre, die eine eigenständige
Orientierung jenseits ihrer ökonomischen Bestimmtheit wählt, wurden die
grundsätzlichen Probleme dieser Ansätze herausgearbeitet: Theoretisch
entsprechen sie nicht den Bedürfnissen der herrschenden Unternehmenspraxis. Ihre Vorschläge werden kontrafaktisch eingeführt, ohne daß ein
Weg angegeben werden kann, wie die Differenz zwischen Sein und Sollen
aufzuheben ist. Faktisch wird der um ethisch-normative Elemente
bereinigte Teil von der herrschenden Praxis dort integriert, wo dies
politisch (im Falle älterer ethisch-normativer Betriebswirtschaftslehren)
oder ökonomisch (im Falle jüngerer ethisch-normativer Betriebswirtschaftslehren) sinnvoll erscheinen mag (z.B. im Bereich des Öko-Marke-
ting oder der Organisationskultur).

Vor diesem Hintergrund wird jede Orientierung, die sich nicht auf
herrschende Ökonomie bezieht, als diesem Dilemma unterworfen angesehen.

"Orientierungen" beziehen sich also auf Veränderungen der Praxis und
gießen sie in einen ökonomischen Filter, um daraus auf Ökonomie
bezogene Erklärungen oder Gestaltungsempfehlungen zu beziehen. Wo
liegen damit die Handlungsspielräume der Betriebswirtschaftslehre? Sie
kann ihre eigenen Bestimmungsgründe reflektieren, um ihre Handlungsspielräume zu erkennen. Die historische Rekonstruktion macht in diesem

Falle deutlich, welchen Möglichkeiten und Grenzen "Orientierungen" unterliegen. Sie zeigt, auf welchem Terrain Betriebswirtschaftslehre Ratschläge oder Erklärungen abgeben kann. Sie ermöglicht eine Rekonstruktion der Ökonomie[1] durch die Wiederentdeckung der Funktion der Betriebswirtschaftslehre. Eine dermaßen "orientierte" Betriebswirtschaftslehre fragt nach Bestimungselementen der Theorie und öffnet damit das Spektrum an Möglichkeiten zur Behandlung der Praxis.

Das historische Erklärungs- und Gestaltungsparadigma ist auf diejenigen Felder auszudehnen, die bislang vordergründig als nicht-ökonomisch, z.B. technisch ausgewiesen wurden. Rekonstruktion der Ökonomie heißt Übertragen des ökonomischen Denkens auf bestehende und neu auftauchende Phänomene, soweit sie in der Praxis ökonomisch relevant sind. Eine dermaßen vorgehende Betriebswirtschaftslehre fragt danach, ob und in welcher Weise Phänomene ökonomisch relevant werden. In Anerkennung (nicht Akzeptanz) der ökonomischen Realitäten kann dann danach gefragt werden, ob es ökonomische Handlungsspielräume gibt, die auch andere Rationalitäten berücksichtigen, oder ob die herrschende ökonomische Rationalität die dominante ist.

---

1) zu den Möglichkeiten einer Reökonomisierung der Betriebswirt- schaftslehre vgl insbesondere Nagaoka 1983; Kappler 1980; 1983a;1983b

Abkürzungsverzeichnis

Abb.	Abbildung
Afa	Arbeitsausschuß für Arbeitsstudien
AG	Aktiengesellschaft
Bd.	Band
BFuP	Betriebswirtschaftliche Forschung und Praxis
BMFT	Bundesministerium für Forschung und Technologie
bspw.	beispielsweise
BWL	Betriebswirtschaftslehre
bzw.	beziehungsweise
CA	Computer Aided
CAD	Computer Aided Design
CAM	Computer Aided Manufacturing
CAP	Computer Aided Planning
CIM	Computer Integrated Manufacturing
CNC	Computerized Numerical Control
DBW	Die Betriebswirtschaft
DNC	Direct Numerical Control
DGB	Deutscher Gewerkschaftsbund
d.h.	das heißt
EDV	Elektronische Datenverarbeitung
etc.	et cetera
evtl.	eventuell
ggf.	gegebenenfalls
HdA	Humanisierung des Arbeitslebens
HdB	Handwörterbuch der Betriebswirtschaftslehre
HdWW	Handwörterbuch der Wirtschaftswissenschaft
HGR	Hans-Gerd Ridder
HWO	Handwörterbuch der Organisation
IAB	Institut für Arbeitsmarkt- und Berufsforschung
IGM	Industriegewerkschaft Metall
ISDN	Integrated Services Digital Network
KG	Kommanditgesellschaft
MAP	Manufacturing Automation Protocol
MittAB	Mitteilungen aus der Arbeitsmarkt- und Berufsforschung
MP	Multipoint
NC	Numerical Control
NRW	Nordrhein-Westfalen
o.ä.	oder ähnliches
OHG	Offene Handelsgesellschaft
o.J.	ohne Jahresangabe
o.O.	ohne Ort
o.V.	ohne Verfasser
PPS	Produktionsplanung und Steuerun
PTP	Point to Point
Refa	Verband für Arbeitsstudien und Betriebsorganisation
Refa-Nachrichten	Nachrichten des Verbandes für Arbeitsstudien und Betriebsorganisation e. V.
RKW	Rationalisierungskuratorium der Deutschen Wirtschaft
sog.	sogenannt

SPD	Sozialdemokratische Partei Deutschland
udT	unter dem Titel
USA	United States of America
usw.	und so weiter
u.U.	unter Umständen
VDI	Verein Deutscher Ingenieure
vgl	vergleiche
vs.	versus
WiSt	Wirtschaftswissenschaftliches Studium
WSI-Mitt.	Mitteilungen des Wirtschafts- und Sozial-wissenschaftlichen Instituts des DGB
z.B.	zum Beispiel
ZfB	Zeitschrift für Betriebswirtschaftslehre
ZfbF	Zeitschrift für betriebswirtschaftliche Forschung
ZfhF	Zeitschrift für handelswissenschaftliche Forschung
ZFHH	Zeitschrift für Handelswissenschaft und Handelspraxis
ZFO	Zeitschrift Führung und Organisation
z.T.	zum Teil
ZwF	Zeitschrift für wirtschaftliche Fertigung

Abbildungsverzeichnis

Literaturverzeichnis

Abelshauser, W.; Petzina, D. (Hrsg.):
Deutsche Wirtschaftsgeschichte im Industriezeitalter: Konjunktur, Krise, Wachstum, Königstein 1981

Afheldt, H.; Martin, H.-E.; Schrape, K. (Hrsg.):
Neue Techniken der Bürokommunikation, Landsberg am Lech 1986

Albach, H.:
Organisations- und Personaltheorie, in: H. Koch (Hrsg.): Neuere Entwicklungen in der Unternehmenstheorie, Wiesbaden 1982, 1 - 22

Albach, H.:
Betriebswirtschaftslehre als Wissenschaft vom Management, in: R. Wunderer (Hrsg.), a.a.O., (1985), 169 - 183

Allerbeck, M.:
Pilotprojekte in der Bürokommunikation: Höhere Akzeptanz und praktische Bewährung neuer Bürotechnik, in: ZFO, 54 (1985) 3, 182 - 185

Altmann, N.; Bechtle, G.:
Betriebliche Herrschaftsstrukturen und industrielle Gesellschaft, München 1971

Amler, R. W.:
Analyse und Gestaltung strategischer Informationssysteme der Unternehmung, Göttingen 1983

Anders, W.:
Kommunikationstechnik und Organisation (Forschungsprojekt Bürokommunikation, Bd. 3), München 1983

Anselstetter, R.:
Betriebswirtschaftliche Nutzeffekte der Datenverarbeitung, Berlin, Heidelberg, New York, Tokyo 1984

Arndt, P.:
Das Studium auf der Handelshochschule, Berlin 1903

Baethge, M.; Oberbeck, H.:
Zukunft der Angestellten. Neue Technologien und berufliche Perspektiven in Büro und Verwaltung, Frankfurt/M., New York 1986

Ballwieser, W.; Berger, K.-H. (Hrsg.):
Information und Wirtschaftlichkeit - Wissenschaftliche Tagung des Verbandes der Hochschullehrer für Betriebswirtschaft e. V. an der Universität Hannover, Wiesbaden 1985

Bartölke, K.:
Überlegungen zu den Grundlagen der Planung von Betriebsorganisationen, Berlin 1969

Bartölke, K.; Ridder, H.-G.:
Das Büro der Vergangenheit - eine Produktivitätsfalle, in: K. Bartölke et al. (Hrsg.): Kommunikationsmanagement im Unternehmen, Wuppertal 1985, 4 - 10

Bartölke, K.; Henning, H.; Jorzik, H.; Ridder, H.-G.:
Innovation und Partizipation - Zur Beteiligung der Arbeitnehmer an der Einführung neuer Technologien. Arbeitspapiere des Fachbereichs Wirtschaftswissenschaft der Bergischen Universität - Gesamthochschule Wuppertal, Nr. 102, Wuppertal 1986a

Bartölke, K.; Bünnig, J.; Fricke, W.; Hobbensiefken, G.; Höffkes, U.; Ridder, H.-G. (Hrsg.):
Möglichkeiten der Gestaltung von Arbeit und Technik in Theorie und Praxis, Bonn 1986b

Bartölke, K.; Henning, H.; Jorzik, H.; Ridder, H.-G.:
Technologieimplementation im Spannungsverhältnis zwischen Management und Arbeitnehmervertretung, in: W. Fricke et al. (Hrsg.): Jahrbuch Arbeit und Technik in NRW 1987, Bonn, Bad-Godesberg 1987, 445 - 460

Bartölke, K.; Henning, H.; Jorzik, H.; Ridder, H.-G.:
Neue Technologien und betriebliche Mitbestimmung, Opladen 1989 (im Erscheinen)

Bauernfeind, U.:
Realisierung von CIM - Konzepten mit Standardkomponenten, in: ZwF, 80 (1985) 9, 397 - 402

Becker, H.:
Wunder nach Programm, in: Die Zeit, Nr. 15 vom 6.4.1984, 29

Becker, H.:
Zukunftstechniken (Teil 1), in: VDI-Z, 128 (1986a) 8, 243 - 248

Becker, H.:
Zukunftstechniken (Teil 2), in: VDI-Z, 128 (1986b) 12, 465 - 470

Becker, J.:
Informationstechnologie und Mitarbeiterqualifikation, in: Personalwirtschaft, 14 (1987) 5, 215 - 220

Beckurts, K. H.; Reichwald, R.:
Kooperation im Management mit integrierter Bürotechnik, München 1984

Bednarz, K.; Heitmann, G.; Kempin, P.:
CAD/CAM und Qualifikation, Frankfurt/M., New York 1984

Beigel, R.:
Der Kampf um die Handelshochschule, Leipzig 1898

Bellinger, B.:
Geschichte der Betriebswirtschaftslehre, Stuttgart 1967

Benz-Overhage, K.; Brandt, G.; Papadimitriou, Z.:
Computertechnologien im industriellen Arbeitsprozeß, in: G. Schmidt; H. G. Braczyk u. a. (Hrsg.): Kölner Zeitschrift für Soziologie und Sozialpsychologie, Materialien zur Industriesoziologie, Sonderheft 24 (1982a) 84 - 104

Benz-Overhage, K.; Brumlop, E.; Freyberg, T.; Papadimitriou, Z.:
Neue Technologien und alternative Arbeitsgestaltung, Frankfurt/M., New York 1982b

Benz-Overhage, K.:
Das Ende der Arbeitsteilung ist trotzdem nicht in Sicht, in: Sozialist, 10 (1986) 5/6, 447 - 452

Berger, J.:
Handlung und Struktur in der soziologischen Theorie, in: Das Argument, 19 (1977) 101, 56 - 66

Berger, K.:
Materialistische Analyse der Herausbildung und Entwicklung der Betriebswirtschaftslehre als eigenständige Disziplin der Wirtschaftswissenschaften, Bremen 1979

Bergler, G.:
Wilhelm Rieger - 75 Jahre, in: ZfB, 23 (1953) 5, 325 - 327

Bergmann, J.; Hirsch-Kreinsen, H.; Springer, R.; Wolf, H.:
Rationalisierung, Technisierung und Kontrolle des Arbeitsprozesses - Die Einführung der CNC-Technologie in Betrieben des Maschinenbaus, Frankfurt/M., New York 1986

Berthel, J.:
Aktives Personal-Management: Notwendiger Promotor für innovationsorientierte Unternehmensführung, in: DBW, 46 (1986) 6, 695 - 706

Beyer, H. T.:
Betriebliche Arbeitsflexibilisierung, München 1986

Bleicher, K.:
Betriebswirtschaftslehre - Disziplinäre Lehre vom Wirtschaften in und zwischen Betrieben oder interdisziplinäre Wissenschaft vom Management?, in: R. Wunderer (Hrsg.), a.a.O., (1985), 69 -109

Bloch, E.:
Das Prinzip Hoffnung, 2. Band, Frankfurt/M. 1967

Bodem, H.; Hauke,P.; Lange,B.; Zangl,H.:
Kommunikationstechnik und Wirtschaftlichkeit (Forschungsprojekt Bürokommunikation, Bd. 5), München 1984

Böhmert, D.:
Handelshochschulen - Denkschrift zur Errichtung handelswissenschaftlicher Abteilungen an den technischen Hochschulen und Universitäten, Dresden 1897

Böhnisch, W.:
Personale Widerstände bei der Durchsetzung von Innovationen, Stuttgart 1979

Borchardt, K.:
Die industrielle Revolution in Deutschland 1750 - 1914, in: C. M. Cipolla (Hrsg.): Die Entwicklung der industriellen Gesellschaften, Stuttgart, New York 1977, 135 - 202

Born, K. E.:
Der soziale und wirtschaftliche Strukturwandel Deutschlands am Ende des 19. Jahrhunderts, in: H.-U. Wehler (Hrsg.): a.a.O., (1973), 271 - 284

Bosch, G.; Katterle, S.; Krahn, K.:
Zur Konzeption arbeitnehmerorientierter Wissenschaft, in: WSI-Mitt., 31 (1978) 12, 658 - 667

Brandes, W.; Buttler, F.:
Alte und neue Heimarbeit. Eine arbeitsökonomische Interpretation. Arbeitspapier aus dem Arbeitskreis Sozialwissenschaftliche Arbeitsmarktforschung, (SAMF) 1985, Paderborn 1985

Braverman, H.:
Die Arbeit im modernen Produktionsprozeß, Frankfurt/M., New York 1980

Brentano, L.:
Privatwirtschaftslehre und Volkswirtschaftslehre, in: Bankarchiv, 12 (1912/1913) 1, 1 - 6

Brockhoff, K.:
Technologischer Wandel und Unternehmenspolitik, in: ZfbF, 36 (1984) 8/9, 619 - 635

Brockhoff, K.:
Anforderungen an das Management in der Zukunft, in: ZfB, 57 (1987) 3, 239 - 250

Brödner, P.:
Fabrik 2000: alternative Entwicklungspfade in die Zukunft der Fabrik, 3. Auflage, Berlin 1986a

Brödner, P.:
Computereinsatz in der Produktion: Technik für den Menschen? in: K. T. Schröder (Hrsg.): Arbeit und Informationstechnik, Berlin, Heidelberg, New York, London, Paris, Tokyo 1986b, 41 - 59

Brödner, P.:
Rechnerintegrierte Produktion: Technik oder Mensch im Mittelpunkt?, in: Die Mitbestimmung, 33 (1987) 5, 238 - 241

Brossmann, M.:
Betriebsinformatik - Ausbildung, Möglichkeiten, Anforderungen, in: Der Arbeitgeber, 32 (1980) 9, 457 - 458

Bruckmann, G.:
Zur Problematik der Institutionalisierung von "Technology Assessment",
in: ZfB, 51 (1981) 8, 813 - 816

Brumlop, E.:
Erweiterte Spielräume für Politik? Kritische Anmerkungen zur Diskussion
um "Neue Produktionskonzepte", in: H. Abromeit; B. Blanke (Hrsg):
Arbeitsmarkt, Arbeitsbeziehungen und Politik in den 80-er Jahren,
Opladen 1987, 243 - 252

Buchanan, D. A.; Boddy, D.:
Organizations in the computer age, Aldershot 1983

Bücher, K.:
Eine Schicksalstunde der akademischen Nationalökonomie, in: Zeitschrift
für die gesamte Staatswissenschaft, 73 (1917) 3, 255 - 293

Bühner, R.:
Technische Innovation in der Produktion durch organisatorischen Wandel,
in: ZFO, 54 (1985a) 1, 33 - 39

Bühner, R.:
Personalentwicklung für neue Technologien in der Produktion, Stuttgart
1986a

Bühner, R.:
Personalqualifikation und -schulung für einen wirtschaftlichen CAD-
Einsatz - Veränderungen im Berufsbild "Technischer Zeichner", in: H.
Albach; H. Wildemann (Schriftleitung): Strategische Investitionsplanung
für neue Technologien, ZfB Ergänzungsband 1 (1986), Wiesbaden 1986b, 141
- 159

Bühner, R.:
Strategisches Personalmanagement für neue Produktionstechnologien, in:
BFuP, 39 (1987) 3, 249 - 265

Burr, M.:
Integrierter Rechnereinsatz in der Produktion (CAD / CAM), in: Gemeinsame Arbeitsstelle Ruhr-Universität Bochum / IG Metall (Hrsg.), Dokumentation der Veranstaltungsreihe "Technik und Arbeitswelt", Bochum 1986,
5 - 40

Busch, H.:
Technology Assessment oder Systemanalyse, in: ZfB, 51 (1981) 8, 805 - 812

Calmes, A.:
Über das Verhältnis der Privatwirtschaftslehre zur Volkswirtschaftslehre, in: Bankarchiv, 12 (1912/1913), 40 - 42

Child, J.:
New Technology and Developments in Management Organization, in:
OMEGA, (1984), 220 - 235

Child, J.:
Managerial Strategies, New Technology, and the Labour Process, in: D. Knights, H. Willmott, D. Collinson (Ed.): Job Redesign. Critical Perspectives on the Labour Process, Aldershot 1985, 107 - 141

Child, J.; Loveridge, R.; Harvey, J.; Spencer, A.:
Microelectronics and the quality of employment in services, in: P. Marstrand (Ed.): New Technology and the Future of Work and Skills, London 1984, 163 - 190

Cieplik, U.:
Personalplanung bei technologischem Wandel, in: K. J. Zink, a.a.O. (1985a), 45 - 61

Clegg, S.:
The Theory of Power and Organization, London 1979

Colbe, W. Busse von:
Wirtschaftshochschulen und Wirtschafts- und sozialwissenschaftliche Fakultäten, in: HdB, 4, Stuttgart 1962, 6391 - 6408

Crozier, M.; Friedberg, E.:
Macht und Organisation. Die Zwänge kollektiven Handelns, Königstein 1979

Czech, D.; Haufe, U.; Schumm-Garling, U.; Weiß, G.; Zach, M.:
Mikroelektronik im Bankgewerbe - Veränderung von Technik und Sachbearbeitung, Eschborn 1983

Czeguhn, K.; Franzen, H.:
Die rechnergestützte Integration betrieblicher Informationssysteme auf der Basis der Betriebsdatenerfassung, in: ZfbF, 39 (1987) 2, 169 - 181

Dachler, H.-P.:
Allgemeine Betriebswirtschaft- und Managementlehre im Kreuzfeuer verschiedener sozialwissenschaftlicher Perspektiven, in: R. Wunderer (Hrsg.), a.a.O., (1985), 203 - 235

Däubler, W.:
Arbeitnehmerrechte an Computerprogrammen, in: Arbeit und Recht, 33 (1985) 6, 169 - 175

Daheim, H. J.:
Berufssoziologie, in: ders.; B. Lutz; G. Schmidt; B. F. Hoselitz: Beruf, Industrie, Sozialer Wandel in unterentwickelten Ländern, 2. neubearbeitete Auflage, Stuttgart 1977

Dahmer, H. J.; Huber, B.; Morschhauser, U.; Wagenhals, K.:
Arbeitsteilung, Qualifikation, Kooperation - Entwicklung neuer Konfliktfelder bei der Einführung neuer Technologien in der Automobilindustrie, in: PROKLA, 14 (1984) 2, 41 - 57

Dessauer, F.:
Streit um Technik, Frankfurt/M. 1958

Deutsch, P.:
Entwicklungstendenzen der Betriebswirtschaftslehre im Zeichen des technischen Fortschritts, in: ZfB, 26 (1956) 9, 477 - 491

Diehl, K.:
Nationalökonomie und Handelsbetriebslehre, in: Jahrbücher für National-ökonomie und Statistik, III. Folge, 43. Bd. (1912), 94 - 112

Diehl, K.:
Privatwirtschaftslehre, Volkswirtschaftslehre, Weltwirtschaftslehre, in: Jahrbücher für Nationalökonomie und Statistik, III. Folge, 46. Bd. (1913), 433 - 482

Dietrich, R.:
Privatwirtschaftslehre oder Betriebwissenschaft?, in: Volkswirtschaft-liche Blätter, 9 (1910a) 2, 17 - 19

Dietrich, R.:
Die Teile der Betrieb-Wissenschaft und ihr sachlicher Gehalt, in: Volkswirtschaftliche Blätter, 9 (1910b) 21, 381 - 384

Dietrich, R.:
Betriebswissenschaft, in: Handelshochschulnachrichten, o. Jg. (1910c) 3 - 5 und 9 - 12

Dietrich, R.:
Betrieb-Wissenschaft, München, Leipzig 1914

Döhl, W.:
Akzeptanz innovativer Technologien in Büro und Verwaltung, Göttingen 1983

Domsch, M.:
Betriebsdatenerfassung und Personalinformationssysteme - Rationali-sierungsinstrumente im Betrieb, in: Ruhr Universität Bochum; Industrie-gewerkschaft Metall: Ringvorlesung 1983/84. Entwicklung und Risiken neuer Informationstechniken, Frankfurt 1984

Dostal, W.:
Datenverarbeitung und Beschäftigung, Teil 3: Der Informationsbereich, in: MittAB, 17 (1984) 4, 490 - 565

Dostal, W.:
Telearbeit. Anmerkungen zur Arbeitsmarktrelevanz dezentraler Informa-tionstätigkeit, in: MittAB, 18 (1985) 4, 467 - 480

Dostal, W.:
Informationstechnik und Beschäftigung - Rahmenbedingungen und Tendenzen, in: K. T. Schröder (Hrsg.): Arbeit und Informationstechnik, Berlin, Heidelberg, New York, London, Paris, Tokyo 1986a, 17 - 35

Dostal, W.:
Informationstechnik und Informationsbereich im Kontext aktueller Prognosen, in: MittAB, 19 (1986b) 1, 134 - 144

Düll, K.:
Gesellschaftliche Modernisierungspolitik durch neue "Produktions-konzepte"?, in: WSI-Mitt., 38 (1985) 3, 141 - 145

Dumke, R. H.:
Die wirtschaftlichen Folgen des Zollvereins, in: W. Abelshauser; D. Petzina (Hrsg.), a.a.O., (1981), 241 - 273

Ebers, M.:
Probleme der organisationstheoretischen Technikforschung, Mannheim 1984

Edwards, R.:
Herrschaft im modernen Produktionsprozeß, Frankfurt/M., New York 1981

Ehrenberg, R.:
Handelshochschulen I - Gutachten von Kaufleuten, Industriellen und anderen Sachverständigen, Braunschweig 1897a

Ehrenberg, R.:
Handelshochschulen II - Denkschrift über die Handelshochschule Braunschweig 1897b

Ehrenberg, R.:
Die Ziele des Thünenarchivs, in: ders. (Hrsg.): Thünen-Archiv, Organ für exakte Wirtschaftsforschung, Bd. I, Jena 1906

Ehrenberg, R.:
Zum Plan der Errichtung eines Instituts für exakte Wirtschaftsforschung, in: Archiv für exakte Wirtschaftsforschung, früher udT: Thünen-Archiv 3 (1907), 311 - 316

Ehrenberg, R.:
Gegen den Kathedersozialismus! 2. Heft: Terrorismus in der Wirtschafts-wissenschaft, Berlin 1910

Ehrenberg, R.:
Privatwirtschaftliche Untersuchungen?,in: Thünen-Archiv, (1912a)1

Ehrenberg, R.:
Zur gegenwärtigen Krisis in der deutschen Wirtschafts-Wissenschaft, in: Thünen-Archiv, (1912b) 1

Ehrenberg, R.:
Keine Privatwirtschaftslehre!, in: Bank-Archiv, 12 (1912/1913), 55 - 57

Eichhorn, P.; Schreier, K.:
Neue Informationstechnologien und Wettbewerbsfähigkeit der Unter-nehmen, in: ZfB, 53 (1983) 7, 668 - 678

Eidenmüller, B.:
Betriebswirtschaftliche und personelle Auswirkungen des technologischen Wandels auf die Produktion - dargestellt an Beispielen aus der Nachrichtentechnik, in: ZfbF, 36 (1984) 6, 513 - 522

308

Eidenmüller, B.:
Neue Planungs- und Steuerungskonzepte bei flexibler Serienfertigung, in: ZfbF, 38 (1986) 7/8, 618 - 634

Eidenmüller, B.:
Auswirkungen neuer Technologien auf die Arbeitsorganisation, in: BFuP, 39 (1987) 3, 239 - 248

Emminghaus, A.:
Allgemeine Gewerkslehre, Berlin 1868

Erkes, K.; Schmidt, H.:
Flexible Fertigung, in: VDI-Z, 128 (1986) 15/16, 581 - 593

Eversheim, W.; Bette, B.; Hausmann, A.:
Industrierobotereinsatz in der Produktion, in: DBW, 46 (1986) 4, 473 - 485

Fach, W.; Weigel, U.:
Die Lücke als Leistung. Über das lautlose "Ende der Arbeitsteilung", in: Zeitschrift für Soziologie, 15 (1986) 2, 133 - 140

Fettel, J.:
Betriebswirtschaftslehre als Geisteswissenschaft, in: ZfB, 28 (1958) 4, 209 - 215

Fettel, J.:
In Memoriam Wilhelm Rieger, in: ZfB, 41 (1971) 5, 353 - 357

Fix-Sterz, J.; Lay, G.; Schultz-Wild, R.:
Stand und Entwicklungstendenzen flexibler Fertigungssysteme und -zellen in der Bundesrepublik Deutschland, in: VDI-Z, 128 (1986) 11, 369 - 379

Förster, H.-U.; Syska, A.:
CIM: Schwerpunkte, Trends, Probleme, in: VDI-Z, 127 (1985) 17, 649 - 652

Freimann, J.:
Überwindung der Geldökonomie? Diskussionsschriften der GH Kassel, Kassel 1984

Freimann, J.:
Ökologie und Betriebswirtschaft, in: ZfbF, 39 (1987) 5, 380 - 390

Frevel, A.:
Auslegung von Industrieroboter-Systemen und Probleme beim praktischen Einsatz, in: R. Crusius; J. Stebani (Hrsg.): Neue Technologien und menschliche Arbeit, Berlin 1984, 62 - 79

Fricke, W.; Schuchardt, W.:
Entwicklungstendenzen des technisch-organisatorischen Wandels und Ansätze gewerkschaftlicher Arbeitspolitik, in: W. Fricke et al. (Hrsg.) Jahrbuch Arbeit und Technik in Nordrhein-Westfalen 1985, Bonn 1985, 3 - 27

Friedrich, J.; Wicke, F.; Wicke, W.:
Computereinsatz: Auswirkungen auf die Arbeit, Reinbek bei Hamburg 1982

Friedrich, W.; Ronning, G.:
Arbeitsmarktwirkungen moderner Technologien, 2. Auflage, Köln 1985

Fry, L. W.:
Technology-Structure Research: Three Critical Issues, in: Academy of Management Journal, 25 (1982) 3, 532 - 552

Fürstenberg, F.:
Arbeitszeitflexibilisierung in der Industrie, in: G. Buttler; K. Oettle; H. Winterstein (Hrsg.): Flexible Arbeitszeit gegen starre Systeme, Baden-Baden 1986

Gaugler, E.:
Zur Weiterentwicklung der Betriebswirtschaftslehre als Management- und Führungslehre, in: R. Wunderer (Hrsg.), a.a.O., (1985), 147 - 165

Gehlen, A.:
Die Technik in der Sichtweise der philosophischen Anthropologie, in: VDI-Z, 96 (1954) 5, 149 - 153

Gehlen, A.:
Der Begriff Technik in entwicklungsgeschichtlicher Sicht, in: VDI-Z, 104 (1962) 15, 674 - 677

Gehlen, A.:
Anthropologische Ansicht der Technik, in: H. Freyer; J. C. Papalekas; G. Weippert (Hrsg.): Technik im technischen Zeitalter - Stellungnahmen zur geschichtlichen Situation, Düsseldorf 1965, 101 - 118

Gehlen, A.:
Die Seele im technischen Zeitalter - Sozialpsychologische Probleme in der industriellen Gesellschaft, Hamburg 1975

Geitner, U.:
Rechnergestützte Produktion - Ein Überblick über den Stand von Praxis und Forschung, in: Zeitschrift für wirtschaftliche Fertigung, 81 (1986) 1, 9 - 14

Gerstenberger, F.:
Der "kreative" Sachbearbeiter. Neue Formen sozialer Differenzierung, in: o. V. Arbeit und Technik, Tagungsband Bremen 1983, 115 - 124

Gerwin, D.:
Relationships between Structure and Technology at the Organizational and Job Levels, in: Journal of Management Studies, 16 (1979) 1, 70 - 79

Gerwin, D.:
Relationships between Structure and Technology, in: P. C. Nystrom; W. H. Starbruck (Ed.): Handbook of Organizational Design, Vol. 2, Oxford 1981

Gohl, J.; Ridder, H.-G.:
Anmerkungen zu neueren Ansätzen der Arbeitswissenschaft, in: J. Gohl (Hrsg.): Arbeit im Konflikt, München 1977, 229 - 244

Gomberg, L.:
Handelsbetriebslehre und Einzelwirtschaftslehre, Leipzig 1903

Goodman, P. S.; Kurke, L. B.:
Studies of Change in Organizations: A Status Report, in: P. S. Goodman and Ass., a.a.O., (1982), 1 - 46

Goodmann, P. S. and Associates:
Change in Organizations, San Francisco, Washington, London 1982

Gottschall, K.; Mickler, O.; Neubert, J.:
Computergestützte Verwaltung: Auswirkungen der Reorganisation von Routinearbeiten, Frankfurt/M., New York 1985

Granel, M.:
Auswirkungen des Robotereinsatzes auf die Arbeitsorganisation, in: Refa-Nachrichten, 38 (1985) 4, 15 - 21

Greiff, B. v:
Gesellschaftsform und Erkenntnisform - Zum Zusammenhang von wissenschaftlicher Erfahrung und gesellschaftlicher Entwicklung, Frankfurt/M., New York 1976

Greiff, B. v.:
Wissenschaft, Technik und Aufklärung, in: Technologie und Politik, Heft 16, Reinbek bei Hamburg 1980, 52 - 70

Griese, J.:
Wirtschaftsinformatik, in: Die Unternehmung, 40 (1986) 1, 43 - 48

Grochla, E.:
Betriebliche Konsequenzen der informationstechnologischen Entwicklung, in: Angewandte Informatik, 24 (1982) 2, 62 - 71

Grochla, E.; Weber, H.; Werhahn, T.:
Kosten des Datenschutzes in der Unternehmung, Braunschweig 1985

Großmann, H.:
Aus der Entwicklungsgeschichte der Handelshochschule Leipzig (1898 - 1946), in: ZfhF, 2 (1950), 30 - 48

Grünefeld,H.-G.:
Personalberichterstattung mit Informationssystemen, Wiesbaden 1987

Gutenberg, E.:
Die Unternehmung als Gegenstand betriebswirtschaftlicher Theorie, Berlin, Wien 1929

Gutenberg, E.:
Zum "Methodenstreit", in: ZfhF, 5 (1953), 327 - 355

Gutenberg, E.:
Offene Fragen der Produktions- und Kostentheorien, in: ZfhF, 8 (1956), 429 - 449

Gutenberg, E.:
Betriebswirtschaftslehre als Wissenschaft, Krefeld 1957

Gutenberg, E.:
Zur Frage des Normativen in den Sozialwissenschaften, in: F. Kambartel,
H. Albert (Hrsg.): Sozialwissenschaft und Gesellschaftsgestaltung -
Festschrift für G. Weisser, Berlin 1963, 121 - 129

Gutenberg, E.:
Über einige Fragen der modernen Betriebswirtschaftslehre, in: ZfB, 36
(1966) 3, 1 - 17

Gutenberg, E.:
Grundlagen der Betriebswirtschaftslehre, Band 1: Die Produktion, 22.
Auflage, Berlin, Heidelberg, New York 1976

Gutenberg, E.:
Rückblick, in: ZfB, 54 (1984) 12, 1151 - 1168

Haas, J.; Lucas, R.; Pfriem, R.:
Überlegungen zu einer auf Mensch und Natur bezogenen Betriebswirtschaftslehre. Arbeitspapiere des Fachbereichs Wirtschaftswissenschaft
der Bergischen Universität - Gesamthochschule Wuppertal, Nr. 71,
Wuppertal 1982

Habermas, J.:
Vorbereitende Bemerkungen zu einer Theorie der kommunikativen
Kompetenz, in: J. Habermas, N. Luhmann (Hrsg.): Theorie der Gesellschaft
oder Sozialtechnologie, Frankfurt/M. 1971, 142 - 290

Habermas, J.:
Wahrheitstheorien, in: Wirklichkeit und Reflexion,
Festschrift für W. Schulz, Pfullingen 1973, 211 - 265

Habermas, J.:
Technik und Wissenschaft als "Ideologie", in: J. Habermas: Technik und
Wissenschaft als "Ideologie", 7. Auflage, Frankfurt/M. 1974, 48 - 103

Habermas, J.:
Erkenntnis und Interesse, in: J. Habermas: Technik und Wissenschaft als
"Ideologie", 7. Auflage, Frankfurt/M 1974a, 146 - 168

Habermas, J.:
Einige Schwierigkeiten beim Versuch, Theorie und Praxis zu vermitteln,
in: J. Habermas: Theorie und Praxis, Frankfurt/M. 1978, 9 - 47

Halfmann, J.:
Die Entstehung der Mikroelektronik - Zur Produktion technischen
Fortschritts, Frankfurt/M. 1984

Hansen, H. R.:
Wirtschaftsinformatik I - Einführung in die betriebliche Datenverarbeitung, 5. neubearb. u. erw. Auflage, Stuttgart 1986

Hartmann, M.:
Rationalisierung im Widerspruch - Ursache und Folgen der EDV-Modernisierung in Industrieverwaltungen, Frankfurt/M., New York 1984

Hartmann, M.:
Dequalifizierung oder Requalifizierung der Arbeit? - Über das Theorem der "reellen Subsumtion", in: Leviathan, 13 (1985) 2, 271 - 290

Hartmann, B.:
Die Computer-Entwicklung als künstliche Intelligenz in Gegenwart und Zukunft, in: L. J. Heinrich; K. Lüder (Hrsg.): Angewandte Betriebswirtschaftslehre und Unternehmensführung, Herne, Berlin 1985a, 61 - 84

Hasenack, W.:
Wilhelm Rieger, der Schöpfer einer geschlossenen "Privatwirtschaftslehre", 80 Jahre alt, in: BFuP, 10 (1958) 3, 129 - 142

Heeg, F.-J.:
Einführung neuer Technologien: ein gruppenorientierter Ansatz, in: ZFO, 55 (1986) 1, 41 - 46

Heeg, F.-J., Bahsier, G.:
Arbeitszeitgestaltung und Personaleinsatz im System Personalwesen - Ansätze beim Einsatz neuer Technologien, in: R. Hackstein, F.-J. Heeg, F. von Below (Hrsg.): Arbeitsorganisation und neue Technologien, Berlin u. a. 1986, 643 - 664

Heinen, E. (Hrsg.):
Industriebetriebslehre, 7. Auflage, München 1983

Heinen, E.; Dietel, B.:
Zur "Wertfreiheit" in der Betriebswirtschaftslehre, in: ZfB, 46 (1976a) 1, 1 - 26

Heinen, E.; Dietel, B.:
Zur Wertfreiheit in der Betriebswirtschaftslehre, in: ZFB, 46 (1976b) 2, 101 - 122

Heinrich, L.-J.:
Was ist Betriebsinformatik?, in: ZfB, 52 (1982) 7, 667 - 671

Heinrich, L. J.:
Wirtschaftsinformatik in Forschung und Ausbildung, in: Informations-Management, 1 (1986) 1, 63 - 69

Helberg, P.:
PPS als CIM-Baustein. Gestaltung der Produktionsplanung und -steuerung für die computerintegrierte Produktion, Berlin 1987

Hellauer, J.:
System der Welthandelslehre I. Allgemeine Welthandelslehre, Berlin 1920

Hellauer, J.:
Wege und Ziele der privatwirtschaftlichen Forschung, in: ZfHH, 7 (1914) 8, 218 - 226

Hellwig, H. E.; Hellwig, U.:
CIM - Konzepte und CIM - Bausteine, in: VDI-Z, 128 (1986) 18, 691 - 703

Hermann, U.:
Die Implementierung betrieblicher Rationalisierungshandlungen und der personelle Widerstand, Göttingen 1984

Hidden, G.:
Die Mikroprozessoren - Aufbau, Funktion und soziale Folgen einer Technologie, Berlin 1979

Hildebrandt, E.; Seltz, R.:
Gewerkschaftliche Technologiepolitik zwischen Statussicherung und Arbeitsgestaltung, in: B. Lutz (Hrsg. im Auftrag der Deutschen Gesellschaft für Soziologie): Soziologie und gesellschaftliche Entwicklung: Verhandlungen des 22. Deutschen Soziologentages in Dortmund 1985, Frankfurt/M., New York 1985, 434 - 447

Hill, W.:
Betriebswirtschaftslehre als Wissenschaft, Bern 1957

Hill, W.:
Betriebswirtschaftslehre als Managementlehre, in: R. Wunderer (Hrsg.), a.a.O., (1985), 111 - 146

Hirsch-Kreinsen, H.:
Technische Entwicklungslinien und ihre Konsequenzen für die Arbeitsgestaltung, in: R. Schultz-Wild, et al.:
Flexible Fertigung und Industriearbeit, Frankfurt/M., New York 1986, 13 - 48

Hirsch-Kreinsen, H.; Schultz-Wild, R. (Hrsg.):
Rechnerintegrierte Produktion - Zur Entwicklung von Technik und Arbeit in der Metallindustrie, Frankfurt/M., New York 1986

Hobbensiefken, G.:
Zur Methode der Antizipation von Kern/Schumann, in: K. Bartölke et al. (Hrsg.):, a.a.O., (1986b), 61 - 69

Höhn, S.:
Der Einsatz der Informationstechnik für Planung und Kontrolle, in: ZfB, 55 (1985) 5, 515 - 541

Höring, K.; Spengler-Rast, C.:
Elektronische Bürokommunikation im praktischen Einsatz, Köln (ohne Jahr)

Höring, K.; Bahr, K.; Struif, B.; Tiedemann, C.:
Interne Netzwerke für die Bürokommunikation. Technik und Anwendung digitaler Nebenstellenanlagen und von Local Area Networks, Heidelberg 1983a

Höring, K.; Bahr, K.; Struif, B.; Tiedemann, C.:
Interne Netzwerke. Local Area Networks und digitale Nebenstellenanlagen für die integrierte Bürokommunikation, in: Office Management, 31 (1983b) 9, 690 - 695

Hoffmann, F.:
Computergestützte Informationssysteme, München 1984

Hoffmann, J.:
Personalinformationssysteme, Frankfurt 1982

Hoffmann, W.:
Das Wachstum der deutschen Wirtschaft seit der Mitte des 19. Jahrhunderts, Berlin, Heidelberg, New York 1965

Hoffmann, W.:
Der wirtschaftliche Aufstieg in Deutschland, in: W. Abelshauser, D. Petzina (Hrsg.): a.a.O., (1981), 144 - 168

Horkheimer, M.:
Traditionelle und Kritische Theorie, in: ders., Traditionelle und Kritische Theorie, Frankfurt/M. 1968, 12 - 56

Hoß, D.; Gerhardt, K.-U.; Kramer, H.; Weber, A.:
Wirtschaftliche und soziale Auswirkungen der Integration von CAD/CAM - Systemen. Untersuchungsteil II: Die sozialen Auswirkungen der Integration von CAD und CAM - Vorstudie für ein empirisches Hauptprojekt, 2. unveränderte Auflage, Eschborn 1985

Hummel, O.:
Heinrich Nicklisch und sein Werk - Eine Aufsatzfolge. Als Festgabe zum 60. Geburtstag, Stuttgart 1936

Hundt, S.:
Zur Theoriegeschichte der Betriebswirtschaftslehre, Köln 1977

Isaac, A.:
Die Entwicklung der wissenschaftlichen Betriebswirtschaftslehre in Deutschland seit 1898, Berlin 1923

Jablonowski, H. W. (Hrsg.):
Neue Technik gestalten: Ansätze zur Arbeitsgestaltung und Strukturpolitik, Frankfurt/M. 1985

Jacobi, U.; Lullies, V.; Weltz, F.:
Textverarbeitung im Büro, Frankfurt/M., New York 1980

Janzen, K.-H.:
Tendenzen der technologischen Entwicklung und ihre Auswirkungen auf die Beschäftigten, in: H.-J. Bullinger (Hrsg.): Menschen - Arbeit - Neue Technologien, Berlin, Heidelberg, New York, Tokyo, 1985, 55 - 70

Jokisch, R. (Hrsg.):
Techniksoziologie, Frankfurt/M., 1982

Junker, R.:
Einführung neuer Bürokommunikations-Technologien. Projektentwicklung bei der Einführung: Eine anspruchsvolle Führungsaufgabe, in: Personal, 38 (1986) 2, 54 - 56

Kadow, B.:
Der Einsatz von Personalinformationssystemen als Instrument der Personalführung und - verwaltung - Ergebnisse der Fallstudien, München 1986

Kähler, W.:
Wie studiert man auf der Handelshochschule? - Eine Einführung, Stuttgart 1905

Kambartel, F.:
Moralisches Argumentieren. Methodische Analysen zur Ethik, in: F. Kambartel (Hrsg.): a.a.O., (1974a), 54 - 72

Kambartel, F. (Hrsg.):
Praktische Philosophie und Konstruktive Wissenschaftstheorie, Frankfurt/M. 1974b

Kappler, E.:
Brauchen wir eine neue Betriebswirtschaftslehre? Vorbemerkungen zur Kritischen Betriebswirtschaftslehre, in: N. Koubek, H.-D. Küller, I. Scheibe-Lange (Hrsg.): Betriebswirtschaftliche Probleme der Mitbestimmung, Köln 1980, 177 - 201

Kappler, E.:
Praktische Folgen einer Rekonstruktion der Betriebswirtschaftslehre, in: E. Kappler (Hrsg.): a.a.O., (1983a), 379 - 392

Kappler, E. (Hrsg.):
Rekonstruktion der Betriebswirtschaftlehre als ökonomische Theorie, Spardorf 1983b

Kasiske, R.; Manske, F.; Wobbe-Ohlenburg, W.:
Die Roboterisierung der Produktion und ihre Auswirkungen auf Arbeitsbedingungen und Beschäftigung, in: WSI-Mitt., 34 (1981) 2, 73 - 82

Keinhorst, H.:
Die normative Betrachtungsweise in der Betriebswirtschaftslehre, Berlin 1956

Kern, H.; Schumann, M.:
Industriearbeit und Arbeitsbewußtsein, Band 1 und 2, Frankfurt/M. 1970

Kern, H.; Schumann, M.:
Das Ende der Arbeitsteilung? Rationalisierung in der industriellen Produktion, München 1984

Kern, H.; Schumann, M.:
Neue Produktionskonzepte haben Chancen, in: Soziale Welt, 35 (1984a) 1/2, 146 - 158

Kern, H.; Schumann, M.:
Das Ende der Arbeitsteilung? - Eine Herausforderung für die Gewerkschaften, in: Gewerkschaftliche Monatshefte, 36 (1985a) 1, 27 - 37

Kern, H.; Schumann, M.:
Kontroverse um "neue Produktionskonzepte", in: WSI-Mitt, 38 (1985b) 6,
356 - 361

Kieser, A.:
Der Einfluß der Fertigungstechnologie auf die Organisationsstruktur
industrieller Unternehmen, in: ZfbF, 26 (1974) 9, 569 - 590

Kieser, A.; Kubicek, H.:
Organisation, 2. Auflage, Berlin, New York 1983

Kilian, W.
Personalinformationssysteme in deutschen Großunternehmen, Ausbaustand
und Rechtsprobleme, Berlin, Heidelberg, New York 1982

Kirsch, W.:
Zur Konzeption der Betriebswirtschaftslehre als Führungslehre, in: R.
Wunderer (Hrsg.): a.a.O., (1985), 33 - 65

Koch, J. H.; Irrgang, R.:
CIM - Schlagwort oder Strategie?, in: Industrie-Anzeiger, 108 (1986) 18,
16 - 20

Kocka, J.; Siegrist, H.:
Die hundert größten deutschen Industrieunternehmen im späten 19. und
frühen 20. Jahrhundert. Expansion, Diversifikation und Integration im
internationalen Vergleich, in: N. Horn, J. Kocka (Hrsg.): Recht und
Entwicklung der Großunternehmen im 19. und frühen 20. Jahrhundert,
Göttingen 1979, 55 - 122

Krallmann, H. (Hrsg.):
Planung, Einsatz und Wirtschaftlichkeitsnachweis von Büroinformations-
systemen, Berlin 1986

Krohn, W.:
Technischer Fortschritt und fortschrittliche Technik -
die alternativen Bezugspunkte technischer Innovation, in: C. W. Zimmerli
(Hrsg.), a.a.O., (1976), 38 - 65

Krohn, W.; Rammert, W.:
Technologieentwicklung: Autonomer Prozess und industrielle Strategie,
in: B. Lutz (Hrsg.): Soziologie und gesellschaftliche
Entwicklung: Verhandlungen des 22. Deutschen Soziologentages in
Dortmund 1985, Frankfurt/M, New York 1985

Krüger, D.; Nagel, A.:
Mischarbeit im Büro- und Verwaltungsbereich beim Einsatz neuer
Technologien, Dortmund 1986

Krüger, D.; Nagel, A.:
Mischarbeit als Gestaltungskonzept beim Einsatz neuer Technologien im
Büro, in: WSI-Mitteilungen, 40 (1987) 1, 35 - 42

Krüger, W.; Bauermann, R.:
Probleme von Organisationsprojekten und Konzepte zu ihrer Bewältigung,
in: ZfbF, 39 (1987) 9, 787 - 805

317

Kubicek, H.:
Technische Kommunikation - betriebliche und außerbetriebliche Risiken, in: Ruhruniversität Bochum, Industriegewerkschaft Metall (Hrsg.): Ringvorlesung 1983/1984. Entwicklung und Risiken neuer Informationstechniken, Bochum 1984, 102 - 122

Kubicek, H.:
Neue Technologien - neue Aufgaben der Mitbestimmung, in: Die Mitbestimmung, 31 (1985) 1, 4 - 15

Kubicek, H.; Rolf, A.:
Mikropolis, Hamburg 1985

Kubicek, H.; Welter, G.:
Benutzerbeteiligung und Mitbestimmung bei der Planung von Anwendungen der Informationstechnik, in: Office Management, 32 (1984) 12, 1236 - 1245

Küpper, W.; Ortmann, G.:
Mikropolitik in Organisationen, in: DBW, 46 (1986) 5, 590 - 602

Kurbel, K.:
Wirtschaftsinformatik = Betriebswirtschaftslehre und/oder Informatik? Rückblick, Bestandsaufnahme, Tendenzen, in: Journal für Betriebswirtschaft, 37 (1987a) 2, 90 - 103

Kurbel, K.:
EDV-orientierte Betriebswirtschaftslehre, oder: an welchen Fronten kämpft die Betriebsinformatik, in: ZfB, 57 (1987b) 5/6, 583 - 587

Kusin, A.:
Karl Marx und Probleme der Technik, in: S. W. Schuchardin; E. Walter (Hrsg.): Sozialismus -Technik -Fachliteratur. Sammelband zu einigen Problemen des wissenschaftlich - technischen Fortschritts, der Technik und der technischen Fachliteratur in den Arbeiten von Marx, Engels und Lenin, Leipzig 1974, 11 - 59

Landesregierung Nordrhein-Westfalen:
Zukunftstechnologien in Nordrhein-Westfalen, Düsseldorf 1983

Lange, H. V.:
CNC-Maschinen-Entwicklung, Funktion, Tendenzen, Arbeitsplatzsituation, in: R. Crusius; J. Stebani (Hrsg.): Neue Technologien und menschliche Arbeit, Berlin 1984, 44 - 61

Lay, G.:
CIM - Stand und Entwicklungstendenzen der Vernetzung, in: Die Mitbestimmung, 33 (1987) 5, 235 - 237

Lay, G.; Maisch, K.; Schneider, R.; Frei, F.; Mussmann, C.; Schilling, A.:
Vernetzung EDV-gestützter Betriebsbereiche - Folgenabschätzung anhand praktischer Beispiele, Dortmund 1986

Leisewitz, A.:
Flexibilisierung und Kontrolle. Neue Technologien und Veränderung der Betriebsstrukturen am Beispiel der Automobilindustrie, in: Jahrbuch des Instituts für Marxistische Studien, 7 (1984), 175 - 193

Lenk, H. (Hrsg.):
Technokratie als Ideologie - Sozialphilosophische Beiträge zu einem politischen Dilemma, Stuttgart, Berlin, Köln, Mainz 1973a

Lenk, H.:
Zu neueren Ansätzen der Technikphilosophie, in: H. Lenk; S. Moser (Hrsg.): Techne, Technik, Technologie, Pullach bei München 1973b, 198 - 231

Lenk, H.:
Zur Sozialphilosophie der Technik, Frankfurt/M. 1982

Lenk, H.; Ropohl, G.:
Praxisnahe Technikphilosophie - Entwicklung und Aktualität der interdisziplinären Technologiediskussion, in: W. C. Zimmerli (Hrsg.), a.a.O., (1976), 104 - 145

Littek, W.; Heisig, U.:
Rationalisierung von Arbeit als Aushandlungsprozeß, in: Soziale Welt, 37 (1986) 2/3, 237 - 262

Löffelholz, J.:
Geschichte der Betriebswirtschaft und der Betriebswirtschaftslehre, Stuttgart 1935

Löffelholz, J.:
Repetitorium der Betriebswirtschaftslehre, 3. Auflage, Wiesbaden 1970

Löffelholz, J.:
Repetitorium der Betriebswirtschaftslehre, 5. Auflage, Wiesbaden 1975

Löffler, R.; Sofsky, W.:
Macht, Arbeit und Humanität. Zur Pathologie organisierter Arbeitssituationen, Augsburg 1986

Lorenz, G.:
Größere Flexibilität durch Innovation, in: ZfbF, 39 (1985) 2, 138 - 143

Lorenzen, P.; Schwemmer, O.:
Konstruktive Logik, Ethik und Wissenschaftstheorie, Mannheim 1973

Lucas, R.; Pfriem, R.:
Die Stofflichkeit der Arbeit in der betriebswirtschaftlichen Theorie Gutenbergs, in: W. F. Fischer-Winkelmann (Hrsg.): Paradigmawechsel in der Betriebswirtschaftslehre?, Spardorf 1983, 365 - 386

Lütge, G.:
Außer Spesen nichts gewesen? Niemand kann den Nutzen von Bürocomputern beziffern, in: Die Zeit, Nr. 26 vom 19.06.1987, 19 f.

Lutz, B.:
Technik und Arbeit. Stand, Perspektiven und Probleme industriesoziologischer Technikforschung, in: C. Schneider (Hrsg.): Forschung in der Bundesrepublik Deutschland. Beispiele, Kritik, Vorschläge, Weinheim, Deerfield Beach, Florida, Basel 1983, 167 - 188

Lutz, B. (unter Mitarbeit von M. Dieß; C. Köhler):
Mikroelektronik und Arbeitsorganisation, in: 1984 und danach - Die gesellschaftliche Herausforderung der Informationstechnik - Konferenzdokumentation, Berlin 1984, 447 - 481

Mahlberg, D.:
Zur Technologiepolitik in Nordrhein-Westfalen, in: W. Fricke et al. (Hrsg.): Jahrbuch Arbeit und Technik in Nordrhein-Westfalen 1986, Bonn 1986, 407 - 421

Maier, H.:
Datentechnische Möglichkeiten und Probleme der CAD/CAM Integration, in: H. Hirsch-Kreinsen; R. Schultz-Wild (Hrsg.): a.a.O., (1986), 50 - 81

Malsch, T.; Seltz, R. (Hrsg.):
Die neuen Produktionskonzepte auf dem Prüfstand, Berlin 1987

Malsch, T.; Weißbach, H.-J.:
Informationstechnologien zwischen Zentralsteuerung und Selbstregulation, Berlin 1987

Manske, F.:
Tendenzen in der Entwicklung computergestützter Fertigungssysteme, in: K.-T. Schröder (Hrsg.): Arbeit und Informationstechnik, Berlin, Heidelberg, New York, London,
Paris, Tokyo 1986a, 255 - 271

Manske, F.:
Wandel betrieblicher Kontrollformen durch neue Technologien - Die Ablösung des Taylorismus als Formwechsel der Kontrolle des Produktionsprozesses, in: Sofi-Mitt. Nr. 13 (1986b) 11, 42 - 59

Manske, F.; Wobbe-Ohlenburg, W.; Mickler, O.:
Rechnerunterstützte Systeme der Fertigungssteuerung in der Kleinserienfertigung - Auswirkungen auf die Arbeitssituation und Ansatzpunkte für eine menschengerechte Arbeitsgestaltung, Karlsruhe 1984

Marcuse, H.:
Der eindimensionale Mensch, Neuwied, Berlin 1967

Marcuse, H.:
Industrialisierung und Kapitalismus im Werk Max Webers, in: ders., Kultur und Gesellschaft 2, 8. Auflage, Frankfurt/M. 1970

Marx, K.:
Die deutsche Ideologie. Kritik der neuesten deutschen Philosophie in ihren Repräsentanten Feuerbach, B. Bauer und Stirner und des deutschen Sozialismus in seinen verschiedenen Propheten, in: K. Marx; F. Engels: Ausgewählte Werke in 6 Bänden, Band I, 5. Auflage, Berlin 1975, 201 - 277

Marx, K.:
Das Kapital. Kritik der politischen Ökonomie, MEW 23, Berlin 1977

Marx, K.:
Exzerpte über Arbeitsteilung, Maschinerie und Industrie - Historisch-kritische Ausgabe. Transkribiert u. herausgegeben von R. Winkelmann, Frankfurt/M, Berlin, Wien 1982

Meffert, H.:
Unternehmensführung und neue Informationstechnologien, in: DBW, 44 (1984) 3, 461 - 465

Meier, B.:
Büroarbeit im Wandel, Köln 1987

Mertens, P. (Berichterstatter):
Anforderungspotential für die Hochschulausbildung im Bereich der Betrieblichen Datenverarbeitung (Betriebsinformatik), in: Informatik-Spektrum, 7 (1984a) 4, 256 - 258

Mertens, P.:
Brauchen wir eine EDV-orientierte Betriebswirtschaftslehre? Anmerkungen zu einem Buch von A.-W. Scheer, in: ZfbF, 36 (1984b) 12, 1050 - 1052

Mertens, P.; Wedekind, H.:
Entwicklung und Stand der Betriebsinformatik, in: ZfB, 52 (1982) 5, 510 - 525

Mertens, P.; Allgeyer, K.:
Künstliche Intelligenz in der Betriebswirtschaft, in: ZfB, 53 (1983) 7, 686 - 709

Mertens, P.; Zeitler, P.; Schumann, M.; Koch, H.:
Untersuchungen zum Nutzen-Kosten-Verhältnis der Büroautomation, in: H. Krallmann (Hrsg.), a.a.O., (1986), 103 - 134

Mettler-Meibom, B.:
Breitbandkommunikation auf dem Marsch durch die Institutionen, in: W. Rammert et al.: Technik und Gesellschaft - Jahrbuch 2, Frankfurt/M, New York 1983, 13 - 39

Mettler-Meibom, B.:
Bildschimtext - Technik, Einsatzschwerpunkte und soziale Folgen eines neuen Dienstes der Deutschen Bundespost, in: R. Crusin; J. Stebani (Hrsg.): Neue Technologien und menschliche Arbeit, Berlin 1984, 129 - 146

Mettler-Meibom, B.:
Breitbandtechnologie - Über die Chancen sozialer Vernunft in technologiepolitischen Entscheidungsprozessen, Opladen 1986

Metze, G.:
Grundlagen einer allgemeinen Theorie und Methodik der Technologiebewertung, Göttingen 1980

Meyer–Dohm, P.; Schütze, H. G. (Hrsg.):
Technischer Wandel und Qualifizierung: Die neue Synthese, Frankfurt/M., New York 1987

Mickler, O.; Pelull, W.; Wobbe–Ohlenburg, W.; Kalmbach, P.; Kasiske, R.; Manske, F.:
Industrieroboter, Frankfurt/M., New York 1981

Milwich, M.; Ruff, A.:
Bildschirmtext erfolgreich einsetzen: Einsatzmöglichkeiten in Klein- und Mittelbetrieben, Ludwigshafen (Rhein) 1986

Mintzberg, H.:
Power in and around Organizations, Englewood Cliffs 1983

Mitrenga, B.; Zangl, H.:
Bürokommunikation bei der Bundesanstalt für Arbeit in Nürnberg, in: Office Management, 32 (1984) 6, 580 – 585

Mönig, H.:
Fertigungsorganisation und Wirtschaftlichkeit einer Fertigungsinsel, in: ZfbF, 37 (1985) 1, 83 – 101

Morgenbrod, H. G.; Schwärtzel, H. G.:
Bedarfsgerechte Entwicklung neuer Kommunikationstechnologien aus der Sicht der industriellen Büroorganisation, in: R. Reichwald (Hrsg.): a.a.O., (1982), 235 – 255

Moser, F.:
Müssen Manager Datenbanken verstehen?, in: ZfB, 53 (1983) 3, 300 – 303

Moser, S.:
Kritik der traditionellen Technikphilosophie, in: H. Lenk; S. Moser (Hrsg.): Techne, Technik, Technologie, Pullach bei München 1973, 11 – 81

Moxter, A.:
Methodologische Grundfragen der Betriebswirtschaftslehre, Köln und Opladen 1957

Mülder, W.:
Organisatorische Implementierung von computergestützten Personalinformationssystemen, Einführungsprobleme und Lösungsansätze, Berlin, Heidelberg, New York, Tokyo 1984

Müller–Böling, D.:
Akzeptanz und Partizipation - Sind Systemgestalter lernfähig?, in: K.-T. Schröder (Hrsg.): Arbeit und Informationstechnik
Berlin, Heidelberg, New York, London, Paris, Tokyo 1986, 153 – 166

Müller–Merbach, H.:
Betriebsinformatik am Ende?, in: ZfB, 51 (1981) 3, 274 – 282

Müller–Merbach, H.:
Informatik, integriert in Anwendungsfächer, in: Angewandte Informatik, 26 (1984) 12, 503 – 506

Müller-Merbach, H.:
Ansätze zu einer informationsorientierten Betriebswirtschaftslehre, in: W. Ballwieser, K.-H. Berger (Hrsg.): a.a.O., (1985a), 117 - 144

Müller-Merbach, H.:
Eine informationsorientierte Betriebswirtschaftslehre, in: L. J. Heinrich, K. Lüder (Hrsg.): Angewandte Betriebswirtschaftslehre und Unternehmensführung, Herne, Berlin 1985b, 13 - 34

Münstermann, H.:
Geschichte und Kapitalwirtschaft, Wiesbaden 1963

Munter, H.:
Überlegungen zur Wirtschaftlichkeit und zur Rationalisierung der Textverarbeitung - Ökonomische Bedingungen für die Nutzung neuer Systeme der Bürokommunikation, in: R. Reichwald (Hrsg.): a.a.O. (1982), 347 - 363

Nagaoka, K.:
Auf der Suche nach dem Ökonomischen in der Unternehmung und der Betriebswirtschaftslehre, in: E. Kappler (Hrsg.): a.a.O., (1983), 113 - 131

Nastansky, L.:
Betriebsinformatik, in: Kompendium der Betriebswirtschaftslehre, Bd. II, München 1984, 333 - 376

Neipp, G.:
Rechnerintegrierte Produktion, in: BFuP, 39 (1987) 3, 225 - 238

Nicklisch, H.:
Die Wissenschaft vom Handel, in: ZfHH, 6 (1913) 1, 2 - 4

Nicklisch, H.:
Festansprache über Egoismus und Pflichtgefühl, in: Handelshochschule Mannheim, Jahresbericht, Sonderdruck, Mannheim 1915, 7 - 15

Nicklisch, H.:
Egoismus, Betriebswissenschaft, Handelshochschule, Mannheim 1915a

Nicklisch, H.:
Rede über Egoismus und Pflichtgefühl, in: ZfHH, 8 (1915/1916), 102 ff.

Nicklisch, H.:
Der Weg aufwärts! Organisation, Stuttgart 1920

Nicklisch, H.:
Die großen Organisationsgesetze, in: ZfHH, 13 (1920a) 8, 169 - 173

Nicklisch, H.:
Dynamik, in: ZfHH, 14 (1921) 11, 241 - 246

Nicklisch, H.:
Die betriebswirtschaftliche Bedeutung des Gewinns, in: ZfHH, 15 (1922) 9, 194 - 197

Nicklisch, H.:
Wirtschaftliche Betriebslehre, 6. Auflage, Stuttgart 1922a

Nicklisch, H.:
Organische Auffassung der Betriebswirtschaft, in: ZfHH, 18 (1925) 2, 23 - 27

Nicklisch, H.:
Standpunkt der Forschung, in: ZfHH, 20 (1927a) 5, 97 - 98

Nicklisch, H.:
Der Betriebsprozeß und die Wertumläufe in der Wirtschaft, in: ZfHH, 20, (1927b) 6, 121 - 122

Nicklisch, H.:
Grundfragen für die Betriebswirtschaft - 6 Vorträge, Stuttgart 1928

Nicklisch, H.:
Die Methoden der betriebswirtschaftlichen Forschung, in: ZfHH, 22 (1929) 1, 1 - 4

Nicklisch, H.:
Neue deutsche Wirtschaftsführung, Stuttgart 1933

Nicklisch, H.:
Die Betriebswirtschaftslehre im nationalsozialistischen Staat, in: Die Betriebswirtschaft, 26 (1933a), 173 - 177

Nicklisch, H.:
Betriebswirtschaftslehre und Nationalsozialismus, in: Die Betriebswirtschaft, 26 (1933b), 305 - 307

Nicklisch, H.:
Lenkung der Wirtschaft, Stuttgart 1935

Nicklisch, H.:
Die Betriebswirtschaft (Nachdruck der 7. Auflage, Stuttgart 1932), Darmstadt 1972

Nieder, P.:
Die gesunde Organisation, Spardorf 1984

Nipperdey, T.:
Wirtschaft & Wissenschaft im Berlin des 19. Jahrhunderts, in: Kultur & Technik, 11 (1987) 2, 86 - 95

Noble, D. F.:
Maschinen gegen Menschen - Die Entwicklung numerisch gesteuerter Werkzeugmaschinen, Berlin 1979

Nullmeier, E.; Rödiger, K.-H.:
Arbeitsorientierte Anforderungen an die Gestaltung von PPS - Systemen, in: R. Schultz-Wild et al. (Hrsg.), a.a.O., (1986), 111 - 141

Oberbeck, H.:
"Neue Technik, Betriebliche Politik und Zukunft der Arbeit" - Anmerkungen zu aktuellen industriesoziologischen Kontroversen, in: Sofi-Mitt., 13 (1986) 11, 62 - 73

Obst, G.:
Verhältnis der Privatwirtschaftslehre zur Volkswirtschaft, in: ZfHH, 5 (1912/1913) 12, 357 - 362

Oechsler, W. A.:
Personal und Arbeit - Einführung in die Personalwirtschaft, München, Wien 1985

Ortmann, G.:
Unternehmungsziele als Ideologie. Zur Kritik betriebswirtschaftlicher und organisationstheoretischer Entwürfe einer Theorie der Unternehmungsziele, Köln 1976

Ortmann, G.:
Der zwingende Blick, Frankfurt/M., New York 1984

Pape, E.:
Wie studiert man Betriebswirtschaftslehre, 2. Auflage, Frankfurt/M. 1924

Penndorf, B.:
Die geschichtliche Entwicklung der Handelswissenschaften bis zum Ende des 19. Jahrhunderts, in: R. Stern, a.a.O., (1925), 7 - 19

Peters, T.; Waterman, R.:
In Search of Excellence. Lessons from America's Best Run Companies, New York 1982

Pfeffer, J.:
Power in Organizations, Boston u. a. 1981

Pfeiffer, W.; Metze, G.:
Weiterentwicklung der Methodik des "Technology Assessment" als ein Weg aus der Pattsituation bei der Installierung zukunftsorientierter Technologien, in: ZfB, 51 (1981) 8, 817 - 826

Pfriem, R.:
Betriebswirtschaftslehre in sozialer und ökologischer Dimension, Frankfurt/M., New York 1983a

Pfriem, R.:
Ökologie und Betriebswirtschaftslehre. Arbeitspapiere des Fachbereichs Wirtschaftswissenschaft der Universität-Gesamthochschule Wuppertal, Nr. 75, Wuppertal 1983b

Picot, A.:
Kommunikationstechnik und Dezentralisierung, in: W. Ballwieser; K.-H. Berger (Hrsg.), a.a.O., (1985), 377 - 402

Picot, A.:
Betriebswirtschaftlicher Nutzen von Electronic Mail, in: Information Management, 2 (1987) 2, 61 - 67

Picot, A.; Reichwald, R.:
Bürokommunikation - Leitsätze für den Anwender, München 1984

Piore, M. J.; Sabel, C. F.:
Das Ende der Massenproduktion - Studie über die Requalifizierung der Arbeit und die Rückkehr der Ökonomie in die Gesellschaft, Berlin 1985

Preiser, E.:
Privatwirtschaftslehre (1930), in: E. Preiser, Politische Ökonomie im 20. Jahrhundert, München 1970

Pressmar, D. B. (Hrsg.):
Ausbildung in Betriebsinformatik. Methoden und Technik (Arbeitstagung der Wissenschaftlichen Kommission Betriebsinformatik des Verbandes der Hochschullehrer für Betriebswirtschaft e. V., Hamburg, 29. März 1984), München 1985

Prognos:
Technischer Fortschritt und Auswirkungen auf Wirtschaft und Arbeitsmarkt, Materialband III: Interdependenzen zwischen dem sozialen, organisatorischen und bildungsmäßigen Umfeld und der technischen Entwicklung, Basel 1979

Queisser, H.-J.:
Entwicklung der Mikro-Elektronik. Impulse aus Politik, Wissenschaft und Industrie, in: K. M. Meyer-Abich; U. Steyer (Hrsg.): Mikroelektronik und Dezentralisierung, Berlin 1982, 21 - 38

Rammert, W.:
Soziotechnische Revolution: Sozialstruktureller Wandel und Strategien der Technisierung. Analytische Perspektiven einer Soziologie der Technik, in: R. Jokisch (Hrsg.): a.a.O., (1982a), 32 - 81

Rammert, W.:
Technik und Gesellschaft, in: G. Bechmann et al.: Technik und Gesellschaft - Jahrbuch 1, Frankfurt/M., New York 1982b, 13 - 47

Rammert, W.:
Technisierung der Arbeit als gesellschaftlich-historisches Projekt, in: W. Littek; W. Rammert, G. Wachtler: Einführung in die Arbeits- und Industriesoziologie, Frankfurt/M. 1982c

Rammert, W.:
Soziale Dynamik der technischen Entwicklung, Opladen 1983a

Rammert, W.:
Editorial: Technische Entwicklung als gesellschaftliches Drama, in: W. Rammert et al. (Hrsg.): Technik und Gesellschaft - Jahrbuch 2, Frankfurt/M. 1983b, 7 - 11

Rammert, W.:
Akteure oder Technologieentwicklung - oder wie ließe sich A. Touraines Aussage von der "Rückkehr des Akteurs" für die techniksoziologische Forschung nutzen?, in: K. Bartölke et al. (Hrsg.): a.a.O., (1986b), 27 - 36

Rapp, F.:
Die technische Entwicklung als soziale Entscheidung, in: W. C. Zimmerli (Hrsg.): a.a.O., (1976), 66 - 87

Rauch, W. D.:
Büro-Informationssysteme. Sozialwissenschaftliche Aspekte der Büroautomatisierung durch Informationssysteme, Wien, Köln, Graz 1982

Reber, G. (Hrsg.):
Personalinformationssysteme, Stuttgart 1979

Reichwald, R. (Hrsg.):
Neue Systeme der Bürotechnik, Berlin 1982a

Reichwald, R.:
Neue Systeme der Bürotechnik und Büroarbeitsgestaltung - Problemzusammenhänge, in: R. Reichwald (Hrsg.): a.a.O., (1982b) 11 - 48

Reichwald, R.:
Produktivitätsbeziehungen in der Unternehmensverwaltung Grundüberlegungen zur Modellierung und Gestaltung der Büroarbeit unter dem Einfluß neuer Informationstechnologien, in: L. Pack; D. Börner (Hrsg.): Betriebswirtschaftliche Entscheidungen bei Stagnation - E. Heinen zum 65. Geburtstag, Wiesbaden 1984, 197 - 213

Rettenmaier, H.:
Eine unlösbare Aufgabe? Wirtschaftlichkeitsnachweis bei der Bürokommunikation, in: Office Management, 35 (1987) 5, 6 - 10

Ridder, H.-G.:
Grundprobleme einer normativen Betriebswirtschaftslehre, in: R. Pfriem (Hrsg.): Ökologische Unternehmenspolitik, Frankfurt/M., New York 1986a

Ridder, H.-G.:
Neue Technologien und die Gestaltung von Arbeit, in: K. Bartölke et al. (Hrsg.): a.a.O., (1986b), 13 - 23

Ridder, H.-G.:
Personalentwicklung und technischer Wandel, in: Personalwirtschaft 15 (1988) 3/4, 119 - 126

Rieger, W.:
Einführung in die Privatwirtschaftslehre, Nürnberg 1928

Rieger, W.:
Schmalenbachs Dynamische Bilanz, Stuttgart 1936

Ritter, G. A.; Kocka, J. (Hrsg.):
Deutsche Sozialgeschichte - Dokumente und Skizzen, Band II: 1870 - 1914, München 1974

RKW:
Wirtschaftliche und soziale Auswirkungen des CNC- Werkzeugmaschineneinsatzes, RKW-Projekt A 133, Karlsruhe 1981

Ropohl, G.:
Zur Technokratiediskussion in der Bundesrepublik Deutschland, in: H.
Lenk (Hrsg.): Technokratie als Ideologie, Stuttgart, Berlin, Köln, Mainz
1973, 58 - 76

Ropohl, G.:
Eine Systemtheorie der Technik. Zur Grundlegung der Allgemeinen
Technologie, München 1979

Roschmann, K.:
Betriebsdatenerfassung in der CIM-Umgebung, in: H.-J. Warnecke (Hrsg.):
a.a.O., (1986), 65 - 78

Rosenberg, H.:
Wirtschaftskonjunktur, Gesellschaft und Politik in Mitteleuropa, 1873 -
1896, in: H.-U. Wehler (Hrsg.): a.a.O., (1973), 225 - 253

Roth, V. M.:
Arbeit - Technik - Wissenschaft, in: W. C. Zimmerli (Hrsg.): a.a.O., (1976),
88 - 103

Rothkirch, C. v.; Weidig, I. (Prognos AG):
Die Zukunft der Arbeitslandschaft - Zum Arbeitskräftebedarf nach
Umfang und Tätigkeiten bis zum Jahr 2000, Textband, Nürnberg 1985

Rothkirch, C. v.; Weidig, I. (Prognos AG):
Zum Arbeitskräftebedarf nach Qualifikationen bis zum Jahre 2000,
Nürnberg 1986

Rupieper, H.-J.
Arbeiter und Angestellte im Zeitalter der Industrialisierung, Frankfurt
1982

Scott, R.:
Grundlagen der Organisationstheorie, Frankfurt/M., New York 1986

Seltz, R.; Mill, U.; Hildebrandt, E. (Hrsg.):
Organisation als soziales System - Kontrolle und Kommunikationstechno-
logie in Arbeitsorganisationen, Berlin 1986

Seyffert, R.:
Über Begriff und Aufgaben der Betriebswirtschaftslehre, in: ZfHH, 18
(1925) 3, 48 - 54

Seyffert, R.:
Nicklischs Bedeutung für die Entwicklung betriebswirtschaftlicher
Forschungsmethoden, in: H. Nicklisch und sein Werk, Festgabe zum 60.
Geburtstag, hrsg. von O. Hummel et al., Stuttgart 1936, 9 - 14

Seyffert, R.:
Geschichte der Betriebswirtschaftslehre, in: HdB, Band I, 3. Auflage,
Stuttgart 1956, 995 - 1011

Shaiken, H.:
Neue Technologien und Organisation der Arbeit, in: Leviathan, 8 (1980)
2, 190 - 211

Sinzig, W.:
Datenbankorientiertes Rechnungswesen - Grundzüge einer EDV-gestützten Realisierung der Einzelkosten- und Deckungsbeitragsrechnung, Berlin, Heidelberg, New York, Tokyo 1983

Sobott, C.:
Die Gewerkschaften zwischen Rationalisierungsschutz und alternativer Produktion, in: W. Rammert et al. (Hrsg.): Technik und Gesellschaft. Jahrbuch 2, Frankfurt/M., New York 1983, 66 - 91

Sonntag, K. (Hrsg.):
Neue Produktionstechniken und qualifizierte Arbeit, Köln 1985

Sonntag, K.:
Auswirkungen neuer Produktionstechniken auf die Personalentwicklung, in: Personalwirtschaft, 13 (1986) 8, 301 - 310

Sohn-Rethel, A.:
Technische Intelligenz zwischen Kapitalismus und Sozialismus, in: R. Vahrenkamp (Hrsg.): Technologie und Kapital, Frankfurt/M. 1973, 11 - 39

Sorge, A.:
Informationstechnik und Arbeit im sozialen Prozeß -Arbeitsorganisation, Qualifikation und Produktivkraftentwicklung, Frankfurt/M., New York 1985

Sorge, A.; Hartmann, G.; Warner, M., Nicholas, I.:
Mikroelektronik und Arbeit in der Industrie, Frankfurt/M., New York 1982

Spur, G.:
Neue Technologie und Arbeitsorganisation, in: Refa-Nachrichten, 36 (1985) 3, 10 - 13

Spur, G.:
CIM verändert die Fabrik, in: Zeitschrift für wirtschaftliche Fertigung, 81 (1986) 2, 5

Sundhoff, E.:
Dreihundert Jahre Handelswissenschaft, Göttingen 1979

Sydow, J.:
Organisationsspielraum und Büroautomation, Berlin, New York 1985

Schäfer, G.; Wolfram, G.:
Die FAOR-Kosten-/Nutzenanalyse in der praktischen Anwendung, in: H Krallmann (Hrsg.), a.a.O. (1986), 237 - 253

Schär, J. F.:
Allgemeine Handelsbetriebslehre, 5. erweiterte Auflage, Leipzig 1923

Schanz, G.:
Grundlagen der verhaltenstheoretischen Betriebswirtschaftslehre, Tübingen 1977

Scheer, A.- W.:
Die Stellung der Betriebsinformatik in Forschung und Lehre, in: ZfB, 50 (1980) 11/12, 1279 - 1283

Scheer, A.- W.:
EDV-orientierte BWL, in: ZfB, 54 (1984a) 11, 1116 - 1135

Scheer, A.- W.:
Personal Computing - EDV-Einsatz in Fachabteilungen, in: DBW, 44 (1984b) 1, 25 - 49

Scheer, A.- W.:
EDV-orientierte Betriebswirtschaftslehre, 2. Auflage, Berlin, Heidelberg, New York, Tokyo 1985

Scheer, A.- W.:
EDV-orientierte Betriebswirtschaftslehre, 3. Auflage, Berlin, Heidelberg, New York, Tokyo 1987

Scheer, A.- W.:
Wozu EDV-Orientierung der Betriebswirtschaftslehre?, in: ZfB, 57 (1987a) 5/6, 588 - 590

Scheer, A.- W.:
CIM - Der computergesteuerte Industriebetrieb, Berlin, Heidelberg, New York, London, Paris, Tokyo 1987b

Scheibe, E.:
Die Zunahme des Kontingenten in der Wissenschaft, in: Neue Hefte für Philosophie, 24/25 (1985), 1 - 13

Schelsky, H.:
Der Mensch in der wissenschaftlichen Zivilisation, in: Schelsky, H.: Auf der Suche nach der Wirklichkeit, München 1979, 449 - 499

Schiller, H. J.:
Die Verteilung des Wissens - Information im Zeitalter der großen Konzerne, Frankfurt/M., New York 1984

Schirmer, A.:
Automatisierung der Produktion. Stand und Entwicklungstendenzen, in: H. Kreikebaum et al. (Hrsg.): Industriebetriebslehre in Wissenschaft und Praxis, Berlin 1985, 143 - 177

Schirmer, F.:
Funktionswandel im Mittleren Management, in: Die Unternehmung, 41 (1987) 5, 353 - 364

Schmalenbach, E.:
Die Privatwirtschaftslehre als Kunstlehre, in: ZfhF, 6 (1911/1912), 304 - 316

Schmalenbach, E.:
Über den Weiterbau der Wirtschaftslehre der Fabriken, in: ZfhF, 8 (1913/1914), 317 - 323

Schmalenbach, E.:
Selbstkostenrechnung, in: ZfhF, 13 (1919), 257 - 299 und 321 - 356

Schmalenbach, E.:
Grundlagen dynamischer Bilanzlehre, 2., unveränderte Auflage, Leipzig 1920

Schmalenbach, E.:
Die Betriebswirtschaftslehre an der Schwelle der neuen Wirtschaftsverfassung, in: ZfhF, 22 (1928a), 241 - 251

Schmalenbach, E.:
Die fixen Kosten und ihre Wirkung, in: Saar-Wirtschaftszeitung, Völklingen, 33 (1928b), 883 - 887

Schmalenbach, E.:
Der freien Wirtschaft zum Gedächtnis, Köln, Opladen 1949

Schmalenbach, E.:
Kostenrechnung und Preispolitik, 7. erw. u. verb. Auflage, Köln, Opladen 1956

Schmalenbach, E.:
Dynamische Bilanz, 13., verbesserte und erweiterte Auflage, Köln, Opladen 1962

Schmiede, R.; Greiff, B. v.:
Industriesoziologie als positive Geschichtsphilosophie? Über die "Trendwende" in der Industriesoziologie und den Begriff der "reellen Subsumtion", in: Leviathan, 13 (1985) 2, 291 - 306

Schmidt, A.:
Wirtschaftlichkeit beim Einsatz von Bürokommunikation, in: Office-Management, 35 (1987) 5, 12 - 17

Schmidt, F.:
Der Lehrbetrieb in der Privatwirtschaftslehre an den deutschen Handelsschulen, in: ZfHH, 10 (1917) 1/3, 4 - 14

Schmidt, F.:
Die Zukunft der Betriebswirtschaftslehre, in: R. Stern: a.a.O., (1925), 147 - 159

Schmidt, R.:
Zu den arbeitspolitischen Chancen und Grenzen neuer Produktionskonzepte - Einige Anmerkungen zum Konzept H. Kerns und M. Schumann: einer industriellen "Modernisierung als gesellschaftliches Projekt", in: WSI-Mitt., 38 (1985) 3, 146 - 150

Schmitt, H.-J.:
Wirtschaftlichkeitsnachweis für Informationsverarbeitung, in: Office Management, 35 (1987) 5, 30 - 35

Schmitz, P.:
Betriebsinformatik, in: E. Grochla (Hrsg.): HdO, 2. Auflage, Stuttgart 1980, 347 - 353

Schmitz, P.:
Die Auswirkungen der Informationstechnologie auf die Betriebsorganisation, in: BFuP, 33 (1981) 4, 297 - 312

Schmitz, P.; Lenz, A.:
Abgrenzung von Expertensystemen und konventioneller ADV, in: BFuP, 38 (1986) 6, 499 - 516

Schmoller, G. v.:
Volkswirtschaft, Volkswirtschaftslehre und Methode, in: Handwörterbuch der Staatswissenschaften, 3. Auflage, Bd. 8
Jena 1911, 426 - 429

Schneider, D.:
Geschichte betriebswirtschaftlicher Theorie, München 1981

Schneider, D.:
Allgemeine Betriebswirtschaftslehre, 3. erw. Auflage, München, Wien 1987

Schönecker, H. G.:
Akzeptanzforschung als Regulativ bei Entwicklung, Verarbeitung und Anwendung technischer Innovationen, in: R. Reichwald (Hrsg.): a.a.O., (1982), 49 - 69

Schönecker, H. G.:
Kommunikationstechnik und Bedienerakzeptanz, München 1985

Schönpflug, F.:
Betriebswirtschaftslehre. Methoden und Hauptströmungen, 2. Auflage, Stuttgart 1954

Schreyögg, G.:
Umwelt, Technologie und Organisationsstruktur, Bern, Stuttgart 1978

Schreyögg, G.:
Verschlüsselte Botschaften - Neue Perspektiven einer strategischen Personalführung, in: ZFO, 56 (1987) 3, 151 - 158

Schritte, M.:
Neue Technik fordert neues Lernen, in: Lernfeld Betrieb, 2 (1987) 5, 38-41

Schröder, K. T.:
Telearbeit - Ein Problemaufriß. Arbeitspapiere zu Organisation, Automation und Führung, Trier 1984

Schubert, K.:
Politik in der Technokratie, Frankfurt/M., New York 1981

Schultz-Wild, R.:
Entwicklungsbedingungen von Arbeitsstrukturen in der mechanischen Fertigung, in: H. Hirsch-Kreinsen; R. Schultz-Wild (Hrsg.): a.a.O., (1986), 143 - 173

Schultz-Wild, R.; Asendorf, I.; v. Behr, M.; Köhler, C.; Lutz, B.; Nuber, C.:
Flexible Fertigung und Industriearbeit - Die Einführung eines flexiblen Fertigungssystems in einem Maschinenbaubetrieb, Frankfurt/M., New York 1986

Schulz, H.:
Tendenzen beim Einsatz flexibler Fertigungssysteme, in: H. Hirsch-Kreinsen, R. Schultz-Wild (Hrsg.): a.a.O.,(1986), 84 - 109

Schwarze, J.:
Daten- und Datenbankorientierung in der Betriebswirtschaftslehre, in: Angewandte Informatik, 29 (1987a) 2, 51 - 58

Schwarze, J.:
Betriebswirtschaftlich orientierte Informatik oder informatikorientierte Betriebswirtschaftslehre, in: Technologie & Management, 36 (1987b) 2, 36 - 42

Staehle, W.; Sydow, J.:
Büroarbeit, Büroorganisation und Büroautomation als Gegenstände betriebswirtschaftlicher Forschung, in: DBW, 46 (1986) 2, 188 - 202

Stahlknecht, P.:
Betriebsinformatik - Wissenschaft oder Streit um Begriffe, in: ZfB, 50 (1980) 11/12, 1274 - 1278

Stahlknecht, P.:
Einführung in die Wirtschaftsinformatik, Berlin, Heidelberg, New York, Tokyo, 2. Auflage, 1985

Stamm, R.; Bodem, H.:
Einsatz integrierter Bürosysteme - sind Wirtschaftlichkeitsrechnungen möglich?, in: Office Management, 35 (1987) 5, 22 - 27

Staudt, E.:
Menschliche Arbeit unter veränderten Bedingungen: Technische Entwicklungen und soziale Innovationen, in: G. Ropohl (Hrsg.): Arbeit im Wandel, Berlin 1985, 135 - 155

Staudt, E. (Hrsg):
Das Management von Innovationen, Frankfurt 1986a

Staudt, E.:
Die Führungsrolle der Personalplanung im technischen Wandel, in: ders., Das Management von Innovationen Frankfurt 1986b, 398 - 411

Staudt, E.; Metze, G.:
Technology Assessment, in: WiSt, 5 (1976) 2, 81 - 82

Staudt, E.; Bock, J.; Schepanski, N.:
Innovation und Qualifikation, in: E. Staudt (Hrsg.): a.a.O., (1986), 356 - 368

Steffens, F.:
Technologie und Organisation, in: HWO, 2. Auflage, Stuttgart 1980, 2236 - 2243

Steffens, F.:
Betriebsinformatik als wissenschaftliche Disziplin und als Gegenstand eines akademischen Studiums, in: ZfB, 52 (1982) 7, 671 - 680

Steffens, F.:
EDV-orientierte Betriebswirtschaftslehre versus Wirtschaftsinformatik, in: ZfB, 56 (1986) 9, 902 - 904

Steinmann, H.; Böhm, H.; Braun, W.; Gerum, E.; Schreyögg, G.:
Vorüberlegungen zur methodischen Basis und Programmatik einer Betriebswirtschaftslehre in praktischer Absicht. Arbeitspapiere des Betriebswirtschaftlichen Instituts der Universität Erlangen-Nürnberg, Nr. 30, Nürnberg 1975

Stern, R:
Zur Entwicklung der Betriebswirtschaftslehre. Festgabe für R. Stern zum 70. Geburtstag (Nachdruck Glashütten im Taunus 1971), Berlin, Leipzig, Wien 1925

Steusloff, H.:
Manufacturing Automation Protocol (MAP) - Zielsetzung, Konzeption, Entwicklungsstand, in: H.-J. Warnecke (Hrsg.): a.a.O., (1986), 221 - 235

Stolper, G.; Häuser, K.; Borchardt, K. (Hrsg.):
Deutsche Wirtschaft seit 1870, 2. Auflage, Tübingen 1966

Strebel, H.:
Umwelt und Betriebswirtschaft, Berlin 1980

Strebel, H.:
Technologische Grundlagen der Betriebswirtschaftslehre, in: L. J. Heinrich, K. Luder (Hrsg.): Angewandte Betriebswirtschaftslehre und Unternehmensführung, Festschrift zum 65. Geburtstag von Hans Blohm, Herne, Berlin 1985, 277 - 294

Töndury, H.:
Von der Handelswissenschaft zur Privatwirtschaftslehre, Zürich 1916

Ullrich, O.:
Technik und Herrschaft, Frankfurt 1977

Ullrich, O.:
Weltniveau, Berlin 1979

Ulrich, H.:
Die Unternehmung als produktives soziales System, Bern, Stuttgart 1968

Ulrich, H.:
Der systemorientierte Ansatz in der Betriebswirtschaftslehre, in: G. v. Kortzfleisch (Hrsg.): Wissenschaftsprogramm und Ausbildungsziele der Betriebswirtschaftslehre, Berlin 1971, 43 - 60

Ulrich, H.:
Von der Betriebswirtschaftslehre zur systemorientierten Managementlehre, in: R. Wunderer (Hrsg.): a.a.O., (1985), 3 - 32

Ulrich H.; Krieg, W.; Malik, F.:
Zum Praxisbezug einer systemorientierten Betriebswirtschaftslehre, in:
H. Ulrich (Hrsg.): Zum Praxisbezug der Betriebswirtschaftslehre, Bern
1976, 135 - 151

Ulrich, P.:
Konsensus-Management: Die zweite Dimension rationaler Unternehmensführung, in: BFuP, 35 (1983) 1, 70 - 84

Ulrich, P.:
Transformation der ökonomischen Vernunft. Fortschrittsperspektiven der
modernen Industriegesellschaft, Bern, Stuttgart 1986

Ulrich, P.:
Betriebswirtschaftslehre als praktische Sozialökonomie - Programmatische Überlegungen zur Rekonstruktion der ökonomischen Grundproblematik der Unternehmensführung. Arbeitspapiere des Fachbereichs
Wirtschaftswissenschaft der Bergischen Universität-Gesamthochschule
Wuppertal, Nr. 107, Wuppertal 1987

Volpert, W.:
Die Lohnarbeitswissenschaft und die Psychologie der Arbeitstätigkeit,
in: P.Groskurth, W.Volpert (Hrsg): Lohnarbeitspsychologie, Frankfurt/M
1975

Walb, E.:
Kameralwissenschaften und vergleichende Betriebswirtschaftslehre,
Allgemeine Schriften, Köln 1927

Warnecke H. J. (Hrsg.):
Initiativen für die Fabrik der Zukunft - Internationales Symposium im
Rahmen der Hannover-Messe-Industrie '86, Berlin, Heidelberg, New York,
Tokyo 1986

Weber, E.:
Literaturgeschichte der Handelsbetriebslehre, Tübingen 1914

Wedekind, H.:
Was heißt und zu welchem Ende studiert man Betriebsinformatik?, in:
ZfB, 50 (1980) 11/12, 1268 - 1273

Wehler, H.-U. (Hrsg.)
Moderne deutsche Sozialgeschichte, 4.Aufl., Köln 1973

Weinerth, H.:
Auswirkungen der Großintegration auf die Industrie, in: H. Niemann; D.
Seitzer; H. W. Schüßler (Hrsg.): Mikroelektronik, Information, Gesellschaft, Berlin u. a. 1983, 22 - 52

Weingart, P.:
Strukturen technologischen Wandels. Zu einer soziologischen Analyse der
Technik, in: R. Jokisch (Hrsg.): a.a.O., (1982), 112 - 141

Weltz, F.:
Wer wird Herr der Systeme? Der Einsatz neuer Bürotechnologie und die innerbetriebliche Handlungskonstellation, in: R. Seltz; U. Mill; E. Hildebrandt (Hrsg.), a.a.O. (1986), 151 - 161

Weyermann, M.; Schönitz, H.:
Grundlegung und Systematik einer wissenschaftlichen Privatwirtschaftslehre, Karlsruhe 1912

Weyermann, M.; Schönitz, H.:
Über das Verhältnis der Privatwirtschaftslehre zur Volkswirtschaftslehre, in: Bank-Archiv, 12 (1912/13), 154 - 158

Wiendieck, G.:
Praxisfelder der Arbeitswissenschaften. Praxisfeld I: Rationalisierung und Humanisierung, Hagen 1982

Wiernik, L.:
Privatwirtschaftslehre, in: Weltwirtschaftliches Archiv, Zeitschrift für Allgemeine und spezielle Weltwirtschaftslehre, 11 (1917), 203 - 230

Wiesenthal, H.:
Alternative Technologie und gesellschaftliche Alternativen zum Problem der Technikwahl, in: G. Beckmann et al. (Hrsg.): Technik und Gesellschaft, Jahrbuch 1, Frankfurt/M., New York 1982, 48 - 79

Wiethold, F.:
Neue Arbeitskonzepte bei Banken, Versicherungen - neue Aufgaben für die Gewerkschaftsstrategie, in: WSI-Mitt. 40 (1987) 6, 362 - 370

Wild, J.:
Betriebswirtschaftliche Führungslehre, in: R. Wunderer (Hrsg.): a.a.O., (1985), 269 - 295

Wildemann, H.:
Investitionsentscheidungsprozeß für numerisch gesteuerte Fertigungssysteme (NC-Maschinen), Wiesbaden 1977

Wildemann, H.:
Einführungsstrategien für neue Produktionstechnologien - dargestellt an CAD/CAM-Systemen und Flexiblen Fertigungssystemen, in: ZfB, 56 (1986a) 4/5, 337 - 369

Wildemann, H.:
Strategische Investitionsplanung für neue Technologien in der Produktion, in: H. Albach; H. Wildemann (Schriftleitung): Strategische Investitionsplanung für neue Technologien, ZfB Ergänzungsband 1, (1986), Wiesbaden 1986b, 1 - 48

Wildemann, H.:
Betriebswirtschaftliche Wirkungen einer flexibel automatisierten Fertigung, in: BFuP, 39 (1987a) 3, 209 - 224

Wildemann, H.:
Auftragsabwicklung in einer computergestützten Fertigung (CIM), in: ZfB, 57 (1987b) 1, 6 - 31

Wildemann,H.:
Strategische Investitionsplanung: Methoden zur Bewertung neuer Produktionstechnologien, Wiesbaden 1987c

Witte, E. (Hrsg.):
Bürokommunikation - ein Beitrag zur Produktivitätssteigerung, Berlin, Heidelberg, New York 1984a

Witte,E.:
Produktivitätsmängel im Büro, in: ders. (Hrsg) a.a.O., 1984b, 17-34

Witte, E.:
Zur Entwicklung der Entscheidungsforschung in der Betriebswirtschaftslehre, in: R. Wunderer (Hrsg.): a.a.O., (1985), 185 - 199

Wittmann, W.:
Betriebswirtschaftslehre, in: HdWW, Bd. I, Göttingen 1977, 585 - 609

Wöhe, G.:
Methodologische Grundprobleme der Betriebswirtschaftslehre, Meisenheim 1959

Wöhe, G.:
Einführung in die Allgemeine Betriebswirtschaftslehre, 14. Auflage, München 1981

Wolfsteiner, M.:
Einfluß der Robotertechnik auf Beschäftigung und Tätigkeiten, in: MittAB, 16 (1983) 2, 167 - 176

Wollnik, M.:
Implementierung computergestützter Informationssysteme, Berlin, New York 1986

Wunderer, R. (Hrsg.):
Betriebswirtschaftslehre als Management- und Führungslehre, Stuttgart 1985

Wunderer, R. (Hrsg.):
Betriebswirtschaftslehre als Management- und Führungslehre, 2. Auflage Stuttgart 1988

Zahn, E.:
Technology Assessment, in: ZfB, 51 (1981) 8, 798 - 804

Zahn, E.:
Mikroelektronik in der Informationsgesellschaft. Die Auswirkungen der Computerisierung aus der Sicht des Unternehmens, in: Harvard Manager 5 (1983) 2, 7-13

Zangl, H.:
Durchlaufzeiten im Büro - Prozeßorganisation und Aufgabenintegration als effizienter Weg zur Rationalisierung der Büroarbeit mit neuen Bürokommunikationstechniken, Berlin 1985

Zaremba, H.-J.; Littek, W.:
Rationalisierungserfahrungen von Angestellten beim Einsatz neuer Technologien, in: o.V. Arbeit und Technik, Tagungsband, Bremen 1983, 125 - 133

Zillessen, W.:
Systemprüfung datenbankgestützter Informationssysteme, Berlin 1985

Zimmerli, C. W. (Hrsg.):
Technik oder: Wissen wir, was wir tun?, Basel 1976

Zink, K. J.:
Veränderte Aufgaben der Personalwirtschaft im Zusammenhang mit neuen Technologien, K. J. Zink (Hrsg.): a.a.O., (1985), 1 - 29

Zink, K. J. (Hrsg.):
Personalwirtschaftliche Aspekte neuer Technologien, Berlin 1985a

Wirtschaft   Politik   Recht

Diese drei Wissensgebiete
zählen mit jährlich über 50 Publikationen
für den Wissenschafter
und für den Praktiker
zu den bevorzugten Arbeitsbereichen
unseres Verlages

Verlangen Sie die ausführlichen Verzeichnisse
bei Ihrem Buchhändler oder direkt beim

Verlag Paul Haupt Bern und Stuttgart

Dr. oec. publ. Jean-Paul Thommen

Managementorientierte Betriebswirtschaftslehre

2., überarbeitete Auflage, 669 Seiten, 188 Abbildungen, gebunden, Fr. 78.–/DM 94.–

Das Buch gibt eine umfassende Einführung in sämtliche unternehmerischen Hauptfunktionen. Die klare Strukturierung, die vielen anschaulichen Graphiken sowie das umfangreiche Stichwortverzeichnis erleichtern das schnelle Zurechtfinden und machen das Buch zu einem *unentbehrlichen Nachschlagewerk.*

Aus dem Inhalt

Teil 1: Unternehmung und Umwelt
Teil 2: Marketing
Teil 3: Materialwirtschaft
Teil 4: Produktion
Teil 5: Finanzierung
Teil 6: Investitionen
Teil 7: Personal
Teil 8: Organisation
Teil 9: Führung

Verlag Paul Haupt Bern und Stuttgart

St. Galler Beiträge zur Wirtschaftsethik

1 PD Dr. Georges Enderle
Sicherung des Existenzminimums
im nationalen und internationalen Kontext
Eine wirtschaftsethische Studie
232 Seiten, kartoniert Fr. 38.–/DM 47.–

2 Dr. Josef Wieland
Die Entdeckung der Ökonomie
Kategorien, Gegenstandsbereiche und Rationalitäts-
typen der Ökonomie an ihrem Ursprung
327 Seiten, kartoniert Fr. 48.–/DM 58.–

3 Dr. Eberhard K. Seifert / Dr. Reinhard Pfriem (Hrsg.)
Wirtschaftsethik und ökologische
Wirtschaftsforschung
263 Seiten, kartoniert Fr. 49.–/DM 59.–

4 Prof. Dr. Peter Ulrich (Hrsg.)
Auf der Suche nach einer
modernen Wirtschaftsethik
in Vorbereitung

Verlag Paul Haupt Bern und Stuttgart